THE ASSOCIATION FOR SCOTTISH LITERARY STUDIES
NUMBER THIRTY-FOUR

# SERVING TWA MAISTERS

FIVE CLASSIC PLAYS IN SCOTS TRANSLATION

*

# THE ASSOCIATION FOR SCOTTISH LITERARY STUDIES

The Association for Scottish Literary Studies aims to promote the study, teaching and writing of Scottish literature, and to further the study of the languages of Scotland.

To these ends, the ASLS publishes works of Scottish literature (of which this volume is an example); literary criticism and in-depth reviews of Scottish books in *Scottish Studies Review*; short articles, features and news in *ScotLit*; and scholarly studies of language in *Scottish Language*. It also publishes *New Writing Scotland*, an annual anthology of new poetry, drama and short fiction, in Scots, English and Gaelic. ASLS has also prepared a range of teaching materials covering Scottish language and literature for use in schools.

All the above publications are available as a single 'package', in return for an annual subscription. Enquiries should be sent to:

> ASLS, Department of Scottish History, 9 University Gardens, University of Glasgow, Glasgow G12 8QH. Telephone/fax +44 (0)141 330 5309 or visit our website at **www.asls.org.uk**

A list of Annual Volumes published by ASLS can be found at the end of this book.

THE ASSOCIATION FOR SCOTTISH LITERARY STUDIES

# SERVING TWA MAISTERS

## FIVE CLASSIC PLAYS IN SCOTS TRANSLATION

*Edited by*

John Corbett & Bill Findlay

GLASGOW

2005

*

First published in Great Britain, 2005
by The Association for Scottish Literary Studies
Department of Scottish History
University of Glasgow
9 University Gardens
Glasgow G12 8QH

**www.asls.org.uk**

ISBN 0 948877 63 4 (Hardback), 0 948877 64 2 (Paperback)

A catalogue record for this book
is available from the British Library.

The Association for Scottish Literary Studies acknowledges
support from the Scottish Arts Council towards
the publication of this book.

Typeset by AFS Image Setters Ltd, Glasgow
Printed and bound by Bell & Bain Ltd, Glasgow

# CONTENTS

# INTRODUCTION

Carved into the flagstones at the MSPs' entrance to Queensberry House in the Canongate in Edinburgh, part of the new Scottish Parliament complex that opened in 2004, are these words:

> Gin I speak wi the tungs o men an angels, but hae nae luve i my hairt, I am no nane better nor dunnerin bress or a ringing cymbal.

This quotation from the Bible (I Corinthians 13:1) is intended as an injunction to Members of the Scottish Parliament to aspire to constructive debate. What it also does, enshrined in stone as it is in such a symbolically resonant location, is to give inadvertent testament to the contribution made by Scots translations to modern Scottish culture; for the quotation is taken from W.L. Lorimer's *The New Testament in Scots* (1983).[1]

There has been growing recognition of the significance, in aggregate, of that achievement by twentieth-century translators of poetry, prose, fiction, drama and folk balladry, as reflected in the emerging critical literature – most evidently in John Corbett's *Written in the Language of the Scottish Nation: A History of Literary Translation into Scots* (1999), Bill Findlay's (as editor) *Frae Ither Tongues: Essays on Modern Translations into Scots* (2004), and the body of articles and essays cited in each.[2] Placing the development in a historical context, Corbett notes: 'There have been two key periods in the history of literary translation into Scots: the sixteenth and twentieth centuries'; and, in the twentieth, writers have 'turned to translation into Scots, with perhaps even more energy and enthusiasm than before'.[3] Findlay concurs and expands:

> [T]he period of the past seventy years has, in terms of quantity and the variety of languages and literary genres translated, been the richest in Scotland's literary and theatre histories for translation into Scots. Moreover, that body of translations rivals the quantity of original work written in Scots over the same period, emphasising the important contribution that translation has made to modern Scottish literature and drama.[4]

A major factor has been the emergence, dating from the 1940s, of a now established tradition of translating[5] plays into Scots for stage performance. Indeed, the substantial quantity of play translations produced in the subsequent decades arguably makes drama, in terms of bulk and length, the largest contributor by genre. A remarkable aspect of this is that, seemingly, to judge by extant texts, the only previous translation of a play into Scots was John Burel's *Pamphilus speakand of Lufe*, published around 1590.[6] (A reference in the St Andrews' Kirk Session records in 1574 to a Patrick Authinleck being granted permission to have his script, *Comedy of the Forlorn Son*, performed, may mean that his was a translation of a play found in a number of Continental countries in different languages.[7]) Essentially, the modern tradition was founded by Robert Kemp with *Let Wives Tak Tent*, his translation of Molière's *L'Ecole des femmes*, first staged in 1948.[8] As Appendix 2 charts in detail, there has since been a procession of translations into Scots of plays from the classical repertoire – by Aeschylus, Anouilh, Aristophanes (x2), Beaumarchais, Brecht, Chekhov, Dürrenmatt, Euripides, Gogol, Goldoni (x3), Hauptmann, Holberg, Ibsen, Kleist, Molière (x9), Racine, Rostand, Shakespeare (x2), and Strindberg.[9] To add to those thirty or so translations are the twenty and more Scots translations of contemporary plays that have been staged since 1980.[10] The sum effect of this combined achievement is that 'more Scots translations of plays have been produced in the period since 1980 than in any previous period', and 'Scots translations have become an established and popular feature of the Scottish theatre scene, and this trend shows every sign of continuing in the new century'.[11]

In this, translation has been shadowing a surge in playwriting in Scots that has also been evident in the modern period.[12] Whilst that paralleling is most marked in the context of the unprecedented flowering of Scottish drama that has been seen since 1970, translations produced in the 1940s, 50s and early 60s can similarly be said to have emerged correspondent with plays by a 'school' of Scots-medium playwrights that included Robert McLellan, Alexander Reid, Alexander Scott and Robert Kemp.[13] It is noticeable that the Scots translations of the 1940s to 60s employ a traditional or recreated would-be classical medium in common with the plays then being written in Scots, whereas translations post-1970, of both old and new foreign-language work, largely echo playwrights' then less reverent and more exploratory use of Scots and their greater receptivity to harnessing the realities of living, and especially urban demotic, Scots speech.[14]

In *Scottish Theatre Since the Seventies*, Randall Stevenson has observed that 'it is probably Scots speech that is the most fundamental influence on drama' over recent decades.[15] Alongside original plays in Scots, translations into Scots have played their part in placing the language at the heart of modern Scottish drama in this way. The translators represented here are typical, in that four of them are also dramatists in their own right, and in both their original plays and their translations most have explored, in a non-prescriptive way, particularly in the period after 1970, the creative resources of Scots as a stage language. The assessment of Donald Smith in *A History of Scottish Theatre* further confirms the significance of the translators' achievement in this regard, both in the early postwar period and, most markedly, over the past three decades:

Translation has played a crucial role in theatre since the 1950s, because it is the link between the linguistic diversity of Scottish experience and the capacity of the indigenous theatre of a small European nation to absorb and reflect the international stage. [. . .] [Moreover,] translation has *increased in importance* in Scottish theatre as part of the underlying linguistic confidence observable since the 1970s [inserted emphasis].[16]

*****

This anthology has been conceived in part to celebrate the achievement of translators of plays into Scots over the past half century, and to encourage greater appreciation and study of their work. In an ideal world, the collection would combine representative Scots translations of classic drama, from their beginnings in the 1940s, with examples of Scots translations of contemporary drama,[17] which began to appear in the 1980s. However, the length of any such volume would be impracticable. We have therefore opted to provide a representative selection only of twentieth-century translations of classic plays. One consideration informing this decision is that the translation of contemporary drama is almost wholly characterised by employment of a naturalistic Central-Belt urban Scots,[18] whereas the translation of classic plays, which confronts a separate set of challenges because of those plays' now historical settings, sees a much wider spectrum of varieties of Scots used – commonly ones that are either non-naturalistic or seek to create a would-be period naturalism.

Focusing on the translation of classic plays allows us to present a range of individualistic stage language drawn from different decades and devised by different generations of writers; thus the five translations selected are from the 1940s, 50s, 60s, 80s and 90s. That the 1970s proved a lean decade for Scots translation, with only Victor Carin's *A Muckle Steer* featuring (see Appendix 2), explains the omission of a work from those years; added to which, with *The Servant o' Twa Maisters*, Carin is already represented in the selection. In view of our desire to avoid duplication, it may seem contradictory that two translations of plays by Molière feature, with Robert Kemp's *Let Wives Tak Tent* and Hector MacMillan's *The Hypochondriak* representing the 1940s and 80s, respectively. However, this is a reflection of the unrivalled popularity of Molière-into-Scots from the 1940s through to today, as seen in the nine translations listed in Appendix 2, and as evidenced by Noël Peacock's book-length study, *Molière in Scotland 1945-1990*.[19]

A consideration also informing the choice of translations is that the source texts should come from a range of periods and languages; hence the ones featured are from 414 B.C. and the seventeenth, eighteenth and twentieth centuries, and the original languages are Greek, French, Italian and German. Further selection criteria are that the translations should have been given professional production, and that the texts are not readily available. The latter explains why we have chosen not to include the significant translations of *Tartuffe* (1986) and *Medea* (2000) by Liz Lochhead, and *Cyrano de Bergerac* (1992) and *Phaedra* (2000) by Edwin Morgan: all are presently securely in print.[20] Robert Kemp's *Let Wives Tak Tent* (1948) was not published till 1983, and even then by a small press specialising in providing scripts by mail order for the amateur theatre market; *The Burdies* (1959) was self-published in a limited run by Douglas Young in 1959 and has long been out of print; Victor Carin's *The Servant o' Twa Maisters* (1965), Hector MacMillan's *The Hypochondriak* (1987), and Peter Arnott's *Mr Puntila and his Man Matti* (1999), have never been published before.[21] It therefore seemed sensible to have this collection comprise those difficult-to-source texts, thereby making them conveniently available for study and extending the body of play translations in print rather than offering duplicates of translations presently available. We hope also to contribute in small part to remedying the wider problem of the limited availability of published Scottish playtexts generally.

*****

Turning to the five translations chosen, what now follows is discussion, in chronological order of first performance date, of each translator's background, his reasons for embarking on the translation, and the kind of Scots employed.

**Robert Kemp** (1908-1967), the son of a Church of Scotland minister, was born in Orkney and grew up in North-East Scotland. After Aberdeen University, he worked in Manchester and London in journalism and radio, then returned to Scotland as a producer of radio arts programmes for the BBC between 1942 and 1948.[22] Thereafter, from his Edinburgh base, he freelanced as a journalist, critic, dramatist and novelist, writing for newspapers, the stage, radio and television. His output was prolific, and by the time of his death he had written some thirty plays, five novels and numerous scripts for radio and television. In addition to his work for the stage as playwright, translator and adaptor – famously of the version of Sir David Lindsay's *Ane Satyre of the Thrie Estaitis* presented at the 1948 and 1949 Edinburgh International Festivals[23] – Kemp made a significant contribution to the advancement of Scottish theatre through his association with the Edinburgh Gateway Company, the capital's professional repertory theatre company from 1953 to 1965. He co-founded and chaired the company, and, as writer, he had ten plays produced by it between 1953 and 1964, effectively fulfilling the role of playwright in residence and helping to shape the Gateway's stated mission of fostering an indigenous drama – as seen in the programming of plays by Scots-language dramatists such as Robert McLellan and Alexander Reid.[24]

Kemp's two Molière translations, *Let Wives Tak Tent* (1948) and *The Laird o' Grippy* (1955), were written for the Gateway – as was his translation from the French of *Knock, or The Triumph of Medicine*, by Jules Romains, which features some Scots-speaking characters.[25] Before turning fully professional in 1953, the Gateway Theatre Company functioned from 1946 to 1953 on an amateur and pro-am basis. The première of *Let Wives Tak Tent* in 1948 was one such pro-am production. It starred, in the lead role of Oliphant (Arnolphe), the legendary Duncan Macrae, for whom Kemp had expressly written the translation. The show proved a popular success and Macrae went on to perform in a subsequent production later that year at the Citizens' Theatre in Glasgow, and in the revival by the Citizens' in the following year which played Glasgow and the Embassy Theatre in London. *Let Wives Tak Tent* has since become a mainstay of the Scottish dramatic repertoire with fully professional productions occurring in 1956, 1961, 1976, 1981 and 2001,[26] making it the Scots stage translation with the most productions.

Findlay has examined in detail elsewhere the reasons for Kemp embarking on his translation.[27] Suffice to say here that he was influenced by a 'matrix of motivational factors', comprising:

> [R]enewal of the Auld Alliance; the visit of French theatre companies to Edinburgh; French productions of Molière that released his 'comic plenitude' through an acting style that had a parallel with Scottish practice; the intimate link between that actorly practice and the Scots language; and the need to provide playtexts in Scots both as 'exercise' for actors in speaking Classical Scots and as a contribution to building up the repertoire of Scots-medium plays, since the historic repertoire – with which Kemp was very familiar, witness his adaptations of [plays by] Lindsay and Ramsay – was decidedly meagre.[28]

As his son wrote of him, Kemp 'believed passionately that the distinctive traditions of Scotland should be celebrated, sustained and, if possible, renewed'.[29] This belief encompasses the Scots language and literature in Scots, to which he contributed by writing various plays, adaptations and translations in the vernacular.

Kemp claimed to have 'habitually spoken Scots [. . .] at one stage in [his] life';[30] presumably when he was a child in Orkney and, perhaps especially, Aberdeenshire. Of the North-East influence on his Scots, he remarked that he had 'his abiding example of a beautiful spoken Scots from the lips of a Donside grandmother'.[31] This formative exposure to a country and conservative Scots seems to have been a contributory factor in the preference displayed in his work for a traditional Scots over a contemporary one. Molière's seventeenth-century French language and settings conveniently allowed Kemp to exercise this preference by fashioning a 'period' Scots comprising, as he explained in a 1948 theatre programme note, 'a synthesis of North Eastern Doric and [eighteenth-century] Ayrshire Lallans as well as of modern vernacular';[32] that is, despite Kemp's stated retention in *Let*

*Wives Tak Tent* of a late seventeenth century setting (see his 'Scene' notes prefaced to the play here), his stage language resembles 'the reconstruction of a largely eighteenth-century idiom',[33] but one with a 'modern vernacular', though not urban, underpinning. An aspect of the eighteenth-century quality to his translation is that it drew on the reality of a time when Scots was spoken by the lower and higher classes; hence he can represent Scots as classless and as the natural speech of all of the characters, from servant to master.

In forging a reconstructed medium, Kemp's approach can be placed alongside that of other mid-century playwrights associated with the second wave of the twentieth-century Scottish Renaissance, such as Robert McLellan, Alexander Reid and Alexander Scott.[34] There is a link between those playwrights' preference for historical- and legend-based subject matter and Kemp's attraction to Molière, in that each provides reason for employment of an individually recreated Classical Scots stage language. It is a link which illuminates why, as Corbett remarks, '[t]ranslations into Scots tended to toe the historical line' in that period.[35] At the same time, John Thomas Low rightly notes that Kemp 'uses a rich and dynamic Scots: traditional, at times strongly literary, *but always firmly based on the rhythms of the spoken language* [inserted emphasis]'.[36] In this last, we see Kemp's concern as a dramatist that his stage language be both speakable by actors and intelligible to an audience in the immediacy of a theatre. To achieve this, his medium had to be less aggrandised than the 'Plastic' or 'Synthetic Scots' model initiated by Hugh MacDiarmid in the 1920s and followed by the Lallans poets who emerged in mid century, some of whom Kemp castigated for 'the fallacy that a line or a poem cannot be Scots unless it bristles with words and forms found only in Scots and not in English'.[37] This less puristic and more pragmatic inclination extended to his approach to rendering Molière's verse:

> The problems of translation from French are in some ways heightened when it becomes a question of transmuting the rhymed Alexandrines of an evenly accented tongue to a heavily stressed dialect of the Teutonic group. Rhymes that are needed to point the flow of French may hammer themselves home too heavily in English or Scots. On the whole it seemed best to aim at an idiomatic Scottish prose.[38]

One notes that assertion of his wish to achieve 'an idiomatic' Scots. It sits with his claim that his translation is 'wearing the costume of the period and using a Scots speech which is easily intelligible to Edinburgh people of the twentieth century'.[39] A contemporary reviewer in *The Scotsman* confirmed his success, for the most part:

> The language of *Let Wives Tak Tent* is a language understandable in the main by anyone familiar with that of Burns, save for an isolated word or

expression now and again. Mr Kemp has indulged in some occasional linguistic revivals which have added to the period glamour [enchantment] of the adaptation – good words, so far as I remember, none the worse for being revived.[40]

The enduring appeal of *Let Wives Tak Tent*, with, as noted before, productions recurring from the 1940s through to the present decade, suggests that its language has retained its intelligibility for audiences, 'period glamour' borrowings notwithstanding. Aspects of Kemp's stage-Scots, in both *Let Wives Tak Tent* and *The Laird o' Grippy*, including his 'occasional linguistic revivals', have been analysed by a number of writers.[41]

**Douglas Young (1913-1973)** was born in Fife and died in the USA. He spent his early years in India, then attended boarding school in Edinburgh, going on to study Classics at St Andrews University and Oxford University. He took up a Classics post at Aberdeen University in 1938 and at St Andrews University in the late 1940s, remaining there until 1968 when appointed to a professorship, first in Canada and then in the USA. A lifelong Scottish nationalist, he stood as a parliamentary candidate for, and was Chairman of, the Scottish National Party. During World War II he refused conscription out of nationalist principle and served two terms of imprisonment.[42] While he was in Barlinnie Prison his first collection of Scots poems and verse translations, *Auntran Blads*, 1943, was seen through the press by friends; his second, *A Braird o Thristles*, followed in 1947. He closely aligned himself with the MacDiarmid-inspired Scottish Renaissance movement and followed MacDiarmid in vigorous advocacy of the Scots language, becoming one of the most prominent writers associated with the second wave of that Renaissance which emerged in the late 1930s and 1940s, and to which he made significant contributions as a polemicist, poet, critic and polyglot translator. A profile of him in *The Scots Review* in 1947 stated: 'Still in his early thirties Young is the acknowledged pillar of the Renaissance'.[43]

Young's translation into Scots of two plays by Aristophanes, *The Puddocks* and *The Burdies*, combined his twin enthusiasms for the Classics and for Scots. The immediate reason for embarking on them was to satisfy requests from his students at St Andrews to supply texts for their performance group 'The Reid Gouns'. *The Puddocks* was first staged by The Reid Gouns at the Byre Theatre in St Andrews in February 1958. Later that year, an amateur theatre group, 'The Sporranslitters', presented an open-air production at the Braidburn Theatre in Edinburgh as an Edinburgh Festival Fringe event. The follow-up translation, *The Burdies*, was first staged in 1959, again by The Reid Gouns, but in the Cathedral Hall, Albany Street, Edinburgh, at the Edinburgh Festival Fringe.[44] It was subsequently given full professional performance in 1966, when the Royal Lyceum Theatre Company, Edinburgh, in its inaugural 1965/1966 season, made the translation the vehicle for the company's first main-programme contribution to the Edinburgh International Festival. (The opening work in that same season was Victor Carin's *The Servant o' Twa Maisters* – see below.)[45]

Young considered translation to be 'indispensable' for advancing the status and range of Scots, and called for a society to be formed '[t]o sponsor and subsidise translations into Scots'.[46] His translations of *The Puddocks* and *The Burdies*, and of poetry from many languages, can be set within this larger context of the importance he attached to translation. Informing them, too, was his politico-cultural nationalism and commitment to the ideals of the Scottish Renaissance, entailing a wider agenda for Scots – or 'Lallans', his preferred term – as a national language to be recovered:

> Lallans is a language of a nation. Hugh MacDiarmid and others are restoring it in full vigour for all the purposes of national self-expression [. . .] [A]fter prolonged coma, Scotland is waking up, and the Renaissance in Lallans is [. . .] one manifestation of this process.[47]

The language politics that flowed from this required the practice and propagandising of writing in Scots. The latter he pursued through public lectures, articles and pamphlets such as *'Plastic Scots' and the Scottish Literary Tradition* (1946) and *The Use of Scots for Prose* (1949)[48] – both based on public lectures, with the former, significantly, chaired by Hugh MacDiarmid. As regards practice, he could demonstrate through original writing of ambitious range and through translations of high literature, such as Aristophanes' plays, that Scots had the capacity to be considered as a 'language', and as a literary medium distinct from English. Of the common motivation behind his and his fellow Scottish Renaissance writers' efforts in that direction, he wrote: '[We] share a desire to re-establish the cultural contacts of Lallans with other literatures which the English predominance had occluded, and to retrieve, refine, and extend Lallans as a national language fit for all purposes of verse, and indeed of literature generally.'[49] It can be said, then, that, as polyglot and classicist, his linguistic internationalism served a nationalist goal; a strategy in which *The Puddocks* and *The Burdies* played a part.[50]

Young shared with Robert Kemp a commitment to the standardisation of Scots and adoption of 'The Scots Style Sheet' drawn up in 1947.[51] But the density of Young's Scots, in his poetry in particular, could have been one of the examples provoking Kemp to state, as quoted earlier, how his practice differed from those contemporaneous writers holding to 'the fallacy that a line or a poem cannot be Scots unless it bristles with words and forms found only in Scots and not in English'. That dimension to Young's work derived from his language politics, which, at its extreme, could lead him to write: 'If Lallans fails [. . .] admit a Hottentotism rather than another Anglicism. This should be our intransigent policy for the next five hundred years or so'.[52] That 'intransigence' was a contributory factor in the controversy stirred by the 1966 production of *The Burdies* at the Edinburgh International Festival; for the question of comprehensibility was a central factor in many critics' negative comments. Typical of these was *The Observer* reviewer's criticism of 'the hurdle of intelligibility', and of how 'a labouring cast picked its way [. . .] from thicket to thicket of Doric, while we struggled in the rear'.[53] Even a fellow Scots poet and dramatist, Alexander Scott, criticised Young's Scots in a BBC radio review of *The Burdies*, leading to an exchange of letters between them via the letters page of *The Scotsman*, and Scott's publication of a flyting poem, 'Supermakar Story'.[54] Donald Campbell has written that because of such condemnation, '*The Burdies* became one of the most controversial and talked about productions that the Festival has ever known'.[55] The controversy provoked Young to compile and have speedily published, *Scots Burds and Edinburgh Reviewers: A Case Study in Theatre Critics and their Contradictions* (1966),[56] by way of defending his translation and Scots usage.

What Young said of the Scots he had used in *The Puddocks* can also stand for *The Burdies*: 'for the most part I have adhered to the central literary tradition of Scots, with no more than a permissible shading of Fife and the North-East, which bulk large in my natural background'.[57] In common with Robert Kemp, he had a dislike of 'certain debased *patois* of Scots' associated with industrial, urbanised Scotland, and Glasgow in particular;[58] and, akin to Kemp, too, in aiming for a recreated standard literary medium, he privileged both a traditional vernacular Scots and the 'metropolitan Scots' of Sir Walter Scott and other writers such as Burns.[59] But, as already noted, in contrast, in forging his own synthesised medium, he was more assiduous in his raiding of the Scottish literary tradition and of Scots dictionaries, numbering himself among those Scottish Renaissance writers he described as 'full-canon Lallanders'.[60] This is less of a problem for a reader of poetry on the page, who can take time to process and can consult a glossary, than it is for an audience member in the immediacy of a theatre performance (and one notes that Young felt it necessary to provide a substantial glossary to the published versions of *The Puddocks* and *The Burdies*). However, in fairness to Young, he was aware that there was a risk attached to an overly-scholarly and over-literary approach to creating a synthetic Scots whose focus was primarily poetry:

> [G]in Lallans verse-makin isna tae be an academic dilettante ploy like Greek elegiacs or Latin hexameters, the 'Plastic' Makars maun uis the leid for ither purposes than poetry, namely for prose and for speakin. Itherweys the vitality o the leid maun be tint.[61]

Drama, as a speech-based genre, was a means by which 'the vitality o the leid' could be exercised and demonstrated; and it is noticeable that the Scots in his Aristophanic translations, notwithstanding the controversy about intelligibility, is generally less densely synthetic, and often has more of a vernacular speech quality, than is the case with his poetry. As McClure observes, Young employs a Scots 'which, though sometimes (for specific effects) venturing into exalted realms of aureation and polysyllabicity, is for the most part grounded in vernacular speech and poetry of the Burns tradition'.[62] Moreover, as *The Burdies* shows, 'the hybrid Greek-Scots world he created, with its topical allusions to Scottish life, from Celtic and Rangers to razor gangs to the Edinburgh Military Tattoo, and his hybridising employment of contemporary Scottish, English and American usages, together betray a less principled and more pragmatic stance than might be judged from some of his severer statements on language'.[63] This is evident, too, in the leeway he allowed stage productions of *The Puddocks*:

> Producers and actors interested will be at liberty to substitute whatever they think fit in place of any expression of mine that may seem to them difficult for a particular audience to follow. I should allow English, Irish, or American words and phrases, or less unfamiliar Scots terms, to be used instead of those which I have here printed, some of which are, admittedly, like many of Aristophanes' Greek usages, localisms, slang, preciosities or archaisms. ('Foreword to the First Edition')

The published version of *The Burdies*, which preceded the professional production of 1966, was also a 'reading version' which he allowed the director to adjust as required: 'A translator cannot know in June what may best suit a production in August; therefore full discretion is willingly conceded to producers to make such verbal alterations and topical allusions as they may think proper, or tastefully improper' (from the 'Foreword', reprinted here).

The frequency of reference in Aristophanes' comedies to contemporary events and personalities, and to social, moral and political issues of the day, is a challenge for a modern translator, not least as regards the humorous effects intended by such references. Young's approach is to create a hybrid Greek-Scottish world which allows him to balance fidelity to the letter of the plays and their Greek milieu with communicating something of their spirit through a free adaptation to contemporary Scotland. An aspect of this is that it entails the incorporation of topical language, whether Scots or British- and American-English. His stage language is thereby something of a gallimaufry, reflecting the 'extravaganza',[64] as he described it, quality of Aristophanic comedy. Adding to that effect is '[t]he kaleidoscopic range of styles and registers' and 'the verbal ingenuity that enabled him to compose in iambic pentameter, iambic heptameter, dactylic tetrameter, anapaestic heptameter, trochaic tetrameter or free verse'.[65] The linguistic inventiveness that he displays in forging his 'stage-Lallans'[66] in *The Burdies* (and in *The Puddocks*) can be seen in its own way as experimental and pioneering, notwithstanding the issue of intelligibility. It is indicative of the importance of his work in this way, as an exemplar-in-principle as it were, that two decades would pass before other Scots translations of plays in the world repertoire – most obviously Liz Lochhead's *Tartuffe* (1986) and Edwin Morgan's *Cyrano de Bergerac* (1992) – would similarly experiment with fashioning for their respective purposes an individualistic stage-Scots that commingled past and present usages and the colloquial with the literary, combining these with contemporary Anglicisms and Americanisms, and exploiting the 'kaleidoscopic' style switching that all of this allowed.[67]

Victor Carin (1932-1981) was an actor, director, and translator, who wrote for radio, television, film and the stage. He was born in Aberdeen and grew up in Stonehaven in Kincardineshire. His birth name was Zaccarini (from which he derived the stage name 'Carin'), as his father was Italian and his mother Scottish. He trained as an actor in London but returned in 1958 to begin his professional career in Scottish theatre. In 1961 he joined the Gateway Theatre Company as an actor, also becoming director of productions there till the Gateway's closure in 1965. His first translation into Scots, *The Hypochondriack* (Molière), was undertaken for the Gateway and staged there in 1963. His second, Goldoni's *The Servant o' Twa Maisters*, had the distinction of being the Royal Lyceum Theatre Company's debut production in 1965. *The Chippit Chantie* (Kleist) followed in 1968, also produced by the Royal Lyceum; and *A Muckle Steer* (Holberg) in 1976, produced by Perth Theatre.[68] (For the production history of these translations see Appendices 1 and 2.)

When Pitlochry Festival Theatre revived his *The Hypochondriack* in 1991, a note in the theatre programme recalled that 'he had a strong Kincardineshire accent and a feel for the Scots tongue', adding, '[m]any will remember him, ideally cast, as Chae Strachan in the classic BBC production of Lewis Grassic Gibbon's *Sunset Song*, but he could equally turn his hand to a portrayal of Robert Burns, R.L. Stevenson or John Knox'.[69] Carin himself remarked that he was 'interested in restoration and preservation of buildings, habits, crafts, *speech provided it is Scots* [inserted emphasis]'.[70] This was part of a larger dedication to Scottish culture, as seen in his being a London-trained actor who, 'unlike so many of his countrymen, [. . .] returned to Scotland' and 'committed himself to theatre in Scotland'.[71] His sympathies are seen, too, in how, when appointed director of productions at the Gateway, it was reported that he was 'determined to have a company with a higher proportion of Scottish actors and actresses than in the past'.[72] Significantly, too, his first two productions as director were of Scots texts: Roddy McMillan's *All in Good Faith*,[73] in a contemporary Glasgow-Scots, and his own translation *The Hypochondriack*, in a more traditional, country-inflected Scots. Robert Kemp wrote appreciatively of the latter that Carin 'added to my translations of *L'Ecole des Femmes* and *L'Avare* [. . .] with a rich *The Hypochondriac* [sic]'.[74] Carin could not but be aware of the earlier success of Kemp's Molières for the Gateway, particularly when he had performed in a revival there of *Let Wives Tak Tent* in season 1961-62. He knew, too, of the Gateway's policy of support for Scots-medium writing by playwrights such as Robert McLellan, in whose *Young Auchinleck* he performed in season 1962-63.[75]

The Gateway production of *The Hypochondriack* 'made uproarious comedy and did good business'.[76] That success doubtless contributed to Carin embarking on Goldoni's *The Servant o' Twa Maisters* for the Royal Lyceum. He wrote of the impetus behind those two translations:

> I lived for a time in Italy just after the war. Part of my education was to translate Goldoni naturally and French plays including Molière. The translations lay in a kist [chest] until I became director of the Edinburgh Gateway Company in 1963 when I was persuaded to do an adaptation of one of them into Scots. It was successful. There followed a Goldoni play which opened the Civic Theatre [i.e. Royal Lyceum Theatre Company] in Edinburgh.[77]

The director of *The Servant o' Twa Maisters* was Tom Fleming, an actor and director who shared a commitment with Carin to a native Scottish theatre. (He was also responsible for programming and directing Douglas Young's *The Burdies* for the Royal Lyceum in 1966, then being the company's Artistic Director.) Fleming, too, had a strong link with the Gateway Theatre Company, having first joined it in 1948 at the invitation of Robert Kemp to perform in the premiere of *Let Wives Tak Tent*, and being, with Kemp, a co-founder of the fully professional company in 1953. In addition, he directed the above-mentioned Gateway revival of *Let Wives Tak Tent* in 1961 which had Carin in the cast.[78] Fleming wrote in the theatre programme for a later production by the Royal Lyceum of *The Servant o' Twa Maisters*, in 1977, which he again directed: 'the Venetian dialect and humour [. . .] translate superbly into Scots'. He added: 'I believe that the Scottish actor has a greater affinity with European plays and continental comedies than his English counterpart'.[79] Findlay has concluded, with reference to the foregoing generally and Fleming's remarks specifically:

> Although there is relatively little information in print on Victor Carin and his work, written either contemporaneously or subsequently, [. . .] one can fairly hazard a guess [. . .] that, as a Scot of half-Italian family background, as an actor with a commitment to furthering an indigenous but internationally-minded Scottish theatre, and as a translator of four 'continental comedies' into a Scots speech that he relished as an actor and which he wished to see preserved and restored, Carin would have been gratified by the first and in agreement with the second of Tom Fleming's comments.[80]

Carin's *The Servant o' Twa Maisters* sees Goldoni's original adapted to a Scottish setting: 'a day in the City of Edinburgh two hundred years ago' (i.e.

the late eighteenth century).[81] The adaptation is thoroughgoing, with Scottish character and place names and culture-specific references. R.D.S. Jack notes, too, that 'at times Carin adapts freely and adds numerous conversations and pieces of stage business, [but] he maintains the basic plot'. He attributes this in part to Carin being an actor and therefore alert to obtaining performance effectiveness – especially as regards releasing the play's humour, which entails a concomitant need 'to increase the overtly farcical elements in the drama and to give fuller play to mime, action and visual effects generally'. Assisting this goal is the fact that:

> Carin's Scots is pungent, snappy and heavily idiomatic. As a result his work is much less sophisticated than Goldoni's but if he loses some of the subtler moments of wit in the Italian original, there are plenty of forceful Scots idioms and exclamations to replace it. [. . .] Goldoni would have been much more appreciative of *The Servant o' Twa Maisters* for all its alterations and innovations than the much more timid English translations, which are usually the non-Italian speaker's introduction to this fine play.[82]

As a professional actor himself, doubtless performance considerations also played a part in Carin's use of a Scots that would be easily intelligible to an audience and that would resist the excesses of a synthetic approach. Although his native Scots was that of Kincardineshire and the North-East, there is little regional colouring in his stage-Scots: occasionally he uses words and pronunciations with North-East associations, but his Scots is for the most part a standard central Scots of a traditional variety appropriate for a late-eighteenth-century setting. He does at times add older words and expressions of a stock kind common to a 'Costume Scots' suggestive of the eighteenth century, but his dramatic language is generally not archaic; rather, its basis is the spoken country Scots of someone of his generation growing up in the 1930s and 1940s. He may modify his native speech to a central or regionally 'neutral' Scots, but one gains a strong sense from the lively colloquial drive of his eminently speakable dialogue, as well as from its ready capacity for humour, that he is drawing on a lived linguistic experience.[83] This is seen, too, in how, in Jack's just-quoted words, the Scots is 'pungent, snappy and heavily idiomatic'. Confirmation of the performance implications of this are found in remarks by an actor with direct experience of acting in one of Carin's translations, who wrote appreciatively of his stage-Scots that it provided 'instant communication without loss of period atmosphere, and [was] a huge gift to the Scottish comedy actors'.[84]

**Hector MacMillan (b. 1929)** was born and raised in Glasgow's east end and now lives in Perthshire where he is a maker of violins and violas. He worked as an electronics engineer, mostly in research, until becoming a freelance dramatist in 1967. Before then he had worked abroad for ten years. Of his decision to return home from Switzerland in 1967, he commented:

> Scotland was on the threshold of an exciting historical development and the things I wanted to write about were connected both with its history and with the process of change. I wanted to be present. To be involved.[85]

His substantial body of work since then, comprising plays, adaptations and translations for stage, radio and television, has made him one of Scotland's senior playwrights today.[86] He co-founded the Scottish Society of Playwrights in 1973 and has served as Chairman. His dozen and more stage plays include work seminal to the surge of Scottish playwriting in the 1970s, such as *The Rising* and *The Sash* (both first performed in 1973).[87] Those two plays illustrate his joint interest in writing about Scotland's past and present, and mostly through the medium of Scots – *The Rising* employing a Scots appropriate for its 1820 setting and *The Sash* a contemporary Glasgow-Scots. His translations into Scots include three plays by Molière: *The Misanthrope* (1986, BBC Radio Scotland); *The Hypochondriak* (premiered 1987, Royal Lyceum Theatre Company, Edinburgh); and *Le Bourgeois Gentilhomme* (premiered 1989, Royal Lyceum Theatre Company, Edinburgh) [a subsequent production used a new title, *Noblesse Obleege!*]. He also translated into Scots *The Barber Figaro!* by Pierre Beaumarchais (premiered 1991, Perth Theatre Company). (For details of where there have been subsequent productions of these translations, see Appendices 1 and 2.) MacMillan's version of *The Hypochondriak* has been translated into Finnish because of an apparent difficulty in making Molière humorous when translated directly from French. Hamish Glen, who directed *The Hypochondriak* for a production at Dundee Rep in 1993, directed the first production in Finland in 1994, and the translation has subsequently proved a popular and critical success at a number of theatres there.[88]

In the theatre programme for the first production of *The Hypochondriak* in 1987, MacMillan helpfully addressed the self-put question 'Why Molière in Scots?'. His answer merits near full quotation here since it elucidates the thinking behind his impulse to translate that work into Scots:

> A variety of reasons are put forward as to why the French dramatist's plays have worked so well in Scots over the past forty years or so, with explanations ranging from the availability of the Scots pantomime tradition of acting and actors, through Auld Alliance connections to a yearning for a national dramatist even if only by adoption. There is more or less truth in most of these suggestions, but there may be an overall reason to encompass them, one involving national characteristics and resulting cultural influences.
>
> For some years I had wanted to translate *Le Misanthrope* into Scots, maintaining the rhyming couplet form, and last year BBC Radio Scotland commissioned the work. Having read of the 'great vigour' of Molière's language, and having failed to find very much of it in English and

American translations, I had been delighted to discover it in the originals and to find that translation into Scots rather than English was not only more satisfying but a great deal easier. Perhaps I should not have been surprised at this suitability of Scots for Molière. We do seem to share a very European enjoyment of abrupt transitions of mood in our writings – transitions from high tragedy to low comedy – from high seriousness to grotesquery – the *Caledonian Antisyzygy* – and this does not seem to be something that occurs so frequently in Anglo-Saxon writing. After I had completed work on *Le Misanthrope* I was told there was one passage that was often regarded as quite untranslatable. I think that judgement must be based on English translations.

Working Molière into Scots very often does not require a search for an equivalent phrase – there is frequently a Scots counterpart and, perhaps more importantly, very often an exact counterpart in attitude and character. The 'emotional and intellectual dualism' described by Kurt Wittig in *The Scottish Tradition in Literature* finds parallels in the work of Molière [. . .]. But there is a cultural world of difference between this and the total pantomimic buffoonery with which Molière's plays are sometimes handled. The buffoonery has its place – a valuable place – but if the production does not give due weight to the quality of the original language, the deep depictions of character, the stage directions implicit in the dialogue, and the moments of intense emotion, then only part of Molière's achievement is being utilised.

As John Wood put it in *The Miser and Other Plays*, Molière displayed not only a new range of comic invention, 'but a tendency to cut deeper than the conventional surface of things and provoke reaction other than laughter'. Over the centuries we [the Scots] seem to have had a penchant for doing something similar and have therefore developed a language fit for the purpose.[89]

In addition to these reasons, influencing MacMillan's choice of medium, too, is that 'our own language, Scots, has suffered over the past two centuries or so from political attempts to introduce a terminal discontinuity'. One means of challenging that is by validating Scots through its public assertion and use in the theatre as the vehicle for original plays and the translation of foreign classics.[90]

MacMillan retains the late-seventeenth-century French setting and names but carries out a degree of adaptation, the better, he explained, 'to try to recreate something of the effect on today's audience that Molière achieved when the work was premiered'; since, in view of the five-act length and four-hour running time of the original, 'there is an obligation on the playwright/translator to reshape the material sufficiently to give it the opportunity to work for a modern audience'.[91] Peacock's assessment is that 'Molière's text has been generally respected apart from a few interesting emendations', which he discusses.[92] (He reprints a selection of excerpted reviews which show how well received was MacMillan's Scots text and adaptation – described, for example, by *The Guardian* critic, as 'a rousing rip-roaring popular success'.[93]) Ronald Alexander examines *The Hypochondriak* in some detail and, while acknowledging some alterations and rearrangements, similarly finds that 'few changes in the dramatic structure have been judged necessary'. For him, 'MacMillan has succeeded above all in translating the essence of Molière – the fun'. He attributes this in large part to the translation medium, noting how, in contrast with the French, the Scots has more image- and verbal-based humour, is more expressively colourful, draws on 'a greater variety of effect created by the combination of sounds', makes more use of registers, and is 'more explicit, more colloquial and funnier'. From his analysis he concludes that MacMillan's Scots is:

> [. . .] richer in sounds, richer in imagery and richer in the whole range of language drawn from different centuries and different styles; the contemporary urban with its anachronistic comic effects, the more careful style of past literature alongside the strong vivid language of the countryside. [. . .] Above all, there is an immense wealth of words, many of which have vanished from everyday speech or possibly survive in some rural corner of Scotland, but because of their sounds and expressive power deserve to be resurrected.[94]

MacMillan's Scots, it could be said, whilst possessing its own distinctiveness, has much in common with Carin's approach, but also something of Kemp's, too, in combining the colloquial with the traditional and literary whilst maintaining a clear eye on performance effectiveness and audience comprehensibility.

**Peter Arnott (b. 1962)** was born in Glasgow and educated at Kelvinside Academy and Cambridge University. He lives in Glasgow and is the current Chair of the Scottish Society of Playwrights. His writing includes plays, adaptations, translations, film and television scripts, cabaret, musical lyrics and arts journalism. One of a significant group of Scottish playwrights that emerged in the mid-1980s,[95] his plays have been staged by Scotland's leading theatre companies, including the Royal Lyceum, the Citizens', the Traverse, the Tron, Dundee Rep, 7:84 (Scotland) and others. Numbering more than twenty, those plays include such work as *White Rose* (1985), *Muir* (1986), *Losing Alec* (1988), *Salvation* (1990), *Hyde* (1997) and *The Breathing House* (2003).[96] The last of these, staged by the Royal Lyceum, was UK winner of the 2003 TMA (Theatrical Management Association) Best New Play Award. His Scots translation of Bertolt Brecht's *Mr Puntila and his Man Matti* was written for Dundee Rep Theatre, who performed it in 1999 in Dundee and on tour to the Citizens' Theatre in Glasgow. Dundee Rep also staged in March-April 2005, his 'Scottish translation' of Friedrich Dürrenmatt's *The Visit*.

Brecht wrote his subversive farce *Mr Puntila and his Man Matti* in 1940 while in exile in Finland, developing it from his hostess Hella Wuolijoki's conventional comedy of Finnish life, based on folk tales and concerning a landowner who is agreeable when drunk but disagreeable when sober. Arnott's idea of rendering Brecht's play into Scots had been nursed since first reading it in 1981; indeed, in the mid-1980s he had floated the idea to his translation's eventual commissioner and director:

> Hamish Glen and I first talked about doing a Scottish *Puntila* in the Traverse [Theatre] Bar sometime in 1985. We were probably gutted at the time. We thought then that its comedy, its drunkenness, its landscape, its lyricism would be bang on the money for a Scottish audience in a Scottish idiom.[97]

By the late 1990s Glen had become Artistic Director of Dundee Rep Theatre; now being able to command the resources for the large cast required, he could bring to the stage Arnott's long-gestated project.

One notes there that Arnott saw certain key elements of the play as assisting its Scottish appeal and its translation into 'a Scottish idiom'. He has explained in conversation,[98] too, that, though set in Finland, the setting is only notionally Finnish, since Brecht's exile there led him to view it as a kind of prelapsarian Eden; thus, the Finnish location has a transferability than can allow parallels with a kind of 'Never-Never-Land Scotland' which nonetheless is rooted in a real Scotland.[99] Among the parallels is that Puntila's relationship with his employees, as a landowner, is both paternalistic and exploitative; and that, in that way, his Jekyll-and-Hyde behaviour, as well as, for example, his being decent when drunk and a swine when sober, betrays a schizophrenic personality of an often alcohol-induced type which Scots intimately recognise. (Arnott's play *Hyde*, staged two years before by Dundee Rep, engages with this subject matter, too, as the title suggests.) There is also a sentimentality familiar to Scots, as seen in when Puntila waxes lyrical about his native heath:

> **PUNTILA** Oh Tavastland the fair, yow ur touched wi heaven. Yer sky. Yer lochs, yer fowk and yer forests. (*To MATTI*) Tell me. Yer hairt is fu wi aw this beauty.
> **MATTI** Ma hairt is fu wi the beauty ae your forests, Herr Puntila.

The servant Matti's telling choice of word, '*your* forests' [inserted emphasis], which reverberantly ends Scene Ten, exemplifies how the landowner Puntila's sentimentality is undercut by the satirical dialectic of Brecht's sly note of realism. Both the sentimentality and the chastening riposte find a modern Scottish echo in the contrast between many Scots' mawkish praise of 'Bonnie Scotland' and other compatriots' more sceptical questioning, 'Who owns Scotland?'.[100] That the landowner, Puntila, speaks in Scots, was, for Arnott, helpful to the dialectic at work here and in the play generally: one expects from the language that Puntila is couthy and 'one of us' with his servants and labourers, when he is, at base, neither; and having him a Scots speaker assists in creating a tension in how, questioningly, we see him. More broadly, the highly idiosyncratic kind of Scots used in the translation, in being neither familiar nor naturalistic, helped to create distance from characters in keeping with Brecht's emphasis on theatricality rather than believability, and his related dramatic theory of alienation, *verfremdungstechnik*, whereby empathy with characters is discouraged and the spectator is brought to judge them rationally and reflectively, thereby arousing the capacity for political action. A serendipitous discovery by Peter Arnott in rehearsals at Dundee Rep was that his eccentric and often exotic Scots caused the actors to compensate for the occasional strangeness and unintelligibility by use of gestures. He saw that this helpfully sat with Brecht's '*Gestus*' theory as applied to his work as playwright and director. Carl Weber explains the theory:

> The term defines the total persona the actor creates on stage by way of physical demeanour, facial expression, vocal utterances, costume and so forth. The *Gestus* was to be mainly determined by the social position and history of a character, and Brecht instructed his actors to develop it by careful attention to all the contradictions to be discovered in the actions and verbal text of the role.[101]

In response to his observations early in rehearsals, Arnott revisited his text, placing unusual words more strategically so that likely unintelligibility for the actor (and therefore also for the audience) would be mediated by compensatory 'gesture', in Brechtian terms, that would be reflective of the 'total persona' of the character as created by the actor in performance. Alongside this, because *Puntila* can be interpreted as taking the form of a series of set-piece comedy sketches as in variety theatre, Arnott believed that choosing Scots for his stage medium would release an energy in the cast that would well serve that dimension to the play, given Scottish actors' characteristic familiarity with its use in variety and pantomime and their traditional ability to cross over with ease from legitimate to popular theatre.[102] There was, too, he explained, a further dimension to that consideration of harnessing a Scots-induced energy; one which linked up with the issue of unintelligibility and compensatory *Gestus*:

> Scots language is strangely theatrical. It's a language that we all pretend to ourselves that we recognise and understand, but we really don't. That's inherently theatrical, because it means it has to be energised by the actors.[103]

Of the self-styled 'piebald version of Scots' he forged,[104] Arnott humorously cautioned in the theatre programme:

> Linguistic purists should be warned now [. . .] the Scots in the play is an unholy guddle of regional variations. I hope they huv the smeddum for it.[105]

Elsewhere he described his 'unholy' concoction as:

> [A] version [of Scots] so bastardized as to be completely unrecognizable as a reproduction of how anyone ever actually spoke, unless they'd grown up in 18th-century Angus, 19th-century Hawick and contemporary Glasgow all at the same time. [. . .] [M]y feeling is that all forms of 'English' are now up for grabs in the post-imperial settlement, however it turns out, from Lagos to Lossiemouth, as it were . . . a single, diverse resource that goes beyond ethnicity into invention.[106]

\*\*\*\*\*

That last finds an echo in Corbett's observation on writing employing a synthesised Scots today:

> The boundaries which have long held between 'plastic' and 'realistic' Scots are shifting, in a world in which we have been taught to re-evaluate the roles of essence and artifice in the construction of complex social identities. [. . .] [Thus, for some writers, employing an eclectic Scots] provides an apt means of literary experimentation in a world which views identities as necessarily contingent, and always artificial.[107]

He notes, too, that where younger writers are returning to a Lallans-style Scots, in terms of a synthesised medium,[108] albeit one often open to embracing contemporary urban Scots, 'their influence is as much the ironic playfulness of Edwin Morgan as the strident nationalism of Hugh MacDiarmid'.[109] Experimentation and playfulness can certainly be applied to Peter Arnott's tongue-in-cheek 'unholy guddle' of what can be dubbed a 'post-modern Scots', gaily untrammelled as it is by theory or ideology. We see, too, that the issue of an essential identity bound up with a distinctive language matters less to him: Scots is viewed rather as part of a continuum of international 'Englishes' forming 'a single, diverse resource that goes beyond [questions of] ethnicity into invention'. This is at a decided remove from Douglas Young's ideologically-informed Lallans in *The Burdies*; yet even then, in terms of synthesising practice, Young's 'extravaganza' of language is a precursor of sorts to Arnott's; but only 'of sorts'.

More direct precursors are Edwin Morgan's *Cyrano de Bergerac* (1992) and Liz Lochhead's *Tartuffe* (1986). With *Cyrano*, Morgan explained that he wished to forge a stage-Scots 'that would be thoroughly stageworthy, and not incomprehensible to audiences', hence he decided that:

an urban Glaswegian Scots would offer the best basis, since it is widely spoken, can accommodate contemporary reference, is by no means incapable of the lyrical and the poetic, and comes unburdened by the baggage of the older Scots which used to be thought suitable for historical plays.[110]

Morgan does not abandon 'older Scots' in his translation, but he makes the base speech a Glasgow-Scots, which is then aggrandised with traditional and literary Scots borrowings. This represented a reversal of past practice, as in Young's case, where, in hierarchical terms, a would-be classical Scots was given privileged place in the synthesis. It is a break with the past that had first occurred a few years earlier, in 1986, with Lochhead's *Tartuffe*, which employed, as she wrote, 'a cavalier and rather idiosyncratic rhythm that I justified to myself by calling it "the rhythm of spoken Scots"'. She added: '[I]t is a totally invented and, I hope, theatrical Scots, full of anachronisms, demotic speech from various eras and areas; it's proverbial, slangy, couthy, clichéd, catch-phrasey, and vulgar.'[111] Again, it is an eclectic medium that in principle has a link with the earlier Lallans synthesisers, but one notes the characteristics that distinguish it from their practice: 'cavalier', 'idiosyncratic' and 'totally invented'. Whereas Scottish-Renaissance Lallans writers such as Robert Kemp and Douglas Young, notwithstanding their different varieties of stage-Scots, subscribed to and carefully practised standardisation, as seen in the case of their adherence to the 1947 spelling guidelines, the respective examples of Lochhead, Morgan and Arnott demonstrate in sharp contrast – not least as regards rendering urban pronunciation and speech realities on the page – an unconcern for and disregard of such would-be prescription.

The distance travelled in fifty years, then, from Robert Kemp's founding work in the modern tradition of translating classic drama into Scots, *Let Wives Tak Tent* (1948), to Peter Arnott's *Mr Puntila and his Man Matti* (1999), is considerable. Yet, importantly, as they and the other translations collected here demonstrate, in their respective mediums – ranging, variously, through classic to colloquial Scots, standard literary to aggrandised urban demotic, country vernacular to 'guddle of regional variants', conservative to wilfully idiosyncratic, carefully-reconstructed period to devil-may-care never existed, principled to pragmatic and performance-weighted, etcetera – it is a tradition that has remained vigorous and one whose very diversity of approaches continues to claim popular interest and support, as proven by theatre managements' ongoing wish to commission and programme Scots translations of classic work. Why that is so, it can be argued, is bound up with the fact that '[t]he absence of a fixed standard variety necessitates the continual *reinvention* of the language' [inserted emphasis]; the condition of the language makes necessary a linguistic inventiveness that imparts dramatic energy to stage-Scots, with the translator, in fashioning his or her respective medium, drawing from 'the unfocused norms of an urban demotic, a rural Doric, or a literary synthesis'.[112] It is a reinvention and a richness of choice instanced by the multifarious varieties of stage-Scots *creatively* forged by translators over the past half century, on the basis of 'horses for courses', of best fitting a given work, as exemplified by the five translations represented here; a state of constant reinvention that is an aid rather than a hindrance to Scots translators in their act of serving twa maisters – of honouring the source play while fashioning a stageworthy Scots of imaginative and emotional range and verbal effectiveness for the nation's theatre audiences.

## Notes

1. W.L. Lorimer (trans.), *The New Testament in Scots* (Edinburgh: Southside, 1983). The quotation is from p. 298. The translation is discussed in David Ogston, 'William Lorimer's *New Testament in Scots*: An appreciation', in *The Bible in Scottish Life and Literature*, ed. by D.F. Wright (Edinburgh: Saint Andrew Press, 1988), pp. 53-61; and in George Bruce, ''The auld warld is by wi': W.L. Lorimer's *The New Testament in Scots*', *Scottish Language*, 23 (2004), pp. 1-18.

2. John Corbett, *Written in the Language of the Scottish Nation: A History of Literary Translation into Scots* (Clevedon: Multilingual Matters, 1999). Bill Findlay, ed., *Frae Ither Tongues: Essays on Modern Translations into Scots* (Clevedon: Multilingual Matters, 2004). Articles and essays on Scots translation are listed in the bibliography and references on pp. 187-94 and 252-61, respectively, of those books.

3. John Corbett, '*Writtin in the Langage of Scottis Natioun*: Literary Translation into Scots', in *Translating Literature*, ed. by Susan Bassnett (Cambridge: Brewer/The English Association, 1997), p. 95.

4. Bill Findlay, 'Editor's Introduction', in *Frae Ither Tongues*, p. 7.

5. The words 'translating' and 'translation' should not necessarily be understood in their dictionary meanings in the context of the discussion here, or in this volume generally. Many of the classical and contemporary plays rendered into Scots in the modern period have been translated directly from the source language; equally, some have not, but are 'versions' or 'adaptations' fashioned from an intermediate English translation, sometimes literal. Scottish theatre, in common with British theatre generally, uses the words 'translation', 'version' and 'adaptation', at different times and often randomly, both correctly and loosely, so it can be difficult always to ascertain precisely how a given performance script has been fashioned. (Appendix 2 does, however, attempt to categorise the works listed appropriately.) For further discussion of this, including a practitioner's analysis of a 'versionising' approach based on an English translation, see Bill Findlay, 'Silesian into Scots: Gerhart Hauptmann's *The Weavers*', *Modern Drama*, 41:1 (1998), pp. 90-104.

A parallel of sorts to theatre practice can be found in the 'translation' of poetry into Scots. One can instance Hugh MacDiarmid's 'translations', which are more correctly adaptations or versions based on English translations, since 'there is no convincing evidence to show that he is in full command of any foreign tongue': see Kenneth Buthlay, *Hugh MacDiarmid (C.M. Grieve)* (Edinburgh: Oliver and Boyd, 1964), p. 75, and the more general discussion of this issue on pp. 72-80. Another example is Robert Garioch's 'translations' of Belli's sonnets, which were based on 'line-for-line cribs' in English produced for him by a translator: see Christopher Whyte, 'Robert Garioch and Giuseppe Belli', in *Frae Ither Tongues*, p. 192. Garioch's method of 'translation' is discussed there in detail on pp. 192-214 *passim*.

6. See Bill Findlay, 'Beginnings to 1700', in *A History of Scottish Theatre*, ed. by Bill Findlay (Edinburgh: Polygon, 1998), pp. 47-50.

7. See Anna Jean Mill, *Mediaeval Plays in Scotland* (Edinburgh: Blackwood, 1927), pp. 94 and 285.

8. The rival claim of Robert Mitchell's 1945 version of Gorki's *The Lower Depths*, listed as the first entry in Appendix 2 here, is problematic for reasons explained in a footnote there. See, too, Bill Findlay, ' "By Policy a Native Theatre": Glasgow Unity Theatre and the Significance of Robert Mitchell's Scottish Adaptation of *The Lower Depths*', *IJoST: International Journal of Scottish Theatre*, 2:1 (2001), http://arts.qmuc.ac.uk/ijost/Volume2_no1/ B_Findlay.htm (pp. 1-15).

9. Two of those translations, R.L.C. Lorimer's of Shakespeare's *Macbeth* and David Purves's of *The Ootlaw* by Strindberg, have not been staged. For details, see Appendix 2, Note (b). Two unstaged play translations of historical work that have not been included here because they do not constitute work in the classical repertoire, in the sense of being by world dramatists of note, are Robert Garioch's of George Buchanan's two sixteenth-century Latin tragedies. See Appendix 2, Note (b).

10. The translation into Scots of contemporary drama is a very recent development as indicated. The reasons for this are discussed in Bill Findlay, 'Talking in Tongues: Scottish Translations 1970-1995', in *Scottish Theatre Since the Seventies*, ed. by Randall Stevenson and Gavin Wallace (Edinburgh: Edinburgh University Press, 1996), pp. 186-97. The first such translation is Martin Bowman and Bill Findlay's *The Guid Sisters*, a co-translation of Québécois playwright Michel Tremblay's *Les Belles-Soeurs*, completed in 1979 but not staged until 1989: see Bill Findlay, '*Gallus* meets *joie-de-vivre*', in *Montreal-Glasgow*, ed. by Bill Marshall (Glasgow: University of Glasgow French and German Publications, 2005), p. 194 (including n. 43). Other translations are named in Findlay, 'Talking in Tongues', *passim*. The decade since that essay's cut-off date of 1995 has seen further contemporary foreign plays translated into Scots.

11. Findlay, 'Editor's Introduction', in *Frae Ither Tongues*, pp. 5 and 6.

**12.** See Lindsay Paterson, 'Language and Identity on the Stage', in *Scottish Theatre Since the Seventies*, pp. 75-83; and Bill Findlay, 'Introduction', in *Scots Plays of the Seventies*, ed. by Bill Findlay (Dalkeith: Scottish Cultural Press, 2001), pp. ix-xxvi *passim*. For suggested reasons for the surge in translating plays into Scots since 1980, see Findlay, 'Talking in Tongues', pp. 190-91.

**13.** It is interesting to note in this regard that Kemp's two Molière translations are considered alongside plays by McLellan and Reid in: John Thomas Low, 'Mid Twentieth Century Drama in Lowland Scots', in *Scotland and the Lowland Tongue*, ed. by J. Derrick McClure (Aberdeen: Aberdeen University Press, 1983), pp. 170-94. Low makes no distinction between original plays and translations as comprising 'a body of classics of the Scottish theatre' (p. 170).

**14.** For discussion of the general differences between Scots translations of drama in the 1940s-60s period and post-1970, see, for the respective periods, 'Lallans Translations on Stage', pp. 151-8, and Chapter 8, *passim*, in Corbett, *Written in the Language of the Scottish Nation*. Reference is made there, too, to the link between original plays and translations in the early postwar period (pp. 151-2). Corbett notes that, today, 'a few Lallans dramatic texts are still being published and produced', and instances these, but agrees that 'more recent Scots drama tends to take the route of reproducing something much closer to an urban idiom' (p. 156).

**15.** Randall Stevenson, 'Introduction', in *Scottish Theatre Since the Seventies*, p. 4.

**16.** Donald Smith, '1950 to 1995', in *A History of Scottish Theatre*, p. 305.

**17.** The texts of some of those translations of contemporary plays have been published: Michel Tremblay, *The Guid Sisters and Other Plays*, [title play] translated by Martin Bowman and Bill Findlay (London: Nick Hern Books, 1992); Michel Tremblay, *Forever Yours, Marie-Lou*, translated by Martin Bowman and Bill Findlay (London: LadderMan Playscripts, 1994); Jeanne-Mance Delisle, *'The Reel of the Hanged Man'*, translated by Martin Bowman and Bill Findlay, *Edinburgh Review*, 105 (2000), pp. 99-143; Michel Tremblay, *Solemn Mass for a Full Moon in Summer*, translated by Martin Bowman and Bill Findlay (London: Nick Hern Books, 2000); Laura Ruohonen, *Olga*, in a version by Linda MacLean (Edinburgh: Traverse Theatre, 2001). A section of Stuart Hood's self-styled 'Lallans' translation of Dario Fo's *Mistero Buffo* is appended to Dario Fo, *Mistero Buffo*, translated by Ed Emery (London: Methuen, 1988; repr. 1991), pp. 120-22.

**18.** This is not to deny that translators of contemporary plays sometimes employ style and register shifts: e.g. see Martin Bowman and Bill Findlay, 'Translating Register in Michel Tremblay's Québécois Drama', in *Frae Ither Tongues*, pp. 66-83. On occasion, too, and as required by the source work, a more traditional Scots may be employed: e.g. see *ibid.*, p. 73; and Stuart Hood, 'Dario Fo's *Mistero Buffo* into Scots', in *Frae Ither Tongues*, pp. 53-65. Also, a recent-past speech or a regional milieu in the source text may call for a 'period'- or country-inflected Scots of a certain kind: e.g. see Bill Findlay, 'Translating Standard into Dialect: Missing the Target?', in *Moving Target: Theatre Translation and Cultural Relocation*, ed. by Carole-Anne Upton (Manchester: St Jerome, 2000), pp. 35-46. For discussion of translations of contemporary work where there is a more straightforward use of urban Scots, see, e.g.: Sirkku Aaltonen, 'Olga's Eightsome Reel in Edinburgh: A Case Study of Finnish Drama in English [sic] Translation', in *Drama Translation and Theatre Practice*, ed. by Sabine Coelsch-Foisner and Holger Klein (Frankfurt a.M.: Peter Lang, 2004), pp. 121-35; and the essays by several hands, on various of the eight Tremblay translations by Bowman and Findlay, listed in *Frae Ither Tongues*, p. 67.

**19.** Noël Peacock, *Molière in Scotland 1945-1990* (Glasgow: University of Glasgow French and German Publications, 1993). He dubs the phenomenon 'the MacMolière industry' (p. 233). In addition to the nine translations referred to, Peacock lists other Scots translations, versions and adaptations of Molière that were written for the amateur theatre scene: see Appendix 2, Note (c), herein.

**20.** Liz Lochhead, *Miseryguts & Tartuffe: Two Plays by Molière* (London: Nick Hern Books, 2002); Liz Lochhead, *Medea (after Euripides)* (London: Nick Hern Books, 2002); Anne Gifford and Jane Robertson, *Contemporary Scottish Plays for Higher English and Drama* [includes Lochhead's *Medea*] (London: Hodder & Stoughton, 2002); Edwin Morgan, *Edmond Rostand's Cyrano de Bergerac* (Manchester: Carcanet, 1992, and reprints); Jean Racine, *Phaedra: Translated from the French into Scots by Edwin Morgan* (Manchester: Carcanet, 2000). For studies of those translations, see Appendix 2, Notes 15, 20, and 24.

**21.** See the Bibliography for the location of unpublished copies of the translations and for publication details of the two translations by Kemp and Young that have been published before.

**22.** The biographical details, here and subsequently, are drawn from: Bill Findlay, 'The Founding of a Modern Tradition: Robert Kemp's Scots Translations of Molière at the Gateway', in *Journey's Beginning: The Gateway Theatre Building and Company, 1884-1965*, ed. by Ian Brown (Bristol, UK, and Portland, Or., USA: Intellect, 2004), p. 65.

**23.** Sir David Lindsay, *The Satire of The Three Estates* ['The acting text prepared by Robert Kemp for Tyrone Guthrie's production at the Edinburgh Festival 1949'] (Edinburgh: The Scots Review, [n.d.] [1949(?)]). Sir David Lyndsay, *Ane Satyre of the Thrie Estaites* ['Acting text by Robert Kemp'] ['revised edition'] (Edinburgh: Polygon, 1985).

**24.** Discussed at more length in Findlay, 'The Founding of a Modern Tradition', pp. 72-3; and in Donald Smith, 'The Gateway Theatre Company', in *Journey's Beginning*, pp. 53-63.

**25.** *Knock* was presented at the Gateway in season 1948-49, and broadcast on BBC Television in 1954: see Appendix 2, Note (a). For information about *The Laird o' Grippy*, see Appendix 2 and the entry for 1955, along with the associated note 4 there.

26. See Appendix 1 for fuller details.

27. Findlay, 'The Founding of a Modern Tradition', pp. 66-75.

28. *Ibid.*, pp. 73-4.

29. Arnold Kemp, 'The Bourgeois Bohemian', *The Scottish Review*, 23 (Autumn 2000), p. 37.

30. Robert Kemp, 'Preface: A Word to the Actors', in *The Other Dear Charmer* (London: Duckworth, 1957), p. 16.

31. Reported by David Douglas in his profile of Robert Kemp in *The Glasgow Herald*, 26 August 1961.

32. Noël Peacock, 'Robert Kemp's Translations of Molière', in *Frae Ither Tongues*, p. 88.

33. *Ibid.*, p. 104.

34. David Murison, late editor of *The Scottish National Dictionary*, classed Kemp among that second wave: 'During the Second World War the "Lallans" movement came to the fore with a new race of poets [. . .] and playwrights like Robert McLellan and Robert Kemp.' See David Murison, 'The Historical Background', in *Languages of Scotland*, ed. by A.J. Aitken and Tom McArthur (Edinburgh: Chambers, 1979), p. 13. It should be noted that there was also at mid century a group of playwrights associated with Glasgow Unity Theatre who, in contrast, employed a contemporary urban Scots of a kind that dismayed, as is illustrated there, the likes of Kemp and Murison: see Bill Findlay, 'Modern Scots Drama and Language Planning: A Context and Caution', in *Towards our Goals in Broadcasting, the Press, the Performing Arts and the Economy: Minority Languages in Northern Ireland, the Republic of Ireland, and Scotland*, ed. by John M. Kirk and Dónall P. Ó Baoill (Belfast: Queen's University, 2003), pp. 166-9.

35. Corbett, *Written in the Language of the Scottish Nation*, p. 152.

36. John Thomas Low, 'Mid Twentieth Century Drama in Lowland Scots', p. 185.

37. Kemp, *The Other Dear Charmer*, p. 16.

38. 'Translator's Note' in the theatre programme to the 1948 production of *Let Wives Tak Tent* at the Gateway Theatre, Edinburgh. A copy is held in the National Library of Scotland at Mus.Box.250 (Gateway Theatre). Kemp's choice of prose, and the relocation to Edinburgh, aside, Peacock's detailed analysis of *Let Wives Tak Tent* against the French original finds that he followed Molière 'closely and sacrificed literal exactness only when faithfulness would be unidiomatic': Peacock, 'Robert Kemp's Translations of Molière', p. 88.

39. *Ibid.*

40. *The Scotsman*, 24 June 1949. Quoted in Peacock, *Molière in Scotland*, p. 46.

**41.** Low, 'Mid Twentieth Century Drama in Lowland Scots', pp. 179-86; Peacock, *Molière in Scotland*, pp. 44-60 and 165-72; Peacock, 'Robert Kemp's Translations of Molière', in *Frae Ither Tongues*, pp. 87-105; William [Bill] Findlay, 'Motivation and Method in Scots Translations, Versions, and Adaptations of Plays from the Historic Repertoire of Continental European Drama' (unpublished doctoral thesis, 2 vols., Queen Margaret University College, Edinburgh, 2000), Vol. 1, pp. 51-67.

**42.** Young gives an account of the origins of his Scottish nationalism, his involvement with the Scottish National Party, and his trials and imprisonment, in *Douglas Young, Chasing an Ancient Greek: Discursive reminiscences of an European journey* (London: Hollis & Carter, 1950), pp. 55-66.

**43.** 'Scots Whae Hae No. 13 – Douglas Young', [anon.], *The Scots Review*, 8:1 (April 1947), p. 10.

**44.** This information is taken from: *The Puddocks*, 'by Aristophanes and Douglas Young', 2nd edn (Tayport: The Author, 1958), pp. vi and 53-6; and *The Burdies*, 'by Aristophanes and Douglas Young' (Tayport: The Author, 1959), p. iii.

**45.** See Donald Campbell, *A Brighter Sunshine: A Hundred Years of the Edinburgh Royal Lyceum Theatre* (Edinburgh: Polygon, 1983), pp. 174 and 181-87.

**46.** Douglas Young, *The Use of Scots for Prose; being The John Galt Lecture for 1949* (Greenock: Greenock Philosophical Society, 1949), p. 19.

**47.** Douglas Young, *'Plastic Scots' and the Scottish Literary Tradition: An authoritative introduction to a controversy* ([n.p.] [Glasgow(?)]: [n. pub.] [William MacLellan(?)], [n.d.] [1947(?)]), pp. 3 and 31.

**48.** For publication details see notes 46 and 47 above.

**49.** Young, *'Plastic Scots'*, p. 19.

**50.** For more detailed discussion of the motivation behind *The Puddocks* and *The Burdies*, see Bill Findlay, 'Towards a reassessment of Douglas Young: motivation and his Aristophanic translations', *Études Écossaises*, 10 (forthcoming 2005), pp. 175-86.

**51.** Originally published as 'The Spelling of Scots: A Lallans Style Sheet', *The Scots Review*, 8:2 (May 1947), [n. pag.]. It is reprinted in David Purves, *A Scots Grammar* (Edinburgh: Saltire Society, 1997), pp. 63-4. Kemp's original note, 'Spelling of Scots', included in the prefatory material to *Let Wives Tak Tent* reprinted here, confirms that his practice 'follows in the main recommendations made at a recent meeting [i.e. in 1947] for the reform of Scots spelling'. Young's 'Foreword' to *The Burdies*, similarly included here, also refers to that meeting: 'About ten years ago the translator took part in discussions, initiated by Mr Albert D. Mackie, when a group of playwrights and poets sought agreement, or limits to their differences, in the matter of spelling conventions. Spellings here mostly keep within the conventions then homolgated.'

**52.** '*Plastic Scots*', p. 23.

**53.** *The Observer*, 28 August 1966, reprinted in Douglas Young, *Scots Burds and Edinburgh Reviewers: A Case Study in Theatre Critics and their Contradictions* (Edinburgh: Macdonald, 1966), p. 21.

**54.** 'Supermakar Story' is in Alexander Scott, *Cantrips: Poems* (Preston: Akros, 1968), pp. 31-2. Scott provides notes to the poem, on pp. 33-4, from which can be gleaned information about the spat that gave rise to it.

**55.** Donald Campbell, *A Brighter Sunshine*, p. 184. The controversy is discussed on pp. 184-87.

**56.** For publication details see note 53 above.

**57.** *The Puddocks*, p. xi.

**58.** From a letter Young sent to *The Scotsman* in 1952, reprinted in *A Clear Voice: Douglas Young, poet and polymath* [no ed.], (Loanhead: Macdonald, [n.d.] [1974(?)]), p. 82. For Kemp's disparaging of such language, see, for example, his comments on 'the music-hall pronunciation of Scots, a by-product of industrialism and slums' (Kemp, *The Other Dear Charmer*, p. 17).

**59.** See comments by him in the letter cited at note 58 above.

**60.** '*Plastic Scots*', p. 17.

**61.** Douglas Young, 'Thochts Anent Lallans Prose', *The Scots Review*, 8:1 (April 1947), p. 14.

**62.** J. Derrick McClure, '*The Puddocks* and *The Burdies* "by Aristophanes and Douglas Young"', in *Frae Ither Tongues*, p. 219. See, too, Corbett, *Written in the Language of the Scottish Nation*, pp. 155-6. Corbett states that 'Young was one of the most eager of the Lallans makars to extend his vocabulary by using archaisms, compounds, borrowings and calques, and there is still an element of these strategies for linguistic modernisation in his stage-Lallans' (p. 155).

**63.** Findlay, 'Towards a reassessment of Douglas Young' (forthcoming 2005).

**64.** *The Burdies*, p. v.

**65.** McClure, '*The Puddocks* and *The Burdies* "by Aristophanes and Douglas Young"', pp. 224 and 230.

**66.** The term 'stage-Lallans' is borrowed from Corbett, *Written in the Language of the Scottish Nation*, p. 155, where it is specifically applied to Young's translations of Aristophanes.

**67.** For detailed discussion of Young's Scots in his play translations, see: McClure, '*The Puddocks* and *The Burdies* "by Aristophanes and Douglas Young"', pp. 215-30; and Findlay, 'Motivation and Method in Scots Translations, Versions, and Adaptations of Plays from the Historic Repertoire of Continental European Drama', Vol. 1, pp. 82-108.

**68.** These biographical details, and the discussion that follows, draw on Bill Findlay, 'Motivation and mode in Victor Carin's stage translations into Scots', in *Italian Scottish Identities and Connections*, ed. by Margaret

Rose and Emanuela Rossini (Edinburgh: Italian Cultural Institute, [n.d.] [2001(?)]), pp. 121-42.

69. 'Victor Carin', programme note in the 1991 season repertoire brochure *Pitlochry Festival Theatre '91*, [no pag.] (private copy).

70. 'Victor Carin', note in the theatre programme for the production of *The Chippit Chantie* at Dundee Rep, 26 June-13 July 1974. A copy is held in the Scottish Theatre Archive, University of Glasgow, at STA B.c.Box1/69.

71. 'Victor Carin', programme note in the 1991 season brochure *Pitlochry Festival Theatre '91*, [no pag.] (private copy); and Moultrie R. Kelsall, 'The Last Five', in *The Twelve Seasons of the Edinburgh Gateway Company 1953-1965*, [no ed.] (Edinburgh: St Giles Press, 1965), p. 38.

72. 'New Producer for the Gateway', *The Scotsman*, 17 April 1963.

73. Roddy McMillan, *All in Good Faith* (Glasgow: Scottish Society of Playwrights, 1979).

74. Robert Kemp, 'The First Seven Years', in *The Twelve Seasons of the Edinburgh Gateway Company*, p. 12.

75. See details of seasons 1961-62 and 1962-63 in *The Twelve Seasons of the Edinburgh Gateway Company*, pp. 52-3.

76. Lennox Milne, 'Mainly About the Early Years', in *The Twelve Seasons of the Edinburgh Gateway Company*, p. 22.

77. 'The Play', note in the theatre programme for the production of *The Chippit Chantie* at Dundee Rep in 1974. See note 70 above.

78. See Tom Fleming's recollections, 'A Theatre is People', in *The Twelve Seasons of the Edinburgh Gateway Company*, pp. 24-30.

79. Programme note by Tom Fleming for *The Servant o' Twa Maisters* performed by the Royal Lyceum Theatre Company, 12-22 October 1977. A copy is held in the Scottish Theatre Archive, University of Glasgow, at STA F.c.Box2/26.

80. Findlay, 'Motivation and mode in Victor Carin's stage translations into Scots', p. 126.

81. In addition to the internal evidence for this dating, it is specified, as quoted, in the theatre programme for the premiere of *The Servant o' Twa Maisters* at the Royal Lyceum in 1965. A copy is held in the National Library of Scotland at Mus.Box.250. R.D.S. Jack incorrectly gives the setting as the twentieth century (his p. 67; see next note below).

82. R.D.S. Jack, *Scottish Literature's Debt to Italy* (Edinburgh: Italian Institute and Edinburgh University Press, 1986), pp. 65-9. The quotations are taken, respectively, from pp. 65, 68, and 68-9.

83. For more detailed discussion of Carin's Scots, see Findlay, 'Motivation and mode in Victor Carin's stage translations into Scots', pp. 126-39.

84. Letter from Martin Heller to Bill Findlay dated 11 September 2004. He performed in Carin's *The Chippit Chantie* at the Royal Lyceum, Edinburgh, in 1968, and at Dundee Rep in 1974.

85. From a statement by him on the back cover of *The Sash* (see note 87 below).

86. Fuller details of MacMillan's work for television and the stage are given in: Findlay, ed., *Scots Plays of the Seventies*, p. 70; *Playwrights Register: A Directory of Scottish Playwrights* ([n.p.] [Edinburgh(?)]: Scottish Society of Playwrights, [n.d.] [2000(?)]), pp. 90-91.

87. Hector MacMillan, 'The Rising', in *Scots Plays of the Seventies*, pp. 69-140. Hector MacMillan, *The Sash* (Glasgow: Molendinar, 1974).

88. See Bill Findlay, 'Talking in Tongues: Scottish Translations 1970-1995', pp. 195-6, n. 14. The information is taken from a letter from Hector MacMillan to Bill Findlay dated 13 November 1995, and from MacMillan's published remarks at the time of the Royal Lyceum's revival in 2000 (see note 90 below).

89. Hector MacMillan, 'Why Molière in Scots?', in the theatre programme for *The Hypochondriak*, Royal Lyceum Theatre Company, Edinburgh, first performance 23 January 1987 (private copy).

90. 'Playwright Hector MacMillan addresses some frequently asked questions about his work', in the theatre programme for *The Hypochondriak*, Royal Lyceum Theatre Company, Edinburgh, 13 September to 7 October 2000, p. 20 (private copy).

91. *Ibid.*, pp. 18 and 19.

92. Peacock, *Molière in Scotland*, pp. 221-3.

93. *Ibid.*, pp. 224-7. *The Guardian* reviewer's comment is on p. 224.

94. Ronald Alexander, 'Molière: translated by Hector MacMillan', *Edinburgh Review*, 105 (2000), pp. 55-63 *passim*.

95. Others in that mid-80s group include Chris Hannan, John Clifford and Simon Donald. For contemporary confirmation of their emergence having significance, see Joyce McMillan, *The Traverse Theatre Story* (London: Methuen, 1988), pp. 92-3; and Mary Brennan, 'Scottish Repertory Theatre', *Chapman*, [Scottish Theatre double issue], 43-4 (III:6 and IX:1) (Spring 1986), p. 13.

96. For a list of his plays to 1999, see *Playwrights Register*, p. 6. Peter Arnott kindly supplied a list of his work to 2004, which has been drawn on, too. To date, none of his plays has been published. He discusses his writing in Greg Giesekam, 'Connections with the Audience: Writing for a Scottish Theatre' [Interview with Peter Arnott], *New Theatre Quarterly*, 6:24 (1990), pp. 318-34. A number of his plays feature mention in *Scottish Theatre Since the Seventies*, pp. 61, 94-5, 176, 180, 182.

97. Peter Arnott, 'Brecht and Puntila, Puntila and Me', programme note in the theatre programme for Dundee Rep Theatre Company's production of *Mr Puntila and his Man Matti*, 10-27 February 1999 at Dundee Rep Theatre and 3-13 March 1999 at Citizens' Theatre, Glasgow, [no pag.] (private copy).

98. What follows is based on the notes of a conversation in Glasgow

between Bill Findlay and Peter Arnott on 6 December 2004 on the specific subject of his *Puntila*.

99. Quoted in Mark Fisher, 'Plenty of mettle and an abundance of irony' [article based on interview with Peter Arnott about *Puntila*], *The Herald*, 9 February 1999.

100. It is a question at the heart of a Brecht-influenced seminal work in modern Scottish drama, John McGrath's *The Cheviot, the Stag and the Black, Black Oil* (London: Methuen, 1981; and subsequent reprints). The invitation to the audience to join in singing 'These Are My Mountains' at the start of that play (pp. 1-2) sees an intended irony in 'my mountains' akin to Matti's 'your forests' in *Puntila*, with both throwing into relief the political question of land ownership.

101. Carl Weber, 'Brecht and the Berliner Ensemble', in *The Cambridge Companion to Brecht*, ed. by Peter Thomson and Glendyr Sacks (Cambridge: Cambridge University Press, 1994; repr. 1997), p. 182.

102. See Findlay, '*Gallus* meets *joie-de-vivre*', pp. 189-91.

103. As note 99 above.

104. Quoted in Joyce McMillan, 'Rep it up and start again', *The Scotsman*, 10 February 1999.

105. As note 97 above. The production was a popular success but the self-confessed 'unholy guddle' of the Scots tended to divide the critics: some described it as '57 varieties of Scots', 'clotted', and 'a dog's breakfast'; while others, in contrast, found that 'the strangeness of the language subsides, overcoming some of the initial barriers' and that it was 'sinewy, multi-layered' and 'vigorous'. The quotes are from, in order, reviews in: *The Times*, 4 March 1999; *St Andrews Citizen*, 26 February 1999; *The Scotsman*, 13 February 1999; *Forfar Dispatch*, 18 February 1999; *The Stage*, 25 February 1999; *St Andrews Citizen*, 26 February 1999. It will be noted that one of those reviewers found the language both 'clotted' and 'vigorous', which helpfully sums up how those two dimensions creatively rub together in Arnott's Scots, as intended by him.

106. Letter from Peter Arnott to Bill Findlay dated 15 March 1999.

107. Corbett, *Written in the Language of the Scottish Nation*, p. 160.

108. 'Lallans' is defined by Corbett as 'a 'synthetic' or 'plastic' variety which incorporates current features of traditional Scots alongside archaisms, neologisms and calques': John Corbett, *Language and Scottish Literature* (Edinburgh: Edinburgh University Press, 1997), p. 253.

109. Corbett, *Written in the Language of the Scottish Nation*, p. 160.

110. Edwin Morgan, 'Foreword', *Cyrano de Bergerac*, p. xi. Morgan's language is the subject of: David Kinloch, 'Edwin Morgan's *Cyrano de Bergerac*', in *Frae Ither Tongues*, pp. 123-44; and Findlay, 'Motivation and Method in Scots Translations, Versions, and Adaptations of Plays from the Historic Repertoire of Continental European Drama', Vol. 1, Ch. 7.

111. Liz Lochhead, 'Introduction', *Tartuffe: A translation into Scots from*

*the original by Molière* (Edinburgh: Polygon, 1985), [n.p.]. Lochhead's language is the subject of: Randall Stevenson, 'Triumphant Tartuffification: Liz Lochhead's Translation of Molière's *Tartuffe*', in *Frae Ither Tongues*, pp. 106- 22; and Findlay, 'Motivation and Method in Scots Translations, Versions, and Adaptations of Plays from the Historic Repertoire of Continental European Drama', Vol. 1, Ch.6.
**112.** Corbett, *Written in the Language of the Scottish Nation*, p. 185.

# TEXTUAL NOTE

The Bibliography lists published and unpublished texts of the translations of the five plays. As regards the versions published herein, *Let Wives Tak Tent* follows the first edition published in 1983, and *The Burdies* follows the first edition published in 1959. Unpublished typescripts of those translations were consulted where necessary in elucidation of typographical errors and occasional uncertain readings. *The Servant o' Twa Maisters* follows the script obtained from the Scottish Society of Playwrights as Victor Carin's literary executors, with similar consultation made where necessary with the other unpublished texts. Both *The Hypochondriak* and *Mr Puntila and his Man Matti* represent texts as supplied by the respective translators, but with the subsequent incorporation of certain corrections and changes made after consultation and with their approval.

# LET WIVES TAK TENT

## A Free Translation into Scots of Molière's
## L'ECOLE DES FEMMES

### by

### Robert Kemp

First performed by the Gateway Company, 9 to 14 February 1948, at the Gateway Theatre, Edinburgh.

*Original Cast*

MR. OLIPHANT . . . . . . . . . . . . . . . . . . . . . . . . . . . . . . Duncan Macrae
*(by permission of Glasgow Citizens' Theatre)*

AGNES . . . . . . . . . . . . . . . . . . . . . . . . . . . . . . . . . . . . . . Sheila Latimer

WALTER . . . . . . . . . . . . . . . . . . . . . . . . . . . . . . . . . . . . Tom Fleming

ALAN . . . . . . . . . . . . . . . . . . . . . . . . . . . . . . . . . . . . . . James Spence

ALISON . . . . . . . . . . . . . . . . . . . . . . . . . . . . . . . . . . . Bessie Mutrie

MR. GILCHRIST . . . . . . . . . . . . . . . . . . . . . . . . . . . . Andrew Gray

MR. REEKIE . . . . . . . . . . . . . . . . . . . . . . . . . . . . . . . . . Bill Abbott

MR. MONTGOMERY . . . . . . . . . . . . . . . . . . . . . . . . . . . A.D. Robertson

A LAW AGENT . . . . . . . . . . . . . . . . . . . . . . . . . . . . . . William B. Aitken

*Under the direction of Robert Kemp and Campbell White*
*The play produced by Campbell White*
*Decor and settings by Molly MacEwan*

[The following prefatory material is taken from Robert Kemp's introduction to the 1st edition, published 1983.]

## CHARACTERS

MR. OLIPHANT, otherwise THE LAIRD OF STUMPIE, aged 42, an intriguer who is now thinking of marriage.

AGNES, an innocent young girl brought up by Mr. Oliphant, aged 17.

WALTER, her lover.

ALAN, a rustic, Mr. Oliphant's man-servant.

ALISON, Mr. Oliphant's housekeeper, also a rustic.

MR. GILCHRIST, Mr. Oliphant's friend.

MR. REEKIE, brother-in-law to Mr. Gilchrist.

MR. MONTGOMERY, Walter's father and a close friend of Mr. Oliphant.

A LAW AGENT.

## SCENE

The play is set in Edinburgh in the late seventeenth century. The stage shows a house in the Canongate, which was then a residential district, with a garden which can be opened and closed at will. Both wings are masked by arcades.

## STAGE HISTORY

*Let Wives Tak Tent* was written for Duncan Macrae, who found in it one of his most memorable roles. He played Oliphant at the Gateway in Edinburgh in 1948, at the Glasgow Citizens later the same year, and at the Embassy Theatre in London the following year. Since then there have been many successful revivals, notably by the Sherek Company in 1956 and by the Edinburgh Gateway Company at the 1961 Edinburgh Festival. Rikki Fulton was an outstanding Oliphant when the Scottish Theatre Company chose the play to open their first season in 1981 [This final sentence was added in 1983 to Robert Kemp's original introduction].

## NOTES

*Spelling of Scots*
This follows in the main recommendations made at a recent meeting for the reform of Scots spelling. Apostrophes, which have done much to give

2

Scots the appearance of a dialect, are abolished. The present participle (originally *-and*) is spelt *-an* and the verbal noun ends *-in*. The *oo* sound is generally spelt *ou*, so *house* should be pronounced *hoose*. In other words the spelling does not follow certain debased practices. The actor must speak a good standard Scots without too localised an accent. He should remember that, with the exception of Alan and Alison, all the characters are people of good standing.

*Characters*
Some have seen in OLIPHANT and AGNES a reflection of Molière and his young wife Armande Béjart. Perhaps this is what makes the love of Oliphant seem at times almost too big for comedy. At any rate, OLIPHANT represents the all-possessive man who takes virtually a Turkish view of matrimony. He also makes the fundamental mistake of thinking that by his manipulations he can control human nature – in this case Agnes. The part is an instrument on which the actor can play on all keys – sardonic humour, over-confidence, dismay, anger, cunning, tenderness, over-mastering passion and so on.

GILCHRIST has the important role of placing moderate and modest views against the extreme ones of Oliphant. He must also press home the poetic justice of Oliphant's fate. In his scene in Act 4 it is important that he should play with a sense of irony.

WALTER is the young dandy. In French his language is often a parody of the pretentious locutions of tragedy. While I have not tried very hard to emphasise that side, the actor should bear in mind that he tends to use extravagant language.

AGNES, says one commentator, is like a flower of the fields who pleases without art and without intention. Her nature blossoms under the warmth of love, which teaches her to outwit her guardian and also to see how he has abused her. She should be played in a simple way, as if everything was absolutely clear to her by the light of her natural impulses.

ALAN and ALISON play in a key of broad comedy and are definitely stupid rustics.

The LAWYER should make everything of legal flummery and self-importance. MONTGOMERY should have a good deal of authority, and REEKIE can be played as elderly and weakened by his life in the colonies.

# ACT ONE

*MR. OLIPHANT and MR. GILCHRIST, both clad in the rich coats, silk hose, laces and wigs of the period, enter RIGHT and pause outside the door of the garden. They are in deep colloquy, MR. OLIPHANT very well satisfied with himself.*

**GILCHRIST** What's this you tell me? You're come to wed the lass?

**OLIPHANT** *(Rubbing his hands)* Aye . . . I mean to have it settled by the morn!

**GILCHRIST** *(Looking round)* There's no a body in sicht, and I'll never hae a better chance o a word wi ye. Dae ye wish me to speak frankly to you, like a friend? *(OLIPHANT emits a cackle of self-satisfaction)* This ploy o yours fills me wi concern for you. Whatever way you look at it, for you of all folk to tak a wife is a gey risky venture.

**OLIPHANT** *(With the same dry mocking laugh)* Maybe, my friend, ongauns at hame wi you gar ye tremble on my account. I suppose ye conclude by the state o your ain broo that a set o antlers gaes wi ilka marriage!

**GILCHRIST** Och, the man daesna breathe that's safe from mishanters o that kind, and daft are the pains we tak to avoid them. But when I fear for you, Maister Oliphant, I hae in mind that aff-takkan mockery o yours. A hunder puir husbands hae felt the weicht o it, for weel ye ken that baith gentles and commons have had to bear the rough edge o your tongue. Wherever ye may be, there's naething pleases you like letting the licht o day in amang their back-stair secrets.

**OLIPHANT** Say on! But tell me this, Maister Gilchrist – is there another toun in the warld whaur the husbands will thole as patiently as here? Tak a look round, and you see aa kinds o them trimmed at hame to every pattern. Here's a man busy feathering his nest – and his wife doles it out again to the very anes that wad be glad to mak a fule o him. This other – a thocht happier maybe, but a wretch for aa that – sees his wife get presents ilka day, but nae worry furrs his broo, for she tells him they're in token o her virtue. This ane maks muckle steer – and that's a lot o use to him! This other doucely lets aathing slide and when he sees the callant on the doorstep, kindly taks his coat and gloves – very civil o him! *(Laugh)* Aye, and the wit o the wives! This lady pretends to tak her faithful spouse into her confidence; he swallows the bait and even pities the young wooer his pains – but the blade daesna lose them for aa that! *(Laugh)* Another, to explain awa her braws, declares that it's at the cartes she wins the siller she spends, and her daft-like body o a man, never thinkan what kind o tricks they tak at that game, gives thanks to God for her winnings. In a ward, guid sir, thae objects o satire are aawhere. Why should I, that sees them sae clear, no laugh at them? Why should I no teach our fules that –

4

GILCHRIST *(Cutting him short)* Aye! But the man that laughs at others should fear the day o their revenge, when they'll turn round and laugh at him!

OLIPHANT Havers, man! Havers!

GILCHRIST When I'm out and about, I hear folk divert themselves wi crack o this and that. But whatever morsels o gossip onybody tells me, you'll never hear me craw owre them. I go canny; maybe there are ploys I wadna tolerate and maybe I wad hae little patience wi the thing some menfolk thole without complaint.

OLIPHANT Oh ho, a proud man!

GILCHRIST But for aa that I've never cared to say it.

OLIPHANT And modest too!

GILCHRIST You maun bear in mind that the jester may become the laughing-stock, and if that should happen, you'll be wise no to lay doun the law about what ye'll dae and what ye winna dae . . . So, if fate ever lays some personal disgrace on my heid, I'm near sure that folk will be content wi a lauch ahin my back. Maybe I'll even gain this profit, that some creatures will say, 'A pity!'

OLIPHANT Puir cratur! A pity!

GILCHRIST But it'll no gang that gait wi you, my auld friend. I tell you again, you run the deil's ain risk. Your tongue has aye been quick to jeer at married men, and you yourself hae been like a fiend let loose amang them. Sae watch your ways or you'll live to regret it. Let them aince win a hauld owre ye, and they'll publish your reputation to beat o drum at the Tron!

OLIPHANT *(Laughing)* Friend, dinna agitate yoursel! He'll be gey gleg that catches me! Wha kens better than mysel aa the double tricks and finespun wiles the women use to diddle us and how men are tain in by their whilligo-leeries . . . Maister Gilchrist, against that mishanter I hae taen my precautions. The wife I wed is such a silly lass that my broo will be safe from . . . *(Makes a gesture)* ye ken what!

GILCHRIST Dae ye really mean that if ye marry a lass wantan wit . . .

OLIPHANT To marry a witless woman daesna mean that the man has nane! I'm a guid Christian body, sae I'm ready to believe *your* better-half's a wise-like dame.

GILCHRIST I'm obliged!

OLIPHANT But a clever wife's a bird o ill-omen, and I ken what it costs certain folk to hae waled theirs wi a superfluity o talents. Am I gaun to burden mysel wi some fine madam that has naething in her heid but assemblies and drawing-rooms, that can write fine screeds o prose and verse and hae marquises and belted knights for visitors, while I'm kennt by the title o 'my lady's husband' and mind you on a saint naebody bothers to pray till? . . . Na, na, I want nane o your lofty minds. A woman that can write kens mair than she should. There will be nae high-domed nonsense about the

5

woman I marry. If I have my way of it, she'll not even know what a rhyme is. In a word she'll dwell in the depths of ignorance. To put the matter in a nutshell, it's enough for her to be able to say her prayers, to love me, to sew and to spin.

**GILCHRIST** Sae a stupid wife's your latest whim!

**OLIPHANT** I wad rather marry some witless hag, than a fell beautiful wife wi routh o spirit!

**GILCHRIST** But surely spirit and beauty –

**OLIPHANT** It's eneuch to hae virtue!

**GILCHRIST** But how are you to mak sure that a dunderheid could ever ken what it was to be virtuous? Besides, I doubt you'll think lang if you have a dunderheid at your side till the end o your days. But are you certain sure that you have the richt end o the stick and that there's security in a plan like that? A woman wi brains in her noddle may fail in her duty, but at least she maun dae it wi intent; a woman without them can play you false without intent, in fact without ever giean it a thocht!

**OLIPHANT** (*Dismissing the argument with a laugh*) To this learned argument, to this weighty sermon, I reply as Jamie Fleeman did to the Laird o Udny, 'Prig me to wed a wife that's no a fule, and though you preach and plead till Whitsunday, you'll be dumfounert to see that you've no moved me an inch!'

**GILCHRIST** I'll no waste my words.

**OLIPHANT** You'll find me thrawn. When I wed, as in aathing else I'll gang my ain gait. (*He becomes more confidential*) My friend, ye'll allow I'm rich eneuch to choose a wife wha'll be in debt to me for aathing, and whase humble and total dependence will permit her nae cause to reproach me on the heid o birth or gear.

**GILCHRIST** In your position you may weel plan matrimony!

(*Almost smacking his lips, yet confidentially, MR. OLIPHANT reveals the secret of his treasure*)

**OLIPHANT** What first led me to set my heart upon her was a douce, sober air amang the other bairns . . . she was fower years auld at the time.

**GILCHRIST** Ye chose a mere wean?

**OLIPHANT** Her mother, puir woman, was sair harrassed by poverty. I took the notion o seekan the wean frae her and the guidwife, jalousan what I wad be at, wasna sweir to be rid o her charge. I had her brocht up, to my stipulation, in a wee convent schule, at the back o beyond.

**GILCHRIST** To your stipulations?

**OLIPHANT** Aye, so that she wad grow up little better than a natural. Success has crouned my plan, God be praised . . . nou that she's a grown woman I've had proof she's that simple in the mind that I've been grateful to Providence for takkan my affair in hand and creating me a wife to the very pattern of my wish. Syne I took her hame . . . But, my house up the toun

6

bean open to aa sorts and conditions at aa hours o the day – a body has to think o aathing – I've kept her apart in this other house . . . (He indicates the house up stage) whaur naebody comes to see me.

GILCHRIST You tell me she's here?

OLIPHANT Aye, and, no to file her natural guidness, I keep there only twa servant bodies as saft as she is hersel.

GILCHRIST This dings aa!

OLIPHANT You'll be spieran, 'Why this unco lang story?' My friend, it's to let you understand the precautions I've taen, and the end o it is that I invite you to sup wi her this very nicht, as you are my trusty fiere. I wad like you to tak a look at her, Maister Gilchrist, and see if I'm to be blamed for my choice.

GILCHRIST Willingly, sir.

OLIPHANT At this interview, you could form some idea o her looks . . . her simplicity.

GILCHRIST I can hardly credit what you tell me on that score!

OLIPHANT The truth even outstrips my report. Ilka minute o the day I marvel at her simpleness, and whiles she comes out wi something that fair gars me split wi laughan. The other day – you'll hardly believe this – she was fair bombazed, and cam to spier at me, wi an innocence you never saw the marrow o, if bairns were taen out o the hearts o green kail!

GILCHRIST I'm richt glad at what you tell me, Maister Oliphant.

OLIPHANT But why need ye call me by that name?

GILCHRIST Ach, whatever I dae, Oliphant comes into my mou. I can never mind to say the Laird o Stumpie. But what in the deil's name put it into your heid to christen yoursel aa owre again at the age o twa and forty and to tak a title frae an auld rotten tree-stump on your farm?

OLIPHANT That's the name of the house. Besides, Stumpie pleases my ear mair than Oliphant.

GILCHRIST What a shame it is to desert your family name and adopt another invented out o daft-like notions! Yet a wheen o folk itch after that very thing! I'm no sayan a word against ye, but I ken a crofter body caa'd Creeshy Pate. He had nae mair than an ell a land, but he delvt a glaury sheugh around it, and titled himsel the Lord o the Isles.

OLIPHANT You micht forego instances like that. The Laird o Stumpie is my name. I've a ground for it and it gies me pleasure. To address me by ony other is to gie offence!

GILCHRIST Aa the same, for maist folk it's ill to mind on, and I observe that even yet your letters are addressed –

OLIPHANT I put up wi it frae them that ken nae better. But you –

GILCHRIST Sae be it! We'll no fall out owre that, and I'll be at pains to custom my mou to address you as naething but the Laird o Stumpie.

OLIPHANT Guid day to ye, then. I knock here but to gie them the time o day and to tell them I'll be back.

*(He goes to the garden door and knocks)*

**GILCHRIST** *(Going off)* Faith, there goes a lad that's clean wud!

*(Exit MR. GILCHRIST)*

**OLIPHANT** *(As he waits)* He's a wee thocht touched on certain subjects. Ech, sirs, it's queer to see how thrawn some folk can be in their opinion . . . Hello, there!

*(MR. OLIPHANT is joined by ALAN and ALISON, who however, remain at this stage, hidden behind the wall. This part is built up with knocking and shouting.)*

**ALAN** Wha's duntan?
**OLIPHANT** Open the door there! *(Aside)* You wad hae thocht that after ten days awa I wad hae been welcome.
**ALAN** Wha's at the door?
**OLIPHANT** It's masel!
**ALAN** Alison!
**ALISON** What is it nou?
**ALAN** Gae doun and open the door!
**ALISON** Gae doun yoursel!
**ALAN** Open that door!
**ALISON** I'll dae nathing o the kind!
**ALAN** Nae mair will I!
**OLIPHANT** *(Aside)* A fine ceremony for leavan me in the cauld . . . *(Shouting)* Hello, there! Come on wi ye!
**ALISON** Wha's knockan?
**OLIPHANT** The maister!
**ALISON** Alan!
**ALAN** Wha is't?
**ALISON** It's the maister! Open quick!
**ALAN** Open yoursel!
**ALISON** I'm giean the fire a puff wi the bellows.
**ALAN** I canna win doun for fear o the cat. You see, the dickie-bird micht get out o his cage.
**OLIPHANT** *(Shouting)* Whichever o you twa will not open the door winna get a bite to eat or sup for fower days!
**ALISON** *(Within to ALAN)* What's the point o you coman nou when I'm runnan?
**ALAN** Why you rather than me? A braw strawtagem!
**ALISON** Away ye go!
**ALAN** Na! Away ye go yoursel!
**ALISON** I want to open the door!
**ALAN** I want to open it mysel!

**ALISON** You will *not* open it!
**ALAN** No more will you!
**ALISON** Nor you!
**OLIPHANT** *(Aside)* It behoves me to cultivate patience.

*(At this point the walls fold back revealing the front of the house and the garden, in which are ALAN and ALISON. They open the door. MR. OLIPHANT enters.)*

**ALAN** You see, here I am, sir!
**ALISON** Your humble servant . . . here I am!
**ALAN** If it wasna for the master's presence, I wad –

*(He launches a blow at ALISON but hits MR. OLIPHANT)*

**OLIPHANT** Confound ye!
**ALAN** I'm sorry, sir –
**OLIPHANT** You clumsy brute!
**ALAN** It was her as weel, sir –
**OLIPHANT** Haud your tongues, baith o ye! Stop this nonsense and gie your mind to my questions . . . *(Rubbing hands)* Weel, weel . . . and how's aabody here, Alan?
**ALAN** Sir, we're . . . We're as . . . The Lord preserve us, we're –

*(During the above MR. OLIPHANT thrice knocks off ALAN's hat)*

**OLIPHANT** Impudent dog, wha taught you to keep your bonnet on when you're speakan to me?
**ALAN** You're quite richt, sir. I'm in the wrang.
**OLIPHANT** *(To ALAN)* Fetch doun Agnes! *(Exit ALAN through house. To ALISON.)* And after I had taen my leave, was she sad syne?
**ALISON** Sad? Och na!
**OLIPHANT** Na?
**ALISON** No a bit.
**OLIPHANT** And what for no?

*(ALISON realises she has put her foot in it)*

**ALISON** Och, may I drap deid if she wasna expectan ye back aa the time. We didna hear a horse, a pony or even a cuddy gae by, but we thocht it was you.

*(AGNES, followed by ALAN, enters from the house. She carries her petit point frame in her hand. She is very demure.)*

**OLIPHANT** *(Aside)* Her wark in her hand! A guid sign that! *(To AGNES)* Weel, weel . . . Agnes, here I am back from my journey . . . Are you pleased to see me?
**AGNES** Yes, sir . . . Providence be thankit.

**OLIPHANT** To speak for mysel, I'm pleased to see you and aa. By aa appearances, ye've been keepan fine?

**AGNES** Except for fleas. They bothered me at nicht.

**OLIPHANT** *(With a laugh)* Aha . . . afore lang you'll hae someane to scare them awa.

**AGNES** That wad be a kindness.

**OLIPHANT** I'll think about it . . . But whatna job's that you have on hand?

**AGNES** I'm makan mysel a bonnet. Your nichtsarks and nichtcaps are finished.

**OLIPHANT** That's work weel forward! . . . Away up the stair wi ye noo! Dinna think lang, I'll sune be back. And then I hae an important matter o business to broach to you!

*(AGNES goes into the house followed by ALAN and ALISON. As MR. OLIPHANT lets himself out of the garden door, the walls move and the garden closes again. In the next scene we are in the street.)*

*(Music)*

*(Enter WALTER. He is a young man dressed in the height of fashion. For a moment MR. OLIPHANT does not see him, as both gaze at the house.)*

**OLIPHANT** But wha's this I see? Is it . . . Aye, it's . . . Na, I'm mistaen . . . na, na . . . But aye it's nae other. Wal–

**WALTER** *(Simultaneously)* Maister Ol–

**OLIPHANT** Walter!

**WALTER** Maister Oliphant!

**OLIPHANT** *(Cordially)* This is a pleasure! But how lang have you been in toun?

**WALTER** Nine days.

**OLIPHANT** As lang as that?

**WALTER** I called on you . . . but to no purpose.

**OLIPHANT** I was in the country.

**WALTER** Yes, you'd been gane a couple of days.

**OLIPHANT** *(Measuring him with his eye)* Ech, sirs, how the bairns shoot up in a short space! I can scarce believe my een that there he stands. I mind him when he was nae bigger than this. *(He indicates a child's height)*

**WALTER** It's myself, I assure you, sir.

**OLIPHANT** Now for ony sake, young man, tell me, how gangs it wi guid Maister Montgomery, your father? He's my worthy friend and has aye stood high in my esteem. What's he at nowadays? What are his views? Still the same auld wag? He kens my concern in aa that touches him. It must be full fower years since we met or put pen to paper to ane another.

**WALTER** Maister Oliphant, he's in even better fettle than we are. He provided me with a letter to you. Since then, I've had another to say that he's coman in person though he daesna tell me why. Dae ye ken wha can be the Burgess o this toun that's on his way back here wi a fortune he's gathered in fourteen years in America?

**OLIPHANT** Na . . . Did they mention his name?

**WALTER** Reekie.

**OLIPHANT** Na.

**WALTER** My father speaks to me o him, and o his return, as though he should be perfectly weel kennt to me. He writes that the pair o them are takkan the road on some important matter that the letter daesna specify.

**OLIPHANT** I'll fairly be glad to see him and I'll dae aa I can to mak him welcome . . . (*WALTER hands the letter, which he reads*) Ach, atween friends, there's nae need o aa thae civilities. These formal compliments are a waste o time. Young man, though he had never troubled to put pen to paper, you can consider my purse freely at your disposal.

**WALTER** I'm a man to tak men at their word. At this very moment I stand in the need o a hunder marks.

*(MR. OLIPHANT hands him a purse)*

**OLIPHANT** Faith, it's me you're obligean by this call on me. I'm happy I have the siller upon me. Keep the purse as weel.

**WALTER** But I maun –

**OLIPHANT** Dinna stand on ceremony! Tell me, what think ye o the toun?

**WALTER** A steery place, wi kirk and castle, and for diversion I never saw its match.

**OLIPHANT** We aa hae our pleasures, according to our whim . . . But let me tell you this. (*He draws WALTER to one side*) If a man should happen to be what we call a squire of dames, he'll find muckle to content himsel here, for the women-folk hae but the yin aim in life, and, and that's to please the men. The nut-brown maid's as kind as the lassie wi the lint-white locks, and their menfolk are the greatest sumphs in the warld. It's pleasure for a prince, and to observe their ploys can be as guid as a nicht at the theatre . . . Walter . . . (*His characteristic laugh*) maybe ye've brocht doun ane o the bonnie birds yoursel. Dinna tell me you've been out o luck! A strappan lad like you can dae mair than a handfu o gowd . . . you're o the richt build to gar the husbands rue it! (*He laughs with self-satisfaction at the idea*)

**WALTER** No to disguise the truth frae ye, sir, I hae in this very airt an affair o the heart. Your friendship maks me feel I can tell you aa about it.

**OLIPHANT** (*Aside*) Ha, guid! Here's a new tale o wooan that will gang doun on my tablets!

**WALTER** If ye'll be sae kind, ye'll no breathe a word o this to a sowl?

**OLIPHANT** (*Non-commitally, with relish*) Oh-ho!

**WALTER** You ken weel that in matters like this since the secret's out our

11

plans gang agley. I'll own you, then, wi full freedom that a belle o this very place has owrehailit my saul. My wee first courtesies hae succeeded sae weel that I've won a sweet admittance to her. Without vainglory to mysel, or scandal to her, I may say that my affairs are in a very bonnie state.

OLIPHANT *(Laughing with satisfaction)* Her name!

(*WALTER turns and points to the house. During his speech the ironical truth breaks upon MR. OLIPHANT.*)

WALTER She's a young thing that bides in yon house, the ane whase auld grey waas you see from here. She's simple in mind, I admit, but that's the fault o a man wha hides her frae aa traffeck wi the warld. But in the very midst o that ignorance by the whilk he seeks to enslave her, her charms wad cast the glamourie owre ye! She has sic a winnan air and something sae douce in her manner that a heart o stane wad melt at sicht o her . . . But maybe you'll hae seen yoursel this young lodestar o love wi sae many endearan graces. It's Agnes they call her.

OLIPHANT *(Aside)* Oh, I'll burst!

WALTER As for the man, I think they caa him the Laird o Humpy or Dumpy or some name like that – I didna pey great heed to the name . . . Rich, if what they tell me be true, but in his sober senses, na, na . . . *(Laughs)* They speak o him as though he was a donnart sumph. Dae ye no ken him?

OLIPHANT *(Aside)* This pill is sair to swallow!

WALTER Did you speak?

OLIPHANT Oh . . . aye . . . aye, I ken him.

WALTER A gype, is he no?

OLIPHANT Och!

WALTER What say ye? What? Oh, you mean aye . . . Maybe you think I'm makkan a joke o his jealousy? Daft, I see he's aa they tellt me!

OLIPHANT Young upstart!

WALTER Did ye speak? At ony rate, this kind Agnes has brocht me to my knees. She's a lovely wee jewel, I tell you, and it wad be a sin to leave sae rare a beauty in the grip o an eccentric.

OLIPHANT Triple torment!

WALTER Sir, you're weel? I declare this, as my policy, aa my fondest wishes will be to mak her my ain in spite o this jealous monster; indeed the siller you've just lent me sae freely will gang to the prosecution o this worthy enterprise.

OLIPHANT I'll choke!

WALTER You ken better than me that, hard though we try oursels, siller bides the key o sic great ploys as this and that the gentle metal, that turns sae mony heids, can win victories in love as weel as in war . . . But you seem ill-pleased. Surely it canna be that you have some grue at my plan?

OLIPHANT Na, I was just . . . turnan things owre.

**WALTER** This crack wearies you. Guid day . . . I'll wait upon you anither time to thank you for aa this.

*(WALTER goes off)*

**OLIPHANT** Och, maun it be that –
**WALTER** *(Returning)* Aince mair, sir, for ony sake be discreet and dinna let the cat out o the bag.

*(WALTER goes off again)*

**OLIPHANT** In the very depths o my saul I feel –
**WALTER** *(Returning)* Especially to my father. He micht fly up in a rage about it.

*(Exit WALTER)*

**OLIPHANT** *(Thinking he may return)* Oh! what I hae tholed in that interview! Never was man tortured in the spirit like me! But what a hasty bletherskate he is to come blabban his tale to me, of all men! It's true my other name hauds him in the mirk o the matter, but will the blockheid aye show sic recklessness? . . . Aa the same, nou that I hae tholed sae muckle, it behoves me to haud myself in till I was at the bottom o what I have to fear, to draw out his rash havers to the limit and to lay utterly bare their secret traffeck . . . Let's seek him out – he's no that far awa – and we'll be at the ruit o this business. I tremble at thocht o the mishanter I may hae to dree. Whiles we look for mair than we wish to find!

*(Exit MR. OLIPHANT. Music for a Mime, which denotes a passage of time. WALTER enters up stage. AGNES appears at the window. He sweeps off his hat, and bows. She waves a lace handkerchief. EXEUNT AMBO. The wall swings back revealing the garden. Enter MR. OLIPHANT.)*

**OLIPHANT** Maybe, after aa, it's weel that I had a toom traivel and missed his road. I could neer hae hidden frae him the owre mastering dule o my heart. He wad mak the anguish that's smoulderan in me brak into flame . . . and I wadna care that he should find out what he's yet in ignorance o . . . But I'm not the man to swallow the hook and leave the field clear for this callant's ploys. I'll cut them short and win to the bottom o how far this colloguing has gane atween them . . . Aye, my honour's at stake in this. I look upon her as hardly less than my wife. She canna hae slippit without heapan shame on me and aathing she's dune gangs doun to my account! Oh why did fate send me on yon unchancy journey!

*(Enter ALAN and ALISON, who open the door)*

**ALAN** Nou, sir, this time we were waitan to let ye in!

**OLIPHANT** Haud your wheesht! Come here, baith o ye. This way, this way! Come on wi ye, I say!

**ALISON** Losh, my bluid's curdlan wi fear o ye!

**OLIPHANT** So this is the way ye've obeyed me in my absence! So ye've baith conspired to betray me!

**ALISON** For ony sake, sir, dinnae bite me!

**ALAN** *(Aside)* I tell ye, some mad tyke has nippit him!

**OLIPHANT** Och, I canna speak, I've had sic a begeck! I'm smooran, I'll gang stark mad! . . . Ye fashous ablachs, so ye've alloued a man to come – (*ALAN tries to run away*) Ye wad turn tail. Here and now I'll – *(To ALISON)* Gin ye budge an inch . . . I want ye to tell me . . . och! I want baith the twa o ye . . . Whichever o ye stirs, I'll caa the heid aff ye! How did this man win intil my house? Eh? Speak! be quick, out wi't, on the nail, nou, nae time to consider. Are ye gaun to speak?

**ALAN** and **ALISON** *(Falling to their knees)* Ochone! Ochone!

**ALISON** My heart's in a flutter!

**ALAN** I'm half deid!

**OLIPHANT** *(Aside)* I'm dreepan wi sweat, let me get my breath back. I maun walk a step and regain a calm sough . . . Could I hae guessed, when I saw him a bairn, that he wad grow up for this? (*ALAN and ALISON have fallen six or seven times at MR. OLIPHANT's knees*) Saints abune, but my heart groans! Aa the same, I opine it wad be better doucely to draw from her ain mou an account o this business that touches me sae close. We maun try to calm our natural wrath. Patience, heart! Cannily, cannily! *(To ALAN and ALISON)* Rise up aff your knees, gae in and tell Agnes to come doun. Stop! . . . *(Aside)* They'll warn her o the go I'm in, and her surprise wad be less. I'll gang mysel and call her out. *(To ALAN and ALISON)* Wait on me here!

(*Exit to house. ALAN and ALISON, left alone, regard one another with fear mixed with bewilderment.*)

**ALISON** My certes, what a terror! His very glower puts the fear o death on me! I never saw a more fearsome Christian!

**ALAN** Yon young gentleman has angert him, just what I was tellan ye!

**ALISON** But why in the deil's name daes he gar us keep our mistress sae strictly to the house? Why daes he ettle sae much to hide her frae the haill warld and canna thole to see onybody look near her?

**ALAN** *(Wisely)* It is because that steers up his jealousy.

**ALISON** But how comes it that sic a notion should grip him?

**ALAN** It arises from . . . it arises from his bein jealous.

**ALISON** I ken! But why is he jealous, and what puts him in this reerie?

**ALAN** It's because jealousy . . . you see the point, Alison? . . . jealousy's a thing that . . . that puts a body in a go and . . . and drives folk awa frae roundabout a house – Wait, and I'll gie you a comparison the better to let you see the drift. Tell me, is it no true, when you hae a bowl o broth, that if some hungry lad cam to tak a sup o it, you wad be in a rage and wad let fly at him?

**ALISON** Aye, I can see that.

**ALAN** Weel, that's the road o it. Woman, ye may say, is man's broth, and when a man whiles sees others that wad like to dip their spunes in his broth, he flees richt aff the handle.

**ALISON** Aye, but what way dae they no aa dae the same? Can you tell me why we see some that seem richt weel pleased when their wives are wi fancy gentlemen?

**ALAN** Because no everybody has this gutsy love that wad keep aathing to itsel.

**ALISON** Unless I'm seean things, here he is back.

**ALAN** Your een are guid, it's himsel.

**ALISON** Look how doun in the mouth he is!

**ALAN** That's because he's upset about something.

*(MR. OLIPHANT joins ALAN and ALISON. He ignores them and speaks to himself.)*

**OLIPHANT** A certain Greek tellt the Emperor o Rome – and his advise is as usefu as it is true – that when some mishanter has raised our dander, we should first of aa say wir alphabet sae that in the interval the bile may settle and a body may dae naething he shouldna dae . . . I hae followed his teaching on the subject o Agnes . . . She'll be doun in a minute at my wish, under the pretext o takkan a breath o fresh air here. Syne the fears o my sair heart can guide her cannily in our discourse thegither. I'll plumb her breist and aa will be doucely made clear. *(Turning to the door)* Come, Agnes . . . *(To ALAN and ALISON)* Into the house wi ye!

*(Exeunt ALAN and ALISON. Enter AGNES. MR. OLIPHANT starts by making a show of taking AGNES round the garden.)*

**OLIPHANT** The gairden's lookan weel.

**AGNES** Very weel.

**OLIPHANT** A fine day . . .

**AGNES** Very fine.

**OLIPHANT** *(With cunning)* Weel . . . what news hae ye?

**AGNES** The wee cat's deid.

**OLIPHANT** A pity . . . but what of it? We're aa mortal, and it's every man for himsel . . . When I was awa in the country, ye hadna sae much as a smirr o rain?

**AGNES** Na.

**OLIPHANT** Did ye think lang?

**AGNES** I never think lang.

**OLIPHANT** And what have you done these nine or ten days by?

AGNES Sax sarks, I think and sax snoods as weel.

OLIPHANT *(After considering a wee)* The warld, my dear Agnes, is a gey queer place. Look at the scandal there is, and the way aabody gossips . . . Some neebours hae tellt me that a young man they couldna put a name to, cam to the house when I was awa, and that you put up wi his presence and his blethers . . . But I didna credit their ill tongues. I wanted to wager they were fause –

AGNES *(With alarm)* Mercy me, dinna wager!

OLIPHANT Why no?

AGNES I tell ye, ye'll tine your siller!

OLIPHANT What! Is it true that a man –

AGNES Sure as I stand here. He hardly budged out o the house, on my word.

OLIPHANT *(Aside)* At least there's nae duplicity in her! The straicht admission proves it . . . *(To AGNES)* But I think, Agnes, if my memory serves, that I forbade you to see onybody.

AGNES Aye, but when I saw him, you dinna ken the reason why I did . . . I'm shair you'd hae dune as much as me.

OLIPHANT Maybe . . . but gie me the haill story.

AGNES *(Ingenuously)* It's gey astonishan an ill to believe . . . I was at the window wi my wark in the cool o the evening when I saw a weel set up young man pass aneath the trees outbye. His ee met mine, and wi a laigh bow he salutes me. *(She imitates the bow)* Of course I couldna seem uncivil sae I bobbit doun in a curtsey as weel. *(She does so)* Afore I'm up he maks me anither bow . . . *(She bows lower)* sae I mak him a curtsey back wi aa the speed I may. *(She curtsies)* And when he sets off on a third *(She bows)* I instantly reply to him wi a third curtsey. *(She curtsies)* Back and fore he passes and ilka time aye the bonnier bow he sweeps to me, while I, wi my een on every turn, keepit giean him back a fresh curtsey . . .

*(AGNES has been giving ever deeper bows and curtsies till at this point MR. OLIPHANT pulls her back somewhat unceremoniously on to the garden bench)*

OLIPHANT Sit down!

AGNES Indeed, if at this point the nicht hadna come doun, I wad hae been like that still, for I couldna gie in or suffer the vexation of him thinkan me less civil than he was.

OLIPHANT Go on.

AGNES The neist day I chanced to be at the door when an auld body comes up to me and says, as near as I can mind, 'My bairn, may the guid Lord bless ye and keep ye bonnie! He hasna made you sic a bonnie creature just to throw awa the gifts he has gien ye. Ye maun ken that ye hae wounded a heart that this day is driven to mak plaint.'

OLIPHANT *(Aside)* Oh limb o the Deil! Accursed scoundrel!

AGNES Dumfounert I said, 'Me? I hae woundit somebody?' 'Aye,' said she, 'woundit, and woundit richt sair, and it's the man ye saw yestreen frae the window.' 'Waes me,' said I, 'what could hae been the cause o that? Did I let something faa on him without kennan?'

OLIPHANT *(Aside)* Wad tae God it had been a causey!

AGNES 'Na,' said she, 'your een hae struck this fatal stound, and it is frae their glances that aa his dule is come.' 'Lordsakes,' said I, 'you could caa me owre wi a feather. Dae ye tell me my een hae ill to gie to the warld?' 'Aye, lassie,' said she, 'your een hae a pushon that ye kenna o, but that may cause death. In a word, the puir chap is dwinan awa, and if –' the kindly auld wife gaed on, 'and if ye're owre hard-hearted to come to his rescue, he'll be under the sod inside twa days.'

OLIPHANT The wheedlan young buck!

AGNES 'Gracious guidness,' I said, 'I wad hae great grief at sic a thing, but to rescue him, what daes he seek o me?' 'My bairn,' said she, 'nae single thing but to see you and hae speech wi you. Only your een can stave aff his ruin and be the medicine o the ill they hae wrocht.' 'Richt willingly,' said I, 'seean that's the way o't wi him, he may come to see me here as aften as he cares.'

OLIPHANT *(Aside)* Cursed warlock! Pushoner o sauls! May hell pey ye full measure for your fine ploys!

AGNES And that's the way he saw me and was cured. Now if you had been me, you'd hae dune the same thing. After all, could I in guid conscience have left him to die for want of help – me that suffers wi ony sufferan creature and canna see a chicken's neck wrung without greetan?

OLIPHANT *(Aside)* Aa this springs frae her innocent saul. It's my ain wyte for bidan awa at this time and leavan this guidness o character exposed to the ambushes o sleekit callants. But och me! I doubt this cheat-the-wuddie may hae pushed the business beyond a joke.

AGNES What's adae? I think ye're a thochtie cross. Surely there's nae ill in what I've tellt ye?

OLIPHANT No . . . But tell me what cam after, and how the callant passed the time wi ye.

AGNES Oh, if you kennt how delightsome he was, and how he threw aff his sickness the minute he saw me, and the lovely trinket box he gied me for a present, and the siller our Alan and Alison had from him, you couldna but like him and say like us –

OLIPHANT Aye, but what did he dae when you were alone thegither?

AGNES He swore on his aith that he looed me ayont aa ither loves and spak me wards the sweetest in the warld, things there can never be the marrow o . . . When I hear him speak, a saftness rins throu me and melts me wi a feeling I canna describe.

OLIPHANT *(Aside)* O the torture o cutting open this mortal secret, when the man wi the knife suffers aa the pain! *(To AGNES)* Besides aa this talk and aa thae compliments did he no gie you ony . . . caresses?

AGNES Oh lots and lots! He took baith my hands and my arms, and never seemed to weary o kissing them.

OLIPHANT False pykepurse! Agnes, he didna tak . . . onything else? *(He sees that she is confused)* Oh!

AGNES I . . . He . . .

OLIPHANT What?

AGNES He took . . .

OLIPHANT Oh!

AGNES The . . .

OLIPHANT Out wi it!

AGNES I daurna. Maybe ye'd be vexed wi me!

OLIPHANT No!

AGNES You will so.

OLIPHANT I will not.

AGNES Promise on your word!

OLIPHANT My word then!

AGNES He took frae me . . . you'll be in a rage.

OLIPHANT No!

AGNES But aye!

OLIPHANT No, no, no, no! Oh the hellish mystery! What did he tak from you?

AGNES He . . .

OLIPHANT *(Aside)* I suffer the pains o hell!

AGNES He took the ribbon ye gied me. I'm telling ye the truth, I couldna stop him.

*(MR. OLIPHANT heaves a sigh of relief)*

OLIPHANT Let the ribbon pass . . . But I maun discover . . . Did he dae naething but kiss your arms?

AGNES What dae ye mean? Is there onything else to dae?

OLIPHANT No . . . No . . . But to cure the sickness that he said possessed him, did he no ask for ony ither – remedy?

AGNES No . . . but of course if he *had* asked, I wad hae gien him aathing to help him.

OLIPHANT *(Aside)* Heaven be praised, I'm weel out o this and if ever I faa intil the same trouble, I deserve aathing I get. *(To AGNES)* See here, Agnes, ye kennt nae better . . . I'll no say a word . . . what's dune is dune. But I can tell ye this, when he butters you up, this callant's out to mak a fule o ye, and syne hae a guid lauch!

AGNES Oh no! He tellt me that very thing mair than a score o times.

OLIPHANT Ach, but ye dinna ken the value o his word! Understand frae noo on that to accept trinket-boxes and to harken to the wheedling o thae macaronis, to let them kiss your hands and melt your heart, from very want o strength, is a mortal sin, the greatest there can be!

AGNES (*Astonished*) A sin, ye say? For what reason, tell me?

OLIPHANT For what reason? The reason is the judgment promulgated, that Heaven frowns on sic ongauns.

AGNES Frowns? But why should it frown? It's a thing, leeze me on it, sae pleasant and sae douce. I marvel at the joy we pree in sic things – I had nae idea o it afore.

OLIPHANT Aye . . . there's great pleasure in aa thae cuddlings and whisperings and sic like . . . But ye maun pree them in honest fashion and be married to keep on the richt side o the law.

AGNES Dae ye mean it's no longer a sin when folk are married?

OLIPHANT That's what I mean.

AGNES Then for ony sake marry me wi aa speed!

(MR. OLIPHANT *mistakes her meaning and shows once more all his original satisfaction*)

OLIPHANT If that's what ye wish, I wish it as weel. It's to marry you that you see me back here.

AGNES (*Delighted*) It's no possible!

OLIPHANT It's aa that!

AGNES You'll mak me daft wi joy!

OLIPHANT Aye . . . I've nae doubt ye'll tak weel to matrimony.

AGNES You want us twa? . . .

OLIPHANT (*With a laugh*) Naething mair certain!

AGNES Oh if this comes about, I'll gie ye a hug!

OLIPHANT Heh heh! Look to me to dae my share in that!

AGNES (*Serious*) But I never ken when folk are makkan fun o me . . . You're tellan the truth?

OLIPHANT Aye, you'll see for yoursel!

AGNES We're to be married?

OLIPHANT Aye.

AGNES But when?

OLIPHANT This very nicht.

AGNES (*Laughing with joy*) This very nicht?

OLIPHANT This very nicht. So that maks ye lauch?

AGNES Oh yes!

OLIPHANT To see ye weel pleased is the very thing I want!

AGNES Och, I'll be for ever in your debt for the leesome joy I'll hae wi him!

OLIPHANT (*Struck in the face*) Wi wha?

AGNES Wi . . . (*She indicates off*) ye ken . . . him!

(MR. OLIPHANT *is in a great rage*)

**OLIPHANT** Him! . . . My lady, *him* daesna come into my plan! Ye're a wee thocht owre quick to choose a man. Be clear on this heid, I design ye for anither, and as for this gentleman, Maister Ye-Ken-Him *(He imitates Agnes's gesture)* I demand that, though this malady he courts wi should bring him tae the grave, ye'll instantly break aff aa dealings wi him. When he comes to the house, by way o greeting, ye'll shut the door fair in his face, and if he should knock, ye'll tak this stane . . . *(He picks one up from the border)* and gie him his congé wi it from the window. Mak it clear to him that he's no to show his neb here again! Agnes, have I made my meaning clear? Mind, I'll be hidden in this neuk, and o your conduct I'll be the witness!

**AGNES** Waes me, he's that weel set up! I couldna –

**OLIPHANT** Mair speeches!

**AGNES** I couldna hae the heart –

**OLIPHANT** Nae mair din! Up the stair wi you!

**AGNES** But surely –

**OLIPHANT** Eneuch! What I say here is the law! Dae as I tell you!

> *(Exit AGNES to the house. MR. OLIPHANT conceals himself in a corner of the garden, and to the accompaniment of music, a dumb-show is played. WALTER enters and after looking up at the window, knocks at the door. ALAN and ALISON open the garden door, shoo him away and shut it in his face. He stands beneath the window. AGNES appears and throws down the stane, which is wrapped in something white. MR. OLIPHANT rubs his hands in satisfaction. MR. OLIPHANT is joined by AGNES, ALAN and ALISON.)*

**OLIPHANT** Weel dune, weel dune! I couldna be better pleased wi ye! Ye followed my directions to the letter and took the smile aff that young coxcomb's face! . . . *(To AGNES)* Aye, this is whaur ye ken the guid o a sage adviser. Agnes, he had taen advantage o your innocence. Just haud in mind to what a pass want a thocht had led ye. Without me to guide you, you were aff doun the high road to hell and perdition . . . We ken owre weel the road thae callants gang about things. They've fine trimmings to their trews, ony number o ribbons and feathers, muckle wigs, braw laces and wheedlan words. But, I'm tellan ye, the cloven hoof's there aneath it aa. They're very Satans, waitan to mak a mouthful o a woman's honour. But aince mair, my cares be thankit, you're out o the fankle wi your reputation haill. The glint in your ee when ye threw doun yon stane – and aa his schemes to the grun at the same time – doubles my resolve no to put aff the waddin I tellt ye to be in readiness for. But in the first place, it wad dae nae hairm to gie ye a wee bit discourse for your ain guid. *(To ALAN and ALISON)* Bring out a chair into the caller air . . . As for you, if ever in ony respect –

**ALISON** We'll haud aa your lessons weel in mind, sir. Yon young blade gaed round us like a cooper round a cask, but –

**ALAN** If ever he wins in here again, may anither gill o whisky neer pass owre my craig . . . And he's a gype into the bargain. The ither day he gied us twa gowden guineas that were short weicht.

**OLIPHANT** Awa in to your supper, and eat onything ye hae a fancy for . . . And now, for this marriage settlement I spak o, the ane or the ither o you gang and fetch here the lawyer billy that bides in the first land in Advocates' Close.

*(Exeunt ALAN and ALISON)*

**OLIPHANT** *(Seated)* Agnes, lay by your work and harken to me! Lift up your heid a wee and tilt your face. There . . . *(Putting finger on her brow)* watch me as I speak and profit by it to the very hindmost syllable. Agnes, I'm gaun to wed ye, and it behoves you, a hunder times a day, to bless the kindness o your destiny, to bear in mind the laighness o your birth and at the same time to admire my guidness the whilk has raised ye frae the orra state o puir kintra quine to the rank o an honoured burgess' wife, wi enjoyment o the bed and bodily favours o a man wha has keepit himsel clear o siccan entanglements and wha has refused to a score o dainty creatures that honour he wad confer upon you. You maun aye, I tell ye, haud afore your een the sma thing ye'd be were this glorious knot untied, sae that the thocht o it may aa the better teach you to deserve the station I'll set you in, to hae knowledge o yoursel, and to behave sae that I may congratulate mysel on the step I'm gaun to tak. Marriage, my dear Agnes, is nae lauchan matter. The position o wife carries wi it certain dreich devoirs, and it's no my intent to set ye in it for your ain freedom and pleasure. Woman-kind was made to be dependant and aa the puissance is on the side o the beard. They may be the twa halfs o creation, but aa the same are no to be thocht o as equal. The ane is the superior and the ither the inferior. Daes the sodger, trained in his duty, obey his commander-in-chief, the man his maister, the bairn his father, the beadle his minister? It daesna come in sicht o the docility, the humility and the byous respect that a wife should hae for her spouse, her chief, her lord and master. Whenever he favours her wi a serious glance, her duty is instantly to lower her een, and never to daur look him in the face except when by a safter glance he admits her to his grace . . . This is what wives dinna seem to understand nooadays, but dinna file yoursel by the example o ithers. Beware o imitating thae impudent bessies whase ploys are the claik o the toun and o succumbing to the wiles o the deil – that is to say, gie nae heed to ony young callant. Aye mind that in makkan ye the half o mysel I hae gien my honour into your keeping; that this honour is saft and easy to hurt; that there maunna be ony capers on sic a subject, and that in hell there are hotteran cauldrons whaur they dook ill-daean wives to aa eternity . . . What I'm just tellan ye is nae auld sang and ye maun allou thae lessons o mine to seep into your very heart. Your saul will aye be as a white and spotless lily if it follows them and eschews coquetry, but if ye should falsely tamper wi honour, it will become as black as the lum; folk will rin frae ye in terror and ae day ye'll be the deil's true portion and boil in hell till the end o time . . . from the whilk fate may the mercy o Providence defend ye! Mak me a curtsey. Just as a novice in a convent should hae her office by heart, when ye enter upon wedlock, ye maun dae as muckle. *(He rises and takes a book out of his pocket)* And here in my pouch is a wark o importance, that will teach ye the office o wife. I dinna ken wha wrote it, but it's some worthy saul, and it's my wish that this be your sole study. Tak it. Let's see if ye're weel able to read it.

**AGNES** *(Reads in a voice without inflection)* The Rules o Wedlock, or the Duties o the Married Woman, together wi her Daily Exercise.

Rule the First

She that weds should bear in mind
The state of wedded womankind –
Despite what modern wives will tell,
Her husband taks her for him*sel*.

**OLIPHANT** I'll explain the meaning o that to you anither time, for the time being, just caa on wi the reading.

*(As she reads more and more of the rules, he is satisfied that she is being properly instructed, and moves around, here plucking a tiny weed, there smelling a rose)*

**AGNES** *(Continuing)*

Rule the Second

She maunna titivate a hair,
Except as her guidman may care;
It matters not, her grief is vain,
If aa the lave should think her plain.

Rule the Thridd

She maun dispense wi beauty's fads,
Mascaras, rouges and pommades –
To honour each a fatal dose –
No for her man she mells wi those.

Rule the Fowerth

Let her, when abroad she's seen,
Aneath her bonnet keep her een;
She wha to please her man doth study
Maun watch to please nae ither body.

Rule the Fifth

Ayont the friends a man brings hame,
Nae callers should regale his dame;
For blades that wait upon the wife
Are bane o ilka husband's life.

Rule the Saxt

She maun avoid, as 't were the deil,
Gifts proffered by a stranger chiel;
For, in these latter days, the fact is
Something for nothing's no the practice.
                              Rule the Seventh
There maunna, in her room, appear
Pen, paper, ink and writing gear,
If ony writing's to be dune,
To scrieve 't her man's the proper ane. (yin)
                              Rule the Aucht
Forbid assemblies, masques and balls,
Wi routs nae better than mere brawls,
For there it is wives gae far ben
Conspiran against helpless men.
                              Rule the Ninth
Let wives avoid, like Satan's arts,
Playing for siller at the cartes;
Little by little comes the fall,
Till in the end she stakes her all.
                              Rule the Tenth
She maunna owre the Meadows dander,
On picnics throw Dalmeny wander –
The warld kens that, for guid or ill,
The husband has to foot the bill.
                              Rule the Eleventh –

*(AGNES's face has been a study, as during the last few 'rules' she realises that their import is to curb her freedom and pleasure. She gradually moves towards a comical mixture of tears and consternation and breaks off almost on the verge of a sob. MR. OLIPHANT looks up from smelling a rose.)*

**OLIPHANT** You may finish the buik yoursel, and by and by I'll explain mair fully under the different heids. I have mindit upon a sma affair o business – I've but a word to say, that winna keep me late. Gae into the house, and tak guid care o the buik . . . If the lawyer should come, let him bide a minute.

*(Exit AGNES to the house)*

**OLIPHANT** I canna dae better than mak her my wife. I will guide her just as I want – she's like wax in my hands and I can gie her the form that best pleases me. When I was awa, I had a narrow shave throw her very simpleness . . . but och, it's far better that a wife should err in that direction. For mistakes o that kind the remedy's easy – aa simple creatures may be led wi nae bother and if they wander frae the straucht and narrow, a word will bring them back to it in a minute . . . Aye, but a clever wife's a different kettle o fish. Our fate depends on whatever notion she taks into her heid and naething can gar her budge an inch. Aa our lectures pass in at ae lug and out at the ither. Her wit enables her to mock at our rules and regulations, to mak her misdeeds seem like positive virtues and to find, for her vile ends, roads o circumventin the spryest amang us. A witty wife's the very deil at intrigue and when her whim has silently passed sentence on our honour, we maun just dae as things will dae wi us. Mony a worthy man could confirm the truth o that. (*MR. OLIPHANT lets himself out of the garden door. The door moves and he is in the street.*) At ony rate yon young gype will hae nae occasion to lauch at me. By excess o bletherin he has won his deserts . . . indeed that's the common faut o our men. When they're in luck, they canna thole to keep it secret and their glaiket vanity leads them on till they would rather loss aa than keep their tongues atween their teeth. Aye, the den must shairly tempt women weel afore their fancy lichts on sic empty-heidit – But here he is . . . (*Laughs dry laugh*) We'll keep mum aye, and find out aa about this begeck he's had!

(*Enter WALTER, who sweeps off his hat*)

**WALTER** I've just come from your house, but it seems to be ordained that I canna meet you anywhere but here. Nevertheless, I will wait upon you sae aften that at lang length –

(*He sweeps yet another bow*)

**OLIPHANT** Haud, haud . . . nae idle compliment! I've nae patience for sic rigmaroles and if I had my way they wad be put a stop to. It's an ill practice, and the maist o folk are daft eneuch to tine twa-thrids o their time by it. Put on your hat, nae ceremony . . .
**WALTER** Sir, if it be your will . . .

(*They replace their hats. MR. OLIPHANT sidles up with a leer.*)

**OLIPHANT** He, he . . . your wee affairs o the heart? May I hear, Sir Walter, at what stage they're at? Last time we met I was a thocht distracted, but since then I've had your affair in my mind. I'm lost in admiration at your rapid progress, and the outcome's near my heart.
**WALTER** Faith, sir, since I opened my heart to you, there has befallen my courting naething but ill.
**OLIPHANT** Oho! In what way?
**WALTER** Cruel ill fortune brocht back my sweetheart's guardian frae the country.
**OLIPHANT** Misfortune indeed!
**WALTER** And what's waur, to my regret, he had knowledge o the secret traffeck atween us twa.
**OLIPHANT** But how on earth did he hear o your adventure?

**WALTER** I dinna ken. But there can be nae doubt. I intended to gang, about my usual hour, and call on my bonnie young thing when baith his housekeeper and his body-servant, wi altered word and cheer, barred my way and wi a 'Clear out o here, you nuisance!' banged the door in my neb.

**OLIPHANT** The door in your neb?

**WALTER** In my neb.

**OLIPHANT** That's gaun owre far!

**WALTER** I socht to speak wi them throw the door but to aa that I could say they wad only answer, 'Ye canna win in, the Maister's forbidden it.'

**OLIPHANT** And so they didna open?

**WALTER** No . . . and at yon window Agnes sune proved to me that the maister was back. She chased me awa as though I had been dirt and helped me on my road wi a chuckie-stane flung by her ain hand.

**OLIPHANT** Never! A chuckie-stane?

**WALTER** Weel, maybe nae sae sma as a chuckie-stane. And that's the reception I had on my visit!

**OLIPHANT** The deil ye say! That's nae just sma beer. I doubt your affair's in a parlous state.

**WALTER** It's aa that. This ill-starred return has dune me nocht but hairm.

**OLIPHANT** Certes, my heart bleeds for ye, I assure ye.

**WALTER** This man wrecks aathing!

**OLIPHANT** Dinna upset yoursel! You'll find some means o settin yoursel richt.

**WALTER** Aa thing's clear, I maun try by some ruse to owrecome the close gaird o this ogre o jealousy.

**OLIPHANT** An easy matter surely for you . . . and after all, the lass looes ye?

**WALTER** Nae doubt about that.

**OLIPHANT** You'll win throw in the end.

**WALTER** I hope so.

**OLIPHANT** The chuckie-stane has gien you an upturn, but that shouldna astonish you.

**WALTER** Nae doubt, for I've found out that my man was there aa the time, takkan the management o the business without schawin himsel. But the thing that really gied me the surprise, and will surprise you, is anither occurrence I'll tell ye o – a daring carte my young beauty played and ane that you wad never look for frae her simplicity.

**OLIPHANT** What's he bletheran aboot?

**WALTER** Ye maun allou, there's nae schulemaster like love. What we never were, he teaches us to be and aften, under his instruction, the ways o a lifetime are turned tapsalteerie in the twinklin o an ee. He braks doun aa the abstacles o nature in us and its sudden changes look like naething so much as miracles. In a flash he maks the grippy man free wi his siller, the cowardie

25

as brave as an eagle, and a gentleman out o a boor. He gies quickness o mind to the maist dosent lump and wit to the simplest . . . Aye this very miracle has broken out in Agnes, for, just as she cut me short wi these words, 'Awa frae here, I renounce your visits, I ken aa ye have to say and that's my answer!' this stane – the chuckie-stane that shocked you a minute syne – fell at my feet, and wi it a twa-three lines in her ain hand. I'm amazed to see the letter exactly suited to the meaning o her words and the castin o the stane.

**OLIPHANT** Perdition, damnation, abomination!

**WALTER** Now, tell me, daes sic a deed no surprise ye? Daes love hae the art o sharpenin the wits and can onybody deny that his flamin love can work wonders in the heart? What say you to this new turn and this billet doux?

**OLIPHANT** I'll fa to the grund!

**WALTER** What, dae ye no marvel at her readiness o wit? Dae ye no think it a great joke to see the figure auld Maister Jealousy has cut in aa this ploy?

**OLIPHANT** *(Sourly)* Oh aye, a great joke.

**WALTER** Lauch at it then! (*MR. OLIPHANT laughs a forced laugh*) Lauch at this billy entrenched against my love, fortified in his ain house and equipped wi chuckie-stanes, as if I meant to carry the place by assault, wha in his droll fricht sets aa his folk against me to drive me aff and is yet diddled, afore his een and in the midst o his ain plot, by the lass he fain would haud in the depths o ignorance!

**OLIPHANT** My heid'll burst!

**WALTER** What's wrong? Dae ye no see the joke?

**OLIPHANT** It's killing me!

**WALTER** For my ain part, this much I'll admit – though his return's gey awkward for my love at this minute, it's the drollest thing in the warld and I canna help lauchan whenever I think o't! . . . (*He laughs then breaks off as he sees MR. OLIPHANT*) But ye dinna seem to be lauchan eneuch, to me.

**OLIPHANT** I beg your pardon, I'm lauchan as hard as I can.

**WALTER** But as you're an auld friend, I maun shaw ye the letter. Aa that her heart feels, her hand has had skill to set doun, but in sic heartsome phrase, sae eloquent o guid, o pure and innocent tenderness – in the style, in fact, o unspoiled nature giean utterance to love's first wound.

**OLIPHANT** *(Aside)* Ye limmer, this is the use you put your writing tae, that they learned ye against my will.

**WALTER** *(Reads)* 'I want to write you, but I'm in sair trouble whaur to start. I hae thochts, that I wad hae ye ken but I canna think how best to tell you them and I hae nae faith in my words. As I begin to realise that I hae aye been keppit in the darkness o ignorance, I fear to set doun something that's no as it should be or to say mair than I ought.'

**OLIPHANT** The sly cuttie!

**WALTER** What's that? I'm no dune wi the letter. She goes on, 'In sooth, I understand not what wrang you are held to hae dune me, but I feel that I am mortified wi grief at what they compel me to dae against you, that I will suffer aa the anguish in the warld wantan ye and that I wad be weel pleased to be your ain.'

OLIPHANT The double Jezebel!

WALTER Patience! And listen to this bit! 'Maybe it's wrang to say that, but aa the same I canna stop mysel sayin it – wad that it micht come about without harm! I am tellt and better than tellt that aa young men are deceivers, that a lassie maunna harken to them and that aa you hae said to me is for the purpose o makkan me his victim; but I assure you that I've no been able to imagine this o you and that my heart has been sae won by your words that I canna believe them fause. Tell me frankly if they are so; for as I am innocent o aa desire to hurt, you wad dae the greatest ill if you were to deceive me, and I think I wad die o a broken heart.'

OLIPHANT The bitch!

WALTER What's wrang wi you?

OLIPHANT Wi me? Naething. I gied a bit cough.

WALTER Did ye e'er see onything mair doucely expressed? Did a loelier nature ever declare itsel despite yon tyrant's unjust and hellish schemin? Daes he no merit punishment for evilly seekin to pushon the well spring of a remarkable saul and to smoor the licht o her spirit in ignorance and stupidity.

OLIPHANT I'll explode!

WALTER Love has begun to tear aside the curtain, and if, by influence o some favourable starn, I can, as I hope, teach this utter cur, this traitorous dog, this hangman's rogue, this inhuman beast –

OLIPHANT Guid day to ye!

WALTER Are ye awa sae sune?

OLIPHANT There's just come into my heid a pressan matter o business.

WALTER As we're sic butties, you couldna tell me wha micht hae entry to this house? . . . I've naebody ony langer there but folk set to spy upon me. Baith the man and the servant-woman, as I've fand out to my cost, havena saftened their incivility to the point o listenin to me, for aa that I could dae . . .

OLIPHANT I could thraw your neck!

WALTER For traffeck o this kind, I had a certain auld wife wi a knack that was mair than human. In the early stage o the business she served me weel, but fower days syne the puir auld body died. Ye couldna put me up to some moyen?

OLIPHANT No certes . . . ye'll easy find ane without me.

WALTER Fare ye weel . . . You see the trust I repose in you!

*(Exit WALTER)*

OLIPHANT Och, how I maun mortify mysel afore him! The anguish it is to hide the dolorous stound! . . . Mphm, for a simpleton, nae lack o presence o mind! The traitress, she's made a pretence to me o bein simple while Auld Nick blew his wiles in to her mind! . . . Oh, it's the death o me, this waefu letter. The traitor, I see he has keppit her heart. I am cast out and he is anchorit in her mind, and therein lies my dule and my despair. The theft o her heart gies me a twa-fauld stab – my love is woundit as weel as my honour – and to find mysel ourthrown and my best laid schemes agley dements me! . . . I ken that to punish her illicit love, I have but to let her evil fate run its course, and I'll be revenged upon her by hersel . . . But it's a waefu thing to loss what a body looes. God in Heaven, after a choice made wi sae cool a calculation, must I be aff my heid at the thocht o her? She has neither father nor mither, nor connection, nor a fortune . . . and yet I love her, despite the orra trick, till I canna live wantan her love! Fule, hae ye nae shame? Oh, my heid bursts, I could straik mysel across the face a thousand times.

*(He sees the servants and lashes at them with his stick)*

Tak that! And that! Ye traitors and intriguers that I hae nourished like vipers! The black deil grip ye baith! *(They retreat)* I maun gang in, but just to see what countenance she puts on a deed sae black . . . Heaven, grant that my brow mayna carry the marks o disgrace, but if it be decreed that I maun thole it, gie me at least the dourness that some folk hae in sic mishanters. Her buiks, her pens, her papers – they hae brocht me to this! O them at least I can make an end!

*(He runs into the house. The servants stare in amazement at one another. Almost immediately he is seen at the upper window, from which he angrily throws pens, papers, books, into the garden.)*

## CURTAIN

## INTERVAL

# ACT TWO

*The garden is open. A knock. ALAN and ALISON appear from the house, open the door and admit the LAWYER, a crabbit Commedia del'Arte figure. They go into the house. Enter MR. OLIPHANT solus.*

**OLIPHANT** Upon my word I can hardly bide in the ae place. A thousand cares put me in a fever and hamper me in giean the order baith outside and in that will wreck this ogler's plans . . . Wi what a steady ee the traitress heild my gaze. Aa that she has dune daesna gar her tremble and though she has brocht me to an inch o the grave, to see her ye wad say she daesna gie a docken. The mair I lookit upon her and saw what a calm sough she keepit, the mair I felt rage boil up within me; but the mair this owremasteran passion fired my heart, the haeter grew my love. I was sair fashed, provokit, desperate against her . . . yet never did I see her sae bonnie, never to my een did hers seem sae piercing bricht, never did they fill me wi sic merciless desires and I feel in here *(Beats his heart)* that I maun split in pieces if my thrawn fortune end in disgrace. What am I to hae planned her schulin wi sae fond a foresicht, to hae had her wi me since her bairnheid, to hae cherished the dearest hope towards her, am I to hae biggit my castles in the air upon her buddan beauty and pampered her for mysel for thirteen years sae that a young ass wha has turned her heid may come and lift her under my very nose, when she's half my wife already? Na, by my faith, na, I'll no hae it! My feather-heided friend, you may twine and turn in vain! Either I'll tine my pains or fegs, I'll caa the bottom out o your hopes, and maybe ye'll no hae the lauch at me yet!

*(The LAWYER enters from the house. At first MR. OLIPHANT, absorbed in his own reverie, does not observe him.)*

**LAWYER** Ach, there he gaes! Here I am, as per arrangement, to draw up the terms o the contract ye wish to mak.
**OLIPHANT** *(Not seeing him)* How maun it be dune?
**LAWYER** It maun be done according to the usual form.
**OLIPHANT** *(Not seeing him)* I maun gie close a consideration to my precautions.
**LAWYER** I will set doun naething contrary to your interests.
**OLIPHANT** *(Not seeing him)* I maun guarantee against ony surprise.
**LAWYER** It's sufficient that your affairs are in my hands. But on nae account, lest ye should be trickit, receipt the contract afore ye've had the tocher.
**OLIPHANT** *(Not seeing him)* If I raise a reerie, I fear this business will be the claik o the haill toun.

**LAWYER** To keep the matter quiet presents nae difficulty. The contract may be drawn in secret.

**OLIPHANT** *(Not seeing him)* But how could I win the better o her?

**LAWYER** The sum ye settle upon her may be adjusted to the size o the tocher she brings you.

**OLIPHANT** I love her, and that's at the ruit o aa my care.

**LAWYER** If that's the way o't ye may gie her mair favourable treatment.

**OLIPHANT** How am I to treat her in an upturn like this?

**LAWYER** The statute declares that the husband-to-be should settle upon the wife-to-be a sum equal to one third o the tocher she brings him. But we can win round the statute – ye may gang muckle further if you've a mind to.

**OLIPHANT** *(Not seeing him)* If – *(He sees the LAWYER)*

**LAWYER** As for the survivor's portion, that concerns them baith. I maintain that the husband-to-be can tocher the wife-to-be as he thinks fit.

**OLIPHANT** What are ye haveran about?

**LAWYER** He may endow her mair favourably when he has a byordinar love for her and wad specially oblige her, and that by dowry or life-rent, as it's caaed in law, the whilk bides radical and reversionary at the demise o the party aforesaid, or may be non-reversionary and destined to the heirs o the aforesaid, or by common law gangs in terms o the bequest or may be considered as *donatio inter vivos* to be drawn up either pure and simple or by mutual obligation. *(MR. OLIPHANT shrugs his shoulders)* Why dae ye shrug your shoulders? Dae ye insinuate that I'm speakan blethers and dinna ken the forms o contract? Wha can teach me them? Naebody here I presume! Dae I or dae I no ken that the joint parties haud by use and wont baith movable and immovable gear, heritage and acquerenda in common, unless renunciation is expressly made in a competent instrument? Dae I or dae I no ken that a third o the chattel o the wife-to-be faes contributory to the common fund? –

**OLIPHANT** Shair eneuch! You ken aa that, but wha said a word about it to you?

**LAWYER** You did! You, that wad fain mak me seem a fule, shruggan your shoulders and girnan at me!

**OLIPHANT** Plague upon this tyke-faced scoundrel. Good day to ye, if that's the quickest way to win rid o ye!

**LAWYER** Was I sent for to draw up a contract or was I no?

**OLIPHANT** I spiered for ye aa richt, but the business is put back. We'll summon you again when the time has been fixed. Deil tak the fellow wi his logamachy!

*(MR. OLIPHANT goes to the street gate and during the next short scene looks suspiciously up and down the Canongate)*

LAWYER *(Touching his head)* I believe that's whaur he wants it, and I believe I'm richt!

*(Enter ALAN and ALISON from the house)*

LAWYER *(Scratching his head)* You did come to seek me on your maister's behoof?
ALAN Aye.
LAWYER I dinna ken wha you tak him for, but you may gang and tell him frae me that I tak him for a donnert idiot!
ALISON We'll fairly dae that!

*(She lets LAWYER out at street door. Exit. MR. OLIPHANT returns.)*

ALAN Sir –
OLIPHANT Come in about . . . ye are my trusty leal, true friends and I hae some news for ye.
ALAN The lawyer –
OLIPHANT That can keep for anither day . . . Listen, there's ane that wad play my name and honour an ill trick, and what an affront it wad be for you, my bairns, if your maister's honour was herriet! You wadna daur thereafter shaw your face about the toun and aabody wad point the finger o scorn at you. And sae, you maun on your side keep sic a gaird that this gallant canna by ony means, whatsoever –
ALISON You learned us our lesson a minute syne.
OLIPHANT You'll watch no to gie in to his fine speeches.
ALAN Certain sure!
ALISON We ken fine how to haud him aff.
OLIPHANT *(To ALAN)* Suppose he cam priggan, 'Alan, puir saul, will ye no by a helpan hand comfort my distress?'
ALAN 'Awa, and dinna be daft!'
OLIPHANT Fine! . . . *(To ALISON)* 'Alison, my wee pet, you seem to be a guid kind body!'
ALISON 'You're wastan your time!'
OLIPHANT Fine! *(To ALAN)* 'What harm can there be in seeing her honestly and openly?'
ALAN 'You're an idle scamp!'
OLIPHANT You're daean grand! *(To ALISON)* 'My death will follow if ye hae nae pity for the pains I thole.'
ALISON 'You're an impudent cuddy!'
OLIPHANT That's the ticket! 'I'm no the man to ask something for naething, and I dinna forget them that dae me service. Aa the same, Alan, here's some drink-silver and there, Alison, buy yoursel some new braws wi that.' *(They stretch out both hands and take the money)* 'That's but the

arles o my largesse . . . Aa this civility I press upon you is that I may win admittance to your bonnie young lady.'

**ALISON** (*Pushing him off*) 'Try that on someane else!'

**OLIPHANT** Ha, that's guid!

**ALAN** (*Pushing him*) Out o this!

**OLIPHANT** Guid!

**ALISON** (*Pushing him*) This minute!

(*They give him something of a beating-up*)

**OLIPHANT** Guid! . . . Och . . . cry a halt!

**ALISON** Is that no richt?

**ALAN** Have we got your drift clear?

**OLIPHANT** Aye, perfectly clear, except for the siller. There was nae need to tak it.

**ALISON** We couldna mind what ye said about that.

**ALAN** Wad ye like us to faa tae again?

**OLIPHANT** Forsooth na! Eneuch . . . gang in, baith o ye!

**ALAN** Ye've only to say the word.

**OLIPHANT** Na, I tell ye . . . gang in, as I wish you. You may keep the siller. On ye go . . . I'll be wi you instantly. Keep an ee on aathing, and see that ye gie effect to my precautions!

(*Exeunt ALAN and ALISON to house. MR. OLIPHANT goes into the street.*)

**OLIPHANT** I'll get the soutar up the Canongate to be my spy and keep a gleg look-out. I maun confine her in the house, haud a strict watch and banish from the doors sellers o ribbons, hairdressers, milliners, haberdashers, glovers, auld clothes wives – as folk that wark underhand ilka day o the week to bring to flooer the mysteries o love. In short, I've seen the warld and I ken its dodges. My man will need to be gey skilly if ony message or love-letter frae him can force an entry! (*Enter WALTER*) What, daes he daur come back?

**WALTER** This is my lucky spot for rinnan into you! I've had a gey narrow squeak, I may tell you.

**OLIPHANT** Say on! I hae great interest in your affair!

**WALTER** Just after I left you and when I was least expeckan it, I saw Agnes come to yon winnock for a breath o caller air. She made me a sign, and contrived to win doun to the garden and open the yett for me.

**OLIPHANT** The twa-faced randy!

**WALTER** But hardly were we twa inside the door o her chaumer when she heard auld jealousy's foot on the stairs.

**OLIPHANT** Inside her chaumer!

**WALTER** Some day you should see the doctor! Aa that she could dae in sic a stishie was to shut me up in a muckle aumry. In he comes; of course I couldna see him, but I heard him stamp up and doun, speechless, in lang strides, while giean pitifu soughs o sighs and whiles bringan doun his fist crack on the table, kickan the wee dog that barkit at him and flingan her abulyaments in the air. He even dung doun and broke, wi his unruly neive, the jugs my sweetheart had set to adorn the mantelshelf. In fact, some glimmer o the tricks she's played him maun hae struck auld sour face. In the end, after a hunder turns back and fore, when he had vented his wrath on what couldna help it, my jealous auld chiel, in a fair fidget and wi never a word about his annoyance, came out o the chaumer . . . and me from my shelter.

**OLIPHANT** Inside the aumry! If I had grippit him!

**WALTER** For fear o this character we didna daur bide langer thegither – it was owre great a risk . . . But this very nicht, a wee thocht later, I maun gain her room without steer.

**OLIPHANT** Oh, the agonies o hell!

**WALTER** What way? I'll gie three coughs so that she may recognise me. At the signal I ought to see the window open and in at it, wi the aid o a ladder and my Agnes's helpan hand, my love will strive to win me admittance. As my sole friend, I maun tell you this. The heart's delyte grows by bein partit, and though a body was to taste a hunder times bliss ayont perfection, he wadna be happy if naebody else kennt it. I ken ye'll rejoice to see my affair prosper!

**OLIPHANT** I could dance!

**WALTER** Farewell . . . I canna bide . . . I gang to see about . . . you ken what!

*(Indicating the window WALTER hurries off. Exit.)*

**OLIPHANT** What! The star that's set on my despair winna gie me the time to breathe! Straik upon straik, I'll see aa my prudent precautions caaed doun by their guileful alliance and in the prime o life I'll be gulled by an empty-heidit young gype o half my age! Here's me this twenty years been devotan my sage consideration to the sorrowfu lot o husbands and aa the mishanters that whummle the maist prudent in misfortune; I've socht to learn a lesson frae the disgrace o ithers, and, in takkan to mysel a wife, to protect my broo against affront *(Makes gesture)* in distinction frae aa ither broos. For this noble plan I thocht to put into operation the maist crafty policy. Yet, as if Fate had decreed nae man wad be exempt, after the experience and aa the insicht I hae won tae in sic matters, after twenty year and mair o thocht how to guide mysel warily, to think that I hae left the path o ither spouses to find mysel at the end o the road plunged in the same disgrace! Oh murderan Fate, ye hae lied to me! . . . Aye, but the treasure they wad rive frae me is still mine! Maybe this cursed dandy *has* thieved awa her heart frae me, at least I can withhaud frae him the enjoyment o what's left, and this nicht that has been appointit for his gallant exploit winna pass sae doucely as he hopes . . .

It's some consolation, amang sae muckle dule, that I hae foreknowledge o the snare they're settan me and that this dunderheid, out for my ruin, should mak a confidant o his true rival. *(A mirthless laugh)*

*(Enter MR. GILCHRIST down the Canongate)*

**GILCHRIST** Guid een to ye! Will we sup before we tak our dander?

**OLIPHANT** Na . . . I'm fastan the nicht.

**GILCHRIST** Is this some joke?

**OLIPHANT** If you will excuse me, I've ither business to worry me.

**GILCHRIST** Is the wedding ye've fixed no to tak place?

**OLIPHANT** You bother yoursel owre muckle wi ither folk's business.

**GILCHRIST** Oh ho! Sae sharp wi me? What ails ye? It couldna be, my auld friend, that your love has brocht a grain o tribulation wi it? I could near swear it frae the sicht o your face.

**OLIPHANT** Whatever befall me, at least I'll hae the advantage o no resemblin certain folk that suffer young blades about the house without a murmur!

**GILCHRIST** *(Ironical)* It's a strange thing that wi sic insicht ye're aye in sic a rage owre sic matters, that you place therein the greatest guid o man, and imagine that there's nae ither kind o honour in this world.

**OLIPHANT** Away! Ye deave me, sir!

**GILCHRIST** Aside this faut, ye seem to think to be a miser, a brute, a rogue, an evil liver and a coward is naething at aa and whatever fashion ye may hae lived, you're a man o honour as lang as your wife's no fause! To gang to the ruit o the matter, why should ye think that our guid name depends on a chance o that kind and that a man o feeling has ony cause to reproach himsel for the injustice o an ill he canna hinder?

**OLIPHANT** Run awa hame!

**GILCHRIST** Why dae ye want, when ye tak a wife, to let it depend on her whether ye're worthy o praise or blame, and to mak a horrible monster out of the affront her want o faith can wark us? Put yoursel in a frame o mind to see that a man o honour may hae waur to fear than the faithlessness o a wife. Naebody's immune frae the sport o chance, sae this personal begeck shouldna put him up nor doun and in the end, whatever the warld may threep, the ill lies but in the way we tak it.

**OLIPHANT** Sir, ye weary me!

**GILCHRIST** To conduct oursels weel in difficulties o that kind, as in aathing else, we maunna flee to extremes. Dinna follow the example o sic folk, a thocht *owre* guid-natured, as tak a pride in thae ongauns, aye pointan out their wives' men friends, praisan them to the skies and laudan their cleverness. They agree wi them in aathing, are at aa their banquets and their parties and gang on till folk may weel wonder that they daur shaw their nose there.

**OLIPHANT** I'm little like to!

GILCHRIST Nae doubt this way o daein deserves aa blame, but the ither extreme's nae less reprehensible. If I canna approve of the gallant's friends, neither am I for these fractious folk whase ill-timed girnin and groanin by its very din draws upon them the een o the haill warld and wha by their outcry seem to wish that naebody should bide in ignorance o their trouble. There's a middle road atween the twa extremes, and there, if the warst comes to the warst, the wise man will halt.

OLIPHANT You counsel men to thole dishonour?

GILCHRIST When we're sensible eneuch to tak it there's nae cause to blush at the warst a wife can dae to us. Sae whatever may be said to the contrar, it's possible to see the man's misfortune in a less terrible guise, and as I said to you, aa the art lies in kennin how to mak the best o a bad job.

OLIPHANT After this fine sermon, the haill brotherhood will owe a debt o thanks to Your Lordship, and whaever wad hear you speak will rejoice to join the ranks.

GILCHRIST I didna say that, for that's just what I find faut wi. But, seean it's fate that gies us a wife, I haud that we should dae just as in a game o dice. When we dinna shak the number we seek, we maun play wi skill and wi laigher expectation set richt our luck by good management.

OLIPHANT In ither words, sleep weel and eat weel, and persuade yoursel that it amounts to naething.

GILCHRIST You're pleased to lauch at me. But to be fair furth the gate, I see a hunder things mair to be feared, things I wad find harder to bear than this accident you stand in fear o. I wad far rather be what ye ken than see mysel weddit to ane o thae guid wives whase tantrums mak quarrels out o naething, these dragons o virtue, chaste she-devils, aye preenan themsels on their meikle wisdom; wha, for the wee wrang they dinna dae us, tak it upon themsels to treat ither folk like dirt and presume, on the strength o their fidelity that we're bound to put up wi onything at their hands. Aince mair, my friend, be advised that this is nae waur nor ye care to mak it and that it has its compensations like aathing else.

OLIPHANT Maybe you're in the mood to put up wi it, but for me, I didna like the taste o it, and rather suffer sic a –

GILCHRIST Ech sirs, ye maunna swear, for fear o being perjured. If fate has ordained it, your pains are wasted and aa your advice is nae mair than thin air.

OLIPHANT Dae ye mean that my goose is cooked?

GILCHRIST Now there ye are in a state! Without butteran ye up, hunders o men are in the same soss, wha canna compare wi you in looks, spirit, house and gear!

OLIPHANT I dinna want to compare wi onybody! I'm fair weary o your jests and gibes. A truce to it, if you will!

GILCHRIST Now you're out o temper. We ken the cause. I'm awa. But just bear in mind, whatever your honour may tell you, that you're half-roads to bein what we spak o when you want to swear an aith that that's what you'll never be!

**OLIPHANT** Aa the same I swear, and here and now I'm gaun to lay hands on a specific against the said mishanter!

*(Exit MR. GILCHRIST up the Canongate. MR. OLIPHANT goes in at the gate. ALAN and ALISON come running out.)*

**OLIPHANT** Friends, this is whaur I stand in need o your help. The lowe o your affection warms me, but this time it maun brack out intil a flame. If you serve me as I believe you will, you're sure o your reward. Dinna breathe this to a saul, but the man ye wit o, means, as I kennt he wad, to diddle me the nicht and win intil Agnes' room by a ladder. But we maun, we three, set an ambush for him. I want baith o ye to tak a guid cudgel and when he's about the hindmost step (at the richt time I'll open the window mysel) ye maun vie wi ane anither in assailin the traitor, in sic a style that his back will keep the memory o it. Teach him no to shaw his face here again, but mind no to cry my name or to gie ony clue that I'm ahint. But hae ye the gumption to be the vessels o my wrath?

**ALAN** If it's but to gie him a thrashin, sir, depend upon us. When I lay on, ye'll see I gie him a richt anointin.

**ALISON** Maybe my arm daesna seem sae strang, but it'll play its part in garrin his banes dirl.

**OLIPHANT** In ye go then, and mind what I said about waggan tongues! *(Exeunt ALAN and ALISON to the house)* This'll be a lesson for my neebor. If aa the husbands o this toun met the gallants wi sic a welcome, the numbers o the unfortunate micht be brocht doun.

*(MR. OLIPHANT also goes into the house. The lights dim and a dumb-show is played. WALTER comes down the Canongate with a ladder and places it below the window. The window opens. When he is near the top ALAN and ALISON rush out with sticks, beat him, knock him off the ladder and leave him on the ground. When he is down MR. OLIPHANT looks out of window and nods with satisfaction then withdraws. ALAN and ALISON go in. AGNES, wrapped in a cloak, stoops by her lover. He gets up, and together they run off up the Canongate. Enter MR. OLIPHANT, after ALAN and ALISON.)*

**OLIPHANT** Traitors! What hae ye dune by your savagery?

**ALAN** We did naething mair than ye tellt us, sir.

**OLIPHANT** That excuse'll no wash wi me! I tellt ye to gie him a lickin, nae to caa the life out o him, and it was on his back no his heid that I ordered ye to rain the blows. Lord, to what a pass has fate brocht me neist! What am I to decide upon when I see the deid man? *(To ALAN and ALISON)* Back to the house wi ye, and gaird weel no to utter a word o the harmless command I laid upon ye. *(Exit ALAN and ALISON)* Daylicht will sune be in, I maun tak thocht what to dae in this fresh calamity. Mercy upon me, what's to become o me noo? What will his father say when without warning he hears o this business?

*(MR. OLIPHANT goes out at the gate to look for the supposed corpse. WALTER enters cautiously from Canongate.)*

**WALTER** I maun gae forrit a wee to mak out wha it is.

**OLIPHANT** Could onybody hae forseen . . . *(Seeing WALTER)* Wha is't? Answer me!

**WALTER** Is that you, Maister Oliphant?

**OLIPHANT** Aye, but you?

**WALTER** It's Walter. I was on the way to ask a favour at ye. You're early out and about.

**OLIPHANT** *(Aside)* Sakes alive! Is this a wraith, or my ain imaginin?

**WALTER** I've had a terrible throwcome and I bless the mercy o Providence that I'm met wi you like this. I come to advise you that aa has succeeded, far better than I had daured to hope and by an accident that micht hae been the ruin o aathing.

**OLIPHANT** Succeeded? It maun be the dunt on his pow!

**WALTER** I kenna how they could hae suspeckit the tryst I had wi her, but just as I was near in at the window, my heart sank to see some folk come rinnan out. They set upon me richt keenly sae that I lost my footing and fell doun clyte. My faa cost me a bruise or twa but it saved me a score o cudgel-straiks. Yon folk – ane o them I'm sure was auld jealousy himsel – thocht their straiks had laid me low, and seein the pain heild me to the ae spot without stirrin for a while, they jump't to the conclusion they had been the death o me and that set up a fine tirrievie, I tell ye . . .

**OLIPHANT** Wad God it had been!

**WALTER** In the end they went inside, shakkan wi fricht, and just as I was thinkin to tak mysel aff, wha should I see coman towards me but my burd Agnes, in a flurry and greetan to think I was deid.

**OLIPHANT** Agnes! No Agnes! Oh, the sleekit jaud!

**WALTER** You see, she had heard the debate they heild amang themselves, and when their attention was taen up wi that easily slippit out o the house. When she found I had taen nae hurt, she broke out in sic a transport o joy as I canna describe. What mair can I say? My ain kind dearie harkened to the counsel o love, she vowed no to gang back hame and now she has absolutely committed hersel to my guid faith.

**OLIPHANT** *(Groans)* Oh, has she jinket me yet?

**WALTER** Mark weel, by that proof o innocence, to what the pointless high-handedness o this madman lays her open, and the fearsome risks she wad rin if I didna love her sae true. But my heart burns wi owre pure a love – I wad die than hae taen advantage o her. I see charms in her worthy o a better fate and naething but death could mak me gie her up. I can see my father will no be weel pleased, but we'll tak the time to saften his wrath. I gie mysel owre to her sweet kindness and in our lives we canna but be happy.

**OLIPHANT** Can she still be safe?

**WALTER** Now what I ask o you, Maister Oliphant, for the sake o auld acquaintance, is that I may hand my bonnie dear into your keeping, and that, for my love's sake, you'll gie her safe lodging at least for a day or twa.

**OLIPHANT** *(Brightening up)* My God, hope yet!

**WALTER** For ae thing we maun hide her whereabouts and mak sure that naebody can lay hands on her, for anither you ken that a lass in that situation wi a young lad can gie rise to queer kinds o stories. And as it's to you, sure o your canniness, that aa alang I've trustit the secret o my love, it's to you as weel, my generous friend, that I can confide my heart's dear treasure.

**OLIPHANT** I'm entirely at your service, mak nae doubt o it!

**WALTER** You'll really undertak this lichtsome duty for me?

**OLIPHANT** Wi mair than guid will, I tell ye; indeed I'm fair cairrit awa at this chance o servin ye – leeze me on the Providence that sends me it; I've neer dune onything wi sae muckle joy!

**WALTER** I'm meikle behauden to your kindness! Dae ye ken, I fear't ye micht mak objection. But ye're a man o the warld and in your wisdom ye can mak allowance for a young man's passion . . . Ane o my folk keeps gaird owre her at the neuk o the neist close.

**OLIPHANT** But how will we gang about this? It's near day. If I tak her here, maybe someane will see me and if you put in an appearance at my house, the servants will mak it the clash o the causeway. To play for safety, you maun bring her to me in some darker spot. Owre there in yon close wad be handy. I'll attend ye there!

**WALTER** It's weel to show aa canniness – as far as I'm concerned I'll just gie her into your hand and syne jouk hame without steer.

*(Exit WALTER up the Canongate. MR. OLIPHANT draws into the mou of the Close R. to wait.)*

**OLIPHANT** Ah Fortune, this lucky turn o chance maks up for aa the ills your whims hae brocht upon me!

*(He hides his neb in his cloak. Enter WALTER leading AGNES.)*

**WALTER** *(To AGNES)* Dinna worry owre whaur I'm takkan ye, it's a safe lodging I'm gaun to gie you. To bide under the same roof as me wad be the ruin o aa. Come owre to the mou o the close, and let yoursel be conveyed.

*(MR. OLIPHANT takes her hand without her recognising him)*

**AGNES** Why dae ye leave me?

**WALTER** Agnes, my hinny, there's nae choice.

**AGNES** Let aa your thocht, I beg you, be to come back sune.

**WALTER** That my burnan love will push me on to dae.

**AGNES** When you're out o sicht, joy is a stranger.

**WALTER** Awa frae you I nae less ken dule.

**AGNES** Waes me, if that were true, you wad bide here.

**WALTER** What, would you doubt my desperate love?

**AGNES** No, you dinna love me as much as I love you. (*MR. OLIPHANT pulls her arm*) Oh, he's tittan at me owre sair!

**WALTER** Agnes my doo, that's because it's dangerous for us to be seen thegither in this place, and the perfect friend wha has you by the hand taks eident thocht on our behalf.

**AGNES** But to gang wi a man I dinna ken –

**WALTER** Hae nae fear! In sic hands ye canna be but weel.

**AGNES** I wad rather find mysel in Walter's and I wad hae – (*To MR. OLIPHANT who gives another tug*) – bide!

**WALTER** Fare ye weel, the licht o day drives me awa!

**AGNES** Oh, when will I see you neist?

**WALTER** Afore lang, be sure o that!

**AGNES** What torments I'll suffer till that hour!

**WALTER** Thanks be to Heaven, my happiness nae longer sways in the balance and I can at last sleep in peace.

(*Exit WALTER*)

**OLIPHANT** (*Face hidden and with disguised tone*) Come, it's no there that I'll lodge you. I have your quarters ready in anither place, and I'll see to it that you're safe whaur I put ye! (*Uncovering face*) Dae ye ken me noo?

**AGNES** (*Recognising him*) Oh!

**OLIPHANT** Aye, ye limmer, this time my face puts the fear o death on you and it's wi an ill will you see me here. I brak in upon thae ploys o love that hae turn't your heid! (*AGNES looks to see if she can see WALTER*) Dinna think your een can cry back your gallant to your side, he's owre far awa to bring you aid . . . Ech me, sae young and yet to mell in sic ploys! You're simple-minded, without a marrow, and ye speir if bairns come out o the hearts o green kail, and yet ye ken how to gie an assignation by nicht and to slip awa on the sly at the heels o your lover. Faith, how your tongue ran on wi him! You must hae taen lessons in some guid schule – wha the deil taught ye sae muckle in sae short a time? Sae ye're nae mair feart at bogies? Has this gallant then gied you courage at nicht? Oh ye bessie, to come to this fauseness! Wee serpent that I hae warm't in my breist and that wad sting the hand that strokes it the minute it comes to its ungratefu self!

**AGNES** Why dae ye girn at me?

**OLIPHANT** I suppose I'm in the wrang?

**AGNES** I see nae ill in aa I've dune.

**OLIPHANT** Sae to chase after a lover's no a public scandal!

**AGNES** He said he socht me for his wife. I heeded what you tellt me, and you've aye threepit doun my throat that marriage took awa the faut.

**OLIPHANT** Aye, but it was I, mysel, that had the design to tak you for my wife. I think I made my meaning clear eneuch!

**AGNES** Aye, but to speak freely atween us, for that he's mair to my taste than you. Wi you marriage is a sair affliction – wi your ain mou ye've gien me a fearsome picture o't – but him . . . och me, he maks it seem sae brimman owre wi pleasures that he maks you . . . ettle to be married.

**OLIPHANT** Traitress, the truth is you loo him!

**AGNES** Aye, I loo him.

**OLIPHANT** You've the face to say that to me in person!

**AGNES** And if it's true why should I no say it?

**OLIPHANT** Shameless jaud, have ye ony richt to love him?

**AGNES** Waes me, am I able to help it? The cause was him alane, and I wasna thinkan about it when the thing happened.

**OLIPHANT** But it was your duty to cast out this amorous desire.

**AGNES** How am I to cast out what gies me pleasure?

**OLIPHANT** Did ye no ken that your pleasure was my displeasure?

**AGNES** Mine? No a bit. What harm can it dae ye?

**OLIPHANT** That's true. I have reason for rejoicing! . . . Then you dinna love me, at that rate.

**AGNES** Love *you?*

**OLIPHANT** Aye.

**AGNES** Faith no.

**OLIPHANT** What way no?

**AGNES** Wad ye hae me lie to you?

**OLIPHANT** Why dae ye no love me, ye brazen limmer?

**AGNES** Guidsakes, it's no me that you should blame! Why did ye no mak yoursel loved as he did? Sae far as I can see, I never hindered you!

**OLIPHANT** I hae striven to dae that wi aa my power, but I've tint aa the care I took!

**AGNES** In sooth, he maun ken about this better than you, for to mak himsel looed gied him nae bother at aa.

**OLIPHANT** The wretch, see how she argle-bargles wi me! A plague upon her, could a fine lady sae mair? Oh, little did I ken her, or fegs, on that heid a fule kens mair than the cleverest chiel. *(To AGNES)* My bonnie logician, seein practice in argument maks you perfect, tell me if at my ain expense I wad hae brocht ye up just to gie you to him?

**AGNES** No, he'll pay you back aa to the last merk.

**OLIPHANT** *(Aside)* Whiles she comes out wi something that doubles my pique. *(To AGNES)* Hizzy, whateer he can dae, will he requite the obligation you are under towards me?

**AGNES** The obligations are nae sae big as you mak out.

**OLIPHANT** Is it naething to hae brocht you up frae a bairn?

**AGNES** In faith, ye did weel there and made a bonnie job o my instruction! Dae ye think that I delude mysel, and that inside I dinna weel ken that I'm a gype? I'm ashamed o it, and at my age I dinna wish to pass for a natural if I can help it.

OLIPHANT You flee the state o ignorance and seek to learn frae this coxcomb, at whatever the cost!

AGNES That's just it. It's from him that I ken what I can ken, and I think I owe mair to him than to you!

OLIPHANT I dinna ken what hauds me from payin ye back for this affront wi a dunt o my nieve. The jags o her heartlessness madden me. It wad please me weel to let her feel the weicht o my hand.

AGNES Oh ye may, if that will content ye!

*(MR. OLIPHANT has raised his hand to strike her but he lets it drop)*

OLIPHANT That word, that look, disarm my wrath, and brings back the tenderness that wipes out the iniquity o her deed. The paradox o love, that for these traitresses men should be at the mercy o sic weakness. The haill warld kens their shortcomings. They're extravagant and they want sense, they're wanton in spirit and fickle in mind. There's naething weaker nor mair feckless nor sae little leal; in spite o that, throwout the warld we dae onything for these mere animals . . . Ah weel, weel, let us mak peace. Gang, my wee traitress, I forgie aa and render ye back my fondness. By that token, consider the love I bear ye and, seein me sae kind, love me in return.

AGNES Wi the best will in the warld I wad meet your wishes, but what wad it cost me, if I could dae it?

OLIPHANT My wee pet, you can, if you want to. *(He sighs)* Only harken to that sound o love; heed this pitifu glance, look upon me and gie up this bairn and the love he offers. He maun hae cast some spell upon ye, for ye wad be a hunder times happier wi me. Your dearest wish is to be braw and in the heicht o fashion – you'll aye be that – aye, I promise it. Nicht and day without halt will I fondle ye, clap ye, kiss ye, devour ye. Just as ye wish ye may behave yoursel. I canna explain, and that explains aa! *(Aside)* Can my doited love push me further? *(To AGNES)* Ye'll never find in this warld the marrow o my love. What proof wad ye hae me gie you, heartless lass? Wad ye see me greet? Wad ye hae me beat mysel? Wad ye hae me rive out a lock o hair? Wad ye hae me kill mysel? Aye, speak, if that be your wish. I'm aa ready, cruel fair, to prove my love to ye!

AGNES Haud on! Aa your clavers mak nae impression on me. Wi twa words Walter could dae mair than you.

OLIPHANT Ah, ye defy me owre far, ye drive my temper to the limit! Unbiddable, senseless wretch, I'll carry out my plan, and pack you out o toun this instant. You spurn my offer and drive me to the limit, but, my lady, a convent cell will gie me my revenge!

*(ALAN enters from the house)*

**ALAN** I canna fathom it, sir, but it looks to me as if Agnes and the corp hae made aff thegither.

**OLIPHANT** She's home; awa and shut her in *my* room – he'll never come to seek her there, besides it's but for half an hour. I maun whisk her aff to some safe dwelling – to that end I'm aff to engage a carriage. Shut yoursel in wi bout and bar, abune aa, see no to lift your een frae her for a second. (*ALAN conducts AGNES to the house*) Maybe when she's been ruited up frae here, she may rid her mind o this infatuation.

(*Enter WALTER*)

**WALTER** Oh I come to seek you under a weicht o grief, Maister Oliphant, I fear fate has put the cap upon my ill-fortune. By injustice's luckless turn, I am to be torn frae the bonnie lass I love.

**OLIPHANT** (*With pleasure*) So sir! What's this ye tell me?

**WALTER** My father's here in the toun and out to pree the morning air. I hae discovered that he set foot here yestreen, and the reason o his coming, o whilk, as I tell ye, I had never a suspicion, is that he has made a match for me without telling me a word and is come here to haud the wedding. If you feel for me in my trouble, imagine whether I could hae gotten a waur begeck. This man Reekie, that I tellt ye o yestreen, is the cause o this ill-fortune I feel the force o. He comes wi my father to wark my ruin, for it's his ain dochter that they plan to hitch me to.

**OLIPHANT** Oh ho, Sir Walter! That news wadna please your lordship!

**WALTER** When first they spak o it, I nearly fell doun in a dwam. And when my father said he wad pay you a visit, I didna bide langer to hear but ran on afore him in a state o terror. For ony sake, dinna breathe a word to him about my promise to Agnes. It could only put him in a rage. But he sets great store on your opinion and try your best to dissuade him from this ither match.

**OLIPHANT** Aye, aye!

**WALTER** Advise him to delay a while, and like the friend you are, dae this service to my love.

**OLIPHANT** I'll no fail ye.

**WALTER** My hopes are in you.

**OLIPHANT** That's the ticket!

**WALTER** It's you I look on as my real father. Tell him that my age . . . Ah, I see him comin! Listen to the reasons that I can gie you . . .

(*They withdraw, close in conversation, to a corner of the stage. Enter MESSRS. REEKIE, MONTGOMERY, GILCHRIST, in colloquy.*)

**REEKIE** (*To MR. GILCHRIST*) As sune as I set eyes upon ye, though naebody had said a word, I wad hae kennt you. In you I see aa the features o your dear sister that marriage since made mine. How blessed I wad hae been if the cruel Fates had let me bring back that faithful wife to share wi me the keen joy o seein her ain folk after our lang misfortunes.

GILCHRIST Sir, I lament nae less!

REEKIE But since all-puissant destiny has stawn frae us forever her beloved presence, let us resign oursels to it, and content oursel wi the sole fruit o her love that's left to me. This touches you as her brither, and I wad dae wrang did I try to part wi this pledge without your accord. The choice o guid Maister Montgomery's son is an honour for baith her and me, but this choice maun please you as muckle as it daes me.

GILCHRIST Ye've a puir opinion o my judgment if you wonder whether I'll approve sic a suitable choice.

OLIPHANT *(To WALTER)* Aye, I promise to serve ye as weel as ye deserve.

WALTER O ae thing beware –

OLIPHANT Hae nae concern.

*(MESSRS. OLIPHANT and MONTGOMERY greet one another)*

MONTGOMERY Sir, I can hardly keep a tear frae ma ee when I feel your hand in mine.

OLIPHANT My heart gies a lowp at the sicht o ye!

MONTGOMERY The purpose o my comin here –

OLIPHANT Afore ye tell me, I ken what brings ye.

MONTGOMERY You've heard already?

OLIPHANT Aye.

MONTGOMERY Aa the better!

OLIPHANT Your son fechts against this marriage, his heart's engaged and he can see nae guid in it; he's even been priggan at me to turn ye frae it. But as for me, aa the counsel that I can gie ye is this. Dinna suffer the tying o this knot to be put aff and let him feel the authority o a father! We maun keep the young folk on a ticht rein and we dae them nae guid by giein in to them.

WALTER Traitor!

GILCHRIST If his heart has some scunner at it, I think we shouldna force him. My brother, I believe, will be o the same opinion.

OLIPHANT What? Wad he let himsel be ruled by his son? Wad ye hae a father sae peely-wally as no to ken how to mak the young obey? Certes, it wad be a fine thing if we were to see him the day tak orders in place o giein them! Na, na, he's my close friend, and his guid name is mine. He's gien his word, he maun stand by it. Let him shaw firmness o purpose and compel his son to tak up the engagement.

MONTGOMERY What you say is richt and I'll answer to you mysel for his obedience in this match.

GILCHRIST I must confess I canna understand your hurry owre this match and I canna guess what's at the back o it.

OLIPHANT I ken what I ken, and speak as I should.

MONTGOMERY Aye, aye, Maister Oliphant, he's –

GILCHRIST The name o Oliphant daesna please him. He's the Laird o Stumpie, as I telt ye afore.

OLIPHANT Never heed!

WALTER What say ye?

OLIPHANT *(Turning on WALTER)* Aye, that's whaur the mystery lay, sae ye can see for yoursel what I had to dae?

WALTER I'm fair connacht!

*(Enter ALISON)*

ALISON Maister, if you're no by, we'll hardly manage to keep haud o Agnes. She's at aathing to win awa, and we're feart she's gaun to thraw hersel out at the window.

OLIPHANT Bring her to me! My ain plan is to tak her awa frae here.

*(Exit ALISON)*

OLIPHANT *(To WALTER)* Dinna fash yoursel! Happiness unbroken wad mak a man proud, and ilka dog has his day, so they say.

WALTER O Heaven, what ills can equal mine? Was ever onybody cast into the abyss whaur I find mysel?

OLIPHANT *(To MONTGOMERY)* Put forrit the waddin day. I'll be there. I invite mysel already!

MONTGOMERY That indeed is my plan!

*(Enter ALAN and ALISON, leading AGNES)*

OLIPHANT Come out, my beauty, come out! So they canna manage ye, and ye rebel! Here's your lover. To pay him back, you may mak him a douce and double curtsey. *(He parodies the curtsey earlier in the play. To WALTER.)* We'll say fareweel. Maybe the outcome faas a wee thocht short o your hopes, but aa lovers canna be pleased!

AGNES Walter, will you let me be carriet aff like this?

WALTER I dinna ken whaur I am, my heid's turnt wi care!

OLIPHANT Come on, clash-pie, come on!

AGNES But I want to bide here.

MONTGOMERY Tell us what aa this mystery's about. We aa look on but we canna mak it out.

OLIPHANT When I've mair time I will tell ye. Till our neist meeting, fareweel.

MONTGOMERY But whaur dae ye mean to gang? This is no the way to speak to us.

OLIPHANT My advice is to conclude the marriage in spite o aa he says!

MONTGOMERY Aye, but to that end, if you ken aa, has naebody said that you hae in your house the lass in question? She's the bairn that Maister Gilchrist's sister had lang syne to Maister Reekie here by a secret marriage. If ye didna ken that, what on earth were ye talkan about?

GILCHRIST I was just mystified by his ongauns.

OLIPHANT What's aa this?

**GILCHRIST** By her secret wedding my sister had ae dochter whase lot was hidden frae the haill family.

**MONTGOMERY** To keep aa secret, her man put the bairn out to nurse in the country under fause names.

**GILCHRIST** Then he fell on evil days, and had to flee his native country.

**MONTGOMERY** And to face a thousand perils in lands ayont the seas.

**GILCHRIST** Whaur his toil gained him the very thing that jealousy and deceit had snatch't frae him at hame.

**MONTGOMERY** Back in Scotland, his first task was to seek out the woman wha heild his bairn in trust.

**GILCHRIST** This body tellt him frankly that when the bairn was fower she had put her in your hands.

**MONTGOMERY** The whilk she did under the stress o dire poverty and wi confidence in your charity.

**GILCHRIST** And he *(Indicating REEKIE)* daft wi joy and gladness, has had her brocht to the toun.

**MONTGOMERY** And in a minute you'll see her on this spot to clear up this mystery aince and for aa.

**GILCHRIST** I think I can guess gey near what your punishment is. But Fate's kind to you after aa, for if no to be deceived by your wife seems sic a great thing, the best way to avoid it is no to get married at aa!

**OLIPHANT** Oh!

*(Carried away and unable to speak he rushes out. Exit MR. OLIPHANT.)*

**MONTGOMERY** But why has he rushed awa wi never a word?

**WALTER** Father, now ye'll ken the full story o this unco mystery. Chance has already carriet out what your wisdom had devised for me. By the douce bond o a mutual love, I had gien my love to this dear lass. In short, she's baith the ane you come to seek and the ane for whase sake I gied the refusal that angert you!

**REEKIE** I had nae doubt o it frae the minute I saw her! And my heart's been in a turmoil ever sinsyne. My dochter, my dochter, I can nae langer control this sweet joy!

*(With tears he embraces AGNES)*

**GILCHRIST** Brither, I wad fain dae nae less than you but it accords ill wi this public place. Let us gang into the house to win to the bottom o aa thing, to pay back our friend for his eident cares, and to gie thanks to Providence that aye warks for the best.

*(The entire party moves into the house, AGNES on WALTER's arm. Music.)*

## CURTAIN

# THE BURDIES

## A COMEDY IN SCOTS VERSE

### by

### Douglas Young

*From the Greek of Aristophanes*

The first amateur performance was by The Reid Gouns, a St Andrews University student group, from 27 August to 12 September 1959, in the Cathedral Hall, Albany Street, Edinburgh, as an Edinburgh International Festival Fringe event. The first professional production was by the Royal Lyceum Theatre Company, Edinburgh, 22–27 August 1966, at the Edinburgh International Festival. The cast of the latter was as follows:

*Cast in Order of Appearance*

MR WYLIE (Peisthetairos), *an old burgher*. . . . . . . . . . . . . . . . .Callum Mill
A JACKDAW. . . . . . . . . . . . . . . . . . . . . . . . . . . . . . . . . . . . . David Kincaid
A CROW . . . . . . . . . . . . . . . . . . . . . . . . . . . . . . . . . . . . . . . . Brian Cox
JOCK HOPE (Euelpides), *his crony*. . . . . . . . . . . . . . . . . . . . Harry Walker
SERVANT BIRD TO THE HOOPOO. . . . . . . . . . . . . . . Jean Taylor Smith
HOOPOO (Formerly Tereus) . . . . . . . . . . . . . . . . . . . . . . . . .Duncan Macrae
FANTASTIC BIRDS . . . . . . . . .Leon Sinden, Brian Coburn, Paul Chapman
CORYPHAEUS, *Leader of the Chorus* . . . . . . . . . . . . . . . . . Fulton Mackay
THE NIGHTINGALE (Procne). . . . . . . . . . . . . . . . . . . . . . . . . . .Joyce Bell
A PRIEST . . . . . . . . . . . . . . . . . . . . . . . . . . . . . . . . . . . . . . Malcolm Hayes
A BEADLE . . . . . . . . . . . . . . . . . . . . . . . . . . . . . . . Dudley Stuart White
A POET . . . . . . . . . . . . . . . . . . . . . . . . . . . . . . . . . . . . . . . .Duncan Macrae
THE INSPECTOR GENERAL . . . . . . . . . . . . . . . . . . . . . . . . . .Leon Sinden
HORACE SCOPE, *An Astrologer*. . . . . . . . . . . . . . . . . . . . George Cormack
METON, *A Town Planner* . . . . . . . . . . . . . . . . . . . . . . . . . . Martin Heller
A REGULATION MONGER . . . . . . . . . . . . . . . . . . . . . . . . Lennox Milne

FIRST MESSENGER BIRD . . . . . . . . . . . . . . . . . . . . . . . . . . David Kincaid

SECOND MESSENGER BIRD . . . . . . . . . . . . . . . . . . . . . . . . Brian Cox

IRIS, *Goddess of the Rainbow* . . . . . . . . . . . . . . . . . . . . . . . . .Eliza Ward

HERALD BIRD . . . . . . . . . . . . . . . . . . . . . . . . . . . . . . David Kincaid

THE BLACKMAILER . . . . . . . . . . . . . . . . . . . . . . . . . . . Malcolm Hayes

DADDIE-DADDER . . . . . . . . . . . . . . . . . . . . . . . . . . . . . Brian Cox

CINESIAS, *A Dithyrambic Poet*. . . . . . . . . . . . . . . . . . . . . .Paul Chapman

PROMETHEUS, *Divine Champion of Mankind,*
    *Giver of Fire* . . . . . . . . . . . . . . . . . . . . . . . . . . . . . . . . . . George Cormack

POSEIDON (Neptune) . . . . . . . . . . . . . . . . . . . . . . . . . . . .Leon Sinden

HERCULES, *a junior Olympian God* . . . . . . . . . . . . . . . . . . Brian Coburn

TRIBALLIAN GOD. . . . . . . . . . . . . . . . . . . . . . . . . . . . . Martin Heller

HER ROYAL HIGHNESS BASILEIA . . . . . . . . . . . . . . . . . Sandra Duncan

## *Chorus of Birds*

| | |
|---|---|
| David MacMillan (*Leader*) | Matthew Guinness |
| Simon Betts | Robin Thomson |
| Robert Docherty | Victor Vincent |
| Tom Fidelo | Gordon Wiseman |
| | |
| Morag Forsyth (*Leader*) | Alison Key |
| Gertrude Bryce | Margaret Leslie |
| Rosemary Curr | Nancy Mitchell |
| Monica Gibb | Jane Peebles |

## *Musicians*

James Porter, *Conductor*
Philip Green, *Clarinet and Saxophone*
Robert C. Howells, *Percussion*
Andrew Kinnear, *Trumpet*
David Nicholson, *Flute*
Bernard Sumner, *Piano*
Ronald Howse, *Double Bass*

| | |
|---|---|
| *Director* . . . . . . . . . . . . . . . . . . . . | *Tom Fleming* |
| *Designer* . . . . . . . . . . . . . . . | *Abd'Elkader Farrah* |
| *Choreographer* . . . . . . . . . . . . . . . | *John Broome* |
| *Music* . . . . . . . . . . . . . . . . . . . . . . | *James Porter* |
| *Lighting* . . . . . . . . . . . . . . . . . . | *Andre Tammes* |

[The following prefatory material is taken from Douglas Young's introduction to the 1st edition, published 1959.]

Tam o Shanter *loquitur:*
> Thir breeks o mine, ma only pair
> that aince were plush, o guid blue hair,
> I wad hae gien them aff ma hurdies
> for ae blink o thae bonnie BURDIES.
>> *Robert Burns* (Born 1759. Still going strong.)

*Dedicated*
To my
Andreapolitan colleague
*Miss Nan Dunbar*
with all good wishes for
her learned edition of the
original Greek

## Performing Rights

Amateur groups may perform *The Burdies* on payment of one guinea, or more at their discretion, to The Scottish National Dictionary, 27 George Square, Edinburgh. Professional groups should consult, for terms of production, the translator and publisher, *Douglas Young*, Makarsbield, Tayport, Fife, Scotland.*

## Foreword

Aristophanes made his *début* on the Scots stage in February 1958 at the Byre Theatre, St Andrews with *The Puddocks*. That play having met with some acceptance, the group of students concerned, calling themselves *The Reid Gouns*, asked for a version of *The Burdies* in time for the Edinburgh International Festival of 1959.

The *première* is fixed for Thursday, August 27th, being the five hundred and ninth anniversary of St Salvator's College, St Andrews, whose poetic alumni include such Makars as William Dunbar, Gavin Douglas, and Robert Fergusson. Twenty performances are planned, in the Cathedral Hall, Albany Street, Edinburgh, between August 27th and September 12th, 1959. The music is to be by Mr James W. Porter, a graduate of St Andrews, and the choreography by Miss Sylvia Macbeth of the Celtic Ballet.

---

* This notice of Performing Rights is as it appeared in the original edition of 1959. Inquiries about performing rights should now be addressed to Ms Clara Young, Makarsbield, Tayport, Fife, Scotland DD6 9JB.

This printed version is designed primarily for those reading at leisure, and has been equipped with a glossary for the convenience of English and American and other readers not wholly familiar with the Scots language. It is, at this writing, not known how far the producers will cut the play or alter the phrasing of this text. Some cutting and some alteration there certainly should be for the most effective production before a modern general audience. Aristophanes used numerous contemporary allusions, which in this text are for the most part translated literally, or nearly so; others are turned, *exempli gratia*, by modern Scots equivalents. A translator cannot know in June what may best suit a production in August; therefore full discretion is willingly conceded to producers to make such verbal alterations and topical allusions as they may think proper, or tastefully improper.

A short commentary touches on some of the difficulties of interpretation of the Greek text, and offers a few variant versions. Stage directions in the text are kept near the minimum.

Spelling, as usual, is a trouble. About ten years ago the translator took part in discussions, initiated by Mr Albert D. Mackie, when a group of playwrights and poets sought agreement, or limits to their differences, in the matter of spelling conventions. Spellings here mostly keep within the conventions then homologated. For example, it should be taken that *ow* represents Standard Queen's English *ow* as in *how now brown cow*, *au* represents English *au* as in *applaud, fraud, aw* English *aw* in *maw saw*: but *ou* is to be sounded like *oo* in *soon, tool*, with *our, hour* pronounced *oor*. But there are strongly entrenched exceptions, notably the words *Douglas*\* and *Young*. Often *oo* has been written rather than *ou* where readers would be specially liable to mispronounce as standard English certain Scots words from the overlapping vocabulary common to both languages, e.g. *bound, sound*. In words common to French also, like *erudition, miserable*, Scots is apt to have a pronunciation as near to French as to English. In particular, stressed *i* of Romance origin, as in *citizen, colonise*, is pronounced like English *ee* in *beet, creek*, as also in some non-Romance words, notably the verb *to live*. One or two semi-phonetic spellings, like *rideeculous*, have more or less established themselves in printed Scots; but it becomes unseemly to extend this usage far. *ie* is usually pronounced like *ee*, as in *frien, gie. ei* is sometimes like *ee*, as in *meith;* elsewhere *ei*, like *ey*, is somewhat like *y* in English *sly*, e.g. *eident, geyan. Their, they* are pronounced as in English. *ui* is commonly pronounced like short *i* in *kit*, as in *guid* (good), and in some dialects in *puir* (poor). In some dialects this sound goes towards *ai* (*shain, pair*) or *ee* (Aberdonian *gweed, peer*), or to a French-like *u* (often written *gude*). *Sune* (soon) is so spelled, though pronounced *shin*, to distinguish it from its homophone *shuin*

---

\* Till not long ago *Dooglas*, cf. Dougal, Dugald, Dougie. *[DY's Note]* (shoes). Producers will doubtless seek reasonable consistency of accent in their performers. *ea* is usually *ee*, but sometimes *ai*, as in *beat, lear*. Initial *ch* is as in English *church;* but medially and terminally that sound is commonly represented by *tch* (an exception is *tuich*), while medial and terminal *ch* is as in Scots *loch. eu* commonly starts with a glide sound, but may go on as *oo* or as the short *u* in *ugh*, e.g. in *beuch, eneuch, heuk, neuk, Freuchie, speug, teuch, pleuchgang*. In some words common to German Scots pronunciation is nearer to the German than to the standard English, as in *finger, langer*. When Goethe on his deathbed uttered the cry *Mehr Licht!*, he might have been talking Scots *(mair licht)*. Some words shared in some form with English and other tongues are accented differently in Scots, e.g. *mischíef, comitée*, stressed on the final syllable. A few such points are noted at the appropriate places in the commentary.

For identifications of Greek birds I have relied chiefly on Sir D'Arcy Thompson's *Glossary of Greek Birds* (2 ed., 1936) and on the ninth edition of Liddell & Scott's Lexicon. Having had to do the version in some haste – half of it in four days – I had to rely mainly on memory of Scots birdnames from my puerile bird-nesting days. But I have since consulted the Revd. Charles Swainson's *Provincial Names and Folk Lore of British Birds* (English Dialect Society Publications, No. 47, London, 1885), and have learned or been reminded of many striking names of suitable comic effect. I have put in a few among the variants in the commentary.

## Acknowledgements

For helpful consultation with regard to matters of both Scots and Greek usage, I have been greatly indebted to Miss Nan Dunbar and Emeritus Professor W. L. Lorimer, and for some Greek points to Emeritus Professor H. J. Rose and Professor K. J. Dover. I am also most grateful to the many, and mostly kind, critics of *The Puddocks*, some of whose suggestions I have attempted to meet in this second effort at Scotticising Aristophanes for a festival appearance in a city that used to consider itself the Modern Athens. I have to thank, too, the students and other young people who originally promoted the translation and inscenation of *The Puddocks*, the production of which at the Byre in St Andrews was followed during the 1958 Edinburgh Festival by an open-air production at the Braidburn Theatre by a group called *The Sporranslitters*. I trust they will get as much fun out of *The Burdies*.

Douglas Young
Makarsbield, Tayport, Fife, Scotland.
June, 1959.

## The Original Production of the Play

*The Burdies* in its Greek original first appeared in Athens late in April, 414 BC, when Aristophanes was in his thirties. It won second prize at the chief festival of Dionysus at Athens, before an international audience.

The plot is simple. Two Athenian citizens, past middle age, have grown weary of Athens, with its endless litigation, high wartime taxes and other annoyances; they have set out in quest of a peaceful spot to live in, and are seeking the aid of the hoopoe bird, which the Greeks believed to be a metamorphosis of the Thracian king Tereus, husband of Procne, daughter of the Athenian king Pandion. She had been turned into a nightingale, in the version adopted by Aristophanes. In a desolate, rocky place the explorers' guiding birds, a crow and a jackdaw, find the hoopoe's habitat, and a servant bird duly answers the door and arouses the hoopoe. There is trouble with a flock of other birds, who misconceive the object of the old gentlemen's visit, but they proceed to found the republic of Cloudcuckoo-town, or Cloodiegowkburgh, in a strategic position between earth and heaven, so as to blockade the Olympian Gods by cutting off human sacrifices. The leading Athenian then receives a series of odd visitors, and finally triumphs in a negotiation with ambassadors from the hungry Olympians.

This play was probably conceived by Aristophanes, and accepted by his audience, as a mere extravaganza. They would relish the comic situations, the smart backchat, the splendid lyrics for chorus and soloists, the philosophical and political sidekicks in some of the harangues, the literary and musical parodies. The play was a play was a play. In the nineteenth century German and other commentators sought to find in it a political allegory, a moralistic tract, or what you fancy; such theses derive from errors in perspective. At the same time it is important to note what was the political background in spring 414 BC.

On and off for some 17 years Athens had been engaged in the Great Peloponnesian War against Sparta, Corinth, and their allies. Two years earlier, in 416, the bellicose Athenian democracy had raised the stakes and sharpened tempers on both sides by attacking and 'liquidating' the small Dorian neutral island-state of Melos. The previous year, 415, Athens had taken the enormous risk of sending a large armada to Sicily, to intervene on the side of Egesta against Selinus and Syracuse. On the eve of its departure respectable citizens were startled by the discovery of the nocturnal mutilation of busts of the god Hermes, which stood at street-corners and elsewhere. Among those denounced was one of the three commanders of the Sicilian armada, the young and brilliant aristocrat Alcibiades; but he was allowed to sail off westward with his colleagues. Then, as fresh evidence came out, prosecutions started in Athens; men were sentenced to death, or fled into exile. In autumn 415 the Salaminian state galley was sent to Sicily to arrest Alcibiades; he escaped on the voyage home, and was condemned to death in his absence. There was an intensification of mutual suspicion among the Athenians, and a growth of the political clubs, or 'hetaireiai', which later, in 411, led to an oligarchic *coup d'état* against the democracy.

Aristophanes, of course, did not fail to allude to some aspects of this background. For instance, at line 147 he refers to the Salaminian galley carrying an official with a summons; at 1556 he attacks Peisander, one of the most active prosecutors of alleged mutilators of the Hermae; at 1701 he has a sidekick against the Sicilian orator Gorgias of Leontini, who had thirteen years earlier fomented an Athenian intervention in Sicily and inspired a new oratorical style at Athens. At various places Aristophanes censures or rags current superstitions and philosophical notions, as in the parabasis (685 foll.) which parodies cosmologies of the Orphic type; and he takes off Athenian credulity, over-optimism, instability, indiscipline, irreverence, and other characteristics. It is, in a sense, a piece of *littérature engagée*, but it is anything but a propagandist tract. Its prime purpose was to be a funny play. And, by Bacchus, it still is a funny play.

[D.Y.]

**CHARACTERS i their order o appearance.**

PEISTHETAIROS (SIR WYLIE BODIE), an auld Athenian

EUELPIDES (JOCK MacHOWPFU), his crony

THEIR TWA SLAVELADS frae Athens

SERVANT BURD o the Hoopoo

HOOPOO (TEREUS)

FOWR FANTASTIC BURDS

CHORUS O 24 BURDIES, ane o them the

CORYPHAEUS (Chorus-leader)

NICHTIGAL (PROCNE)

A CRAW playan the bagpipes

PRIEST

ACOLYTES

MAKAR

ORACLE-MONGER

METON, astronomer and toun-planner

INSPECTOR-GENERAL

REGULATION-MONGER

FIRST MESSENGER BURD

SECOND MESSENGER BURD

IRIS, goddess o the rainbow

HERALD BURD

DADDIE-DADDER

CINESIAS, a dithyrambic makar

SYCOPHANT

PROMETHEUS, divine campioun o mankind

POSEIDON (NEPTUNE), a Senior Olympian god

HERCULES, a Junior Olympian god

A TRIBALLIAN GOD

SERVANT BURDIES

THIRD MESSENGER BURD

HER ROYAL SOVRAN HIENESS BASILEIA

SCENE: *a roch hillside wi craigs and busses: at the tap o the brae a waa o naitural rock wi a tree on the tap o't.*

*Enter frae the spectators' richt hand twa Athenian burgesses wi their slavelads: PEISTHETAIROS (SIR WYLIE BODIE) and EUELPIDES (JOCK MacHOWPFU).*

**EUELPIDES**: *(Til a jackdaw he cairries)*
    Suld I gang straucht aheid, forenent thon buss?
**PEISTHETAIROS**: *(Til his craw)*
    Deil tak ye! *(Tae EU)* Here's this craw caws 'Back! Ga' back!'
**EU**: *(Til the jacko)*
    Why 're we stravaigan up and doun, ye deevil?
    We'll get wir daith wi shuttlin back and forrit.
**PE**:
    Tae think that I suld lippen till a craw,             5
    puir wratch, and trauchle mair nor a hunder mile.
**EU**:
    Tae think that I suld lippen til a daw,
    puir sumph, and connach aa ma taenails aff.
**PE**:
    I dinna ken nou whaur on airth we are.
    Coud you find the wey tae win back hame frae here?     10
**EU**:
    Na. Solon's dad or Solomon coudna find it.
    Wae's me!
**PE**:
    Gang you yoursel thon 'Wae's me!' wey.
**EU**:
    Thon chap frae the Burd Mart fairly gied us the burd,
    the pouterer Philocrates, the daftie:
    he tellt us thir twa burds wad shaw us Tereus,       15
    the hoopoo, him frae the Burd Mart that turned til a burd.
    He sellt us this jackdaw here, Bauldie's cheeper,
    for hauf a croun, and the craw for seeven and sax.
    And nane o them kens naething – binnae pykin.
    *(Tae the daw)* Oho! What's that ye're gowpan at? Wad ye tak us   20
    doun owre the craigs here? For there's nae wey forrit.
**PE**:
    Na. Fient the sicht o a paith here onie gait.
**EU**:
    Wheesht! What's the craw sayan nou about the road?
**PE**:
    Jeez, ay. She's crawan different frae afore.

EU:
> Weel, whaur's she airtan nou?

PE:
> She's tellan me     25
> she'll pyke and gorble aa ma fingers aff.

EU:
> Nou isna this by-ordnar – us ready and willant
> tae gang awa Wast til the craws and the muckle Deil,
> and syne we canna find the road tae gang?
> Tak tent nou, aa you fowk that's here tae hear,     30
> our tribble's juist the clean contrair o Saxon's.
> Nae citizen born, he mauns tae birse his wey in;
> but us, that bruiks aa richts o clan and sept,
> free burgesses, wi naebody chasan us,
> we've flown awa frae our hameland, wi baith feet,     35
> altho we dinna grudge that country thonder
> tae be by natur great and fortunate,
> and free for aa tae pey their taxes in.
> It's juist ae month or twa amang the leafs,
> gress-happers chirruk, but the Athenians aye     40
> amang the lawcourts clatter aa their lifes.
> That's why the pair o us gang this gait the nou.
> Wi a basket cairryan, and a pat, and myrtle beuchs,
> we're traivellan tae find some lown and peacefu placie,
> whaur we micht sattle doun and syne byde aye.     45
> Our mission is tae visit Tereus,
> the hoopoo, and frae him we want tae learn
> gin he's seen onie sic country in his flichts.

PE:
> You there!

EU:
> What is't?

PE:
> Aince mair this craw o mines
> marks something up there.

EU:
> Ay, and here's the daw     50
> gowpan abuin, like shawan me there's something.
> Siccar there maun be burdies hereabout.
> We'll ken in a meenut, gin we mak a din.

PE:
> Ye ken what tae dae then. Dunt the craig wi your fuit.

EU:
> And you wi your heid, tae mak a dooble din.     55

**PE:**
Na, tak a stane and chap.

**EU:**
                                  Aaricht, gin ye like.

Tingaling. Hey, laddie!

**PE:**
                        You caa the hoopoo 'Laddie'?
Suld ye no hae caad, no 'Laddie', but 'Whoopee'?

**EU:**
Whoopee! Nou wad ye hae me chap again?
Whoopee!

*(Enter frae a door i the craig the SERVANT o the Hoopoo, a
RINABOUT BURD, or ROVER SCOWT)*

**SERVANT:**
Wha's thir? Wha's this that cries my maister oot?          60

**EU:**
Apollo, sauv us aa! Sic a gantan gob!

**SER:**
Wae's me, ochone! It's a pair o burdie-hunters.

**EU:**
It's an awfu sicht, and nae bonnier at speakin.

**SER:**
Curse ye tae daith!

**EU:**
                       But we're nae mortal men.

**SER:**
Weel, what?

**EU:**
                  Wi fricht I've turned til a Shittimite foul.      65

**SER:**
Blethers!

**EU:**
                Aaricht. Juist luik what's on the grund here.

**SER:**
And him – whatna burd's he? Will ye no tell me?

**PE:**
Och, me? I'm a dunglin frae Latrinia.

**EU:**
But, Jeez! what kind o craturie are you?

**SER:**
Me? Juist a servant burdie.

**EU:**
                       Was ye hauden doun      70

by a fechtin cock?

SER:
                    No me. But whan ma maister
becam a hoopoo, syne he speirt at me
tae become a burd, for him til hae a servant.

EU:
Jeez, duis a burdie need a servant tae?

SER:
Weel, he duis oniewey. Aince he was a man.                    75
There's whiles he hungers sair for fish and chips,
sae I tak a paper and rin for the fish and chips.
Syne he griens for broth, we want kailpat and ladle,
sae I rin for the ladle.

EU:
                    Thon's a richt Rover Scowt.
Ye ken what tae dae then, Rover? Cry your maister          80
oot til us, please.

SER:
                    But, troth, he's doveran nou,
eftir a braw denner o berries and a wheen midges.

EU:
Steer him up aa the same.

SER:
                    He'll be ragean wud,
I ken verra weel. But juist for you I'll steer him.

*(Exit)*

PE: *(Tae the SERVANT as he gaes aff)*
Tae Hell wi you! You frichtit me tae daith.                    85

EU:
Wae's me, ochone! Ma jackdaw's flown awa
wi thon unco fricht.

PE:
                    Ye cooardlie cratur, ye!
Sae feart ye was ye've lutten your daw gae.

EU:
                                        Tell me,
whan you fell doun did you no lat your craw gae?

PE:
Fegs, no me.

EU:
                    Weel, whaur is't?

PE:
                                        Flown awa.                    90

EU:
You didna lat it gae then? You're a hero.
HOOPOO: *(Frae inben)*
Apen the wuid, till I fare furth at last.

*(A door apens i the face o the Craig, and the HOOPOO appears)*

EU:
Losh keep us, whatna craturie is thon?
What fedders! Sic a buskit cockernonie!
HOO:
Wha's thir that seeks me?
EU:
                      Aa the gods at aince           95
hae gien you your paiks like.
HOO:
                         Are ye lauchan at me
tae see sic fedderin? Tak thocht, ma friens,
I was a man.
EU:
             It's no you we lauch at.
HOO:
                            Weel, what?
EU:
Your cruikit neb's a wee thing lauchable.
HOO:
In sic mischievous fashion Sophocles         100
mishandles me i the tragedies – me, Tereus.
EU:
You're Mister Tereus, mysterious – a burd or a paycock?
HOO:
Me? I'm a burd.
EU:
             Whaur's aa your fedders then?
HOO:
They're moutit awa.
EU:
               Was't some disease that did it?
HOO:
Fegs, na. I the winter aa the burdies aye      105
cast aa their fedders. Syne we grow some new anes.
But tell me, wha are you twa?
EU:
             Us? We're mortals.

**HOO:**
Frae whatna country?
**EU:**
      Whaur the braw warships are.
**HOO:**
Are ye Leith Street policemen?
**EU:**
         Juist the opposite,
we're West End types, non-lethal.
**HOO:**
          Is sic a breed    110
growan thereaboot?
**EU:**
     Ye'd pick up ane or twa.
**HOO:**
Weel, what's the object o your eerrant here?
**EU:**
We wad collogue wi you.
**HOO:**
       Anent what theme?
**EU:**
Nou, first, you was a man aince, juist like us;
and you awed siller aince, juist like us;
and ye likeit fine no peyin it, juist like us.    115
Syne, whan ye tuik the natur o the burds,
ye flew aa round the airth and sea attour,
and ye hae aa the thochts o men and burds.
Sae we hae come as your petitioners,    120
tae hear o a couthie country, fou o oo,
like a fleeshie plaid tae sleep in saftlie happit.
**HOO:**
Ye seek a place that's grander nor Auld Rockie?
**EU:**
Na. Grander no, but couthier tae us.
**HOO:**
Ye want a Tory kind o government?    125
**EU:**
Me? Deil the fear o't. I'm scunnered at Macmillan.
**HOO:**
What kind o country wad ye like tae live in?
**EU:**
Ane whaur the mucklest tribble micht be this:
Ane o ma cronies, coman eftir brakfast,

wad say, 'May Heiven bliss baith you and yours,         130
and will ye come tae denner, you and the bairns,
in time for a dram. It's a pairty for a waddin.
Nou dinna say Na. And gin ye winna come,
siccar I'll ken you're nae foul weather frien.'

**HOO:**
Ye're unco fond o hardship, I jalouse.         135
*(Tae PE)* What wad you like?

**PE:**
        Och, juist the same.

**HOO:**
           Weel, what?

**PE:**
A place whaur the daddie o a bonnie laddie
wad come tae me compleenan, wi a grievance like:
'Ye sleekit rogue, that's a braw wey tae treat
my laddie whan ye met him gangan hame         140
frae the baths. Ye didna shak hands or say *'Hou d'ye dae?'*
or dunsh him i the ribs, altho you're a frien o the faimlie.'

**HOO:**
Ye ill-deedie wratch, ye're fond o sic mischievin.
Atweel, there's a blissit country like ye say
by the Reid Sea Eldorado.

**EU:**
        Aw, na, na.        145
No by the sea, please, whaur the Salamis galley
micht bab up ae day wi a Sheriff's offisher.
Hae ye nae Greek place, or Scots, tae tell us o?

**HOO:**
Weel, why no gang and sattle doun at Langholm,
on the English march?

**EU:**
        Na, Langholm scunners me.        150
It's the caufgrund o the makar Hugh MacDairymaid.

**HOO:**
Weel, owre in Fife there's thon lang toun Kirkcaldy,
ye ken it by the smell.

**EU:**
        I wadna be a Fifer,
or live amang lino, for aa the tay in Cheena.
But, tell us, whatlike's life here mang the burds?        155
You'll ken it fine.

**HOO:**
        It's nae sae bad at aa.

Ye can live athoot a sporran or a bankbuik.

**EU:**

Your life's weel rid o a feck o swickery there.

**HOO:**

We feed i the gairdens on white sesame-seeds
and myrtle-berries, poppies and bergamot.                    160

**EU:**

It soonds like a flouershaw or a country waddin.

**PE:**

Hey, listen. Here's a braw scheme for the race o the burds,
and an empire that micht be gin ye lippen on me.

**HOO:**

What for then suld we lippen ye?

**PE:**

First o aa,
dinna gae fleean roonaboot aye gowpan.                       165
Ye ken, it's nae a respectable wey tae behave.
For thonder wi us, gin ye speir aboot fowk that's fleean,
'What's thon flichteriff cratur?', some Minister'll say.
'Man like a seamaw flees owre the swaw,
restless and nestless, never bydan in ae place at aa.'       170

**HOO:**

You're richt tae wyte sic ongauns – Crivvens, ay.
Weel, what suld we dae?

**PE:**

Unite in ae city-state.

**HOO:**

But whatna city-state suld the burds unite in?

**PE:**

Really and truly! Sic a daftlike question!
Luik doun ablo.

**HOO:**

I'm luikan.

**PE:**

Nou abuin.                       175

**HOO:**

I'm luikan.

**PE:**

Turn your craig aa roond.

**HOO:**

By Jings,
it'll be guid business gin I thraw ma neck.

**PE:**

Did ye see ocht?

HOO:

      Ay, the cloods and the braid heiven.

PE:

 Weel, isna heiven the burdies' ain bit space?

HOO:

 Their space? Hou that?

PE:

        Juist like ye said 'Their place'.      180
 Sin heiven's capacious, and sin aa thing traces
 its coorse athort the heiven, they caa it Space.
 Nou gin ye tak and waa the heiven aa roond
 this Space, aince fortifiet, they'll caa a State.
 You'll rule owre men the wey ye rule the midges.     185
 And ye'll sterve the gods wi a blockade like Melos.

HOO:

 Hou that?

PE:

     The air's atween the gods and the yirth.
 Sae, juist as we, gin we want tae gang tae Delphi,
 maun speir a transit visa at Boeotia,
 siclike, whane'er men sacrifice tae gods,      190
 gin the gods dinna pey you your rake-aff as tribute,
 syne throu the fremmit state and the tuim chaos
 you'll no lat by the fuff o the brandered thee-banes.

HOO:

 Hoho! By yirth, by girns, by cloods, by nets,
 never hae I heard yet sic a braw idea.       195
 Sae I s' be blythe tae grund wi ye this State,
 gin aa the ither burds homologate it.

PE:

 Aaricht. Nou wha suld learn them anent the maitter?

HOO:

 Yoursel. This while back I hae learnt them langage.
 Afore they werena civilized. They kent nae Scots.    200

PE:

 Weel nou, wad you convene them?

HOO:

          Ay. Nae bather.
 Straucht aff I'll gang in here amang the busses,
 and syne I'll wauk my wife, the nichtigal.
 We'll cry them thegither. And gin they hear our voices
 ilk burd'll sune come rinnan at the dooble.      205

PE:

 C'wa, then, dearest o burdies. Dinna stand still.

But gang – I fleetch ye – in amang thae busses
and gleglie steer the nichtigal tae sing.
HOO: (*Fraemang the busses*)
C'wa, nichtigal wife, gie owre your sleep.
Lowse the melodies o halie sang,                               210
as frae yon ferly mou ye threep
waefu Itys, my son and yours,
dirlan aa owre as the sangspate poors
frae your gleg broun hause, and the echoes gang
clear throu the hinnysuckle bouers                             215
til the haas o Zeus on Olympus' steep,
whaur gowdenhaired Apollo hears
and, thrumman his clarsach ivory-dicht,
matches your tunes wi harmony-slicht,
tae marischal the choirs o his daithless fiers;               220
syne frae mous immortal ranged aa round
wi unison thrang
the Blest Anes' sangs o joy resound.
EU:
Wow, Gods abuin! Thon burdie's a bonny voice.
Hear hou he spreids his hinny owre the shaw.
PE:
You there!
EU:
        What is't?
PE:
                Will ye no wheesht?
EU:
                                What for?        225
PE:
The hoopoo's ettlan nou tae sing some mair.
HOO:
Epopopoi popoi, popopopoi popoi,
io io, c'wa, c'wa,
c'wa, burds o my fedder, flock thegidder,
ye that pyke pleumen's weel-sawn ackers,                       230
ye coontless barley-guzzlan breeds,
and ye gleg clans that nibble seeds,
saft-chirplan i your swithwinged dackers;
and ye, the furs endlang,
that whitter owre the glebe *con brio*                         235
wi *allegretto* sang –
tiotio tiotio tiotio;
and the burdies i the ivy o the gairdens

that seek for pastur,
rowan-eaters, bramble-eaters, burds o bare hens, burds o fair dens,            240
at my caa here haste ye faster –
trioto trioto totobreex;
and ye that i the rashy glens
kep clegs and midges wi your beaks,                                            245
and ye that wone
i the bonnie howms o Marathon,
and thon braikit burd, the paiterick,
that flew owre the kirk at Cortachy –
och ay! Camlachie, Auchtermuchty, Ecclefechan, and Milngavie –                 250
and ye that owre the braid saut sea
tae Skye
wi the blue kingflshers flee,
c'wa, aa o ye, and hear the noos at me.
For here we gaither ilka clan
o lang-haused burds, aa kind,
sin nou there's come a slee auld man,                                          255
wi new ideas in mind,
that pits his hands baith til a braw new plan.
Sae hitherawa come ye aa,
hither, hither, hither, hither, tae the heather knowe,
and sit in council, raw by raw,
toro toro toro toroteex,                                                       260
keekabow, keekabow,
toro toro toro lilileex.

PE:
Div ye see onie burdie?

EU:
               No me. By Apollo, I dinna,
altho I've gowpit wi luikin up til heiven.

PE:
It was nae uis then for the hoopoo tae gang inby                               265
amang the busses, bubblan like a bustard.

*(Enter a BURD, fleean frae some airt abuin the fore-stage (aiblins on a crane). Syne ither BURDS frae ither airts, siclike.)*

BURD:
Toroteex, toroteex.

PE:
Did ye hear thon unco screighin?
   Luik, frien, there's a burdie coman.

EU:
Jeez, ay. Siccar, it's a burdie.

    Whatna burdie? No a paycock?

**PE:**

    Thonder comes the hoopoo nou.

        Himsel will tell us. What's thon burdie?            270

**HOO:**

    Thon ane's no the uisual kind o

        tame domestic foul ye see aye.

    He's frae Hebridean machars.

**EU:**

                  Wow, he's braw, a purpie phaynix.

**HOO:**

    Weel ye've guessed. The name they cry him

        is the purpie-winged flamingo.

**EU:**

    You there! Hey, you!

**PE:**

             Why d'ye cry me?

**EU:**

               There's anither unco burdie.

**PE:**

    Crivvens, ay, anither orra

        burdie frae some ootland placie.                275

    Wha's this unco prophet-sangster

        burd that gaes upo the muntains?

**HOO:**

    Persian is the name they cry him.

**EU:**

               Persian? Hercules defend me!

    Hou did onie Persian flee in

        here athoot the camels coman?

*(Bagpipe heard affstage – 'The Campbells are comin')*

**PE:**

    There's anither burdie thonder. *(Enter a SECOND HOOPOO)*

        Sic a crest he's haudan proudlie.

**EU:**

    What's this maist prodigious ferly?

    *(Tae the HOOPOO)* You are no the only hoopoo.         280

    He's a crest as braw as your ane.

**HOO:**

              I'm his gutcher. He's the son o

    Aeschylus's nevey's hoopoo,

        juist as ye micht aiblins speak o

    Hipponicus, Callias' son, and

Callias, son o Hipponicus.

**EU:**

Sae this burdie's Callias, is he?
  Hou he's lossan aa his plumage!

**HOO:**

He's a gentleman, sae aa the
  racketeers and clypers fleesh him.                    285
Syne the females o the species
  ryve awa his gowden fedders.

**EU:**

Great Poseidon, here's a sicht nou –
  aa the colours o the rainbow.
Dyed at Perth, nae dout. What's his name?

**HOO:**

                                  Him they cry the gutsy burdie.

**EU:**

Fegs, I thocht Cleonymus was
  aa his lane for gutsy conduct.

**PE:**

Weel, gin he's Cleonymus-like,
  hou had he the guts for fechtin?                      290

**EU:**

Tell us nou aboot thir crests here
  that the burdies aa are wearan.
Are they hoplite quarter-milers?

**HOO:**

                Na, ma frien, they're like the Carians.
On the hillcrests aye they sattle,
  tae be safe, like Embro Castle.

*(Enter a hale clanjamphrie o burds at aince frae different airts)*

**PE:**

Great Poseidon, sic a mengie!
  See this hellish legion coman.
Sic a burdies!

**EU:**

                Lord Apollo,
  whatna clood o burds! Eh, michty!                     295
Nou ye cannae see the entrance,
  there's sae monie fleean about here.

**PE:**

There's a braikit-backit paitrick.

**EU:**

                Crivvens, thon's a capercailzie.

**PE:**

Here's a swappin mallard swoopan.

**EU:**

         Here's a blue queenfisher coman.

Syne wha's thon that flees ahint her?

**PE:**

        That's her man, the razorbillie.

**EU:**

Is the razorbill a burdie?

**PE:**

      Wad he no be Bill the barber?     300

**HOO:**

Here's a houlet.

**EU:**

      Hou'll it like an

      Embro diet o beer and Bibles?

**HOO:**

Pyat, jay, and dou, and laivrock,
 shilfie, yalla-yite, and cushie,
gled and eagle, gowk and widgeon,
 reidshank, phalarope, and osprey,
purpie fink, and kestrel, diver,
 lintie, peregrine, wuidpyker . . .     305

**PE:**

Wow, the bonny burdies!

**EU:**

        Wow, the blackies, hou I'd like tae eat them!

**PE:**

Hou they screigh and cry *Peep Peep*,
    and rin aa roond wi gabbies gowpan.

**EU:**

Div they threiten tae mischieve us?

**PE:**

       Wae's me, ay. Their gabs are gowpan.

Nou at you and me they're gloweran.

**EU:**

     Jings, that's juist what I've been thinkan.

*(The TWA SLAVE-LADS drap their gear and rin awa. The CHORUS
o burdies circles round the dansin-grund (orchestra).)*

**CHORUS:**

Wha-wha-wha-wha-wha was't cried me?
Wha-wha-whaur aboot's he bydan?     310

**HOO:**
  Here hae I been aa this while back.
    I'm your true frien, nae deserter.
**CHORUS:**
  Te-te-te-te-tell us trulie
    whatna blythsum plan ye bring us.                    315
**HOO:**
  Democratic, siccar, richteous,
    pleisurfu, and beneficial.
  There's a pair o skeely thinkers
    come the lenth o here tae see me.
**CHORUS:**
  Whaur? Hou? What's that you're sayan?
**HOO:**
  Frae the race o men, I tell ye,
    twa auld veterans hae come here.                     320
  And they've brocht the ruit and grundstane
    o a richt colossal maitter.
**CHORUS:**
  O ye muckle bluidie scoondrel,
    warst o aa this generation,
  what d'ye tell us?
**HOO:**
                    Dinna tak fricht
  at this plan.
**CHORUS:**
                    What's this ye've duin me?
**HOO:**
  I hae enterteened a pair o
    lovers o our companie here.
**CHORUS:**
  Hae ye really duin this deed?
**HOO:**
                              Ay, duin it, and am blythe at daein it.    325
**CHORUS:**
  Are the pair nou here amang us?
**HOO:**
  Ay, gin I am here amang ye.
**CHORUS:**
  Hey, hey! Luik oot!
  We're sair begunkit and betrayt.
  Our umwhile frien that cam aboot,
    our feedin-mate,                                     330
  he's brak our auldtime laws wi scorn,

69

the burds' ain aiths he has mansworn.
He's wiled us intil a trap; he's brocht us agin a fae
o a breed unhaly and hostile tae us, that's aye been sae
frae their verra first day.                                          335

**CORYPHAEUS (CHORUS-LEADER):**
We can argie wi the hoopoo
    later, ay, and square accounts wi'm.
Nou thir auld man bodies baith here
    maun be punished, I decree it –
torn tae collops by us burdies.

**PE:**
                              Jeez, it's siccar, we are duin for.

**EU:**
Aa the wyte's on you alane nou,
    bringan us tae sic mischievin.
Frae ma hame why did ye bring me?

**PE:**
                              Juist tae hae your companie here.   340

**EU:**
Juist sae I micht greet fu sairlie.

**PE:**
                  Really, you're juist bletheran fairly.
Hou wad ye be greetan sairlie,
    gin the burdies pyke your een oot?

**CHORUS:**
C'wa, c'wa!
Up, burds, and at them! Ding them doun
wi bluidie beak and bluidie claw;                                    345
wing them aa roond.
Nou thir twa men maun greet and mane
and staw our gabs wi flesh and bane.
For naither shaidawy ben nor heivenly clood sae hie
sall gie herbour nou tae the chiels, nor the gray and runklet sea   350
and frae us they'll no flee.

**CORYPHAEUS:**
Dinna haingle onie langer.
    Ryve the pair o them and pyke them.
Whaur's wir Colonel nou? Gae tell him
    he maun lead the richt wing forrit.

**EU:**
That's it nou. Whaur suld I rin til,
    luckless deevil?

**PE:**
              Haud your grund, you!

EU:
Byde for thonder burds tae ryve me?

PE:
               Ay, for gin ye rin hou coud ye        355
howp tae rin awa frae them here?

EU:
         That I kenna.

PE:
                      Weel, I s' tell ye,
baith o us maun byde and fecht here,
   gruppan til thir pats for armour.

EU:
Grup the kailpat? Hou'll it help?

PE:
                    Nae houlet syne wad daur attack us.

EU:
But agin thir cruikit talons . . . ?

PE:
            Tak a rostin-spit and set it
by the pat, like spear by shield, here.

EU:
           But my een, hou sall I fend them?      360

PE:
Tak a flett, man, or a bowlie;
   wear it syne juist like a helmet.

EU:
Man, ye're unco wyce and skeely,
   ye suld be the heid Field-Marischal.
Why, aaready you're excellan
   Robert Bruce wi slee devices.

COR:
Eleleleu! Nou, forrit, burdies.
   Lat your beaks doun. Dinna doiter.
Ryve, and rend, and thirl, and flype them.
   First o aa nou brak the pat there.       365

HOO:
Tell me why, ye warst o craturs,
   ye hae nou this stark intention
tae destroy and sparple sindry
   thir twa men that's never hairmed ye,
falla-countrymen and clansmen
   o my wife, the nichtigal here.

COR:
What for suld we wish tae spare them,

onie mair nor wolfs or foxes?
Wha on airth coud be mair hatefu
   than thir twa for us tae punish? 370

**HOO:**

Weel, but gin they're faes by natur,
   yet they hae a frien's intentions,
and they've come here wi the purpose
   tae gie you some uisfu learnin?

**COR:**

Learn us uisfu lear? Hou coud their
   learnin e'er be beneficial?
Hou coud they shaw us what's uisfu,
   that were faemen til our gutchers?

**HOO:**

Wyce and skeely chiels learn muckle
   frae their faemen's slee devices. 375
'*Safety first*'s a cannie slogan.
   Caution aye keeps aathing siccar.
Frae a frien ye wadna learn it,
   but straucht aff the faeman gars ye.
Luik, for instance, hou the cities
   learnt frae faemen, no frae allies,
tae be eident biggan lang and
   muckle waas and gettan warships.
That's the lesson that preserves aye
   bairns and guids and gear and siller. 380

**COR:**

Ay, ay, weel then, first o aa nou
   we micht listen tae their raisons.
Ay, it's uisfu. E'en frae faemen
   ye micht learn some skeely notion.

**PE:** *(Tae EU)*

Nou they gie their anger owre, I'm
   thinkan. Stap ye back a wee thing.

**HOO:** *(Tae COR)*

Weel, that's richt nou. And forbye ye'll
   awe me thanks for thir advices.

**COR:**

Troth, we never yet contraired ye
   onie time in onie maitter. 385

**PE:**

Nou they're luikan mair pacific.
Sae ye micht pit doun the pat here.
Syne, wi spear in hand, the spit-stick,

glegly we maun gae patrollan
in ahint the airms we've piled here,                                        390
nearhaund. For we maunna flee them.
EU:
Richt eneuch, but gin we perish
whaur on airth sall we be yirdit?
PE:
Fegs, our howff sall be St. Giles's                                         395
Hie Kirk, near the Patterraw there.
For tae win a public buiral
we sail tell the heid yins hou we
focht and fell at Burdiehouse.
CORYPHAEUS (HEID BUMMER O THE CHORUS):
Squad! Atten-shun! As ye were nou!                                          400
Grund your smeddum by your anger
at the dooble-up like Guairdsmen.
Syne lat's speir wha thir may be here,
whaur they cam frae, what's their plan nou.                                 405
Hey, hoopoo, c'wa, I'm cryan ye.
HOO:
Ye cry me. What's your will tae ken?
COR:
Wha's thir chiels here? Whaur dae they come frae?
HOO:
They're visitors frae skeely Greece.

*(Meantime the TWA SLAVELADS come back on til the stage)*

COR:
Then whatna happenstance                                                    410
has brocht the pair this length
tae visit the burdies here?
HOO:
It's juist a great desire
tae live and feed wi you
and share your hous and ploys.                                              415
COR:
Ye dinna say sae! What's the tale they tell?
HOO:
Fair past belief, ayont aa credit.
COR: *(Pyntan at PEISTHETAIROS)*
Duis he see some advantage that's warth his bydin here?
Or duis he think livin wi me'll gar him beat his faes,                      420
or be mair able for tae help his friens?

73

**HOO:**

He tells o what's past tellin,
guid luck ayont belief.
That aa is yours,
forrit and back, baith here and aa the airts,                    425
he'll gar ye credit, aince he sterts tae speak.

**COR:**

Jeez, is he daft?

**HOO:**

Na, wyce abuin them aa.

**COR:**

Is his heid screwed on richt?

**HOO:**

Ay, a sleekit tod,                                               430
the hert o corn for wits, a slee and skeely rogue.

**COR:**

C'wa then, gar him tell us, tell us.
Hearan o thir plans ye speak o
wi excitement I'm fair fleean.

**HOO:** *(Tae the TWA SLAVELADS o PE and EU)*

C'wa nou, you slavelads – you and you – tak up
this sodger-graith here. Hing it, for guid and aa,               435
aside the chimley near the kitchen range.
*(Tae PE)* And you, expund, and learn us aa the raisons
I brocht them here for.

**PE:**

                        Crivvens, that I winna,
unless they'll mak a covenant wi me,
like thon puggie the knife-gruinder made wi his wife,            440
and sweir they'll never bite me, never pyke
my sporran here, or gowge –

**HOO:**

                        Ye dinna mean
this pairt here? *(Wi a pagan gesture)*

**PE:**

                        Na, I mean my pair o een.

**COR:**

I'll mak this covenant.

**PE:**

                        Please tak the aith then.

**COR:**

I sweir on this condition, that the prize                        445
be gien tae me unanimouslie.

**PE:**

                    Aaricht.

**COR:**

   And gin I cheat, may I win by ae singul vote.

**HOO:**

   Oyez! Oyez! OK.
   Sae listen, fowk. Nou aa the sodgers maun
   tak up their airms and gae awa hame again,
   and tent whate'er we scrieve on the notice-brods.         450

**CHORUS:**

   Sleekit ilk wey and slee are human kind
   by natur aye. Yet tell us burds your mind.
   For aiblins ye micht chance
   tae mention some guid sweek in us ye see,
   or else some potencie                     455
   our dowf hairns haena yet alloued tae advance.
   Gin ye see ocht
   juist tell the public straucht.
   Whate'er o guid ye gie
   til us, we'll share't as public propertie.

**COR:**

   Come awa nou and tell us the maitter you plan,
      and lat flee this bee frae your bunnet,         460
   and dinna be feart. For we winna brak
      the airmistice terms we agreed on.

**PE:**

   Ay, I'm ettlan tae stert, by Heiven, and my threip
      has been weel eneuch cuikit aforehand;
   in ae meenut or twa it s' be bakit aaricht.
      C'wa, lad, wi a croun here o floueries.
   And lat some ane bring watter tae poor on ma hands.

**EU:**

            Are we gaun til a denner? Or what is't?

**PE:**

   Jeez, na. But I'm ettlan tae mak a bit speak,
      a muckle and sappie oration,           465
   that'll whummle the herts o the burdies wi joy.
      *(Tae the BURDIES)* For you burdies I'm terrible sorry
   for tae think that aince, lang syne, ye were kings –

**COR:**

            Us kings aince! What were we kings o?

**PE:**

   Ye were kings o ilk thing that exists – like me,
      or like him here, or Zeus the aamichty.

Ye were aulder and airer than Cronus hissel.
   Ye existit afore there were Titans,
or the yirth.

COR:
        Or the yirth?

PE:
                  Fegs, ay, by Apollo.

COR:
       Losh keep us, I never heard tell o't.        470

PE:
Och, you're juist a gomeril. Ye're fient a haet curious.
   Ye've negleckit the fables o Aesop,
wha tells hou the laivrock, that flees i the lift,
   was the first-born burd o the burdies,
afore the yirth ever existit; and syne
   his auld dad dee'd frae some tribble;
there was nae yirth there, and the corp lay deid,
   five days, and the guff was a bather;
at his wits' end syne he yirdit his dad
   in ablo the crest o his ain heid.        475

EU:
It's Hillheid kirkyaird whaur the laivrock's dad
   liggs deid and respectably yirdit.

PE:
Weel then, sin the burdies existit afore
   this yirth and afore aa the gods did,
tae the burds as the seniors richtlie belangs
   the kinric, the pouer, and the glory.

EU:
Fegs, ay, by Apollo. That's something tae plume
   anesel on, or sproot a bit snoot on.
Thon sceptre o Zeus – will he no gie it back
   for the braw wuidpyker tae pyke at?       480

PE:
Nou I'll shaw ye the gods didna rule owre men,
   lang syne, at the airliest affgang,
but the burdies were kings and rang owre the realm.
   I've a rowth o pruifs for tae shaw it.
First o aa, for example, I mention the cock.
   The cock was a soverain monarch;
he ruled owre the Persian Empire afore
   Megabazus or muckle Darius,
and the cock is still caad the Persian burd
   frae the time o his monarchy thonder.      485

**EU:**

    Sae that's why the cock gaes stendan about
        sae prood on the heid o his midden,
    wi his kaim stuck on end, alane o the burds,
        like the Persian king wi 's tiara.

**PE:**

    Sic pouer had the cock, and sae muckle and great
        he was then, i the days o his kingdom,
    that e'en nou, wi the fear o his micht lang syne,
        nae suner he craws i the mornin
    than they aa lowp up and rin tae their wark –
        the blacksmiths, the patters, the tanners,       490
    the soutars, the bathmen, the vittlers, the baxters,
        the bagpipemakars, the welders,
    they pit on their shuin and stert afore licht.

**EU:**

    Ay, weel I ken aa about it.
    For I tint, puir deevil, ma Inverness cape
        by the faut o his hieness the cockerel.
    I was speirt tae a pairty tae kirsten a laddie,
        and had twa-three drams tae be social;
    syne I sleepit a wee. Then, juist whan the lave
        were ready for denner, the cock crew.       495
    Sae I thocht it was mornin, and gaed awa hamewith,
        airtan for Portobello;
    but nae far frae Jock's Lodge a teuch Teddy boy
        cam and coshed me atween ma shouthers.
    I fell on the grund and ettled tae screigh,
        and he tirred me o thon braw coatie.

**PE:**

    Syne neist the gled hawk held rule owre the Greeks,
        and be was the king o the kingdom.

**COR:**

    Owre the Greeks?

**PE:**

            Fegs, ay. And while he was the king
        he learnt them maist hummil devotion,       500
    tae rowe on the grund and kowtow tae the gled.

**EU:**

    Jeez, ay. And I mind i the springtime
    whan I first saw the gled I rowed on the grund,
        and syne as I gowpt on ma back there
    I swallad ma saxpence, and gaed awn hame
        wi naething tae pit i ma basket.

PE:
> Syne thon gowk the cuckoo had his turn tae be king
>> o aa Phoenicia and Egypt.
> Whanever the gowk cryit oot 'Gowk-oo',
>> syne straucht aff aa the Phoenicians 505
> wad tak heuks and begin on the hairst o the wheat
>> and the riggs o the birsslan barley.

EU:
> Ay, it's true, whan the gowk cries 'Gowk-oo' a wheen fowk
>> faa tae wark on the riggs o the barley.

PE:
> Dod, ay, and at first the burds were sae strang
>> and sic verra maisterfu maisters,
> that whaurever a chiel was a king o the Greeks,
>> Menelaus or great Agamemnon,
> a burd wad aye perch on his sceptre and keek
>> for a share o aa the backhanders. 510

EU:
> Guidsakes, div ye tell me? I never kent that.
>> And sae I was fairly dumbfoundert
> at the tragedy plays whan there cam on the stage
>> king Priam haudan a burdie,
> and the burdie aye keekt at Lysicrates there
>> tae see gin he'd tak a backhander.

PE:
> But the warst thing o aa, lat me tell ye, is this –
>> great Zeus, that is king o the gods nou,
> because he is king, stands haudan an eagle,
>> that sits on the tap o his sceptre. 515
> His dochter Athena stands haudan a houlet,
>> and Apollo, the doctor, a falcon.

EU:
> Fegs, ay, by Demeter, it's richt what ye say.
>> What for div they haud siccan burdies?

PE:
> Sae that whan a man offers them sacrifice due,
>> as aye is statute and ordainit,
> and gies them a hantle o guts i their hands,
>> the burdies may guts it afore Zeus.
> And lang syne naebody swure by the gods,
>> but aabody swure by the burdies. 520

EU:
> E'en yet there's Lampon sweirs by the gander
>> whanever he ettles tae cheat ye.

**PE:**

Sae it was, lang syne, that aa men adored
    you burdies as michty and haly,
but they treat ye as thralls nou, and gomerils, and dunces.
You're peebled wi stanes, like fowk gane gyte.
In temples and haly precincts tae           525
the burdie-hunters ettle tae kep ye,
wi nooses and girns and lime-spreid twigs,
fence nets, clood nets, hose nets, cage nets.
They tak ye syne and sell ye by dizzens,
and the fowk that buy ye grape your breists aye.    530
And then, gin their pleisur is tae rost ye,
they dinna dish ye straucht frae the ingle,
but scartle owre ye kebbuck and ile,
fennel and vinegar; and syne they mix
anither sauce, that's sweet and creeshy,      535
and heat it up, and skail it owre
you bonnie burdies' sonsie hurdies,
juist like ye was braxy mutton.

**CHORUS:**

Man, but it's waefu stories ye repeat.
Sic nyaffs our faithers were, it gars us greet.    540
The cootchers coudna tent
    our buirdlie gutchers' auld ancestral richts,
tint til our detriment.
But nou wi God's ain guidin in our plicht
see here wi pouer               545
ye come as Salvatour.
Sae, lippenan on you,
me and ma choukies, we'll win brawlie throu.

**COR:**

C'wa nou, and tell us what aa we maun dae,
    for our life is hardly warth livin,
gin we dinna win back, by heuk or by cruik,
    our auld time soverain kingship.

**PE:**

Ay weel, then, I tell ye, in ae city-state
    the burdies maun aa jyne thegither,     550
and syne they maun fence aff the heivenly air,
    wi a muckle waa in a circle,
and the space in atween, wi weelfired bricks,
    like the Biblical city o Babel.

**EU:**

Wow! by Finn McCoul and by Gow McMorn,

what an awfy lump o a burgh!

**PE:**

Syne, aince ye hae gotten the waas weel biggit,
    tell Zeus tae gie back your Empire.
But gif he says Na, and is crabbit and thrawn,
    and duisna repent on the instant,      555
then declare agin him a haly war,
    and prohibit the gods frae stravaigin
or takin short cuts throu your country, the air,
    fair kittled for houghmagandie,
the wey lang syne they uisd tae come doun
    tae mowe wi wifes like Alcmena,
or Alope, Semele, dizzens o them;
    or else at the frontier-customs
you'll see that their tools are stamped wi a seal
    tae haud them frae trokins illicit.      560
And tae mankind neist I advise ye tae send
    ane ither burdie as herald,
tae tell them frae nou tae sacrifice aye
    tae the burds, sin the burdies are kings nou,
and secondly, eftir the burds, tae the gods;
    and wi ilk god aye they maun ettle
tae apportion a share o the sacrifice due
    tae the maist appropriate burdie.
I the worship o Venus a mannie maun skail
    some barley seed juist for the cockspeug;      565
gif ane offer tae Neptune a yowe, tae the deuk
    he maun offer a gowpen o wheatgrains;
gif tae Hercules, syne he maun gie the seamaw
    feck o scones wi hinnie and kebbuck;
gif he slauchter a ram tae king Zeus, he maun mind
    the gowdcrestit wran is the kingburd,
sae tae him afore Zeus he maun sacrifice aye
    a midge that has never been libbit.

**EU:**

I'm kittled tae daith wi thon sacrificed midge.
    Nou lat michty Zeus gie a dunner.      570

**COR:**

But hou'll men worship us like gods,
    and no think us juist quackdaws,
gin they see us fleean and aye in a flap?

**PE:**

You're bletheran. Jeez, hae ye no seen
    hou Mercury flees and flaffs wi his wings,

and a feck o the gods forbye him?
There's Victorie flees wi a gowd pair o wings,
    and Eros the Love-god sae bonny;
and Homer aye says that Iris the rainbow
    luiks like a frichtit cushie. 575

EU:
    Ay, and Zeus, whan he dunners, winna he send
        a wingit bowt o the lichtnin?

COR:
    But what gin thae ignorant craturs o men
        suld rate us burdies at zero,
    and worship thon anes on Olympus as gods?

PE:
    Weel, then lat a shouer o speugies
and a flicht o seed-guzzlers flee tae their fields
    and guts up aa their seedcorn.
And syne lat Demeter, the goddess o grain,
    gie them rations o corn whan they hunger. 580

EU:
    But, Crivvens, she winna. She'll gie them excuses,
        like demagogue cruik politicians.

PE:
    Forbye lat the craws gae and pyke oot the een
        o the brutes they uis for the pleuin,
and try an ophthalmic experiment tae
        on the goats and the yowies and lammies.
And syne lat Apollo, the doctor, gae cure them;
        he's a private fee-peyin practice.

EU:
    Na, byde juist a wee afore ye begin,
        till I sell ma twa wee stirkies. 585

PE:
    But think, gin they worship you as their god,
        their life, Yirth, Cronus, Poseidon,
they'll hae aa the guid things that ever coud be.

COR:
    Juist tell me ane o the guid things.

PE:
    Tae stert wi, the bourachs o locusts that flee
        sall never eat up aa their vineshoots,
for a squadron o houlets and kestrels'll swoop
        and rub them aa oot i their thoosands.
Syne the eemocks and gollochs'll never get leave
        tae guts aa the frute o their figtrees, 590

for juist ae flicht o mavies'll dicht them oot clean,
and lea no an eemock or golloch.
COR:
But hou'll we manage tae gie men walth?
It's walth they're sae desperate fond o.
PE:
Whanever they speir at oracular shrines,
the burdies'll shaw whaur the mines are,
and they'll roun i the lug o the prophet hissel
the marts that'll gie him a profit;
sae nae shipmaister sall perish nae mair.
COR:
What wey sall nane o them perish?                          595
PE:
Whan onie man speirs, aye a burdie'll gie
a weather forecast for shippin:
'Ye maunna sail nou, there's a storm on the wey'.
'Sail nou, and the voyage'll pey ye'.
EU:
I'm buyan a tub, for tae be a shipawner.
Sae cheerio, fowk, guidby-ee.
PE:
And the burdies forbye'll shaw men the treisurs
the fowk lang syne hae yirdit,
aa the kists fou o siller. For fine they ken.
And that's why fowk are aye sayan:                         600
'There's naebody kens whaur my treisur is hid
unless a wee burdie tellt him.'
EU:
I'm sellan ma tub and buyan a graip,
tae howk up thae kists o siller.
COR:
But hou'll the burdies gie men halth,
for halth's i the lap o the gods aye?
PE:
Weel, gin they hae walth is that no guid halth?
EU:
Ay, siccar, a halthy condition.
For a chiel that duis badly can never be weel.
He'll aye be juist a puir cratur.                          605
COR:
But hou'll men ever win tae auld age?
For auld age bydes on Olympus.
Or maun they aa dee i their halflin years?

82

PE:
> Fegs, na, but the burdies'll gie them
> three hunder years mair.

COR:
> Whaur frae then?

PE:
>           Whaur frae?
> Frae theirsels they can aisy supply them.
> For dinna ye ken that the roupie auld craw
> lives five generations o mankind?

EU:
> Wow, siccar the burdies are better by far
> than Zeus is tae govern and rule us.          610

PE:
> Siccar the burdies are muckle better.
> For, tae begin wi, we wadna need tae
> bigg stane temples for them tae byde in,
> or tae adorn them wi gowden portals.
> But ablo the busses they'll byde contentit.        615
> For the toffee-nebbit West End types
> amang the burdies an olive-tree
> micht furnish a maist palatial kirk.
> Delphi and Ammon we winna gang til
> tae sacrifice, but amang the birks         620
> and rowans standan we'll say wir prayers,
> raxan up our luifs, aye fou
> o wheat and barley, speiran our share
> o aa that's guid; and straucht we'll get
> our share o guid,          625
> juist for a gowpen o corn.

COR:
> O you darlin auld carle, I hate ye nae mair;
> I'll never lat gae o your wisdom and lear.

CHORUS:
> Heezed up wi your oration
> I threit and sweir an aith:         630
> In leal association
> gin you keep richt guid faith
> and gang agin the gods
> in bon-accord wi me,
> we'll end their haly frauds         635
> and win back pouer tae me.

COR:
> Nou whaur force maun be uisd, we're ready tae try it:

but whaur skeel is required, it's for you tae supply it.

**HOO:**

C'wa, we maunna dover onie langer.

The time's owre late tae wauge a phoney war.     640

We maun get something duin. Sae, first o aa,

c'wa in ben here, tae my hamelt nest,

wi thir auld sticks we hae for plenishin,

and introduce yoursels.

**PE:**

Thanks. It's a pleisur.

I'm Wylie Bodie, this is Jock MacHowpfu

frae Unthank.

**HOO:**

I'm blyth tae ken ye baith, guid friens.     645

**PE:**

That's kind o ye tae say sae.

**HOO:**

C'wa in ben.

**PE:**

Lat's gae then. You gang first tae guide us.

**HOO:**

C'wa.

**PE:**

Hey, here's a thocht – whoa back there, you. Reverse.

Lat's see. You tell us – hou sall me and him,

that canna flee nane, sort wi you that's fleean?     650

**HOO:**

Och, brawlie.

**PE:**

Mind tho, what's in Aesop's fables,

aboot the vixen, and the pairtnership

she had wi the eagle, hou it turned oot badly.

**HOO:**

Dinna be feart for that. There's a wee ruit,

that, whan ye eat it, 'll gar ye baith gae fleean.     655

**PE:**

Aaricht then, lat's gae in. *(Tae the SLAVES)* C'wa nou, lads,

Sandie and Andie, tak you up the luggage.

**COR:** *(Tae HOO)*

Whoopee. I cry ye, Hoopoo, I caa.

**HOO:**

What for then?

**COR:**

Tae tak thir wi ye

and gie them a braw muckle brakfast inby.
   But bring the nichtigal oot here,
the sweet-voiced kimmer that sings wi the Muses,
   and lea her tae us tae daff wi. 660

**PE:**
Fegs, ay, by Heiven. Dae what the Chorus speirs.
Frae the rowthie rashes fesh the bonnie burdie.
Ay, fesh her oot, for Guidsake, sae that we
may feast our een upo the nichtigal.

**HOO:**
Gin that's your pleisur, I maun dae't. *(Tae a burd i the busses)*
   Come oot, 665
Procne, and shaw yoursel tae the visitors.

*(Enter the NICHTIGAL, a bonnie lassie, near naukit, wearan a heiddress like a nichtigal, wi a sherp beak, i the whilk micht be a clarinet, for her tae play for the CHORUS. She has gowd lugrings, cheens, bracelets, etc.)*

**PE:**
Great Guid aamichty, sic a bonnie burdie!
Hou saft she is, and white. I'm tellan ye
I'd like it fine tae cuddle her i ma airms.

**EU:**
Hech, what a gowdies she haes, like a real young leddy! 670
I fancy I micht gie her a bit kiss.

**PE:**
Ye sumph, her beak's juist like twa rostin-spits.

**EU:**
Nae bather, fegs. I'll tak her like an egg
and tirr this taptoo aff, and syne I'll kiss her.

**HOO:**
Lat's gae.

**PE:**
      Gang you afore, and blissins on't. 675

*(They gang oot. The CHORUS comes forrit near the spectators for the Parabasis, a threip whaur the CHORUS-LEADER gies a bit lectur.)*

**CHORUS:**
C'wa nou, darlin wi swack broun limbs,
aye the dearest o burds tae me,
ye accompany aa my hymns,
nichtigal, wi your melodie.
Ye're here, ye're here, a joy tae see; 680
unco bonnie the voice ye bring.

Blythelie nou, wi your flute sae clear,
lat the music o spring ootring,
and stert the anapaests here.

CORYPHAEUS:

Nou listen, ye humans, wi dowf dreich lifes,
    like the leafs i their brief generations,        685
ye shaidawy fushionless clans that are made
    oot o cley like a patter's creations,
puir wingless mannies that last but a day,
    dream-phantoms, miserable craturs:
nou tak tent til us, that are skaithless o daith
    wi our indestructible naturs,
etherial, heivenly, free frae auld age,
    and wyce wi our science eternal:
we'll learn you the lear o ilk thing i the air
    and the cosmic system supernal:        690
us burds, and the gods, aa the rivers, the Mirk,
    and Chaos, wi true erudition,
whan ye ken hou it aa cam tae be ye'll condemn
    auld Darwin tae endless perdition.
Nou at first there was Chaos and Nicht, and the Mirk,
    and Tartarus spelderan fozy:
nae yirth and nae air, nae heiven was there,
    till at last, i the infinit bosie
o the pitblack Mirk the dark-wingit Nicht
    lay a wind-egg, airest o onie,        695
frae whilk, as the times cam roond, there sprang
    the Love-God, Eros, sae bonny,
wi his spauls bricht sheenan wi twa gowd wings,
    and a luik like the stormwinds dizzy.
Ae nicht i the braidness o Tartarus syne
    the Love-God and Chaos gat busy,
and cleckit us, fedderit race o the burds,
    first species he brocht up hither:
for the breed o Immortals didna exist
    till Love jyned aathing wi ither;        700
syne mixter-maxter, the wey they were jyned,
    cam Heiven and Ocean thegither,
and Yirth, and the daithless gods, ilk ane,
    the hale blest clan. Sae ye see nou
us burds is the auldest Immortals o aa.
    Frae a feck o pruifs ye'll agree nou
we're the Love-God's clan. For we're fleean aye,
    and wi lovers we're aye consortan:

there's a wheen bonny boys that was wearyit o their ploys
    at the term o sic callants' sportin,                    705
yet throu our pouer and chairm they hae gane airm in airm
    wi their auld bosom frien for a dander;
juist a quail or a coot can win owre a wee brute,
    or a cockerel or aiblins a gander.
The best o the boons ye mortals may win,
    it's til us, the burds, that ye awe them.
Think first o the winter, the spring, and the hairst –
    sic saisons aa, we shaw them.
It's the time for tae saw whan awa tae Africaa
    the crane wi a caa gaes wingan;                    710
then the maister o a ship suld dover by the fire,
    wi his rudder i the boatshed hingan.
Gie a coat til the bauld Teddy boy gin he's cauld,
    lest he tirr ye, wi 's bike-cheen swingan.
I the spring whan ye see the gled hawk flee,
    ye'll ken that the simmer maun follow,
wi the clippin o the oo frae the yowes on the knowes;
    and ye'll learn frae the flicht o the swallow
ye may sell your duffle coat, and buy a baithin suit.
    Sae we are your Phoebus Apollo,                 715
the god o prophecie. We're your oracles and shrines:
    ye aye turn first til us burdies,
as til Ammon or Dodona or the Delphic voice.
    Ye're gleg for tae speir what our word is,
gin ye ettle tae trade or try fuitbaa pools,
    and whiles gin ye want tae get mairryit.
'A *wee burdie tellt me*', ye aften explain;
    and an omen straucht ye declare it
gin ocht that 's uncannie and orra befaas.
    Sic omens are monie and varyit –               720
a pun or a sneeze, or a servant ye meet,
    or a cuddie that gies a bit nicker.
Sae we are your Phoebus Apollo, the god
    whas prophecies aa are aye siccar.
Nou gin ye revere us burds as divine,
like prophetess Muses we'll gie ye a sign,
o the winds and the weather, the simmer sae braw,      725
and winter and drouth. But we'll no rin awa
and sit i the cloods wi our neb i the air
the wey Zeus hunkers and glowers up there.
But we'll byde wi you, and we'll gie ye aye,
you and your bairns, and their bairns forbye,        730

walth and guid halth, lang life and peace,
youth and lauchter, and dances and feasts,
doos' milk and burds' custard, till ye may staw
wi the rowth we'll gie ye o aa things braw:                    735
sae walthy ye'll be, ane and aa.

**CHORUS:**

Muse o the wuidland,
tiotio tiotio tioteenx,
braikit burd, wi you I'm hiddlan
in dens or on muntainy ballochs,                              740
tiotio tioteenx,
set i the reeshilan hair o the sallochs,
tiotio tioteenx;
and frae my swack broun hause I poor
sangs for Pan in a halie shouer,                             745
and solemn dansetunes for the Muntain Mither,
tototo tototo totototeenx.
As a bee that flits i the heather
Thorpe Davie has soukit the frute frae me
o his daithless sangs' sweet melodie,                        750
tiotio tioteenx.

**COR:**

Nou, spectators, gin there's onie
    wants tae weave a cantie life
mang the burdies for the future,
    straucht aff lat him come til us.
What they damn as crimes in Embro,
    strang forbidden by the Law,                             755
here wi us amang the burdies
    aa sic deeds are braw and richt.
Here by statute it's illegal
    for tae gie your dad a clour;
thonder that's aaricht wi us,
    gin onie chiel rins at his dad,
dunts him sair, and says 'Come on.
    Pit up your spur gin ye wad fecht.'
Aiblins ane o ye's a Paddie,
    tattooed wi the shamrock green;                          760
here amang us, fegs, they'll caa him
    juist a braikit paiterick.
Aiblins ane o ye's a Welsher,
    juist as bad as Taffie Jones;
mang the burds he'll be a chaffie,
    o the breed that nibbles leeks.

Aiblins ane o ye's a Cohen,
    frae the tribe o Israel;
lat him sproot heraldic plumage,
    syne he'll be a real Colquhoun.                    765
Aiblins Peisias' son, the feartie,
    plans tae gie the castle yetts
tae the riffraff; sae we'll ken him
    for a quail, his daddie's chick,
sin amang the burds it isna
    shame tae flichter like a quail.

**CHORUS:**

Swans o Apollo,
tiotio tiotio tioteenx,                                 770
soondan oot their wingbeats hollow,
adored him wi dunneran clamour,
tiotio tioteenx,
sattlan by Hebrus, the river o glamour,
tiotio tioteenx,
and throu the cloods their clangour rowed;             775
braikit clans o beasts were cowed;
the windless heiven lowned the laigh waves under;
tototo tototo totototeenx.
Then Olympus echoed the dunder;                         780
the gods were bumbazed, but the Muses' thrang
wi the Graces jyned took up the sang,
tiotio tioteenx.

**COR:**

Naething's better, naething's nicer
    than tae grow a pair o wings.                       785
Juist imagine, you spectators,
    gin ye had the pouer o flicht.
Syne gin onie ane was hungry,
    fashed wi tragic choruses,
fleean aff he'd airt for hame
    and tak a richt guid herty lunch;
then, wi weel-swailed kyte belyve,
    licht doun again amang ye here.
Aiblins ane, like Patrocleides,
    wants tae gae whaur Charlemagne                     790
coudna send a deputy;
    wi wings he needna fyle his breeks;
he'd flee awa and ease hissel,
    and syne he'd flee doun here again.
Aiblins ane o ye is busy

wi some houghmagandie ploy,
syne he sees the wifie's hubbie
   sittan i the Council seats,
sae he gies his wings a heeze,
   and aff he flees abuin your heids;         795
whan he's had his pleisur thonder,
   back he comes and doucely sits.
Siccar, it fair cowes the cuddie
   juist tae hae the pouer o flicht.
See Dieitrephes the merchant,
   him that sells wee wingit quaichs –
first he's Colonel o the Horse Guairds,
   and he cocks his bunnet braw;
neist the cockie horsecock rides
   his cockhorse as a Brigadier.         800

*(PEISTHETAIROS and EUELPIDES come on again, ilk ane wi a pair o wings)*

**PE:**
Weel then, that's that.
**EU:**
                  Jeez, but it's unco comic.
I never ever saw ocht mair rideeculous.
**PE:**
You, what're ye lauchan at?
**EU:**
                  You, and your lang quill fedders.
D'ye ken what like ye luik wi your fedders on?
**PE:**
Fegs, you luik like a toy deuk oot o Woolworth's.    805
**EU:**
And you're juist like a blackie wi a crewcut.
**PE:** *(Tragicallie)*
Like the eagle shot wi an eagle-feddert arrow,
   'we thole nae ithers' fedders, but our ain'.
**COR:**
C'wa, what's tae dae here?
**PE:**
                Kirsten the city first
wi a michty, famous name; syne sacrifice    810
tae the gods neist.
**EU:**
             Fine, I think the same masel.

**COR:**
Lat's see then – what name suld we gie the city?
**PE:**
Wad ye like this michty name frae Lacedaemon,
and caa our city Sparta?
**EU:**
                              Crivvens, na.
Wad I pit a sparty raip upo wir city?                              815
No e'en on a bedsteid, gin I had a gird.
**PE:**
Weel, what name suld we gie?
**EU:**
                              Frae up abuin there,
fraemang the cloods and astronomic space,
some vasty name.
**PE:**
                         Like Cloodiegowkburgh?
**COR:**
Wow! but ye've fand a richt braw michty name.              820
**EU:**
Weel then, is this the Cloodiegowkburgh
whaur clood-brained huntiegowks keep aa their treisur
as siccar as castles in Spain?
**PE:**
                              Na, suner say
Strath Phlegra, whaur the gods aince dang the giants
at drawin the lang bow wi their leasin-makin.              825
**COR:**
That's a braw moufu for the city's name.
What god'll be patron? Wha'll we wyve the plaid for?
**EU:**
Why no juist lea Athena on the job?
**PE:**
But hou could we hae discipline in a city
whaur a female deity wears the breeks and airmour              830
and the jessie Cleisthenes flourishes his preen?
**COR:**
Syne wha sall haud the Castle Esplanade?
**PE:**
A burdie.
**COR:**
                  Ane o us here? What kind?
**PE:**
                                         The bantam,

91

a chick o Mars that has been in monie wars,
and Tattoos forbye –

EU:
                              Here's tae Ma Lord the Chick!                    835

PE:
– sae the banty god suits fine tae haud thir craigs.
C'wa nou, you, gang aff intil the air,
and lend a hand tae the biggars o the waas.
Humph chuckies; cast your sark tae mix the mortar;
cairry a hod, and syne faa aff the ledder;                                     840
post sentries; haud the fire aye smoorit weel;
patrol the posts wi a bell; and sleep oot thonder.
Syne send ae herald til the gods abuin,
and anither frae here doun tae mankind ablo;
then back frae there aside me.

EU:
                              And you, byde here                              845
and gang tae the Deil aside me.

PE:
                              Gae whaur I tell ye,
guid frien. Naething I've said can be duin athoot ye.
Masel here, tae sacrifice tae thir new gods,
I'll caa the priest tae marischal the procession.
Laddie, bring oot the basket and the watter.                                  850

*(Exit EUELPIDES)*

CHORUS:
Homologatan, I agree;
I approve, alang wi ye,
tae gang paraudan in procession,
syne, singan sangs o intercession,
tae sacrifice a goatikie.                                                      855
C'wa, c'wa, lat Pythian paeans bleeze,
and Cedric Davie gie his pipes a heeze.

PE: *(Til a bad PIPER dressed as a craw)*
Hey, you there! Wheesht your blawin! Jeez, what is't?
Sic a sicht, Crivvens! I've seen monie ferlies –                             860
but never ever a craw blawan the bagpipes.

*(Enter a PRIEST in Sabbath blacks, wi Geneva bands and goun, wi ACOLYTES cairryan a basket and aa)*

Your turn nou, Minister. Pray til the new gods.

PRIEST:
Sae sall I dae. But whaur's the loon wi the basket?                          864

*Oremus.* Pit up a prayer tae Vesta, goddess o the burdies' ingleneuk,
   and aa the burdies o Olympus, cockies and hennies –
**PE:**
O Portobello bantam, lord o the Esplanade!
**PRIEST:**
   – and the swan o Blackford and Inverleith, and Leto the corncrakemither,
      and Artemis gowdspink –
**PE:**
She'll be some artie miss frae the Schuil o Art.          870
**PRIEST:**
   – and Taffie the chaffie, and thon muckle speug the ostrich, Mither o gods
      and men –
**PE:**
Hail, Lady Cybele, speug, Cleocritus' mither.         875
**PRIEST:**
Gie til aa the fowk o Cloodiegowkburgh guid halth and safety, theirsels
      and the Fifers –
**PE:**
I'm gled he minds that Fife's a kingdom tae.         880
**PRIEST:**
   – and aa the hero burdies and heroes' bairnies, purpiecoot, jyner-burd,
      dovetail, inflamingo, hazel-grouse, pawn, yallayite, shoveller, chaser,
      sheirwatter, huikardoun, blackbunnet, goatsouker tit –
**PE:**
Wheesht! Tae the craws wi ye! Nae mair prayers, ye roguie.
Tae whatna victim dae ye cry sic feck         890
o vulturs and sea-eagles? Dinna ye see
ae singul gled micht ryve awa what's here?
Awa wi ye and your Geneva bands.
I'll sacrifice the goatikie masel.
**CHORUS:**
Nou here's a halie melodie         895
I maun sing richt piouslie
for you tae wesh your hands til, speiran
the god – or ae god juist – I'm fearan
ye'll find the purvey unco wee.         900
This goat ye've gotten, for sacrifice prepared,
is nocht but skin and bane and horns and baird.
**PE:**
Lat's sacrifice and pray til the wingit gods.

*(Enter a POET or MAKAR)*

**MAKAR:**

Nou Cloodiegowkburgh, blissit and fortunate,
i the sangs o your hymns, c'wa, Muse, celebrate.                  905

**PE:**

Jeez, whaur's this cratur frae? Tell me, wha are ye?

**MAK:**

Me? I am ane that sends furth ane sang o hinnie-tunged verses,
the Muses' eident servant,
accordin tae Homer.                                               910

**PE:**

Ye're unco lang-haired for a servant loon.

**MAK:**

Na, aa we makars – *Maestri*, ye micht say –
are the Muses' eident servants,
accordin tae Homer. Ay, we're eident.

**PE:**

Tae juidge by your sark there, ye hae nocht tae hide in't.         915
Ay weel then, Makar, what the Deil d'ye want?

**MAK:**

For your Cloodiegowkburghs I hae made some lyrics,
and dithyrambs here, rowth o them, and braw anes,
and lassie-sangs, and poems like Rabbie Burns.

**PE:**

Whan was 't ye made thir sangs? Hou lang syne was 't?              920

**MAK:**

Frae lang lang syne I hae celebrate this city.

**PE:**

That's orra. Hae I no juist taen a dram
for the kirstenin pairty o this babbie city?

**MAK:**

But the Muses' noos arrives in a twinkle,
like horsehuifs' kelteran skinkle.                                925
Hear, o faither Hiero,
foonder o Etna, come near, O.
O king Arthur, frae Arthur's Seat,
c'wa doun here by Princes Street.
Wi a loutin o your heid juist gie
whate'er ye like tae me –
ay, kindly gie it, on your accoont, tae me.                       930

**PE:**

Him here, this batherer, 'll wind us a bonnie pirn,
gin we dinna gie him something and gie him the slip.
*(Tae the priest's ACOLYTE)* You, there! You've baith a jaicket and a
    sark.

Strip aff the jaicket and gie't tae this wyce makar.
*(Tae the MAKAR)* Tak you the jaicket. I see you're no sae het. 935
**MAK:**
This gift my darlin Musie
sall tak, for she's no owre chuisie.
But nou ye maun learn a Pindaric speak wi your hairn:
**PE:**
The birkie winna quat his grup o us. 940
**MAK:**
'For amang the stravaigan Scyths ane wanders frae the thrang,
tae wham wyver-swung cleadin duisna belang.
Inglorious athoot a sark the jaicket's gaean . . .'
Ye understaun what I'm sayan? 945
**PE:**
I understaun ye're keen tae get the sarkie.
*(Tae the ACOLYTE)* Strip aff then. Makars aye want patronage.
*(Tae the MAKAR)* Tak you the sark and gang.
**MAK:**
                                    I gang my gait
and, gangan, mak this sang for your city here:
'Sing, gowden-thronit Muse, this trummlan, cauldruif burgh. 950
I cam tae plains wi monie weys, snaw-smitten. Hurrah!'

*(Exit MAKAR, waffan the sark and cryan* 'Hurrah! Hurrah! Halleluiah!'*)*

**PE:**
There nou, by Heiven, you've won weel awa
frae this here cauldruif burgh, and taen the sarkie. 955
I never thocht, by Jings, this batherer
wad hae heard tell sae quick aboot our city.
*(Tae the ACOLYTE)* Weel, stert again. Gang roond wi the lustral watter.
Nou aabody wheesht!

*(Enter ane ORACLE-MONGER)*

**ORACLE-MONGER:**
                              Dinna you tuich thon goat.
**PE:**
Wha are you then?
**OR:**
                        Me? Ane Oracle-monger.
**PE:**
                                          Tae Hell wi ye! 960
**OR:**
Ye wratch, ye maunna lichtlie things uncannie.

For there's a prophecy o the Brahan Seer expressly
anent the Cloodiegowkburghs.
PE:
                                        Weel, why then
did you no troke thon prophecy afore
I foondit the burgh?
OR:
                            I was hindered by the uncannie.                    965
PE:
Aweel, there's naething like listenin tae poetry.
OR:
'But whan the wolfs sall howff, and the lyart craws bigg aside them,
aa in ae placie thegither, atween Corstorphine and Cramond –'
PE:
Nou what hae I tae dae wi the Embro Zoo?
OR:
Nae dout the Brahan Seer meaned this ozone zone.                    970
'Syne ye maun sacrifice first ane whyte-fleeshed tup tae Pandora.
But tae whae'er comes first, as a prophet furthtellan my verses,
gie him a braw new coat, and braw new shuin i the by-gaein' –
PE:
Is there braw new shuin in't tae?
OR:
                            Tak a luik at the buikie.
'– gie him a hipflask forbye and a haggis, chieftain o puddens'.          975
PE:
Duis the prophecy say a haggis?
OR:
                            Tak a luik at the buikie.
'Syne, maist reverend loon, gin ye dae aa this as I tell ye,
you'll be an eagle abuin i the cloods. But gif ye sall no gie,
syne ye sall no be a cushie, or mavie, or e'en a wuidpyker.'
PE:
Crivvens, is aa that in 't?
OR:
                            Tak a luik at the buikie.                    980
PE:
Your Brahan Seer's prophecy's no a haet like this ane,
that I scrievit, inspired wi bauld John Barleycorn.
'But whan a fause-tungit rogue sall come unbidden amang ye,
batheran fowk at their worship, and speiran for haggis and hipflasks,
syne on the backside o Arthur's Seat ye maun dunt him fu' sairlie' –          985
OR:
You're bletheran nou, I dout.

**PE:**
Tak a luik at the buikie.
'Strike then, and dinna ye spare, no the eagle abuin i the cloods there,
naither Auld Moore hissel, nor the Wee Free Kirk Moderator.'

**OR:**
Crivvens, is aa that in't?

**PE:**
Tak a luik at the buikie.
Awa wi ye tae Freuchie, and fry mice.

*(Kicks OR)*

**OR:**
Wae's me, ochone!                                                990

**PE:**
Gae, troke your prophecies some ither airt.

*(Exit ORACLE-MONGER. Enter the ASTRONOMER and toun-planner METON, wi surveyin gear. He wears kothornoi (buskins), like heroes i the tragedies; aiblins a lum hat wad be a Scots equivalent.)*

**METON:**
I hae come tae visit ye.

**PE:**
Jeez, anither batherer.
Weel, what's your will here? Whatna kind o scheme?
Why the lum hat? What's the idea o the journey?

**MET:**
I'd like tae meisur oot your airy zone,                          995
and meith it oot in pleuchgangs for ye.

**PE:**
Jeez!
wha on airth are ye, mannie?

**MET:**
Me? I'm Meton,
weel kent in Scotland – ay, and Sant Andro's Hoose.

**PE:**
But, tell us, what's this gear?

**MET:**
Rules for the air.
Ye see, the shape o the hale air is like                         1000
the damper o a chimlie. Sae I tak this rule,
the cruikit ane, and pit it doun on the tap,
syne tak this compass – Understaun?

**PE:**
No me!

**MET:**

    Wi a richt rule then I meisur it aa up,
    sae that your circle turns oot square, and here          1005
    ye've a mercat corss i the mids, and here's the streets
    rinnan straucht tae the centre, the wey a stern
    is roond itsel, but the rays sheen aye straucht oot
    aa roond aboot.

**PE:**

                  The chiel's a Solomon.

  Meton –

**MET:**

        What is't?

**PE:**

                   Troth, man, I like ye fine.    1010
  Sae tak my advice, and gae aff, oot the road.

**MET:**

  What's there tae be feart for?

**PE:**

                    Like it is at Sparta,
  fremt anes are drien oot; fowk are in a steer;
  there's a fair collieshangie i the toun.

**MET:**

              Is't a General Election?
              Is't the Hibs and the Herts?
              Is't Celtic and Rangers?
              Is't the Embro Fusstipple?

**PE:**

  Fegs, naething like that.

**MET:**

            What then?

**PE:**

                    Ane and aa    1015
  they've agreed tae dunt ilk hypocrite and rogue.

**MET:**

  It's time I wasna here.

**PE:**

              Crivvens, I dout
  you're owre late nou. *(Gars a whup whustle nearhand)*
    Here's dunts gey near aaready.

**MET:**

  Wae's me, ochone!

**PE:**

            Did I no tell ye lang syne?
  Will ye no meisur yoursel aff some ither gait?

*(Enter a CHIEF COMMISSIONER or INSPECTOR GENERAL, the kind o official Athens sent tae her subject allies or satellite states. Aiblins a wee thing like the Secretary o State for Scotland.)*

**INSPECTOR-GENERAL:**
Whaur's aa the Consuls?

**PE:**
Wha's this great Tycoon?

**INS:**
By appointment as Inspector General,
I come tae Cloodiegowkburgh.

**PE:**
A Super-snooper?
Wha sent ye here then?

**INS:**
Some wratched memo
o Harold Macmillan.

**PE:**
Wad ye like tae tak your fee                                    1025
and be aff athoot nae bather?

**INS:**
Dod, ay wad I.
I needit tae byde at Whytehaa for some business.
I've a ploy in hand – me and President Nasser.

**PE:**
Weel, tak your fee and gang. And here's your fee.

*(Bashes him)*

**INS:**
Hey you, what's this?

**PE:**
A date wi President Basher.                                     1030

**INS:**
Bear witness – I'm an Inspector, and he beats me.

**PE:**
Troosh! Will ye no shoo aff nou, bag and baggage?
Is that no terrible? Sendin Super-snoopers
tae the toun here, afore we've sacrificed tae the gods?

*(Exit the INSPECTOR GENERAL. Enter a REGULATION-MONGER, or BACKBINK MP that seeks publicity wi bills under the ten-meenut rule.)*

**REGULATION-MONGER:** *(Readan a bill)*
'Syne, gin onie Cloodiegowkburgess wrangs onie Athenian . . .'   1035

PE:

What's this mischief here nou, this buik he's cairryan?

REG:

I'm a regulation-monger. I come here
tae promote and sell ye some new bills.

PE:

What like?

REG:

'The Cloodiegowkburgesses maun uis the same meisurs                    1040
and wechts and statutes as the fowk o Wales . . . '

PE:

Juist byde a wee, and you'll be a Wailer yoursel.

*(Bashes him)*

REG:

Hey you, what's up wi ye?

PE:

Awa, you, and your bills. *(Bashes him)*
This day I'll sairv ye oot bills sair eneuch.                         1045

*(Bashes him)*

INSPECTOR-GENERAL: *(Coman back tae tak the REGULATION-*
*MONGER as witness)*

I'll hale Sir Wylie Bodie afore the Fifteen for bodily skaith, this day thretty
    days.

PE:

Jeez, is that you? Was you still snowkan aboot?

REGULATION-MONGER: *(Coman back and readan anither buikie)*

'Gin onie ane chases officials and duisna enterteen them accordin
    tae the protocol . . . '                                          1050

PE:

Ech, megstie me! You tae, aye snowkan hereaboot?

INS:

Wi ten thoosand pund o damages, I'll beggar ye.

PE:

I'll brak ye in bittocks, wi aa your boxes o tricks.

*(Chases him)*

REG:

Mind hou ae nicht ye messed a kirkyaird dyke?

PE:

Wow! grup him, some ane! You, will ye no byde? *(Exit the*            1055
*REGULATION-MONGER, rinnan)*

Och weel, lat's aa gae aff intil the houss,
and sacrifice the goat tae the gods inby.

*(They aa gang aff intil the houss, wi the goat and the gear for the sacrifice)*

## CHORUS:

Sin we can see and rule owre aa,
ilk mortal nou on us sall caa,
and sacrifice wi vou and prayer.                                    1060
We tent ilk land wi heedfu care,
and hain the bonnie brairdan craps,
slayan the mixter-maxter breed
o goloch beasts that smurls and gnaps
ilk shute wi chafts o galravishan greed,                           1065
and sattles tae feed and guzzle on frutebusses' taps.
And thae ootrageous pests we slay
that connach scentit gairdens tae;
and aakind crowlan bitan things
massaucred faa ablo oor slauchterous wings.                        1070

## COR:

Here's the kind o proclamation
    fowk aye mak at Athens nou:
'Whasae e'er o you Athenians
    slays the makar Bolshie Hugh,
he sall get a thoosand pund for't.
    Syne gin onie o ye slays
onie o thae lang deid tyrants,
    he sall get a thoosand pund.'                                  1075
Sae nou we wad mak a wee bit
    proclamation tae you burds:
'Whasae slays Philocrates,
    the Ostrichian poutry-dealer rogue,
gets a thoosand pund; fowr thoosand
    gin be capturs him alive.
For he strings thegither chaffies,
    for tae sell at seeven a bob;
blaws the breists o mavies up,
    exposan them undacently;                                       1080
syne he taks the blackies tae,
    and staps their fedders up their nebs;
keps the cushiedoos and coops them
    weel secured in cages aye,
syne he uises them as stooges,

101

```
    tethered wi a noose o tow.'
  That's our proclamation then:
    sae, gin a body hauds a burd
  caged up somewhaur in a back-coort,
    we nou bid him lat it gae.                         1085
  Gin ye winna tak this tellin,
    syne, arrestit by the burds,
  you in turn'll sit in burdland,
    caged up aye, and stooge for us.
```

CHORUS:

```
  O wingit burds, our happy breed
  is blist o Heiven. We dinna need
  a plaid agin the winter's cauld;                     1090
  and whan the simmer bleezes bauld
  burds arena scumfished wi the drouth,
  bydan amang the meadow-flouers,
  or bosomed deep i treeleafs' fouth,
  while aye the mystical gresshapper poors             1095
  clear melody-shouers, sun-mad i the noon o the South.
  We've weems for wintertime resort,
  whaur wi the muntain-nymphs we sport;
  in spring we feed on myrtle flouers,
  aa owre the Graces' brawlie flousishan bouers.       1100
```

COR:

```
  Here's a word nou tae the juidges,
    we wad say anent the prize,
  tellan aa the guid things, gin ye
    chuis us, we wad gie ye aa,
  better gifts, and mair, than Venus
    gae tae Paris for his choice.
  First then, what's the chief ambition
    ilka juidge aye griens tae win,                    1105
  Jennie Wrans sall never fail ye,
    cleckit i the copper mines.
  For the darlin fardins aye
    sall mak theirsels at hame wi you;
  nestan i your sporrans neist,
    they'll cleck oot chicks o petty cash.
  Syne forbye ye'll byde in housses
    luikan like a parish kirk;
  we sall croun them aa wi riggins
    fashioned like an eagle's crest.                   1110
  Gin ye hae a wee bit office,
    and wad troke for profit frae't,
```

i your hands we'll pit a gled hawk,
   gleg tae snap up triffles aye.
Gin you're gangan oot tae denner,
   burdie-crappins we sall send.
But, gin you refuis the prize,
   then mak protectors for your heids,
like the statues hae, because,
   gin onie o ye hasna ane,                       1115
whan ye hae a braw new suit on,
   then you'll pey our penaltie;
onie juidge that votes agin us,
   aa the burds sall skitter on.

PE: *(Coman oot again)*
   Weel, burdies, there's our sacrifice gane brawlie.
   But, I dout, frae the waas nae messenger has come
   that we micht hear frae hou things gang oot thonder.      1120
   Jeez, here's ane, pechan like a Marathon rinner.

**FIRST MESSENGER BURD:**
   Wha-whaur's he? Wha-wha-whaur's he? Wha-wha-whaur's he? Whaur?
   Wha-whaur's Sir Wylie Bodie, the Provost?

**PE:**
                                  Here I am.

**FIRST MESS:**
   Your waas is finished biggin.

**PE:**
                         That's guid noos.

**FIRST MESS:**
   A richt braw job – ay, maist magneeficent.               1125
   Sae Maister MacAmbassador frae Boaston
   and Sir Billionaire could caa twa chairiots,
   ilk wi twa pair, as muckle 's the Trojan Horse,
   and pass by ither, it's sae braid.

**PE:**
                      Eh, michtie!

**FIRST MESS:**
   And syne the hicht – I meisured it masel –           1130
   sax hunder feet.

**PE:**
                Jeez, it maks ye dizzy.
   Wha biggit up the waas tae sic a hicht?

**FIRST MESS:**
   Juist burdies, and nae ithers – nae Egyptian
   bricklayer, mason, jyner, cam on the job.
   Wi their ain hands the burds did aa. I ferlied.          1135

Frae Africaa cam thretty thoosand cranes
that had swallad muckle grundstanes, like for ballast.
The sawbills neist squared them aff wi their beaks.
Anither gang, ten thoosand storks, laid bricks.
Watter was brocht frae dounby up til the air                    1140
by pluivers and the lave o the river burds.

**PE:**

And wha was 't cairried the mortar tae them?

**FIRST MESS:**

                                      Herons
i their hods.

**PE:**

                And hou did they pit the mortar on?

**FIRST MESS:**

Och, man, they'd thocht o a richt braw skeely hairnswaw.
Wab-fuitit ganders wauchled up and pattered                     1145
the mortar intil the hods wi feet for shools.

**PE:**

Ye'd wonder gin there's a feat feet canna dae.

**FIRST MESS:**

And, fegs, the deuks cam, kiltan up their skirts,
and laid bricks tae; and swallas flew abuin,
haudan their troons ahint, like prentices,                      1150
and cairried cley for mortar i their beaks.

**PE:**

Weel, eftir this, wha wad hire Trade Unionists?
C'wa, lat's see nou . . . Wha did the timber pairts
o the waas?

**FIRST MESS:**

                We'd skeely burdies there as jyners,
the green wuidpykers, wha wi hammer beaks                        1155
axed oot the ports for the yetts. And as they hackit
a dirdum rase like riveters in a shipyaird.
Sae nou it's aa supported weel wi portals,
doun thonder, bowtit wi bowts, and guairdit roond.
There's sentries gang their gait; and bells are rung;           1160
there's luikoots postit, beacons on the touers,
aa richt and ticht. Sae nou I'll rin awa
and tak a bath. Yoursel can dae the lave.

*(Exit FIRST MESSENGER)*

**COR:**

Hey, you, what's up? You're luikan fair bumbazed
tae think the waa's been buggen up sae snaply.                  1165

PE:

    You're tellan me, I'm bumbazed. And sae I suld be.

    For, Troth, aa thon's juist like a fairy story.

    But here's a messenger rinnan tae us frae thonder,

    a garrison sodger, wi a sword-danse glower.

SECOND MESSENGER: *(Enters pechan)*

    Hey, hey! Luik oot!                                     1170

PE:

    Nou what's the maitter?

SECOND MESS:

                        Here's an awfy thing.

    There's ane o the gods – thae yins wi Zeus abuin –

    has flown in throu our yetts, intil the air.

    The jackdaw sentries didna see him coman.

PE:

    Michtie, that's terrible! Sic a criminal fact!               1175

    Whilk ane o the gods?

SECOND MESS:

                  We didna ken. He had wings,

    that's aa we ken.

PE:

                Syne suldna ye hae sent patrols

    eftir him straucht?

SECOND MESS:

                Ay, siccar, we sent oot

    horsebowmen harriers, thretty thoosand o them.

    Ilk burd's gane oot whas cruikit claws are shairpit,     1180

    gled, kestrel, buzzard, vultur, osprey, eagle;

    wi souch and dirdum o their wingbeats nou

    the ether trummles as they chase the god.

    He isna far awa nou, he's nearhand

    aaready somewhaur.

PE:

                Tak the catapults,                    1185

    and bows and arras. C'wa here, aa the hoosehald.

    Shoot straucht. Hit hard. Rax me a cattie here.

CHORUS:

    Wow! Sic a fecht we'll hae,

    us and the gods this day!                           1190

    War that nae words can tell

    bursts oot as het as Hell.

    Nou keep a sherp luikoot,

    throu the air, mirk as soot.

    We dinna want nae god

sneakan inby this road.                                                    1195
COR:
    Lat ilka burd keek gleglie roond aboot.
    Nearhand aaready ye can hear the souch
    frae fedders o some god that's fleean i the heiven.

*(Enter IRIS, goddess o the rainbow, and eerrant lassie o Zeus, swingan
on a crane, wi bricht wings and a heiddress like a wattergaw)*

PE:
    Hey, lassie! You there! Wha-wha-whaur are ye fleean til?
    Byde still. Whoa back there! Halt! Stap rinnan nou!          1200
    Wha are ye? What's your country? Whaur d'ye come frae?
IRIS:
    I come here frae the hie Olympian gods.
PE:
    Weel, what's your name then? Yacht or simmer hat?
IRIS:
    I'm speedy Iris.
PE:
               We've a thretty mile limit.
IRIS:
    What havers!
PE:
              Och, winna some ane flee and grup her,          1205
    some cockie bustard?
IRIS:
              Cockie bustard grup me?
    Whatna mischief is this?
PE:
              Ye'll be real sorry.
IRIS:
    It's a geyan unco business.
PE:
                By whatna yetts
    did ye win throu the city waas, ye limmer?
IRIS:
    By whatna yetts? By Zeus, I dinna ken.                       1210
PE:
    D'ye hear that, hou she plays the innocent?
    Did ye gae tae the jackdaw captains? Winna ye speak?
    Was your passport stamped by the storks?
IRIS:
              What the Deil is this?

PE:
Ye haena onie?
IRIS:
Are you in your richt mind?
PE:
Did nae burd captain come and stamp your passport?                    1215
IRIS:
Na, ma puir mannie, naebody gied me nae stamp.
PE:
And syne, athoot nae bather, you gae fleean outowre,
i the fremmit city here and throu the chaos?
IRIS:
Weel, whatna ither wey suld gods gae fleean?
PE:
Och, Jeez, I dinna ken. But no this wey.                              1220
You're guilty nou, aaricht. D'ye ken that you,
gin you were taen and sairved as you desairve,
wad dee a daith as richtlie as onie Rainbow?
IRIS:
But I am daithless.
PE:
Ye'd dee the daith for aa that.
I dout it wad be an awfy thing for us                                 1225
gin us burdies rules the lave, but you, the gods,
suld dae as ye like, and never ken ye maun
obey your betters. We are the maisters nou.
But, tell me trulie, whaur dae ye airt your wings til?
IRIS:
Me? Tae mankind I'm fleean, frae ma faither,                          1230
tae bid them sacrifice tae the Olympian gods,
and slauchter sheep on owsen-offeran hearths,
and fill the streets wi fuff o cuikan flesh.
PE:
Eh? Whatna gods?
IRIS:
Tae us, the gods in heiven.
PE:
You think you're gods?
IRIS:
Wha else suld be a god?                                               1235
PE:
The burdies nou are gods tae men. It's burds
that men maun sacrifice til – no Zeus, by Zeus!

107

IRIS:

    Ye daft sumph, dinna steer the gods tae anger,

    or else your race, wi universal ruin,

    Justice sall whummle wi the graip o Zeus,          1240

    and reekie flame, like til a lichtnin bowt,

    sall brenn your corp and houss, tae the benmaist bore.

PE:

    Nou listen, you there! Stap your fraith and bullerin.

    Haud still. C'wa, d'ye think I'm Welsh or Inglis

    tae be frichtit wi sic bogle kind o blethers?          1245

    I'd hae ye ken, gin Zeus suld fash me langer,

    his ain braw palace and Amphion's haas

    I s' burn tae aise wi my fire-bearan eagles,

    and send agin him, wearan libart hides,

    giant fiery porphyry-crestit bonnivochils,          1250

    mair nor sax hunder o them. Aince, ye'll mind,

    ae singul giant, Porphyrion, wand him a pirn.

    And you, gin ye fash me langer, eerrant lassie,

    I'll streetch your shanks and streetch you sic a lenth –

    ay, you, the Rainbow – sae ye'll be bumbazed          1255

    tae see an auld carle as spunkie as three tups.

IRIS:

    The Deevil ryve ye sindry, you and your blawin!

PE:

    Will ye no shoo aff? Gee hup there! Gardyloo!

IRIS:

    I'll wauger ye, ma faither'll stap your impudence.

*(IRIS flees aff)*

PE:

    Wae's me! Will ye no flee aff some ither airt          1260

    and pit some spunkie younker in a bleeze?

CHORUS:

    Wow! But we've shut them oot,

    never tae come this route;

    barred frae our city's roads

    for ever the godly gods.

    Nou lat nae mortal seek

    tae send the gods a reek

    o sacrifice abuin.

    We winna lat it in.          1268

PE: *(Scartan his heid)*

    It's an orra thing – thon herald that gaed tae mortals –

suppose he suidna ever win back here? 1270
Or the *Glesca Herald* suld never re-appear?

*(Enter a HERALD (that was sent awa at line 844) pechan, and haudan a gowden croun)*

**HERALD:**
Sir Wylie Bodie, happiest and wycest,
and famousest, and . . . wycest, and . . . maist sleekit . . .
thrice happy . . . och, help me oot, sir!
**PE:**
What's this?

**HER:**
Wi this here gowden croun, first prize for wisdom,
ye're crounit and honourit by the United Nations. 1275
**PE:** *(Takan the croun)*
Be thankit. Why dae the Nations honour me sae?
**HER:**
O, you that foondit the famed etherial city,
ye kenna hou muckle honour ye win frae mortals,
hou monie lovers are grienan for this country.
For afore ye ever grundit this city here, 1280
the hale o mankind was daft on Spartan fashions.
Lang-haired and hungert, clorty, juist like Socrates,
they cairried crummocks. Nou they hae turned aboot;
they're burdie-daft. And wi the pleisur o't
they imitate us burds in aa they dae. 1285
First, i the mornin, straucht frae their beds, they flee,
aa thegither, like us, tae a regulation brakfast;
neist they aa set oot on the day's papers;
syne they tak a pick at the fuitbaa pools.
And, sae kenspeckle is their burdie-craze, 1290
monie o them has taen the names o burds.
There's a lamiter they caa Paitrick, that keeps a pub,
and his horsy crony gets the name o Swalla.
A roupie bleerit Minister's caad Craw.
Laivrock's a playwricht, Gander a billionaire, 1295
Ibis a scaffie, Jay a politician,
Bawkie a Rose Street spiv, Mavie a towrist.
There's a rinawa cuif caad Quail; he luiks like a quail
that's been hitten a dunt on the heid like a papingae.
Wi luve o the burds they've aa begoud tae sing. 1300
They whitter whiles like swallas, quaik like deuks,
honk like the ganders, croodle like a cushie,
or sing a sang aboot wings, or a wee bit fedder:

'O gin I were a doo I wad flee awa the nou.'

(*Noises affstage:* 'Oh, for the wings, for the wings of a dove' . . .
'On wings of song, beloved . . . ' *(First bars o the tunes, athoot words))*

Weel, that's the news frae dounby. And I'll tell ye this:
fowk's coman here frae thonder, mair as ten thoosand,                    1305
aa wantan wings and cruikit-taloned habits.
Somewhaur ye maun get wings for thir new colonists.
**PE:**
  Fegs, ay, it's no a time for standin still.
  Weel, snaply nou, flee you and fill wi wings
  creels, baskets, punnets, corrachs, cassies, corbins, mawns.           1310
  *(Tae a SERVANT)* Andie, fesh oot our spare wings frae the aumrie.
  I'll busk tae enterteen them as they come.
**CHORUS:**
  Sune fowk sall lood resoond
  this city great and braw,
  gin nae misluck befaa.                                                  1315
  There's feck o luve for our bonnie toun.
**PE:** *(Tae the SERVANT)*
  Hey you, gee up a wee!
**CHORUS:**
  For whatna braw thing isna here,
  sae a man micht byde wi richt guid cheer?
  Wisdom, Desire, and daithless Graces,                                  1320
  and douce Tranquillitie's kindly face is
  aye lown and free o fear.
**PE:** *(Tae the SERVANT)*
  Ye donsie dowfart, doiteran.
  Mak haste, and dinna loiter.
**CHORUS:**
  Quick, bring a creel o wings.                                          1325
  And you, steer up aince mair
  thon sumphie gomeril there,
  the muckle cuddie – he's slaw, by Jings!
**PE:**
  Och ay, by natur he's a fushionless cratur.
**CHORUS:**
  Nou first o aa tak you this creel,                                     1330
  and arrange the wings in order weel –
  wings o the sea, and wings prophetic,
  and wings o sang. And be sympathetic
  at fedderin ilk chiel.

110

PE:
>Troth, nou I'll no haud aff ye onie langer –     1335
>na, by the buzzards, you're sae dowf and donsie.

*(Beats ANDIE. Enter a DADDIE-DADDER, a young man that wad slay his faither.)*

DADDIE-DADDER: *(Singan)*
>O for the wings o an eagle tae flee
>hie throu the lift owre the swaws o the sea,
>whaur the gray saut watter rowes endlesslie.

PE:
>I dout the herald's noos was Gospel truth.     1340
>Here's a chiel coman, singan about eagles.

DAD:
>Attaboy!
>There's naething nicer i the warld than fleein.     1343a
>I've faan in luve wi aa the burds' regime.     1343b
>I'm burdie-crazie, juist fair fleean. I'd like
>tae byde wi you. I grien for your regime.     1345

PE:
>Whatna regime? The burdies' systems differ.

DAD:
>The hale o them. And chiefly thon braw custom
>the burdies hae, tae wirry and pyke their faithers.

PE:
>Dod, ay, we think a cockerel chick real manfu,
>gin the cockie halflin dads the auld cock, his dad.     1350

DAD:
>Dod, ay. That's why I ettle tae sattle here,
>and choak my dad, and hae aa the guids and gear.

PE:
>Och, but us burdies has anither statute,
>an auld ane, scrievit on the storks' ain muniments:
>'Whane'er the daddie stork, wi heedfu care,     1355
>has fuishen his storkies up tae the age o fleein,
>the younker chicks maun aye mainteen their dad'.

DAD:
>Jeez, muckle guid it's duin me comin here,
>gin they gar me aye mainteen my perishan dad.

PE:
>Nae maitter, laddie. Sin you're a genuine sattler,     1360
>I'll fedder ye like a wartime orphant chick.
>But nou, my mannie, tent ye this advice –
>it's no sae bad – I learnt it masel as a laddie.

Dinna you dad your dad. Nou tak this wing; (*Gies him a shield for his left arm*)
and tak this cock's spur for your richt hand neist; (*Gies him a sword*)    1365
consider this the cock's fire-crestit kaim. (*Pits a helmet on him*)
Dae sentry duty; mairch, and live on your pey.
And lat your auld dad live. But sin you're fechtie,
juist flee awa tae Thrace and fecht oot thonder.

**DAD:**
By Bacchus, nou, I like fine what ye say.    1370
I'll tak your advice.

**PE:**
                        Dod, that's a wycelike loon.

(*Exit the DADDIE-DADDER. Enter the dithyrambic makar CINESIAS, a flichteriff weefertie-waffertie cratur.*)

**CINESIAS:** (*Singan*)
I am fleean up hie tae Olympus wi lichtsome wings,
and I flee nou and then here and there as my hert sings . . .

**PE:**
This batherer nou'll want a fair wecht o wings.    1375

**CIN:**
. . . wi fearless hert and limbs followan a new breed o hymns.

**PE:**
Walcome, Cinesias. You're a richt corky chiel.
What brings ye hirplin here, wi bow-houghed hen-taed shanks?

**CIN:** (*Croonan*)
I'd like tae be a burdie, the clear-voiced nichtigal.    1380

**PE:**
Och, stap your croonin. Tell us your meanin plainly.

**CIN:**
I want tae get wings frae you, tae flee on hie,
aflocht i the lift, and get frae the cloods new preludes,
hie-flown, air-dirled, and smitten wi the snaw.    1385

**PE:**
Are preludes tae be gotten frae the cloods?

**CIN:**
Ay, our hale craft o poetry hings frae the cloods.
The maist kenspeckle dithyrambs are aye
airy and shaidawy and derklie skinklan,
wing-dirlit tae. Juist listen and ye'll ken.    1390

**PE:**
No me, I winna.

**CIN:**
                        Crivvens, but ye sall.

I'll sing ye aa the glories o the air.
*(Singan)* 'Images o wingit
      etherial-coorsan
      burdies wi lang lang thrapples . . .'

**PE:**
  Aw-op! Whoa back there, you!                1395

**CIN:**
  ' . . . boondan ootowre the saut sea's boonds
  lat me gae wi the swaifs o the wind swith blawan . . .'

**PE:** *(Ettlan tae stap CINESIAS' mou wi fedders)*
  By Heiven, nou I'll stap your blawin swith.

**CIN:**
  ' . . . Whiles I wad traik whaur the South wind blaws,
  and tae Boreas whiles my corp I'd expose,
  pleuan the herbourless glebe o the ether'.      1400
  It's braw and skeely, your idea, auld man.

**PE:** *(Chasan him wi fedders)*
  Are ye no weel pleased wi bein fedder-strucken?

**CIN:**
  Is this hou ye handle the dithyrambic makar,
  that aa the tribes aye fecht tae fee for concerts?

**PE:**
  Wad ye like tae byde here then, and stage a chorus,    1405
  o the burdie clan MacCorncrake? Skinnymalink,
  the makar, 'll pey for't.

**CIN:**
                  Nou ye're lauchan at me.
  But still I'll never stap, I'd hae ye ken,
  afore I've coorsed the hale air throu wi wings.

*(Exit CINESIAS, fleean. Enter a SYCOPHANT, a spiv type that brocht cases afore the lawcoorts as a common delator.)*

**SYCOPHANT:**
  Wha's aa thir burdies here wi spreckled wings and tuim sporrans?  1410
  Tell me, ye lang-wingit spreckled swalla.

**PE:** *(Luikan at CINESIAS fleean aff)*
  Thon's nae smaa batherer that sprang up there the nou.
  *(Luikan at SYCOPHANT)* But here's some ither chiel comes up,
      twit-twitteran.

**SYC:**
  Lang-wingit spreckled swalla – yince again.         1415

**PE:**
  His singin suits his sark, wi its gairs and tatters.
  Swallas bring simmer, and he wants a heatwave.

**SYC:**
Wha is't gies wings tae ilka new arrival?
**PE:**
It's me here duis't. But tell us what you're wantan.
**SYC:**
It's wings I'm wantan, wings. Dinna speir me twice.                    1420
**PE:**
Dae ye ettle tae flee tae Inverness for a cape?
**SYC:**
Na. I'm Procurator Fiscal for the Isles,
an Intelligence Agent –
**PE:**
                        Honourable trades!
**SYC:**
– and a Legal Researcher. (*Gies him a visitin cairt*) Nou I'm
        wantan wings
tae scoosh aa roond the islands issuan summonses.                    1425
**PE:**
Wi the help o wings wad your summonses be skeelier?
**SYC:**
It's sae Viking patrols frae Iceland sanna fash me.
Wi the cranes migratan I'd gae there and back,
weel ballasted wi rowth o guid-gaean lawpleas.
**PE:**
Sae that's the trade ye troke wi, is't? Nou tell us,                    1430
you spend your young life prosecutan strangers?
**SYC:**
What suld I dae? I canna wurk wi ma hands.
**PE:**
But, fegs, there's feck o dacent honest jobbies
that a young man like you suld suner live by,
some honest darg, insteid o trokin lawpleas.                    1435
**SYC:**
C'wa, frien, gie me wings, and nae advice.
**PE:**
I'm giean ye wings wi talk.
**SYC:**
                        Hou coud ye wing
a chiel wi talk?
**PE:**
                        Aa men are wingit wi talk,
and flee up syne.
**SYC:**
                        Aa men?

**PE:**
                    Hae you no heard,
at the barbers' shops, prood faithers, onie day,          1440
talkan about their young and howpfu laddies:
'Wi thon upstert Brigadier and his horsy talk
my laddie's fairly fleean tae keep a horse'.
Anither neist'll say his laddie's fleean
wi a craze for tragedy, and his heid's i the cloods.      1445
**SYC:**
Sae fowk tak wings wi wingit words?
**PE:**
                   I'm tellan ye.
Wi wingit words a man's wits flee in a lowe,
and his heid's i the cloods. Sae nou I'd like tae wing ye
wi straucht and aefauld talk and honest words,
and airt ye tae lawfu wark.
**SYC:**
                I dinna want that.          1450
**PE:**
What'll ye dae then?
**SYC:**
              I'll no disgrace the faimly.
My forebears aa were spivs and racketeers.
C'wa, wing me oot wi speedy lichtsome wings,
a harrier's or a buzzard's, sae that I
may summons strangers, syne accuse them here,    1455
then flee awa back thonder.
**PE:**
               I understaun.
You mean the stranger chiel maun loss his case
here i the coort afore he arrives.
**SYC:**
             That's richt.
**PE:**
Syne he sails here, and meantime you flee thonder,
tae poind his gear.
**SYC:**
            Ye've gotten the idea.       1460
I maun rin juist like a whuppin-tap, a peerie.
**PE:**
Ay, whuppin-taps I ken. Juist byde a wee,
for, Wow! here's a braw set o wings frae Whipsnade.

*(Taks a whip tae the SYCOPHANT)*

115

**SYC:**

Wae's me! Ye've a whup there.

**PE:**

Na. It's a pair o wings,
wi whilk this day I'll mak ye a weary peerie. 1465

*(Whips him)*

**SYC:**

Wae's me, ochone!

**PE:**

Will ye no gae aff in a flap,
or trinkle awa, ye dreep? Deil ryve your guts!
You'll learn the cost o lawplea racketeerin. *(Chases him wi the whip)*
C'wa, lat's gae in, and tak the fedders wi us.

*(They gang intil the Hoopoo's houss, takan aa the creels)*

**CHORUS:**

We, the burdies, ever fleean 1470
here awa and there awa,
orra ferlies aye are seean.
Here's a sicht tae ding them aa.
There's an unco buss that's growan, 1475
naewhaur near Midlothian's Hert –
Captain Rinawa, the cowan-
hertit cuil, nae warth a fert.
Blawan at the Mownd, he's reid, wi
raspberries frae aa that hear;
i the storm o battle dreid wi 1480
fricht he hunkers i the rear.
I the Wild Wast there's a region,
caad the Gorbals, by the Clyde,
whaur they breed a hero legion –
razor-slashin is their pride.
Fans o Celtic and o Rangers 1485
like their bottles, fou or tuim,
bonnie fechters aa. But dangers
dern in streets whaur lamps are dim.
There the horror-comic heroes
tak a bash wi cosh and cheen; 1490
here sic smashers canna steer us;
Embro's police is owre keen.

*(Enter the god PROMETHEUS, wi a hood owre his heid, and a parasol)*

**PROMETHEUS:**

Wae's me, ochone! I'm feart for Zeus tae see me.

116

Nou whaur's Sir Wylie Bodie?

*(Enter PEISTHETAIROS)*

**PE:**
                                                            Hey, what's that?                    1495
  What wey are ye happit sae?
**PROM:**
                                                Div ye see onie god
  snowkan ahint me?
**PE:**
                                        Certies, na, I dinna.
  But wha are you?
**PROM:**
                                    Wad ye please tell me the time?
**PE:**
  The time? Juist eftir twal, and time for denner.
  But you, wha are ye?
**PROM:**
                                            Is't lowsin-time, or later?              1500
**PE:**
  Och, ye fair scunner me.
**PROM:**
                                                What's Zeus daean nou?
  Duis he skail the cloods or gaither them thegither?
**PE:**
  Tae Hell wi you!
**PROM:**
                                        Och weel, I'll tak my hap aff.
**PE:**
  Prometheus! My auld cronie!
**PROM:**
                                        Wheesht, you! Dinna screigh.
**PE:**
  What's the maitter then?
**PROM:**
                                            Wheesht! Never cry my name.            1505
  Ye'll ruin me, gin Zeus suld see me here.
  C'wa, I'll tell ye aa the noos frae heiven,
  gin ye tak this umberelly and haud it owre me,
  sae that the gods up thonder sanna see me.
**PE:**
  Ho, ho!                                                                                                      1510
  Wow! that's a braw idea – and richt Promethic.
  Come in ablo then. Dinna be feart tae speak.

117

PROM:
>Weel, listen nou.

PE:
>                         I'm aa lugs. Say awa.

PROM:
>Zeus is duin for nou.

PE:
>                         What time did he dee?

PROM:
>As sune as you fowk colonized the air.                         1515
>There's nae man nou on airth that sacrifices
>onie langer tae the gods. Frae that time up til nou
>there's fient a fuff o brandert flesh cam near us.
>It's like the fast in honour o Demeter,
>wi naething offered. Aa the barbarian gods,                         1520
>hungert, and screighan like an echtsome reel,
>are threitenan Zeus tae mairch doun and invade,
>gin he winna gar the mercats aa be apened,
>for tae import collops o the victims' harigals.

PE:
>Jeez, is there onie gods ayont you syne,                         1525
>barbarian gods?

PROM:
>                         Ay, siccar, they're barbarians –
>the god o Execestides is amang them.

PE:
>Weel, what's the name o thir barbarian gods?

PROM:
>Triballi.

PE:
>                    Triballi. Bally guid name tae.
>As tribal allies they micht tribble ye.                         1530

PROM:
>Ay, shair eneuch. I'll tell ye ae thing siccar.
>Ambassadors is coman here for a truce,
>frae Zeus and thae Triballi thonder abuin.
>But tak you tent, dinna you mak nae truce,
>afore Zeus gies the sceptre back tae the burdies,                         1535
>and gies you tae wife Her Royal Sovran Hieness.

PE:
>Sovran Hieness? Wha's she?

PROM:
>                         Och, a real bonny lassie,
>that aye luiks eftir the lichtnin-bowt o Zeus,

and aathing ither, sic as mense and gumption,
guid government, douce livin, the shipyairds,                    1540
bad langage, Bailies, and our MPs' pey.
**PE:**
She tents aa that for Zeus?
**PROM:**
                                   I'm tellan ye.
Sae gin ye tak her frae him, you've gotten aathing.
That's why I cam doun here, tae tell ye o't.
Ye ken I'm a leal true frien tae humans.                        1545
**PE:**
It's thanks tae you we've fire tae fry our chips.
**PROM:**
I hate the gods, ye ken, ilk ane and aa.
**PE:**
Ay dae ye, fegs. And the gods aye hateit you.
**PROM:**
A perfect Timon o Athens! It's time tae be rinnan.
Sae gie us the umberelly, and, gin Zeus sees me,               1550
he'll think I'm takan a lassie tae the Sabbath schuil.
**PE:**
Och ay, and tak some sweeties for the road.
**CHORUS:**
By the Umberelly-fuiters'
loch, see unweshed Socrates.
Tae the bogles aye he whitters,                                1555
caas the ghaisties up wi his lees.
There Peisander, snoovan sleekit,
that gae up his ghaist wi fricht,
brocht a sacrifice tae seek it,
uisan bauld Odysseus' slicht.                                  1560
Whaur the camel-calf lay slauchtered,
sune upcam a batty flird;
keen tae souk the bluid, he flauchtered –
Chaerephon, the bawkie-burd.

(*Enter the gods POSEIDON and HERCULES, and a TRIBALLIAN
GOD*)

**POSEIDON:**
Weel, here's the toun o Cloodiegowkburgh                       1565
whaur we are boun, the gods' ambassadors.
(*Tae the TRIBALLIAN*) You, what are ye daean, wi your plaid on the
        wrang shouther?
C'wa, shift the plaidie aboot, and fauld it richt.

119

Och, ye puir wratch! Ye've a bealin on your richt knee?
Democracy, whaur sall ye land us aa, 1570
gin the gods hae electit him an ambassador?
Haud still there! Gae tae Hell! I never ever
set een on onie god sae barbarous.
C'wa nou, Hercules, what suld we dae?
**HERCULES:**

Ye've heard
me sayan I'd like tae choak thon mannikie, 1575
that's cuttit aff the gods wi the waas he's buggen.
**POS:**
Och, frien, we were waled tae troke for an airmistice.
**HER:**
That's why I'm dooble keen tae choak him – twice.

*(Enter PEISTHETAIROS wi SERVANTS, bringan kitchen gear, deid*
*burdies ready for cuikin, and siclike)*

**PE:**
Nou, whaur's thon cheese-grater, the kebbuck-scarter?
Fesh kebbuck, fennel, a brasier . . . Blaw the greeshoch. 1580
**POS:**
Guid day, Schir, Maister Man . . . Us gods salute ye,
a comitee o three.
**PE:**

I'm busy, scartan kebbuck.
**HER:**
But whatna flesh is this?
**PE:**

A wheen o fouls,
rebels agin the burds' democracy,
were convict o treason.
**HER:**

Sae ye're scartan kebbuck 1585
about their corps?
**PE:**

Och, it's Hercules! Hou are ye?
What's daein?
**POS:**

We are here as ambassadors
frae the gods, anent a finish tae the war.
**PE:**
Damn't! there's nae olive-ile i the cruet here.
**HER:**
Burdies maun aye be bastit weel wi creesh. 1590

POS:

Us gods nou dinna profit frae the war,
and you, the burdies, gin ye were friens wi the gods,
wad get rainwatter i your favourite dubs,
and ye'd hae halcyon weather aa the time.
We're plenipotentiaries, wi fou pouers tae troke.          1595

PE:

It wasna us that stertit the fecht wi you,
and nou we're ready and willan, gin ye like,
and gin you're willan tae dae what's just and richt,
tae mak a peace. And here's what's just and richt:
Zeus maun gie back the sceptre tae us burdies,          1600
restore our soverainty. And, gin ye gree thir terms,
I'll speir the ambassadors tae tak a luncheon.

HER:

A luncheon! I am satisfied. I vote for't.

POS:

Hoot-toot, ye wratch! Ye're juist a gutsy gomeril.
Wad ye rub your ain faither, Zeus, o his soverainty?          1605

PE:

Why, really! You, the gods, wad hae mair pouer –
wad ye no? – gin burds were the rulers here ablo.
For mortals nou are hidden by the cloods
frae the sicht o heiven, and brak their aiths by you.
But gin you gods had burdies for your allies,          1610
whanever onie man swure by Zeus or the craw,
the craw wad flee, athoot the perjurer seean him,
and mak ae breenge and pit the roguie's ee oot.

POS:

Nou, by Poseidon – that's masel! – weel said, sir!

HER:

I think sae tae.

PE:

     What d'you say?

TRIBALLIAN GOD:

        Crikey! Lumme!          1615

HER:

Ye see, it's aaricht wi him.

PE:

     Och, here's anither
guid turn us burds micht dae you gods forbye.
Suppose some mannie vous tae ane o the gods
a lammie, and syne is gruppy and winna gie it,
but argies, 'Och, the gods can byde their time,'          1620

we'll poind the sacrifice due.

POS:

What wey'll ye tak?

PE:

Whenever the chiel sits doun tae coont his siller,
or liggs at ease in his bath, a harrier syne
wad suddentlie swoop, athoot the rascal seean,
and tak tae the god twa lammies as penalty.                1625

HER:

I gie my vote for Zeus tae gie back the sceptre
tae the burdies here.

POS:

Nou speir the Triballian god.

HER: (*Shakan his club*)

Triballian, wad ye say 'Ay'?

TRIB:

Yoo-oo na-na
na clubbie bashie.

HER:

He says I hae the richt o't.

POS:

Gin you twa gree on this, I gree as weel.              1630
Sir Wylie, anent the sceptre we gree your terms.

PE:

Dod, there's anither maitter I hae mind o.
Zeus can keep Hera – she's nae muckle kep –
but the lassie, Her Royal Sovran Hieness, he maun
gie me tae wife.

POS: (*Buskan tae gang*)

It isna peace ye loe.                         1635
C'wa, lat's gae hame again.

PE:

I carena by.
Hey, cuik, there, mind and mak the sauce real sappy.

HER:

Deil tak ye, man, Poseidon, whaur are ye gaean?
Maun we mak war juist for ae singul wifie?

POS:

What suld we dae then?

HER:

Dae? Mak peace, o coorse.              1640

POS:

Och, ye puir sumph! Ye kenna hou ye've been cheatit.
Ye're daean yoursel a mischief. Gin Zeus suld dee

122

eftir he's gien his kingship tae the burds,
you'll be a pauper. You're his son, and heir
o aa the property Zeus wad lea at daith.                    1645
PE:
Och, och! He's skeely, and sleekit at gettin roond ye.
Stap aside here, Hercules. I'll tell ye something.
Puir chiel, your uncle's begunkan ye wi lees.
Fient haet a share ye hae o your faither's walth
by our laws here. Ye're a bastard, no legitimate.          1650
HER:
A bastard? Me? Hou that?
PE:
                         By Zeus, you're a bastard,
the son o a fremmit mither. Hou, itherweys,
dae ye think Athena coud hae been the heiress,
a dochter, gin she had legitimate brithers?
HER:
But what gin my faither leas me his estate                 1655
as a bastard's portion – ?
PE:
                         The law duisna alloo it.
Poseidon thonder, that nou kittles ye up,
wad be the first tae claim your faither's property,
by sayin he's a legitimate brither germane.
Sall I quote ye Solon's statute thereanent?                1660
'Ane bastard sall hae nae richt as neist o kin whaur there is
        legitimate sons; and gin there sall be na legitimate sons, the neist in
        bluid sall share the hale estait.'                 1665
HER:
Sae I've nae interest then i ma faither's estate?
PE:
Dod, na, by Zeus, ye haena. But tell me nou,
did your faither ever initiate you tae the clan?
HER:
He never did. I aften wondered aboot it.                   1670
PE:
Nou why are ye gloweran abuin, like a bull o Bashan?
Gin ye bydeit wi us here, I wad croun ye king,
and gie ye rowth o doos' milk and burds' custard.
HER:
I think it's richt, aa ye hae said about
thon Royal Hieness lass. I gree ye suld hae her.           1675
PE:
What says Poseidon til't?

POS:

                    I vote contrair.
PE:

It aa hings on the Triballian. What dae you say?
TRIB:

Bonnikie lassikie braw braw michtie queenikie
burdikies gie gie gie.
HER:

                    He says you can hae her.
POS:

No him, by Zeus, he duisna. He micht lat him hae her,                    1680
gin she canna gang on fuit, nae mair than the swallas.
PE:

Weel then, he says he'd lat the swallas hae her.
POS:

Aaricht. You twa nou gree and mak a peace.
And me, gin you twa gree – I'll haud ma tung.
HER:

Sir Wylie, we agree wi aa your terms.                    1685
Sae come wi us nou, up abuin tae Heiven,
tae get Her Royal Hieness and the lave.
PE:

Thae bits o burdies here'll cuik in guid time
for the waddin denner.
HER:

                    Hou wad you like tae gang
yoursels, and lea me here tae cuik thir burdies?                    1690
POS:

You cuik the burdies? Sic a gutsy notion!
Na, come wi us, please.
HER:

                    I'd hae haen fine treatment.
PE:

Nou whaur's ma waddin suit? Lat some ane fesh it.


*(They aa gang aff the stage)*


CHORUS:

Ye may see in *dear* Auld Reekie,
throu the Hous o Parliament,                    1695
lawyers thrang, a sleekit, cliquey,
pin-stripe-breekit regiment.
There come Law Lords, supreme digni-
aries that decern the pleas,

Deputes, Writers tae the Signet,                                          1700
Advocates, and SSCs.
Aa the lawyer breeds that thrang here
uis their tung tae swall their wame,
while their clients, richt or wrang, here
pey the fees oot juist the same.                                          1705

(*Enter a THIRD MESSENGER. He declaims, wi a parody o tragic
style.*)

**THIRD MESSENGER:**
O ye that hae aathing braw, ayont aa tellin,
O ye thrice happy wingit clan o burds,
tak nou your monarch tae your prosperous haas.
He's coman near, sheenan as never kythed
a skinklan starn, tae this gowd-leaman haa,                               1710
nor ever sae ootkythed far-leaman sunrays'
skinkle in sic a fashion as nou he's coman,
haudan a wifie's beauty ayont aa tellin,
shakan a lichtnin-bowt, winged wappon o Zeus;
and a smell unnameable tae the deepth o the orb                          1715
gaes furth – a bonnie sicht; frae incense-herbs
saft airs fuff oot the spirals o the reek.
But here he is hissel. It's time tae apen
the goddess Muse's haly seelfu mou.

(*Enter PEISTHETAIROS and BASILEIA*)

**CHORUS:**
Stap back nou aa, form fowrs, form front, mak place.                      1720
Flee roond the happy chiel wi happy fate.
Wow! but she's bonny, fou o youth and grace!
Lucky man, ye bring luck tae our state.                                   1725
**COR:**
Michty, michty guid fortun belangs
the burdies' clan throu this ae man.
Sae sing hymeneal and nuptial sangs,
and convoy him wi glee,
hissel and the Sovran Princess hie.                                       1730
**CHORUS:**
Aince on Olympus hie
tae Hera the Fates divine
the lord o the steep thrones brung,
and this was the sang they sung:                                          1735

*Hymen, O Hymenae-e.*
Eros, the Love-God, syne
luxuriant chairioteered
for Zeus and his Hera blythe.                                    1740
Bricht gowden his braid wings kythe.
*Hymen, O Hymenae-e.*

**PE:**
I'm delytit tae hear your hymns and your sangs.
I'm bumbazed wi your phrases. Nou ye maun gang
for tae roose my rummlins under the grund here,                 1745
and the fiery flichteran lichtnin o Zeus I can skail sae profuse,
and my terrible bulleran dunder.

*(Lichtnin and dunder aa roond)*

**CHORUS:**
O ye michtie gowden bleeze o the lichtnin,
O daithless wappon o Zeus, fire-swirlan,
O ye subterranean airth-shakan rummles,                         1750
O ye dunders that bring the rainstorm dirlan,
nou wi aa thir he's shakan the grund;
aa that Zeus ever possessed he's won;
he's taen the stewardess that keept Zeus' throne.
*Hymen, O Hymenae-e.*

**PE:** *(Sings tae the tune 'Dh' fhalbhainn leat do Mhiabhaig an*
*Uig,' the Lewis Bridal Procession Sang)*
Faa in ahint o the bridegroom and bride,                        1755
aa ye, my clansmen, wingit and splendid;
gang whaur the haly machar's a wide
bed for a love never endit.
Come then, lassie lichtsome and blythe,
tak my hand nou, cling tae my wings here;                       1760
we maun gae wi the dansers lythe,
dansan tae pipes and tae strings here.

**CHORUS:**
Attaboy! Halleluiah! Amen.
For he's a jolly guid falla, and the heichest divinity yet.     1765
Heil! Sir Wylie Bodie! Ygorrah, ygorrah, ygorrah!

Explicit feliciter pridie Nonas Apriles
anno salutis MDCCCCLIX

*A Wheen o Comments and Variants*

ANENT the pronunciation readers wad find helpfu the introduction by umwhile Dr William Grant tae the *Scottish National Dictionary* (volum first), and Sir James Wilson's buik *The Dialects of Central Scotland* (Oxford University Press, 1926). The indications I gie here and i the glossary* are owre brief tae be scientific, and whiles geyan roch. The wey *The Reid Gouns* pronunced *The Puddocks* at the Byre Theatre may be heard i the recordins keepit by the Embro Schuil o Scottish Studies, George Square, Edinburgh.

Anent the Greek text, I hae uisd fecklie the *Budé* edition by V. Coulon, wi French owreset by H. van Daele (Paris, 1950), and the Latine commentar by J. van Leeuwen (Leiden, 1900); but I hae nae space tae argie aa the variants and interpretations whaur I differ frae them. O the Inglis owersets I like best the anes by J. Hookham Frere (amang his collectit warks, London 1872) and by B. B. Rogers (reprentit i the Loeb series).

I the theatre o Dionysus whan the Greek play was duin first, in Aprile 414 BC, the stage was naething elaborate. There was a roond dansin-grund *(orchestra)* for the chorus o 24 chiels rigged oot as burdies. Ayont it was the simple biggin *(skene*, literallie 'tent'), whaur the actors dernit atween whiles and rigged theirsels oot. The backclaith wad be o pentit canvas on a timmer frame; and for this play there is nae need o mair than ae singul entrance throu it. The stage proper, or space atween the *orchestra* and the backclaith, wad be narra, and aiblins on the level o the *orchestra*, or nae mair nor ane or twa staps or a lowp abuin it. The heich stage o stane wasna yet inventit.

The comic actors wure masks tae suit their characters, and had their hurdies grotesquely paddit oot, forbye bein graithit wi kenspeckle *phalloi*, sin comedy was pairt o the worship o Dionysus, a god o fertility.

For a modern production it micht dae brawlie tae bring the twa principal actors in throu the audience, trauchlan doun the transe and owre the dansin-grund, afore winnin tae the stage. 'Frae the spectators' richt hand' was the convention for actors coman frae the city.

*Peisthetairos* is a transliteration o the Greek name fund for the chief actor i the manuscripts and the ancient commentators, the scholiasts. I tak it tae be a mere variant, aiblins for euphony, for *Peithetairos*, wi the meanin 'Crony-persuader'. I hae owreset it *Sir Wylie Bodie*, but I uis the abbreviation *Pe* for indication o speaker, for aiblins ae day some ane micht gie me a better idea o a modern Scots equivalent.

*Euelpides* means 'Optimist's son', and I mak him *Jock MacHowpfu*, but uis the abbreviation *Eu*. Onie producer is at liberty tae alter sic names. Baith actors suld be rigged oot as weel-faured, buirdlie chiels, a wee thocht

---

* An expanded version of Young's glossary appears at the end of this volume.

past middle life, but still swank and soople and verra far frae gangin doun the brae. Peisthetairos is the naitural leader o a pairty and ruler o a city; it is clearly his idea tae foond a new republic. Euelpides is a less maisterfu, mair volatile kind o chiel, nae dout the typical Athenian o the middle cless, couthie and jokie, the *'homme moyen sensuel'*. They are rigged oot as men o substance on their traivels, wi slaves cairryan their housshald gear. For their claes, ye micht luik at the picturs i the buik by Mary G. Houston, *Ancient Greek, Roman and Byzantine Costume* (A. & C. Black, 1949). Forbye braid-brimmed hats, sarks tae abuin the knee, short cloaks o oo, and hauf-buits, they wad hae masks, wi bairds, and the regular comic appurtenances aboot the hurdies. Ilk ane cairries a burdie that suits his ain character. The wyce Sir Wylie hauds a craw or corbie, and Jock MacHowpfu has a cheekie jacko. The slavelads' rigg wad hardly differ frae their maisters'; but they micht be barefuit and want cloaks. Ilk ane cairries a muckle cuikin pat kenspeckle amang the housshald gear. The slaves micht pech and sech and mane and grane wi the wecht they trauchle under, but they dinna speak ocht.

*Abbreviations:* pron.= pronunce(d), var.= variant(s), ref. = reference(s).

**1.** *buss:* also *bush*, but wi the *u* as i the Inglis *lush, crush.*
**3.** It's nae juist siccar that *Eu* here speaks til his burdie and no tae *Pe.*
**11.** *Solon's dad:* The Greek refers tae a chiel Exekestides, wha at 764 is caad a slave and a Carian, and at 1527 alludit til as barbarian. The pynt o the joke at 11 is that e'en this sleekit rinaboot chiel, that kens his wey i the warld, sae as tae hae gained the Athenian burgess-richt, canna airt hissel i this ootland placie. I hae substitute a mair recondit allusion tae anither Exekestides, faither o Solon, the wycest o the Athenians, the Attic Solomon ye micht say. The Greeks were fecklie conservative, and wad like the idea that Solon's faither wad be e'en wycer than hissel.
**13.** *Tereus*, a Thracian king, mairryit Procne, dochter o Pandion, king o Athens, and wurked an ootrage on her sister Philomela, syne cuttan oot her tung. Procne took revenge for her sister by cuttin up and cuikin Itys, her ain son by Tereus, and giein him til his faither tae eat. The sisters flew aff, and Tereus flew eftir. He was turnit intil a hoopoo, Procne intil a nichtigal, Philomela intil a swalla (sae aamaist aa the Greeks thocht. The Romans fecklie made Procne the swalla and Philomela (that means 'fond o frute') the nichtigal, and the Inglis makars follow the Roman tradition).
**17.** *Bauldie's cheeper:* lit. 'son o Tharraleides', a name that suggests bauldness and cheek.
**23.** *Jeez.* As wi *The Puddocks*, I fand masel wi nae great rowth o Scots aiths and expletives. This ane aiblins comes owre aften, but producers can substitute onie ither they fancy.
**23.** *frae* pronunced *fae*, or *fra.*

**28.** *'Til the craws'* was the Greek equivalent o 'Tae the Deil'.

**29.** *find* pron. *finnd* or *finn*. I dinna aye shaw by spellin the loss o a terminal consonant.

**31.** *Saxon* is for Greek *Sakas*, a Persian term for some o the Scyths, a stravaigan fowk frae the steppes aboot the Ukraine, and aiblins far-aff friens o the Scots, whas name may be by origin the verra same word. Aristophanes maks a wee joke agin a tragedian whas richt name was Akestor. *Reid Gouns var:* ' . . . furriners', wha are nae citizens, but fine wad like to be'.

**39.** *variant:* 'greengowks is chirkan'.

**41.** Litigation was specially rife eftir the connachin o the busts o Hermes i the airly simmer o 415.

**43.** The basket had in it barleymeal, a knife, and a ribbon; the pat wad haud sacred fire; the myrtle beuchs were anither pairt o the gear for dedicatin a shrine whan a site was fund for the new city.

**59-60.** The hoopoo's Servant Burdie is caad, by a joke at 79, *Trochilos*, a kind o pluiver that pykes oot leeches frae a crocodile's mou. Ye micht rigg him oot as a bellhap or restyouraunt waiter, or as a Rover Scowt.

**63.** The readin is doutfu. I tak the hale line as anent the last neuter thing spoken o, viz. the gob *(chasmema)* o 61.

**74-75.** Anent the assumption that ilka free man maun hae at least ae slave see V. Ehrenberg, *The People of Aristophanes, A Sociology of Old Attic Comedy* (2nd. ed. Blackwell, Oxford, 1951), 165 foll.

**80.** *Var:* 'Here's a job for a bob nou, Rover . . . '

**92.** The hoopoo is an auntran visitor tae Scotland. I mind ane was shot in October 1930 on the auld gowfcoorse at Sant Andros, and gien tae umwhile Sir D'Arcy Thompson, wha cairryit it aboot happit in a silk handkerchief, and tellt aabody tae read their Aristophanes. The hoopoo here speaks fecklie in a para-tragic style, wi an affectation o regal dignity.

**100.** *mischievous* is accentit on the middle syllable. *fashion* pron. *fasson* (aamaist like the French). Sophocles scrievit a tragedie caad *Tereus*, whaur the metamorphosis o Tereus and Procne intil burds gart fowk lauch. Horace, in his *Ars Poetica* 185 foll., warns makars agin the turnin o Procne frae a wumman til a burd i the sicht o an audience. Doutless it suld be descrievit throu a messenger's speak. Here the Hoopoo nae dout has the heid and wings o a burd and is itherweys dressed like a man – and a comic actor!

**102.** *paycock:* a Hibernicism. The Greeks thocht a peacock a mythical prodigy, aamaist like a phoenix. We hae here a fause dichotomy, like 'Butchers – pork and family'.

**107.** *Var:* 'Whaur the drucken sailors come.'

**109-110.** The Greek has a far-brocht joke aboot *Heliasts*, jurymen, and *Apeliasts*, Anti-jurymen (Non-jurors). *policemen* pronunce *póalissmen*.

**123.** *Auld Rockie*, formit eftir Embro's tee-name *Auld Reekie*, represents a dooble Greek allusion tae Kranaos, an auld king o Athens, and the epithet o the city 'Kranaa', meanan *rockie*.

**125-6.** Greek ref. is tae aristocracie and the politician Aristokrates, son o Skellias.

**137-42** are duin intil Inglis by the Revd. Dr B. H. Kennedy (1804-89), umwhile Heidmaister o Shrewsbury Schuil and Regius Professor o Greek at Cambridge, in a less literal fashion, this wey:

> One where a friend should meet me in the street,
> The father of a marriageable daughter,
> And rate me soundly thus, as having wronged him:
> *'Stilbonides, you never come to see*
> *My little girl; I'll whisper in your ear,*
> *She'll have five talents for her marriage-portion;*
> *And you're my old hereditary friend . . . '*

**145.** *The Reid Sea* for the Greeks includit the Indian Ocean, and was thocht o verra muckle like Eldorado. *Var:* 'By the Prom at Portobellie'.

**146.** *The Salamis galley* had gone tae arrest Alcibiades i the back-end o the year 416, oot in Sicily. *Var:* 'a naval launch', 'the naval police'.

**149-50.** The Greek refers tae Lepreon in Triphylia for the sake o a bad pun, and tae the tragedian Melanthios. Syne at 151-4 the ref. is tae Opuntian Locris.

**159-160.** Greek men gettan mairryit ate cakes o sesame-seeds and were crounit wi myrtle (Aphrodite's plant), poppies, and bergamot mint.

**168.** *'Some Minister'* (pron. *Meenister*) represents the Greek Teleas, a kenspeckle official that was clerk tae the bailies owerluikan the treisur o the goddess Athena. Aiblins this is a parodie o some speak o Teleas.

**172-3.** *Var:* ' . . . in ae republic . . . whatna republic.'

**179-84.** The words *Space, Place,* and *State* hae a partial assonance mair or less equivalent tae the original Greek terms. The makar is takan aff the word-play o contemporary Sophists.

**186.** *Melos,* an Aegean island wi a Dorian fowk that ettled tae byde neutral, was attacked by Athens i the spring o 416 and stairved intil surrender i the airly winter, eftir whilk the Athenians slew aa the adult males and enslaved the lave o the fowk.

**188.** Delphi was the maist reputit oracle o the Greeks at this time. The Boeotian League was at war wi Athens. *Var:* ' . . . Paris . . . at the Inglis.'

**194.** The Hoopoo sweirs by objects o reverence tae hissel.

**195.** *idea* micht be pronunced *ydee*.

**196.** The *th* i the word *blythe* is usually voiced, like the *th* in *they, their*.

**203.** The nichtigal duisna come regular tae Scotland, and is kent only frae literary references.

**212.** *Itys* was dished up by Procne tae Tereus in revenge for his mishandlin o her sister Philomena. (See on 13). The Hoopoo mentions the maitter athoot nae remorse, for by Greek thinkin it maun hae been the Gods' will.

**216.** *Zeus* is less singable than *Jove*, sae producers micht prefer tae substitute the Latinist form o the god's name here and itherwhaur.

**223.** *Blest* is aften pron. *Blist*.

**224.** *Var:* 'his hinny owre the hinnysuckle'.

**233.** The compound *swithwinged* is cunyiet by the owresetter. *dackers*, i the sense 'wrangles', is an archaism, a wheen o whilk are allouable i the Aristophanic style.

**246-52.** The Greek alludes tae bittocks o popular sangs, and the Scots siclike. There is a popular speak, '*A broun-backit paiterick flew owre the kirk at Cortachy'*. A late Victorian sang had the owrecome, '*Camlachie, Auchtermuchty, Ecclefechan, and Milngavie'* (pron. *Mullguy)*, a shibboleth tae detect Sassenachs. '*Over the sea to Skye'* has gane intil colloquial uis frae the sang '*Speed, bonnie boat . . .'*

**267.** The Greeks wad nou expect the hale chorus o 24 tae mak their ceremonial incomin, but Aristophanes sends on first fowr fantastic burds that dinna form pairt o the regular chorus o 24. Nae dout they flew or happit aroond for a whilie and syne vamoosed, or stuid aboot i the neuks o the stage. Aiblins the Hoopoo cries *Toroteex* here.

**272.** *Phaynix* is anither Hibernicism, for *phoenix*.

**275-7.** The Greek parodies, or quotes, tragedie, and the bird's name is *Medos*, a Mede; that fowk, and their kin the Persians, were 'the auld enemy' o the Greeks.

**281.** The tragedian Philokles, nevey o Aeschylus, was tee-named *Korudos*, Laivrock, and wrote a tetralogy, *Pandionis*, on the Tereus myth. He tuik first prize agin the *Oedipus Tyrannus* o Sophocles.

**283-6.** Greeks aften caad bairns eftir their faither's faither. Callias (ca. 450-370) was a kenspeckle nobleman that wasteit his estait on sophists and licht weemen (see on *Puddocks* 428). The 'racketeers and clypers' here are Greek *sukophantai*, common delators or blackmailers, wha nae dout wad threiten Callias the nou wi law-pleas for bein airt and pairt i the connachin o the Hermae.

**289.** Cleonymus is denunced itherwhaur by Ar. as cooart, glutton, etc.

**291.** At Olympic games there was a race, aboot 400 yairds lang, for men i their complete airmour wi crestit helmets.

**292.** Herodotus I, 171, says helmet-crests were inventit by the Carians. The word '*lophos'* means baith helmet-crest and hill-crest.

**293.** *Castle* is aften pronunced *Castel*, and micht be sae spelt.

**298.** *Swappin* as an epithet o the mallard (*myre* or *myredeuk)* comes frae the *All Souls College* dialect o the Inglis langage. On 14 Januar the Fellows o that College sing ane merry auld sang, endan wi the protestation:

> Therefore let us sing and dance a galliard
> to the remembrance of the Mallard:
> and as the Mallard dives in pool,

let us dabble, dive, and duck in bowl.
Oh! by the blood of King Edward, *(bis)*
It was a swapping, swapping Mallard.

**298-9.** The Greeks thocht the *alkyon* (our kingfisher) was female and had for mate the *kerulos* (aiblins a sheirwatter). Ar. maks a pun wi the formation *keirulos* (barber bird), whilk I render wi *razorbillie* (the *a* soonds like *aa* or *aw*). Some Scots thocht the dipper a female kingfisher.

**301.** 'Houlets tae Athens' was a proverbial speak, like the Inglis 'Coals to Newcastle' or Scots 'Saut tae Dysart' or 'Puddens tae Tranent'.

**302-5.** Wi the burds named atween 297 and 301, this list maks 24, the regular nummer o the comic chorus. I hae addit twa, and ye micht add a wheen mair, e.g. feltie, flitterchack, firetail, churrmuffit, wheetiewhy, caperlinty, smeu, fuffit, millithrum, blue yaup, gutter teetan, witchuk, siskin, snabby, briskie, twite, kae, yogle, katabella, windcuffer, hobby, scarf, bogdrum, routherock, whewer, caloo, dunter, rantock, weetmafeet, stankie, belpoot, queet, teuchat, dorbie, ruff, stint, skittery deacon, fiddler, bartailed godwit, half whaup, whitteruck, pictarnie, swarbie, kishiefaik, skuttock, cockandy, bonxie. (A wheen o thir are synonyms for the same burdie or ane o the same faimly).

**309-10.** Some editors dout gin the Athenian burgesses cam in wi slavelads at the stert, and think there's nane tae rin awa nou. The twa slavelads the Hoopoo orders at 434 micht be his ain slaveburds frae inben. At 337 and 347 the coryphaeus speaks o the auld carles i the dual, sae there's only twa men then visible. I the preparations for the fechtin 354-63 and the relaxation at 386-99 there is nae mention o slavelads. But (1) the Athenians i the year 414 wad hae nae idea o uisin their slaves for fechtin, and it was thocht dangerous tae gie slaves airms; (2) it wad be real awkward tae hae *Pe* and *Eu* carryan aa their gear, forbye the craw and the jacko, at the stert o the play; (3) the joke at 74-75 losses its pynt gin *Pe* and *Eu* haena their ain servants wi them.

**353.** *wing* pronunce *weeng*, cf. *keeng* for *king*. (But *bing, ding, fling, ring, sing, thing* as i the Inglis).

**357.** It is disputit gin there's juist ae pat or twa, and gin they mak a static defence, baith hunkeran ahint ae pat, or manoeuvre like hoplites, ilk ane wi a pat for shield and a spit for sword. Sin ilk chiel was independent and equal, ilk ane wad ettle tae hae his ain housshald; sae ye'd expect ilk ane tae hae a pat, and that's hou I tak it.

**363.** The Greek refers tae Nicias, wha, in his command agin Syracuse and itherwhaur, made muckle uis o new ingines o weir.

**364.** *Reid Gouns var*: 'Furth, Fouls, for Freedom! Hame Rule for Burdies! . . .'

**368.** The nichtigal was by origin Procne, dochter o king Pandion o Athens. Aristophanes hissel belanged tae the tribe Pandionis.

**375.** Ovid tuik up this notion, (*Metam.* IV. 428): '*Fas est et ab hoste doceri*'.

**388.** Aiblins they pit doun their pat or pats on the grund; aiblins they juist bring them laigher, tae the level o their wames, whaur airer they had held them heich agin the burdies' dounfleein. The Greek verb suits either sense (cf. 364). Ye micht substitute '*lat doun*'. But I tak the first interpretation, and owreset 390-1 tae suit. The *Reid Gouns* at Embro made uis o fryin-pans, shootin sticks, and gowfclubs.

**399.** Burdiehouse, on the south merch o Embro, represents Orneai, whaur Athens and her ally Argos had intromittit, athoot muckle skailin o bluid, i the years 418 and 416. W. W. Merry, in his edition o the play (4 ed. 1904), owresets it wi *Birdlip* or *Finchley*.

**413.** *great* is variouslie pronunced *greet, grit, gryte* or *grate*.

**418.** *warth*, altho mair familiar tae me, is nae dout a less common pronunciation than *wurth*.

**440.** A scholiast says there was an allusion tae ane Panaitios, a makar o swords and knifes, that was mairryit on a virago. Ye micht uis the spellin *knife-grinnder*.

**445.** *Reid Gouns var:* ' . . . that the critics gie guid reviews tae this our companyie'.

**447.** A. W. Pickard-Cambridge, *The Dramatic Festivals of Athens* (1953), pp. 96-100, explains hou the Council (*Boule*) listit names o chiels frae ilk ane o the ten Attic tribes, and the *Archon eponymos* waled ane frae ilk tribal urn tae be tribal juror. Syne o the ten tribal jurors' votes he waled five tae decide the prize. Jurors voted aften as heid bummers o pairties tellt them, or as the yells o the spectators shawed their feelins.

**463.** Orators wure crouns o myrtle tae dish oot their feasts o raison and spate o saul.

**465.** Var: ' . . . gusty oration' (*i.e.* savoury).

**467-8.** By a Greek cosmogonical genealogy Heiven (Uranus) and Yirth (Gaia) bure the Titans, viz. Oceanus, Coeus, Crius, Hyperion, Iapetus, Theia, Rhea, Themis, Mnemosyne, Phoebe, Tethys, and Cronus (Hesiod, *Theogony*, 132 foll.). Cronus mairryit his sister Rhea and bure Hestia, Demeter, Hera, Hades, Poseidon, and Zeus. *Var:* ' . . . airer nor auld Faither Time'.

**471.** Aesop, reputit tae hae been a slave at Samos i the saxth year-hunder afore Christ, was thocht by the time o Aristophanes tae hae made up the feck o the Greek fables. They were pairt o a bairn's schuilin.

**474.** *Var:* 'the smell was fair awfy'.

**474.** Hillheid, a respectable pairt o Glesca, represents *Kephalai*.

**483.** *Var:* ' . . . was Cock o the North there'.

**493.** The Greek mentions a cloak o Phrygian oo. *Var:* ' . . . ma braw duffle coat . . .'

**494.** *Kirsten* uisually has the *t* silent, and micht be spelt *kirsen*.

**494.** Portobello is for Halimous, birthplace o Thucydides. Prof. W. L.

Lorimer jalouses there micht be an allusion tae Diocleides, wha mistuik the time and gaed oot i the munelicht, sae as tae find some o the Herm-connachers at wark (*Classical Review*, 29 (1915) 111).

**503.** Hookham Frere remarks that he mindit o turnpikemen keepan siller i their mous.

**504-7.** The Greek has allusions that are gey drumlie, and aiblins undacent.

**513.** The scholiasts dinna ken gin Lysicrates was a general or a tragedian. Sophocles was baith.

**515.** The Greek says literallie: 'Zeus that rings nou stands haudan an eagle bird on his heid, for he's a king'. Editors tak Ar. tae mean 'on the heid o his sceptre' (cf. 510). But Ar. micht mak a wee joke aboot statues o gods wi burdies sittan on their heids (cf. 1114 foll.). *Var:* 'on the heid o his statue'.

**516.** *falcon* pron. *faakin*.

**518.** *statute* as past participle is accentit on the second.

**520.** Greek for 'By the gander' is juist ae consonant different frae a form o the aith by Zeus. Forbye it minds ye o a verb for tae gowp.

**521.** Lampon, an auld and verra respectable gentleman, that had been a crony o Pericles, was an official interpreter o the Pythian oracle.

**525. foll:** *Reid Gouns var:* 'On growse muirs and hairst fields the gentry and fairmers wi beaters and ghillies ettle tae shoot ye. The speugs and the doos arena safe in the street, for they tak them and aa, and sell them by dizzens. And the fowk that buy them stuff them wi sausage . . . '

**546.** *Salvatour* is accentit on the first syllable, like *orator, senator*, as i the name o Sanct Salvatour's College i the Universitie o Sanct Andros.

**552.** Monie Athenians wad mind on Herodotus I, 179, anent the waas o Babylon that were aboot 125 feet thick o airth faced wi bricks.

**553.** The Greek has 'Och! Kebriones and Porphyrion!', baith o them names o baith giants and burdies. Finn McCoul and Gow McMorn are figures o Celtic fantasy fund i the poem '*Harry, harry, hobbillschowe* . . . ' whiles attributit tae William Dunbar.

**558-9.** Alcmena, wife o Amphitryon, bure Hercules tae Zeus. Alope bure tae Poseidon Hippothoon, eponymous hero o an Attic parish (*deme*). Semele was mither o Dionysus by Zeus.

**565-574.** The names o gods are whiles handier i their Greek form, like Eros or Zeus (Amor and Jove), whiles i the form the Scots literary tradition tuik frae the Latine (Venus for Aphrodite, Neptune for Poseidon, Mercury for Hermes). Metre and euphony suld decide at ilk place.

**579.** *Var:* 'And lat Ceres syne, frae her cereal ark . . . ' *Reid Gouns var:* 'And syne lat Ceres, the goddess o corn, gie them cereal cornflakes tae brakfast'.

**584.** Jokes aboot doctors' gruppiness for fees were aaready cauld kail het again.

**592.** *manage* pronunced aften *manish* (cf. *damish* for *damage*).

**593.** *Red Gouns var:* 'When on Thursday they fill in their fuitbaa pools, the burdies'll shaw whaur the draws are'.

**609.** He alludes tae a verse o Hesiod (fr. 183 Rzach).

**613.** *Var:* 'bigg cathedrals wi Gothic airches'.

**617.** *Var:* 'a privet hedge'.

**619.** Athens had monie connections wi Egypt, and sune eftir this date had a special ship tae gang tae the oracle at the Siwa oasis o the god Amoun o Egyptian Thebes. *Var:* 'Macleod's Iona . . . '

**644.** Unthank, a farm name, represents *Krioa*, an Attic parish, wi a suggestion o ingratitude aboot the name. A ram (*krios*) was thocht o as an unthankfu beast.

**687.** In *wingless* and *miserable* the stressed *i* soonds like *ee*.

**692.** Charles Darwin stands here for the sophist Prodicus o Ceus.

**692.** This cosmogony parodies Hesiod's and doutless a wheen Orphic itherwarldly theories.

**696.** The aulder type o Eros was nae Hellenistic Cupid, but a fearfu cosmic pouer.

**710.** This means the sawin i the back-end.

**717.** At Dodona, in Epirus, was an oracle o Zeus, connectit by the legends wi Egyptian Thebes.

**719.** The Greek word for burd, *ornis*, can mean omen, portent. The play on words isna possible i the Scots, sae far as I see.

**723-33** form the sae-caad *pnigos*, a word that means scumfishan heat or its effects, choakin. The coryphaeus ettled tae speak it aa wi ae singul braith, like a rinner makan his last breenge for the tape.

**739.** *braikit*, or *brockit*, is fund in Warrack's dictionar, meanan 'speckled', and I hae kent the word lang eneuch. *SND* has it as *Brockit, Brewket*, etc. Near synonyms wad be *Spreckled* and *Mirlie*.

**749.** Cedric Thorpe Davie here stands for the tragedian Phrynichus, wham Aristophanes aiblins quotes (cf. *Puddocks* 1299).

**757.** The coryphaeus, speakan frae the orchestra o the Athenian theatre, momentarily maks Athens his frame o reference, no the burdieland.

**760-8.** The Greek references are gey far-brocht and drumlie, and I hae gane a guid wey awa frae them. At 764 the Greek has Exekestides, cf. 11 and 1523. At 766 *Peisias' son* is aiblins Meles, a clarsach-player, and faither o the makar Cinesias, wham Ar. gecks at 1372.

**774.** Hebrus, frae Ben Rhodope in Thrace, was the river whaur Orpheus was riven sindry by Maenads, eftir whilk his heid gaed 'down the swift Hebrus to the Lesbian shore'.

**790.** Nae dout some Athenians in 414 kent aboot Patrocleides. We dinna. The phrase aboot Charlemagne uises a Swiss proverb.

**789.** Dieitrephes was a self-made man, or *nouus homo*, geckit as weel by Plato the comic makar and Cratinus.

**800** is a guid place tae hae an entr'acte.

**805.** The Greek wad literallie be owreset: ' . . . a cheaply pentit gander'.

**806.** *Crewcut* translates a phrase, 'bowl-cut', applicable tae a Scythian style whaur the hair was left only on the tap o the heid.

**808.** He quotes a verse frae Aeschylus's *Myrmidons*.

**812.** This verse micht mair richtlie be gien tae Peisthetairos, wi a wheen o the handscrifts. Meineke gae it tae the coryphaeus.

**815.** There is a puirlike pun i the Greek, hardly better than the Scots ane.

**822-3** wad be literallie: 'whaur are aa the muckle treisurs o Theogenes and Aeschines', twa politicians that later, i the year 404, were amang the Thretty Tyrants. For Theogenes cf. 1127. Aeschines had the tee-name *Kapnos* (Reek). *Var:* ' . . . as castels i Spenyie'.

**824.** Phlegra, on the Pallene peninsula i the North Aegean, was site o the victorie o the Olympian gods owre the Giants (later transferred tae Campania).

**827.** *wyve* is chiefly a Nor-Aist form o *weave*. I the Panathenaic rites a new plaid or goun was gien tae the goddess Athena.

**830.** The Greek talks o a panoply, whilk had nae breeks aboot it but a wee kilt. Aiblins ye micht prefer ' . . . the kilt and airmour'. Cleisthenes, an effeminate type (cf. *Puddocks* 48), is gien a hairpin or weaver's wand.

**832.** Embro Castel Esplanade here represents the *Pelargikon* or *Pelasgikon*, on the north braeface o the Acropolis, a name pittan ye in mind o storks (*pelargoi*).

**833.** The Greek burd here is a cock 'of Persian breed'.

**833-4.** A phrase is taen frae Burns's *Luve and Libertie* (as he caad *The Jolly Beggars*). A kind o military paraud caad a *Tattoo* is held on the Esplanade the time o the Embro Fusstipple, as the makar Sydney Goodsir Smith caas the International Festival o Music and Drama.

**842.** A Greek offisher uisd a bell tae challenge sentries. Or ilk sentry cairried a bell tae his neebour (cf. Gomme on Thuc. IV 135).

**857.** The Greek here refers tae Chaeris, a bad flautist. Nae insult is meant tae my Andreapolitan colleague.

**865.** Hestia (Latin Vesta) was named first i the Greeks' prayers, as goddess o the hearth.

**869.** The swan is Apollo's burd (cf. 769), Leto his mither, Artemis his sister. *Var:* 'cornscrackmither' (pron. coarunscrek-).

**875.** Cleocritus (cf. *Puddocks* 1437) was archon 413/12. The *speug* here is aiblins an ostrich. *Reid Gouns var:* 'Hail, Mither Guse, Queen o the Pantomime!'

**879.** *Fifers* stands for *Chians*. Chios and Methymna (on Lesbos) were the only autonomous allies o Athens at this date. They wad hae delegates i the audience.

**881 foll.** Some o Aristophanes' burdnames here are his ain inventions. Ye micht *ad lib* frae the names gien i the note on 302-5.

**903.** *sacrifice* pronunced here *saacrifeess, wingit weengit*.

**904.** The makar's verses parody a hyporcheme o Pindar, and mair generally the metrical and dictional leeshinces o Euripides and the poets o dithyrambs and nomes. A producer micht rewrite them aa tae parody contemporary fashions o sang.

**911.** Lang hair was aristocratic amang the Greeks. Afore the fecht at Thermopylae 'The Spartans on the sea-wet rocks sat down and combed their hair', like the Marquis o Montrose afore his hangin.

**919.** Rabbie Burns here stands for Simonides of Ceus.

**926-7** quote a hyporcheme o Pindar tae the tyrant Hiero, wha foondit the city o Aetna in Sicilie, 475 BC.

**939.** Hiero's charioteer had speirt him for a chariot as weel as the victorious mules. Aristophanes taks this aff here. *hairn* i the singular isna regular idiom.

**947.** I follow Coulon-van Daele in makan the servant here the priest's acolyte, altho the priest hissel was tellt tae gang awa at 893, and probably gaed aff the stage then. Yet at 1056-7 the best handscrifts mak the priest the speaker. Nae dout onie stage-hand micht act as servant indifferently, or acolyte for a ritual.

**962.** The Greek speaks o Bakis (cf. Hdt. 8.20). The Brahan Seer's prophecies (frae the end o the XVII yearhunder) interestit Andrew Lang, wha scrievit a foreword tae a Victorian edition.

**968.** The Greek has 'atween Sicyon and Corinth', the Pythian oracle's answer tae a man speiran whaur tae find walth.

**974.** The oraclemonger flourishes a rowe o papyrus.

**982.** John Barleycorn stands for Apollo.

**988.** The Greek has Lampon (cf. 521) and Diopeithes, a weel-kent interpreter o oracles.

**992.** Meton inventit a cycle o 19 years tae correlate the lunar month wi the solar year. His contemporary Hippodamus o Miletus uisd gridairn plans for touns, like Thurii (443 BC); aiblins Meton thocht o some scheme wi circles and radii.

**998.** The Greek means 'in Hellas and Colonus', a fashionable pairt o Athens.

**1009.** The Greek says Thales, o Miletus (saxth yearhunder), wycest o the auld Greeks.

**1014.** The Greek means: 'Are ye haean a faction fecht?' (*stasis*).

**1021.** Enter an *Episkopos* (the word frae whilk we derive *Bishop*), an owreluikar, curator, tutor, superintendent, or administrative supervisor.

**1021.** *Consuls* translates *Proxenoi*, 'public friens', the term uisd o citizens representan a fremmit State i their ain commonty.

**1021.** *Tycoon* (American frae Japanese) owresets the Greek Sardanapallos (the Assyrian king Assurbanipal, 668-625 BC).

**1025.** The Greek refers tae Teleas, cf. 168.

**1027-8.** Whytehaa is for the Athenian *Ekklesia* (Assembly), and President

Nasser for Pharnakes, Persian Satrap for the Hellespont area. *Var:* 'I bude tae byde . . .'

**1035.** The Regulation-monger stands for the *Psephismatopoles*, a decree-monger or vendor o copies o statutes enactit by the Assembly. There is nae near Scots equivalent. He micht cairry buikies like the whyte papers and blue buiks o H.M. Stationery Offish.

**1041-2.** Wales and the Wailers stand for Olophyxus, a minor subject ally, and a new-cunyiet name, Ototyxioi, fowk that cry *Ototoi* ('Wae's me!').

**1046.** The Greek means 'I'll summon Peisthetairos for *hubris*', whilk i the Law o England micht be 'assault and battery'. My colleague Professor Arthur Matheson, Maister o Queen's College, Dundee, suggests the notion o halin afore the Fifteen (i.e. the Court o Session at Embro) for bodily skaith. That wad be a civil action for damages. Criminal prosecution by the Law o Scotland is duin by Procurator-Fiscals or the Lord Advocate's Offish; but, gin ye want the action tae be criminal, ye micht say 'I'll chairge Sir Wylie Bodie wi bodily skaith . . .'

**1058-1117** form a Second Parabasis (cf. 676 foll.). The Chorus o Burdies nou treat theirsels as soverains o the Universe.

**1072.** Bolshie Hugh stands for Diagoras o Melos, an atheist lyric makar, condemnit tae daith for lauchin at the Mysteries o Eleusis.

**1075.** The Athenian democracy was sae hostile tae tyranny that Ar. can joke that they wad gie sic a reward. Thucydides VI, 53-60, discusses the Peisistratid tyranny at Athens, i the saxth yearhunder, i the context o Alcibiades' arrest and the prosecution o the Herm-connachers.

**1077.** Philocrates was a poutry-dealer, cf. 14.

**1095.** The gresshapper stands for the Greek cicada.

**1106.** Jenny Wrans on the British copper fardins micht stand for houlets on the Athenian coins made frae the siller o the laurion mines.

**1110.** *Aietos* (eagle) is an architectural term for a pediment or gavel.

**1121.** The Greek has 'braithan Alpheios', pechan like an Olympic athlete.

**1126.** The Greek has Proxenides (son o Proxenos, cf. 1021 note), the Kompasian (*kompos* means boast), and Theogenes (cf. 822).

**1130.** Ar. taks aff Herodotus, wha says he meisured the Egyptian pyramids hissel (II, 127).

**1148.** *Var:* 'wearan mason's aprons . . .'

**1152.** The Greek juist says *misthotoi*, hired men.

**1197.** *Narhaund* micht be a better spellin.

**1204.** *Pe* speirs gin she's the *Paralos* or the *Salaminia*, Athenian state-galleys o kenspeckle speed.

**1228.** This phrase is uisd wi nae apologies tae the unwhile Labour politician, Lord Shawcross.

**1239.** Iris parodies tragedy.

**1244.** The Greek speaks o Lydian and Phrygian.

**1247.** Amphion was king o Thebes, and faither o Semele (cf. 559). It is a brocht-in joke agin the enemy Thebes, like the joke aboot enemy Sparta at 814.

**1250.** The Greek maks a pun wi the burdname *porphyrion*, a purpie coot, and the giant Porphyrion. There is a by-play o soonds wi the word for fire-bringan.

**1259.** *impudence* pron. *impiddence*. Frere notes: 'Poor Iris, in her rage, unwittingly makes use of the same sort of phrase with which a young girl at Athens would repel, or affect to repel, improper familiarities. Peisthetairus, taking advantage of this, pretends to consider her indignation as a mere coquettish artifice intended to inveigle and allure him. The Athenian Father – "I shall inform my Father" – may be considered as equivalent to the Irish Brother. The menace in one case would imply a duel, in the other a lawsuit'.

**1282.** Socrates here, as i the *Cloods*, is caricatured as a typical Sophist. Amang his friens were a wheen o the Laconophile aristocrats that imitated Spartan weys.

**1287.** I see nae Scots pun that micht render the play on the twa accentuations and senses o the Greek *nomos* (oxytone means *pastur*, paroxytone *statute*).

**1292-7.** Anent maist o the chiels mentioned we ken little or naething.

**1325-8.** The *i* in *wings* and *Jings* is a short *ee* soond.

**1343b** is aiblins a supplementary verse by an Alexandrian scholar. Nae hairm gin it's omittit.

**1361.** At Athens the State mainteened bairns orphaned wi the war, and at the stert o the City Dionysia, whaur this play was duin, the younkers o military age paraudit and were gien panoplies.

**1369.** There was feck o guerrilla fechtin aboot Thrace, a wheen o't late i the simmer o 414 (Thuc. VIII, 9). The makar duisna say Sicilie.

**1373.** Anent Cinesias cf. *Puddocks* 153. Son o the citharode Meles, he was a dithyrambic makar whas musical novelties were afftaen by the comic poets. He was a shilpet mannikie, aye luikan hauf-deid; but his sangs pleased the canalyie.

**1404.** O the ten Attic tribes, five pit on dithyrambic choruses o men, five o laddies, 50 in ilk chorus, for the Dionysia.

**1406.** Skinnymalink stands for Leotrophides, a notourly scrae and scranky makar o dithyrambs.

**1421.** The Greek speaks o Pellene, in Achaea, a place weel-kent for cloaks o oo.

**1429.** For the idea o cranes takan stanes for ballish see 1137.

**1442.** The Greek speaks o the *parvenu* Dieitrephes, cf. 798.

**1455.** Wi the wurd '*here*' the Sycophant for a moment imagines hissel at hame in Athens, no in Cloodiegowkburgh.

**1460.** *poind* pron. *pinnd*.

**1463.** The Greek refers tae wings frae Corcyra (Corfu), whaur 11 years afore this play the oligarchs were whuppit and massaucred by the democrats (Thuc. IV, 47).

**1470-81** satirize Cleonymus, cf. 288. The original allusions are owre farbrocht for owresettin oniething like literallie.

**1482-92** refer tae a *Teddy boy* type mentioned airer at 712, by the name, or tee-name, aiblins *nom de guerre*, Orestes (the name o the son o the great Mycenean king Agamemnon i the heroic age).

**1485.** Gorbals is an area o Glesca, aboot tae be rebiggit. Celtic and Rangers are fuitbaa teams, whas uphauders tak their fuitbaa verra religiouslie.

**1492.** *police* pronunce *póaliss*.

**1494.** Prometheus, son o the Titan Iapetus, brocht fire tae men and was campioun o the human race agin Zeus, wha cheened him til a craig and sent an eagle tae gorble his liver, till at lang last Hercules lowsed him. He was a favourite god o the Athenian tradesmen. He suld be rigged oot like an auld philosopher, wi a lang kent, and a croun o sauch (*lygos*, Agnus castus), emblem o his liberation.

**1501.** Zeus was the god o the lift and the weather.

**1519.** At the Thesmophoria i the back end o the year, a weemen's festival tae Demeter, goddess o fertilitie, the second day was a fast.

**1521.** 'Like an echtsome reel' stands for 'like Illyrians', an Indo-European fowk aist a the Adriatic Sea, gey wild.

**1527.** Anent Execestides cf. 11 and 764, notes. Ye'd wonder wha wad lauch at sic a xenophobe joke the third time.

**1529.** The Triballi, a fowk o Thrace, were real savage; forbye the wurd has a wee fuff o obscenitie aboot it. I the time o Demosthenes (LIV, 39) there was a bourach o gallus callants that caad theirsels Triballi.

**1536.** *Her Royal Sovran Hieness* is the Greek *Basileia*, princess, queen, royal leddy. Hera was the wife o Zeus, and his sister. *Basileia* suld be thocht o as a kind o stewardess, secretary, 'personal assistant'.

**1541.** The Greek concludes wi 'the *kolakretes*, the three-obol pieces'. *Kolakretes* was the title o a financial official (derived frae the collection o legs o sacrificed animals for distribution tae kings and priests). The board peyd out cash for public biggins, ships, some religious ceremonies, and for the three-obol fee o a juryman for a day's sittin, frae whilk it was caad 'colacrete's milk'. The board was duin awa wi three years later than this play, i the *coup d'etat* o 411.

**1549.** Timon was a kenspeckle misanthrope i the time o Pericles, whan Aristophanes was a laddie. *perfect* pron. *perfit*.

**1551-2.** Prometheus says his umberelly'll gar fowk think he's convoyan a basket-cairrier lassie at the Panathenaic paraud; sae *Pe* gies him a fauldin-stuil as weel, for the lassie tae sit on whan she's wearyit. At 1552 ye micht hae a variant: ' . . . some pandraps for the sermon'.

**1553-64** has been owreset mair or less literallie, but wad mak nae sense tae onie modern audience, and wad be better omittit. Peisander was a cooart, gey thrang the nou wi prosecutin Herm-connachers; the camel is a speedier beast than the uisual lammie for sacrifice. Chaerephon, wi tee-name the Bawkie-burd (bat, thocht o as a burd), was a crony o Socrates.

**1565.** Poseidon, or Neptune, is the gentleman's god, and never quats his dignitie i the play, altho he duisna get his wey. He micht hae a braw embroidered plaid. Hercules is a muckle teuch prize-fechtan type, sunbrunt and naukit binnae for his lyon's hide, and swingan a muckle rung. He wears the lyon's heid as a bunnet on his heid, wi the beast's chafts gantan in a girn. The Triballian suld be a hairy shauchlan cratur wi his claes aa throuither. He is compared til ane Laespodias, 1569, a gey camsteerie kind o general.

**1570.** Poseidon uises a phrase that maun hae been common amang the reactionaries i the years afore the revolution o 411.

**1611-13.** *Reid Gouns var:* ' . . . frae Sant George's tae Iona the doos wad skitter on the sermon sleepers, and see they pit nae maiks i the collection'.

**1615.** The Triballian speaks a barbarous dialect, like a wheen fowk doun aboot Lunnon.

**1620.** The Greek quotes pairt o a proverb, that concludes ' . . . *and nae man can cheat them'*.

**1626.** Wi Hercules the decisive argument is aye the mention o meat.

**1650.** *Bastard* has a variant *by-start*. *Pe* applies the Attic laws o Solon tae his Cloodiegowkburgh.

**1660.** *Var:* 'Robert the Bruce's statute . . . '

**1665.** For *share* ye micht uis an archaic variant *skair* in a legal context.

**1669.** At Athens faithers o legitimate bairns had tae initiate them at the feast o the Apatouria tae the kinship group caad a *phratria*, a kind o sept or sub-clan.

**1671.** The Greek has 'luikan ootrage'. I the Biblical phrase uisd the *a* suld soond as i the verb *bash*.

**1681-2.** The Greek has a *jeu de mots*, like lawcoort quibbles, that is difficult tae pit intae Scots. The passage micht be cuttit oot.

**1692.** *Var:* 'I'd hae duin masel brawlie'. Exit Hercules, wi grienan luiks at the burdies cuikan.

**1694-1705** satirize the practitioners o public speakin eftir the style o Gorgias o Leontini.

**1745.** *roose* has variants *ruise* and *reeze*, i the sense 'praise'.

**1757-8.** The Greek is aiblins corrupt, and has an allusion that editors canna understaun.

**1765.** The Greek uises the traditional formula o congratulation for victors i the Olympic Games.

# THE SERVANT O' TWA MAISTERS

## Adapted by Victor Carin from

## IL SERVITORE DI DUE PADRONI

### by

### Carlo Goldoni

The first performance was given by the Royal Lyceum Theatre Company, Edinburgh, on 1 October 1965.

*Original Cast in Order of Appearance*

PITTENDREE . . . . . . . . . . . . . . . . . . . . . . . . . . . . . . . . . . . . Callum Mill
MARY . . . . . . . . . . . . . . . . . . . . . . . . . . . . . . . . . . . . Morag Forsyth
SUSIE . . . . . . . . . . . . . . . . . . . . . . . . . . . . . . . . . . . . Una McLean
DR ALEC MACKENZIE . . . . . . . . . . . . . . . . . . . . . . . George Cormack
SANDY MACKENZIE . . . . . . . . . . . . . . . . . . . . . . . . . . . . Tom Conti
MISTRESS GOW . . . . . . . . . . . . . . . . . . . . . . . . . . . . . Jean Taylor Smith
ARCHIE . . . . . . . . . . . . . . . . . . . . . . . . . . . . . . . . . . . . Russell Hunter
SARAH BURNETT . . . . . . . . . . . . . . . . . . . . . . . . . . . . Eileen McCallum
DAVID KENNEDY . . . . . . . . . . . . . . . . . . . . . . . . . . . . David MacMillan
THE PORTERS AND THE WAITERS . . . . . Brian Cox and David Kincaid
SERVING LASSIES AT THE AE GULP HOUFFE . . . . . . . . Gertrude Bryce,
Alison Key, and Jane Peebles

*Musicians*

*Susan Hall* . . . . . . . . . . . . . . . . . . . . . . *Bassoon*
*Ronald Mackie* . . . . . . . . . . . . . . . . . . . . *Clarinet*
*David Nicholson* . . . . . . . . . . . . . . . . . . . . *Flute*
*Margaret Rennie Moncrieff* . . . . . . . . . . . *Oboe*

Director .................... *Tom Fleming*
Designer .............. *Abd'Elkader Farrah*
Music ............... *Cedric Thorpe Davie*
Lighting .................. *Andre Tammes*

## CHARACTERS

PITTENDREE ...........................A Merchant of Edinburgh
MARY ......................................................His Daughter
DR ALEC MACKENZIE ........................ His Oldest Friend
SANDY MACKENZIE .............................Lover of Mary
SUSIE ..................................................... His Maid
ARCHIE .....................................................A Servant
MISTRESS GOW........................ Mistress of Ae Gulp Houffe
SARAH BURNETT ............................... Lover of David
DAVID .........................................Lover of Sarah
2 WAITERS
2 PORTERS

## THE SCENES

### ACT ONE

Scene One      The Parlour in the House of Pittendree
Scene Two      Outside the Ae Gulp Houffe
Scene Three    Pittendree's Parlour

### ACT TWO

Scene One      Outside Pittendree's House
Scene Two      Room in the Ae Gulp Houffe
Scene Three    Outside the Ae Gulp Houffe

### ACT THREE

Scene One      The Room in the Ae Gulp Houffe
Scene Two      A Street
Scene Three    The Room in the Ae Gulp Houffe
Scene Four     Pittendree's Parlour

The action takes place in Edinburgh in a single day.

144

# ACT ONE

## Scene One

*The Parlour in the House of Pittendree*

*The curtain rises on music which continues till the end of the wedding mime. In the room are PITTENDREE, ALEC in academic gown, MARY and SANDY, who are very young, and SUSIE who is not young nor very pretty and MISTRESS GOW who is always ever so slightly intoxicated. There must be a couch and chairs. There can be other furniture for dressing, i.e. a desk, a table, etc., whatever the director would like.*

**PITTENDREE** Weel that's that settled, Alec. Gie him yer haun noo, Mary, lass.

*(MARY and SANDY take hands)*

**MARY** A'll try an be a guid wife tae ye, Sandy.
**SANDY** An A'll dae ma best for you, Mary.
**ALEC** Ye mak a grand pair thegither, whit say ye, Pittendree?
**PITTENDREE** That's ye haun in haun, an gin the end o' the month, the twa o' ye'll be marriet.
**ALEC** End o' the month? Dae ye hear that, Sandy? Ye'll nae chainge yer mind will ye, Mary?
**MARY** A'll ne'er dae that, Sir.
**SUSIE** A wunner gin the day'll ever come an A'll get a man?
**GOW** Haud yer tongue, Susie.
**PITTENDREE** Noo, Jemina an' Susie, A want ye tae witness the betrothal o' my only dochter, Mary, tae Sandy MacKenzie, only son o' oor guid doctor here.
**GOW** Fairly that, Sir, A said fairly that, an' honoured forbye, A said honoured.
**PITTENDREE** Ye've been a guid freen tae me, Jemina Gow.
**SUSIE** Aye, mair nor a freen A'm shair.
**PITTENDREE** An whit better form o' celebration nor a denner at the Ae Gulp Houffe?
**GOW** Chairmed, Sir, A'm certain, A'm chairmed.
**PITTENDREE** Nae a big company, whit say ye, Alec?
**ALEC** Just oorsels, Pittendree, the young anes are nae seekin' company the nicht.
**SUSIE** They're nae that.
**PITTENDREE** Is that weel eneuch wi' the pair o' ye?

*(SANDY has pecked MARY on the cheek)*

**SANDY** Whit's that?

**PITTENDREE** Michty, loon, ye'll hae time eneuch tae kiss an cuddle.

**ALEC** Aye man, Sandy, Pittendree's speirin' for a denner tae celebrate.

**MARY** Nae a grand affair, faither.

**PITTENDREE** Na, ma lassie, jist oorsels. Is that settled, Mistress Gow?

**GOW** We'll dae ye prood, Sir, dae ye prood.

**PITTENDREE** A hae nae doot o' that. Weel, Mary, ye'll be rare contentit wi' yer man?

**MARY** A am that, faither, Sandy's an honest lad, an loves me abune awthing else.

**SANDY** I think masel verra fourtunate, Sir. It's God's will.

**PITTENDREE** Yer richt there, Sandy, this marriage'll be made in Heaven, for had it nae been for the daith o' puir Andra Burnett o' Annamuck, ye'd ne'er hae got her, ye ken. She was promised tae Andra.

**MARY** A wad hae marriet Andra, for ma faither wished it, but ma heart's aye bin wi' ye, Sandy.

**ALEC** Aye, the weys o' the world are queer indeed. An hoo cam young Burnett tae dee?

**PITTENDREE** Puir soul, A hardly ken. He was killed ae nicht on account o' some affair o' his sister, Sarah. Some chiel ran a sword through him, an that was the end o' him.

**GOW** A verra sad tale, A said, a sad, sad tale.

**ALEC** That had happened aboot Dumfries, no here, for A've heard naethin' aboot it afore this.

**PITTENDREE** A'm nae richt shair whaur it happened, Alec, doon aboot the Borders like as no.

**GOW** Puir Andra, A was fair taen haud o' whan A heard aboot it, A said fair taen haud o'.

**PITTENDREE** Ye kent him, ye were acquent wi' the family, were ye no? He's no been muckle in Embro as far's A ken ony road, leastwise A've niver seen him.

**GOW** Kent them better nor A ken ma ain. Him an his sister tae, as bonnie a pair o' littlens as ever A cam ower.

**PITTENDREE** Weel, puir Andra's awa, but his sister Sarah maun be a strappin' lass be noo, she was jist a year or twa ablo Andra.

**GOW** A fine lik lass, oh, a fine lik lass. Plenty o' spirit, rode an dressed like a loon, they say she daes yet. Aye wears men's claes. Mind ye, it's 'eers and 'eers sin A clapped een on her, but A widna mistake her, no, no me.

**ALEC** Weel, misfortune waits us aa A suppose.

**PITTENDREE** Ony road, whit's for the denner the nicht, Mistress Gow? *(Aside to SUSIE)* Michty, Susie, whaur can we get haud o' a man for you?

**SUSIE** Weel, we maunna gie up hope, Sir.

**PITTENDREE** Hae ye something speecial, Mistress Gow?

**GOW** Aathing's speecial i' the Ae Gulp, Mr Pittendree, gin speecial company calls. But aa ma customers are weel contentit wi' bellies full at my houffe. Ye'll no eat better i' the toon, A said ye'll no eat better. Ye'll taste something fine this nicht, A said something fine.

**PITTENDREE** A wheen chuckens noo, Mistress Gow, wi' plenty o' gravy, sae's we dinna get a dry denner.

**GOW** Chuckens ye'll hae, Sir, ma pleesure, A said ma pleesure.

*(There is a knock at the door)*

**PITTENDREE** Awa an see wha that is, Susie.

**SUSIE** Shairly, Sir.

*(Exit SUSIE)*

**MARY** A'll beg yer leave, faither.

**PITTENDREE** Haud on, Mary lass, we're aa gaen, let's see wha's oot aboot.

*(Enter SUSIE)*

**SUSIE** There's a servant ablo, Sir, wha wad spick wi' ye, Sir. He says he has a message for ye.

**PITTENDREE** Send him up, Susie lass.

**SUSIE** Richt ye are, Sir.

*(Exit SUSIE)*

**PITTENDREE** Wha can this be, A wunner?

**MARY** A'll gae noo, faither.

**PITTENDREE** Whaur, lassie?

**MARY** Weel . . . tae ma chaumer, faither.

**PITTENDREE** Na na, lassie, bide ye here. Ye'll gaen tae nae chaumer. *(Aside to ALEC)* They twa canna thole no tae be on their lane.

**ALEC** *(Aside to PITTENDREE)* Sandy's a young deil. Mind ye, A was sair tried masel at that age.

**PITTENDREE** A was the same masel.

*(Enter ARCHIE with SUSIE)*

**ARCHIE** Ma humble service tae ye aa.

*(He does an enormous bow)*

**PITTENDREE** Come in, Sir, come in.

**ARCHIE** An a rare company, tae be shair.

**PITTENDREE** An wha're ye, Sir, whan ye're at hame? An whit's yer business?

**ARCHIE** *(Eyeing MARY)* My, my, wha's this bundle o' fairness?

PITTENDREE Ma dochter, Sir.

ARCHIE Ma congratulations, Sir, A'm pleased to hear that.

SUSIE An sin tae be marriet, whit's mair.

ARCHIE A'm nae sae pleased aboot that. *(Turning to SUSIE)* An wha's this sugarstick?

SUSIE A'm her maid, Sir.

ARCHIE She's fortunate.

PITTENDREE A'm tellt ye hae a message for me, Sir. Whit dae ye seek me for? Whit are ye, an wha sent ye?

ARCHIE Michty, Sir, ma heid's gaen roon, three speirins aa wi' ae braith. That's twa ower muckle for a country chiel.

ALEC *(Aside to PITTENDREE)* The man's an idiot, A'm thinkin'.

ARCHIE *(To SUSIE)* Are ye promised yersel?

PITTENDREE *(To ALEC)* A'm thinkin' he's sense eneuch.

SUSIE Lordy Dicks, wha'd hae me?

ARCHIE Athoot a chiel?

SUSIE That's richt.

ARCHIE Seekin yin?

SUSIE Could be.

ARCHIE Hoo aboot me?

SUSIE Weel, we'll see.

PITTENDREE Eneuch o' the banter, ma wee cockeril, spick yer business or get oot. Wha are ye?

ARCHIE A'm the servant o' ma maister, wi' aa respecks, Sir.

*(He bows again)*

PITTENDREE An wha wad yer maister be?

ARCHIE He's a gentleman wha desires tae pey ye a veesit, Sir. *(Aside to SUSIE)* We'll tak this up efter.

SUSIE Whitever ye say yersel.

PITTENDREE Wha is this gentleman, what's his name A say?

ARCHIE Andra Burnett o' Annamuck Esquire, that's wha ma maister is, Sir. He sends his compliments, an' he's here tae see ye, doon ablo, an' he sent me tae say he' seekin' tae come up, an' he's waitin' for yer reply. Onything mair, or is that eneuch? *(To SUSIE)* Dae ye fancy me?

SUSIE Sic impidence.

PITTENDREE *(Recovering his breath)* Come ower here an' mak yersel mair coherent, Sir. Whit the deil dae ye mean?

ARCHIE An gin yer seekin' tae ken wha A be, ma name's Archie Broon frae Dundee.

PITTENDREE Naebody's carin' a docken wha ye are, Sir! Wha dae ye say yer maister is? A doot A'm no hearing richt.

ARCHIE Ma maister is Andrew Burnett o' Annamuck Esquire.

PITTENDREE Awa an' see tae yer heid, man, Andra Burnett's deid.

ARCHIE Weel, he was richt eneuch whan A left him sittin' doon ablo. Deid ye say?

ALEC Mr Pittendree spicks the truith, lad, yer maister's fairly deid.

ARCHIE Weel, A've heard o' sudden daith, but this is kind o' ridiculous. *(He makes to leave)* By yer leave, guid Sirs and Mistresses.

PITTENDREE Onything else A can dae for ye?

ARCHIE Gin Mr Burnett be deid, there's naethin' onybody can dae, but A'll jist gae ablo stairs and mak shair.

*(He darts off)*

ALEC A byordinair chiel that, Pittendree.

MARY Oh faither, whit if Andra is here?

PITTENDREE Quaet, lassie, it's nae possible, ye saw the letter yersel. A had a letter sent me, Alec, tae say the lad had passed awa'.

SANDY A hope ye're richt, Sir.

GOW There's gey ongauns here, A said –

PITTENDREE Aye, aye, Jemina, we heard ye the first time.

*(Enter ARCHIE)*

ARCHIE Weel, Sirs, A'm surprised at ye. Is this the roch treatment a country lad can expeck frae city fowk? Is this hoo ye deceive veesitors? Is this the road tae plague strangers?

PITTENDREE Noo, ma lad –

ALEC Ca canny, Pittendree, the lad's saft i' the heid. *(Going to ARCHIE)* Noo, whit's the maitter, lad, whit ails ye? Whit did the man dae tae pit ye intil siccan a passion?

ARCHIE Tae gae an' say ma maister's deid.

ALEC Weel, sae he is.

ARCHIE Aa lees. He's staunin' straught an upricht, in guid health an speerit, an whit's mair, desires tae spick wi' Mr Pittendree.

PITTENDREE A'm Pittendree, bit ye maun be mistooken. A'll no say it again, yer maister's no Andra Burnett.

ARCHIE Andra Burnett.

PITTENDREE Esquire?

ARCHIE Esquire.

PITTENDREE O' Annamuck?

ARCHIE O' Annamuck.

PITTENDREE Aff tae the mad hoose wi' him, Alec, that's the place for him.

ARCHIE The deil tak ye there, Sir. *(Going right up to PITTENDREE)* A tell ye, Mr Burnett's ootside waitin' tae see ye, or ma name's no Archie Broon.

PITTENDREE Ony mair lip oot o' ye, ma lad, an A'll hae ye thrown doon heid first the wey ye cam up.

**ALEC** Noo, noo, Pittendree, tae settle aa, tell the lad tae bring's maister up, an we'll sin jalouse his identity.

**ARCHIE** That's mair ceevil like.

**PITTENDREE** Haud yer tongue, ye impident limmer, an' dae yer bidden. Bring up yer maister.

**ARCHIE** *(Retreating to the door)* A'll get him. An' it's time ye Embro fowk learnt tae address strangers, men i' ma position, honourable citizens. *(Going back to PITTENDREE)* You an' me'll hae mair tae say aboot this anon. *(To SUSIE)* A'll see you efter.

   *(He exits)*

**SUSIE** Lordy Dicks! Whit a bonnie sparra.

**MARY** Sandy, A'm feart.

**SANDY** Calmly, Mary . . . whitever happens you'll be mine.

**ALEC** Noo we'll discover the truith.

**PITTENDREE** A'm agin it. A'd no be whaur A am the day gin a lat ilka tink an' trawl come intae ma parlour tae spin their lees.

**GOW** Hae nae fears, Mr Pittendree, A'll ken the lad, jist that. A'll ken him.

**PITTENDREE** A never saw him ye see, Alec, A jist made a bargain wi' his faither.

**ALEC** Weel, Mistress Gow'll sin discover wha the man is.

**PITTENDREE** Lord be thankit ye're here, Mistress Gow. Awa'n see whit's keepin' him, Susie.

**SUSIE** Shairly, Sir.

**MARY** A'll no marry him, faither, no noo.

**PITTENDREE** Jist haud yer wheesht, Mary.

   *(SUSIE shows in SARAH dressed as a man, and ARCHIE)*

**SUSIE** Here's the man, maister.

**PITTENDREE** Thenkye, Susie, awa tae yer place noo.

   *(Exit SUSIE glumly)*

**ARCHIE** Andra Burnett Esquire.

   *(Exit ARCHIE after SUSIE)*

**SARAH** Mr Pittendree?

**PITTENDREE** Here, Sir.

**SARAH** *(Going to him)* Mr Pittendree. The courtesy that A sae muckle admired in yer correspondence is ill matched wi' the treatment A've received frae ye this day. A send ma servant tae pay ma respecks, an' A'm kept staunin' i' the street for an hoor o' the clock afore ye condescend tae allou me tae see ye.

**PITTENDREE** Weel, A ask yer pardon, Sir, but what's yer name an' business?

**SARAH** *(Bowing)* Yer servant, Sir. A'm Andrew Burnett, only son o' Alistair Burnett Annamuck.

**PITTENDREE** Maist byordinair.

**GOW** *(Aside)* What's this? This is never Andra, this is his sister Sarah.

**PITTENDREE** Weel, I rejoice tae see ye, Sir, alive and weel, but A maun let ye ken A hae a letter i' ma desk tellin' me tae the contrary.

**SARAH** Report had it A was killed in a fecht, A'm weel acquent wi' that, but Lord be praised A was but wounded an' aince restored tae health A set oot for the Capital accordin' tae oor arrangements.

**ALEC** *(Aside to PITTENDREE)* Here's a fine pickle, Pittendree.

**PITTENDREE** A ken no whit tae say, Sir. Ye soon for aa the warld an honest man, but A hae shair an certain proof that young Burnett's deid, an' ye maun unnerstaun A'll need proof o' the contrary.

**SARAH** That's little eneuch tae ask, Sir. Here's a packet o' letters frae men ye ken be sicht. Ane o' them is the manager o' yer affairs doon south. Ye'll recognise the signatures an' satisfy yersel as tae wha A be.

**PITTENDREE** Haun ower ma spectacles, Mary.

**MARY** *(Aside to SANDY)* We're dune for, Sandy.

**SANDY** No yet, Mary.

**SARAH** *(Aside)* Michty, Mistress Jemina Gow. Hoo cam she tae be here, deil tak ma luck. *(To GOW)* Eh! Madam, A think A ken yer face.

**GOW** Fairly that, A said fairly that. Ye'll hae mind o' Jemmy Gow, mistress o' the Ae Gulp Houffe.

**SARAH** Graund tae see ye, mistress, graund tae see ye. *(Aside)* Ye'll no betray me?

**GOW** Trust me, lassie, A said trust me, lassie.

**SARAH** Weel, it's a great pleesure tae see ye, Mistress Gow, an' sin A hae tae fin lodgings A ken nae better place tae pit up nor your houffe.

**GOW** Honoured, Sir, honoured, A'm shair.

**PITTENDREE** *(Folding up the letters)* A've read the contents an' sin the letters present Andra Burnett, A hae nae option but tae believe that you're the man.

**SARAH** Mistress Gow'll vouch for me gin you're still in doot.

**GOW** Shelf yer doots, Sir, shelf yer doots.

**PITTENDREE** An' ye say this person's name is Burnett?

**GOW** It is that, Mr Pittendree.

**MARY** Whit's tae happen tae us noo, Sandy?

**SANDY** You're mine an' A'll protect ye.

**SARAH** *(Going to MARY)* Is this young lady yer dochter, Sir? The ane promised tae me in marriage?

**PITTENDREE** That's her, Mr Burnett. *(Aside)* Noo we're in a richt steer.

**SARAH** *(Bowing)* Yer servant, Madam.

**MARY** *(Looking away from SARAH)* Sir.

**SARAH** *(Of SANDY)* An' this gentleman? Some ither relation?

151

**PITTENDREE** Eh . . . Aye, ma nephew, Sir, jist that, jist that.

**SANDY** *(Coming forward)* A'm no his nephew, Sir. A'm the promised husband o' Miss Mary.

**ALEC** Weel spoken, Sandy. Staun up for yer richts.

**SARAH** There maun be some mistake. Miss Mary's promised tae me.

**PITTENDREE** Whit an abomination! *(To SARAH)* Ma dear Andra, A'll explain the hale maitter. The news o' yer daith cam as sic a surprise that A offered ma dochter tae Sandy MacKenzie here, but noo that ye're hale an' hearty, an' arrived in time, Mary's yours gin ye'll tak her, an' A'm here tae keep ma word. *(To SANDY)* A kenna whit tae say tae ye, Sandy lad, ye see the dileema weel eneuch yersel. Shairly ye'll bear me nae ill will?

**SANDY** Shairly, Sir, ye'll ne'er consent tae tak a bride wha's haun's been gien tae anither?

**SARAH** A'm no that fastidious, Sir. A hope, Miss Mary, ye'll nae refuse me?

**SANDY** Sir, ye've arrived ower late. Mary is tae marry me, an' ye need hae nae hope that A will yield her up tae ye. Gin Mr Pittendree daes me ill A'll avenge masel on him, an gin ye presume tae tak her frae me, Sir, ye'll need tae fecht for her.

**ALEC** That's ma lad, ma certes . . .

**SARAH** *(Turning to MARY)* Weel, A'll no fecht jist yet.

**ALEC** *(Pushing SANDY towards the door)* Hame, Sandy lad, hame! *(To SARAH)* Ye're ower late, Sir, Mary's tae mairry ma son – that's the law, the law, Sir, an' it's aye clear on that point. Guid day tae ye, Sir.

*(Exit ALEC and SANDY)*

**MARY** *(Going to the door)* Be the law richt or wrang, faither, A tell ye A'd suner mairry the hangman nor him. *(Exiting)*

**PITTENDREE** *(Going after her)* Ye jaud, ye witch, A'll come efter ye an' –

**SARAH** Bide ye, Sir, this is nae time for severity. She'll come roon aince A hae deserved her favour. Meanwhile, let's discuss the accoonts A cam tae settle.

**PITTENDREE** Ma apologies for ma dochter's behaviour, Sir. All's ready for your inspeckion. The siller's i' the hoose, the buiks marked here for the perusal o' yer ee.

*(Goes to desk for the books)*

**SARAH** Anither day micht be mair convenient tae view the buiks, but A'll hae the siller frae ye noo gin it please ye, Sir. A brocht nane wi' me, for fear o' robbers on the road.

**PITTENDREE** Whaur are ye tae lodge?

**SARAH** Wi' Mistress Gow here.

**GOW** Aye, wi' me, Sir, wi' me.

**PITTENDREE** Weel, A'll sen eneuch tae yer lodgin' tae see ye by aince the cashier comes in, gin that's tae yer agreement?

**SARAH** It is.

**PITTENDREE** Noo, ye'll sup wi' me?

**SARAH** Anither day wi' pleesure, Sir. A hae business i' the toon A maun attend tae.

**PITTENDREE** As ye please, Sir, as ye please.

*(Enter SUSIE)*

**SUSIE** Sir, ye're speired for.

**PITTENDREE** A'll come directly. Mistress Gow's at hame here, she'll attend ye.

**GOW** Wi' pleesure, Sir, A said wi' pleesure.

**PITTENDREE** *(Aside to GOW)* A real decent sensible lik chiel.

*(Exit PITTENDREE and SUSIE)*

**GOW** *(To SARAH)* Eh! Mistress!

**SARAH** Mistress Gow, for the love o' God ye'll no betray me? Ma puir brither's deid. 'Twas thocht David Kennedy killed him. Ye'll hae mebbe heard that David loves me, an' ma faither an' Andrew wad hae nane o' him. Weel, Andra and David focht, Andra fell, an' David fled frae justice. A heard he made for Embro an' in ma distraction, donned ma brither's claes an' followed him. Thanks tae you an' the letters, aa is safe as yet. A'll draw the siller an' use it tae help David. Befreen me, Mistress Gow, A beg ye.

**GOW** Weel, ye were aye ane for haein' yer ain road. Oh, whit rare ploys, A said whit rare ploys. An' whaur did ye fin yon idiot servant?

**SARAH** Idiot he micht be, but A'm thinkin' he's loyal eneuch.

**GOW** Weel A'm at yer service. Tae think whit love'll mak fowk dae.

**SARAH** Love can mak fowk dae faur worse.

**GOW** Come awa tae the Ae Gulp then, Mistress, an' we'll get ye settled.

**SARAH** Be shair ye caa me *Sir*, gin company be aboot.

**GOW** Sir. Richt ye are, A said richt ye are, Sir.

# Scene Two

*Outside the Ae Gulp Houffe. A doorway with a window above and to the left or right of it.*

ARCHIE Ma feet are sair trampin', ma een are sair seekin', an' michty but A'm fair famishin'. *(He rubs his tummy)* The toon clock struck twell an hoor sin, an' ma belly struck twa hoors afore that. *(He looks up and down the street)* Whaur can ma maister be? He tellt me tae bide here an' wait for him. Maist gentlemen comin' tae toon seek oot a houffe an' set doon tae dine an' wat their thrapples afore makin' conversational veesits, but this ane . . . skleck, skleck, skleck aa mornin', giein' nae heed tae his puir hungered servant. Here's the Ae Gulp richt here an' – oh michty – the smells splurgin' oot wad gie a man wi' a purple fever hunger pangs. *(He sniffs)* That's crackling purk, A'm certain. *(Sniffs)* Yon's ingins. *(Sniffs)* An' that's – *(Sniffs)* Oh . . . that's guid reed mutton wi' bluidy juices pourin' aff the plate . . . *(He licks the gravy off his chin)* sapped up wi' new breid roastin' het . . . Oh! Michty, maister, whaur are ye? Gin A had siller, A'd gang in there an' order a platter o' yon mutton, an' eneuch chunks o' breid wad choke a horse. An' a joug o' ale eneuch tae droon fat Rosie Tamson, an' that'd tak a drap or twa! Puir, puir Archie, gin A had siller A widna be a servant A'd be . . . aye whit? Be God's grace, deil tak me, there's naethin' else A'm fit for.

*(Enter DAVID KENNEDY and an ancient PORTER)*

PORTER A tell ye, Sir . . . A'll gae nae fourer . . . the . . . the weicht's eneuch tae brak me.
DAVID Ye've arrived, man, or near aboot. Twa steps mair an' ye're there.
PORTER Oh mercy, maister, mercy! Save me, maister, save me, yer box is like tae faa.

*(He staggers with the box)*

DAVID Haud up, man, ye're a puir craiter, ye've nae brawn at aa.

*(He heaves the box back on the PORTER)*

PORTER This'll be the daith o' me.

*(He staggers a step)*

ARCHIE *(Aside)* Here's a chaunce o' a copper or twa. *(To DAVID)* Can I assist ye, maister?
DAVID Ye can that. Be guid eneuch tae oxster this craiter intae the houffe wi' ma box.
ARCHIE For tuppence, Sir?

DAVID Done.

ARCHIE *(Getting hold of the box)* Let's get haud o't, man.

PORTER *(Dropping the box)* Thenkye, Sir, oh thenkye!

ARCHIE Noo, be aff wi' ye, ye auld midden. *(He pushes the PORTER out of the way and manages under the weight to say)* It maun be toom, Sir, for it's licht's a feather.

PORTER Toom? Weel, toom or fu', it's broken the back o' me.

DAVID Weel, be aff wi' ye, ye auld wastrel.

PORTER A'm waitin' ma siller, guid yer honour.

DAVID Siller? Siller for five yairds carryin'?

PORTER A did ma best, Sir.

DAVID Weel, here's tuppence for that.

PORTER Thenkye kindly, Sir.

DAVID *(Kicking him)* An' here's ma boot in yer airse tae mak ye dae better.

*(The PORTER staggers off, muttering. DAVID and ARCHIE laugh.)*

ARCHIE A'll pit in yer box, Sir.

*(He puts the box inside the doorway)*

DAVID Whit lik place is this?

ARCHIE *(Coming back)* Oh, the verra best i' the toon, Sir. Seek nae ither, Sir. Guid beds, fine lik gless, bonnie maids, an' smells frae the kitchen tae tempt a deein' man. A ken the Mistress, ye'll be jist served lik a king.

DAVID Ye work here, dae ye?

ARCHIE No me, Sir.

DAVID Whit's yer trade?

ARCHIE Servant, Sir.

DAVID Hae ye a maister?

ARCHIE No jist at the present, Sir. *(Aside)* An' that's the truith for he's nae here, is he?

DAVID Will ye serve me?

ARCHIE Fairly that. *(Aside)* His fee micht be better.

DAVID Richt ye are, ye can start noo.

ARCHIE Verra guid, Sir. Eh . . . Hoo muckle siller will ye pairt wi'?

DAVID Hoo muckle are ye seekin'?

ARCHIE *(Aside)* As muckle's A can get. *(To DAVID)* Weel, Sir, the last gentleman A had the pleesure tae serve gied me a shillin' a day an' ma meat.

DAVID Guid. A'll gie ye as muckle.

ARCHIE Eh . . . Ye'll need tae gie me a pickle mair.

DAVID Oh!

ARCHIE Aye. Will ye pairt wi' anither ha'penny a day for sneechin'?

DAVID Ye'll get that an' welcome.

**ARCHIE** Richt ye are, Sir. A'm yer man.

**DAVID** Bit A maun ken yer partickilers. Hae ye credentials?

**ARCHIE** *(Feeling his pockets)* No aboot ma person, an' Embro ne'er clapped een on me afore sax o' the clock this mornin'.

**DAVID** Weel, A maun tak ye for an honest man, an' gie ye a trial.

**ARCHIE** Gie me that, Sir, an' A'll no disappoint ye.

**DAVID** Weel, awa tae the Post an' speir gin there be letters addressed tae David Kennedy. Here's siller, speed ye noo, an' A'll bide here for yer return.

**ARCHIE** Ye'll order denner yersel will ye, Sir?

**DAVID** Weel spoken, A'll order it.

*(He exits into the houffe)*

**ARCHIE** *(Makes as if to go, but returns)* A mek mair in a day. *(Finger counting)* That's eightpence a week . . . that's a wheen mair pence a month. *(Giving up trying to count)* Michty, wi' that kin' o' siller, A'll get eneuch sneechin' tae bury me. An' a shillin' all found? My . . . Archie my lad, ye'll no ken yersel cam the Sabbath. Ye'll be that graun. An' whaur's yon ither chiel, Mr Burnett? An unco queer chiel yon, awa athoot as muckle's a fart . . . gone lik last year's snaw. Weel pey nae attention tae sic impidence, Archie, ye gang aboot yer errand, an' wha kens but whit a twa three bawbees micht fa' intae yer ain pooch aff the letters. *(He starts to go again. SARAH enters with GOW)* Oh michty!

**SARAH** This is a braw road tae conduct yersel, ma mannie. Is this hoo ye wait on me?

**ARCHIE** A'm here, Sir, at yer service. A was jist exercising ma legs.

**SARAH** An' hoo cam ye tae wait here, ye gomerel? This is nae the place o' appointment. 'Twas mere accident A fun' ye, sneakin' awa lik a thievin' cur wi's belly fu'.

**ARCHIE** Tae tell the truith kindly, Sir, A was takin' a walk tae stave aff ma hunger.

**SARAH** Say ye so? Weel awa an fetch ma kist frae the landin' shop an' bring it here tae Mistress Gow's.

**ARCHIE** *(Aside)* Deil tak me. *(To SARAH)* This houffe did ye say?

**SARAH** Aye. An' sin's yer through, gae tae the Post an' speir for letters addressed tae me an Sarah Burnett – that's ma sister, some freen micht write tae her here – sae mak shair tae seek letters for's baith.

**ARCHIE** *(Retreating)* Here's a fine carry on, the baith o' them bidin' i' the same hoose! Whit am A tae dae?

**GOW** Ye'll no be receivin' letters in yer ain name, Mistress? A said ye'll nae be . . .

**SARAH** A tellt ma steward tae write tae me, an' he micht use ma ain name. *(To ARCHIE)* Mak haste noo, Archie. The Post, an' the landin' shop, an' hae ye nae stops on the road, an' hae ma kist brocht wi' aa haste.

*(Exit SARAH into the houffe)*

**ARCHIE** *(To GOW)* A word wi' ye, Mistress.
**GOW** Whit is't?
**ARCHIE** Ye're the mistress here, are ye no?
**GOW** A'm aa that, sae look shairp an' no pit yer maister in a passion. A said, look shairp.

*(Exit GOW)*

**ARCHIE** Lord save me, here's luck. There's mony a chiel looks in vain for a maister an' A hae fun' twa aneath ma neb. Whit am A tae dae? A canna wait upon them baith. Can A? Wait on them baith an' A'd get double wages, double meat an' drink eneuch for twa men. But whit gin ane o' them fun' oot? Or waur, gin they baith fun' oot. *(He stops and thinks it out)* On ye gaun, try it, Archie. Na, na, A'll nae bother. Go on, Archie, ye've naethin' tae loose an' aathing tae gain. Aricht A will. No, no . . . haud yer tongue . . . Noo be quiet, the baith o' ye. Thenkye kindly for yer offer, Mr Burnett, thenkye kindly for yer offer, Mr Kennedy. A'll dae ma best tae serve ye baith.

*(At the end of his speech ARCHIE turns to go but is arrested by SANDY)*

**SANDY** A word wi' ye. *(Aside)* Yon's the servant o' Burnett, A'm shair.
**ARCHIE** A canna stop, Sir. *(Aside)* Michty, no anither birkie seekin' a servant? Na, na, three's ower muckle e'en for a smairt chiel lik me. *(To SANDY)* A'm on an errand tae the post, Sir.
**SANDY** *(Coming to him)* Whaur's yer maister?
**ARCHIE** Ma maister?
**SANDY** Jist that. Yer maister.
**ARCHIE** Oh . . . ma maister? He's i' the Houffe there.
**SANDY** Gae in an' tell him A wad spik wi' him.
**ARCHIE** *(Smiling)* Oh . . . Ma dear Sir . . .
**SANDY** At aince, A say. Gin he's a man o' honour get him oot here.
**ARCHIE** Aye, weel ye see . . . A maun tell ye . . . Ye see, Sir . . .
**SANDY** Whit are ye yammerin' and stammerin' at, man?
**ARCHIE** Weel ye see, Sir . . . ma maister . . .
**SANDY** Yer maister, that's wha A seek. Gae an' get him.
**ARCHIE** Weel ye see, Sir.
**SANDY** *(He closes in on him, raging)* This meenit A say, or ye'll get ma whip roon yer lugs.
**ARCHIE** Bit whit man dae ye seek, Sir?
**SANDY** This meenit, A repeat, or by certes –
**ARCHIE** *(Retreating)* Richt ye are, Sir, richt ye are. *(Aside)* A'll jist send the first ane A meet.

*(He exits into the houffe)*

SANDY *(Impatiently)* A'll suffer nae rivals, no' me. Burnett micht hae got awa wi' his life aince, but twice is streitchin' fortune ower faur. He'll renounce his claim or settle wi' me at the point o' a sword.

*(DAVID comes out of the houffe, followed by ARCHIE)*

ARCHIE *(Pointing to SANDY)* That's the chiel ower there, Sir, but tak tent, he's a temper wad fleg ye.
DAVID He's a stranger tae me, whit does he seek?
ARCHIE Ye'd better speir that o' *him*, Sir, A'm awa for the letters.

*(He hurries off. DAVID calls to SANDY.)*

DAVID Guid day tae ye, Sir.
SANDY *(Calling back)* Guid day, Sir.
DAVID *(Pausing then calling again)* A rare day, Sir.
SANDY *(Looking at DAVID and calling)* It is.
DAVID *(He goes toward SANDY)* Ye had business wi' me, Sir?
SANDY No me.
DAVID Shairly ye're the gentleman wha inquired for me?
SANDY A never inquired for ye. A never saw ye afore i' ma life.
DAVID Weel, there's naebody else aboot. Ma servant reported a gentleman was at the corner threatenin' tae challenge me. You seem a gentleman, ye're at the corner, but whaur's yer challenge?
SANDY It was the man's maister A wantit tae spick wi', but A doot he hasna guts eneuch tae face me.
DAVID That's no' the case, the man's maister has guts eneuch tae face the deil!
SANDY Ye'll ken him, dae ye? The thievin' monster . . . wait ye till A lay cauld steel on's briestbane. *(He gestures with his sword)* A'll clite him in twa.
DAVID *(Aside)* Ye'll hae a job, Sir.
SANDY Lat him show's pock ridden face oot o' that door an' A'll rin him through till he's mair holes in him nor Jeannie Pooche's preen cushion.
DAVID *(Laughing)* Say ye sae, Sir?
SANDY *(Carried away)* Syne, A'll tak's stinkin' corp an' bung it i' the bog, an stap's impident servant in efter him. Ye'll ken him tae A suppose?
DAVID That A dae, Sir. He's in ma service.
SANDY Eh?
DAVID He's in my service, Sir.
SANDY Weel either A'm blin', else A'm seein' things. The chiel's the verra spit o' anither, or else he waits on twa.
DAVID Mistaken ye maun be, Sir, for he waits on me alane.
SANDY Weel, gin that's the truith, A beg yer pardon.

**DAVID** Granted, Sir.

**SANDY** Ye're a stranger i' the toon, Sir?

**DAVID** Frae the Borders.

**SANDY** *(Hand on his sword)* The chiel A'm seekin's frae the Borders. Ye micht ken him, Burnett o' Annamuck.

**DAVID** Andra Burnett? Aye fairly that, A kent him weel.

**SANDY** Weel, he maks claim on the lass that this day swore tae marry me.

**DAVID** Settle yer mind, ma freen. Burnett can never tak her. He's deid.

**SANDY** That's whit we aa thocht tae, till he presented himsel at her faither's hoose the back o' breakfast time this mornin'.

**DAVID** Ye jest, Sir.

**SANDY** Jest naethin'. Gin yon wis a corp, A'm His Majesty.

**DAVID** Bit the man's deid, depend on't.

**SANDY** He's alive A tell ye, an' offered letters tae prove his identity.

**DAVID** *(Aside)* Burnett alive? Ma stroke wisna fatal efter aa. *(To SANDY)* And here ye say?

**SANDY** I' yon verra houffe.

*(DAVID leaps round and looks at the houffe)*

**DAVID** He's nae there. O' that A'm certain.

**SANDY** Weel, he maun hae chainged his mind, for he's acquent wi' Mistress Gow. Ye'll favour me greatly were ye tae meet an' tell him gin he values his life, he'll forego this marriage. Sandy MacKenzie's ma name. Yer maist obedient servant.

*(He bows and exits)*

**DAVID** A'm dumbfoonered! A was tellt he dee'd on the spot. Yet A fled sae smairtly on receipt o' sic information that A had nae opportunity tae confirm this daith. Weel A can return at aince an' console ma Sarah wha can be naethin' short o' broken-hearted at ma absence.

*(He exits with great joy. Enter ARCHIE with a PORTER who looks somewhat half-witted. Possible short mime here.)*

**ARCHIE** Haud up, ye cuddie.

**PORTER** Whit?

**ARCHIE** Gid-up, ye lang-nebbed limmer.

**PORTER** Eh?

**ARCHIE** Gid-up, ye water-heided neep.

**PORTER** Eh?

**ARCHIE** Deef, as weel's daft.

**PORTER** *(Grinning)* No . . . ma name's Jimmy.

**ARCHIE** *(Giving money)* Here's yer price.

**PORTER** Thenkye, maister.

**ARCHIE** An' see ye lay it doon gently.

PORTER Eh?
ARCHIE See ye lay it doon gently.
PORTER Eh?
ARCHIE *(Bawling)* Pit doon the kist, ye idiot!

*(The porter drops the kist)*

DAVID *(Calling offstage)* Archie!
ARCHIE Oh michty, here's ma ither maister. Tak up the kist.
PORTER Eh?
ARCHIE Tak up the kist quick.
PORTER Eh?
ARCHIE Tak up the kist, ye bull-heided bubbly-jock. *(DAVID enters)* Oh, ower late, here's ma maister.

*(He nips off)*

DAVID Archie! *(He looks round, then speaks to the PORTER)* Is that ma kist?
PORTER Jist that, kind Sir, all here safe an' soon.
DAVID Whit are ye daein' wi' it?
ARCHIE Oh . . . eh . . . A hired him for tae polish it, Sir. A'll jist tak it in by for ye, Sir.

*(He exits)*

DAVID Hoo muckle? Hae ye been peyed?
PORTER No . . . no . . . Sir. A saxpence, gin it please yer honour, Sir.
DAVID *(Paying him)* Here ye are.
PORTER That'll be yer servant, is't, Sir?
DAVID Aye.
PORTER Aye, jist that, Sir. He gaed aff in kin' o' a hurry. A doot he's nae verra richt i' the heid.

*(Exit PORTER)*

DAVID *(Calling)* Archie!
ARCHIE *(Appearing)* Aye, Sir? A'm here, Sir.
DAVID Archie, will ye come tae Dumfries wi' me?
ARCHIE This meenit?
DAVID This verra meenit.
ARCHIE Afore denner, Sir?
DAVID No, we'll dine first.
ARCHIE Richt, A'm wi' ye, Sir.
DAVID Guid, that's settled. Hae ye the letters?
ARCHIE Eh? Aye, Sir . . .
DAVID Come on, come on, let's see them.
ARCHIE Aye, Sir. *(Aside)* Deil tak me, A've mixed up baith sets.

DAVID *(Impatiently)* The letters, man!

ARCHIE Directly, Sir, directly. *(Aside)* Oh, michty! *(To DAVID)* Eh . . . *(Making it up as he goes along)* A maun tell ye, Sir . . . there's some mistak made here, A ken nae hoo. A've three letters, but nane is for yer lordship, Sir. Eh . . . gaen tae fetch them, A fell in wi' anither servant, wha kens me like, an' he speired o' me tae collect post for his maister tae, ye see, Sir . . . an' A said 'Certainly, John' – aye, John, that's his name – an' lo an' behold, there was ae letter for his maister, an' noo – deil drink ma ale – A ken no which was which.

DAVID Weel, haun them ower man, an' A'll sune ken.

ARCHIE Oh aye . . . *(He hands the letters over)* A only wantit tae dae Jimmy – John, A mean – a guid turn, ye see ma meanin', Sir?

DAVID *(Reading. Aside)* Whit's this? A letter addressed tae Sarah at Embro?

ARCHIE *(Trying to see over his shoulder)* Hae ye fun' the ane that belangs tae John, Sir?

DAVID Wha daes yer freen, John, wait upon?

ARCHIE A beg yer pardon, Sir?

DAVID Whit's the name o' yer freen's maister?

ARCHIE His name, Sir?

DAVID Aye, his name, ye dolt.

ARCHIE Oh, John didna say, Sir.

DAVID An' hoo cam ye tae ken wha's letters tae speir for?

ARCHIE Oh . . . the man's *name* did ye say, Sir?

DAVID His name, aye his name, guid preserve me, ye tedious, brose-heided lump.

*(He clouts him)*

ARCHIE Oh, michty! Oh . . . he jist wrote it doon in a bittie paper, Sir.

DAVID An' whaur's the paper?

ARCHIE Lost.

DAVID Oh no! . . . What a muddle.

ARCHIE *(Aside)* It's aa that.

DAVID Whaur's yer freen pittin' up?

ARCHIE Oh, as tae that, A couldna richtly say, Sir.

DAVID An' hoo are ye tae deliver the letter?

ARCHIE Oh, he said he'd meet me ootside Gay Murdie's Houffe.

DAVID Is he bidin' there, think ye?

ARCHIE A dinna ken that, Sir.

DAVID Weel, A ken no hoo tae sort this oot.

ARCHIE *(Aside)* A'm daein' ma best. *(To DAVID)* Dinna ye worry, maister, gie me the letter, an' A'll seek him oot.

DAVID Na, na, A mean tae open the letter.

**ARCHIE** Oh Sir, ye maunna dae that. It's nae richt, Sir, for a gentleman i' your position.

*(He tries to grab the letter)*

**DAVID** Position naethin'. A hae a certain claim on the person this letter's addressed tae.

**ARCHIE** But Sir – *(DAVID opens the letter. Aside)* Oh michty! That's pit yours truly i' the midden.

*(He tries to creep away)*

**DAVID** *(Reading)* Madam, your departure frae hereaboots has gien muckle rise tae gossip, an' aabody means tae understaun ye hae removed tae jine David Kennedy. *(He looks up)* Removed? *(Reading)* The Bailies ascertained ye are clad in man's claes be way o' disguise, an' mean tae arrest ye. This letter goes be a trusted haun, sae as nane micht ken yer true whauraboots. Yer humble servant, Allan Moir.

**ARCHIE** *(Aside)* Whit a disgrace, readin' ither fowks' letters.

**DAVID** Archie.

**ARCHIE** *(Rushing to him)* Aye, Sir?

**DAVID** *(He slaps him)* Ma heid's i' the cloods, A'm in love, Archie.

**ARCHIE** Aye, Sir?

**DAVID** Fin' oot yer freen, Archie, an' speir wha his maister or mistress be. Fin' oot whaur he lodges, an' gin ye can bring him here tae me, ye'll baith be rewarded handsomely.

**ARCHIE** Gie me the letter, Sir, an' A'll dae ma best.

**DAVID** Here. *(He gives the letter)* Haste ye back, Archie, A'm coontin' on ye.

**ARCHIE** Are ye still for Dumfries, Sir?

**DAVID** No for the present. Aff ye go, loose nae time. *(Aside)* Sarah in Embro, Andrew in Embro – A maun find her, an' him!

*(Exit DAVID)*

**ARCHIE** Weel, A'll no hae far tae seek, but O Michty, A canna present ma ither maister wi' an opened letter. A maun try tae fold it up sae's he'll never ken. *(He folds the letter)* But A maun strauchen it oot first. *(He spreads the letter on his chest and tries to flatten it)* Mabbe gin A sat on't. *(He puts the letter on the ground and sits on it)* Na, na, A'd better staun on't. *(He gets up and stands on it)* That's mair like the thing. *(Picking it up)* An' noo it maun be sealed. *(He licks, spits on and bangs the letter together)* Oh michty! Haud on, A hae mind o' ma grunnie clappin' bits o' paper thegither wi' lumps o' chawed loaf, an' A've a crust i' ma pooch. *(He takes out a filthy piece of bread)* Whit a waste o' guid meat, an' me stairvin'. Bit tae save aa, here goes. *(He puts piece of bread in his mouth and chews and swallows it)* Deil tak ma belly, it's awa' wi' the breid. A maun chaw anither bit. *(Again he chews and swallows)* It's useless, nature rebels! Aince mair for luck. *(He chews and manages to get the bread out of his mouth)* Got ye this time, ye canna cheat Archie, ma mannie. *(He puts bread in letter)* Noo a dunt. Noo a dunt wi' ma boot. *(He puts the letter on the floor and bangs it with his heel)* That's it. *(He picks it up)* There . . . he'll nivver ken it's been opened.

*(He adjusts his hat and does a pantomime of presenting the letter to his master, receiving thanks, declining a coin, eventually taking it, smiling with pleasure. He is making for the houffe when SARAH enters from it.)*

SARAH Ye've been tae the post?
ARCHIE Aye, Sir.
SARAH Hae ye a letter for me?
ARCHIE A have that, Sir.

*(He hands the letter over, smiling, and bows. Before he gets up, SARAH has said:)*

SARAH This letter's been opened!
ARCHIE *(Aside)* Wadye credit that? *(To SARAH)* Opened?
SARAH Aye, opened, an' clapped thegither wi' chewed loaf.
ARCHIE *(Astonishment)* Noo, hoo did he ken that? *(To SARAH, trying to get out of it)* Na, na, Sir . . . ye maun be mistaken . . .
SARAH It stinks o' Guid kens whit, an' covered wi' muck.
ARCHIE A canna think hoo that's happened. It maun hae been drapped.
SARAH Drapped? Stood upon's mair like.
ARCHIE *(Aside)* Weel, that beats aa. Imagine him kennin' that!
SARAH *(After reading the letter)* Wha interfered wi' this?
ARCHIE Weel, Sir, A'll tell ye nae lees. A'll confess tae the truth. *(Aside)* A bit o't onyroad. *(To SARAH)* At the post there was a letter tae masel, A canna read muckle, ye see, maister, an' jist be pure mistake like, A opened your letter thinkin' it ma ain. That's the honest word o' a puir man.

*(He takes off his hat)*

SARAH Dae ye ken whit's in ma letter?
ARCHIE No me.
SARAH Hae ye read ony o't?
ARCHIE No a word.
SARAH Has ony ither body seen it?
ARCHIE *(Sucking in his breath, eyes to heaven)* Oh! . . .
SARAH Tak care noo.
ARCHIE Sir! . . .
SARAH Weel, ye're safe eneuch this time.
ARCHIE *(Aside)* That's all pit straucht.

SARAH *(Aside)* Allan's a faithfu' servant. *(To ARCHIE)* Noo, Archie –
ARCHIE Aye, Sir?
SARAH A hae business tae attend close by. Await ma kist, an' gin it's delivered, open it wi' they keys, an' unpack ma claes. We'll sup as sune's A return. *(Aside on exit)* Nae sign o' Pittendree, an' A'm anxious tae hae ma siller.
ARCHIE Weel, weel, that's that taen care o'. My yer a clever chiel, Archie, though ye say so yersel.

*(Enter PITTENDREE)*

PITTENDREE Is yer maister i' the hoose?
ARCHIE Nae the noo, Sir.
PITTENDREE D'ye ken his whauraboots?
ARCHIE No, A couldna richtly say, Sir.
PITTENDREE Has he had's denner?
ARCHIE *(Rubbing his tummy)* No, Sir.
PITTENDREE Is he comin' back for't?
ARCHIE A hope sae, Sir.
PITTENDREE *(Aside)* A doot A'll hae tae trust him. *(To ARCHIE)* Here, tak this purse for yer maister. Mak shair ye haud on till't, ther's a hunner guineas there. Tell him A couldna bide, A hae ither business.
ARCHIE A'll haud on till't real ticht, Sir. Guid day tae ye, Sir. *(Exit PITTENDREE)* Noo wha's he again? *(Calling after PITTENDREE)* Oh Sir! *(Aside)* Oh michty, he never said what na maister A wis tae gie the siller tae.

*(Enter DAVID)*

DAVID Weel, hae ye fun' yer freen?
ARCHIE Freen?
DAVID Aye, yer freen John.
ARCHIE Oh aye . . . Oh yes . . . yes. *(Removes his hat)* Oh, Sir!
DAVID Whit did he say?
ARCHIE As tae that, Sir . . . Oh! . . . Tragedy . . . Oh! . . . torment . . . *(Aside)* Oh, michty!
DAVID Whit ails ye, man?
ARCHIE Puir John . . .
DAVID Whit's wrang wi' him?
ARCHIE Alas, he's no more. Hackit aff at the ruits lik last year's bearded barley.
DAVID Whit cam ower him?
ARCHIE The Lord alane kens, but he's defunct, that's shair.
DAVID Damnation!
ARCHIE Aye, a terrible business . . . Oh aye . . . But A met a chiel gied me a hunner guineas. Noo tell me, Sir, were ye expectin' siller?

**DAVID** Weel, A presented a letter o' credit tae a merchant. Did the man say the siller was mine?

**ARCHIE** Weel . . . no exactly, Sir. He jist said gie that tae yer maister, but . . .

**DAVID** Weel, that's me, ye idiot. A'm A no yer maister? Wha was the man?

**ARCHIE** Noo drat that, A never speired his name, but mind ye, A thocht A'd seen him afore, no sae lang syne aither.

**DAVID** Sae ye kenna wha gied ye the purse?

**ARCHIE** No, Sir, A've seen yon face afore, but whaur, A'm sweirt tae say.

**DAVID** Weel, weel, the siller's mine for certain. Noo come in tae denner. *(They make to go into the houffe)* Haud on, has yon freen John ony brither or kin ye could seek oot?

**ARCHIE** Alas no, Sir, he was alane i' the warld.

**DAVID** Damnation! A thocht as muckle.

*(Exit DAVID into the houffe)*

**ARCHIE** *(Smiling)* Aa's weel i' this instance. The siller's gaun tae the richt man. *(A worried look comes over his face, and as he exits to the houffe he says)* A've seen thon face afore, A've seen thon face afore.

# Scene Three

*The Parlour in the House of Pittendree*


MARY *(Entering, followed by PITTENDREE)* A'll no mairry yon man, an' that's ma last word.

PITTENDREE Ye'll mairry wha it pleases yer faither tae mairry ye tae, an' that's the lang an' short o't.

MARY A'll dae nae sic thing. Whit an affront.

PITTENDREE *(Aside)* Was ever a faither sae trauchelled? Look at the face o' her. When company's aboot, it's 'Aye faither, no faither', sweet an' dutifu' lik butter wadna melt in her moo. Yet aince on oor ain, looks coorse eneuch tae throttle a body, an' a tongue wad clip cloots. *(To MARY)* Ye'll tak yon chiel Burnett an' dae whit's bidden ye, an' that's that.

MARY A will not.

PITTENDREE Ye will sot.

MARY Ah, but A ken better.

PITTENDREE The day A tellt ye Burnett had speired for yer haun, ye raised nae objections.

MARY Ma respect for you, faither, made me dumb.

PITTENDREE *(Aside)* Weel that maun hae made a chainge. *(To MARY)* Weel, see ye employ the same behaviour noo.

MARY A'm tellin' ye – dumb, blin or deaf, A'll nae mairry Burnett.

PITTENDREE An' hoo no?

MARY Naethin'll mak me, aither.

PITTENDREE Whit's wrang wi' the man?

MARY Aathing. A canna thole the sicht o' him.

PITTENDREE Weel, A'll show ye hoo tae thole the sicht o' him richt quick.

MARY Oh?

PITTENDREE Aye! Pit Sandy MacKenzie oot o' yer heid, an' ye'll sune lik Burnett weel eneuch.

MARY Sandy's ower sair imprinted on ma heart, an' your approval o' the match has him rooted there aa the mair securely.

PITTENDREE Weel ye'll jist hae tae mak a virtue o' necessity.

*(Enter SUSIE)*

SUSIE Please yer honour, Mr Burnett's ablo, an' desires tae spick wi' ye.

PITTENDREE *(With charm)* Send him up, Susie lass, send him up. *(To MARY)* You see an' behave yersel.

MARY *(Starting to weep)* This is nae tae be endured.

SUSIE Whit's wrang, mistress? Are ye greetin'? Lordy Dicks, dinna greet. Hae ye taen note o' Mr Burnett? Richt note?

MARY *(Weeping)* No. I try no tae look at him.

SUSIE Weel, he's a braw lik chiel, an' come the day sic a man winks at me, A'll greet wi' pleasure, no wi' misery.

MARY Oh . . . whit am A tae dae?

PITTENDREE Haud yer tongue, lassie.

SUSIE Canny noo, mistress, canny. Lordy Dicks, whit a state. Can you no dae onythin', maister?

PITTENDREE Aye, gie her a guid ding i' the lug. Come on noo, Mary, dry yer een.

MARY *(With spirit)* Dry ma een A micht, but mairry Burnett A'll no.

SUSIE Will A bring him up, maister?

PITTENDREE Aye, lassie.

*(Exit SUSIE)*

PITTENDREE Noo, sit up an' nane o' yer capers, Mary.

MARY As lang as ye unnerstaun A'll never mairry Burnett.

PITTENDREE Ma certes, lassie . . .

*(SUSIE, off)*

SUSIE Come awa, Mr Burnett, Sir. Miss Mary an' her faither are aa ready waitin' for ye.

*(Enter SARAH)*

SARAH *(Bowing to them)* Ma respects tae ye, Sir, Madam.

PITTENDREE Come in, Sir, come in. Eh . . . pay nae attention tae Mary here, she suffers terrible frae a stoorie neb this time o' the year.

*(MARY is sniffing)*

SARAH Yer servant, Madam, A'm sorry tae hear that.

PITTENDREE Aye, puir soul, it's a terrible affliction.

*(He punches MARY)*

MARY Ouch!

PITTENDREE Whit is't, Mary hen?

MARY *(Grimly)* Naethin', faither.

PITTENDREE Sit ye doon, Sir, sit ye doon. Ye'll hae got the purse A sent ye?

SARAH No.

PITTENDREE Wi' the hunner guineas? A gied it intae the hauns o' yer servant nae lang sin. Ye tellt me A could trust him.

SARAH Nae doot he'll haun it ower aince A return. *(MARY utters a loud sob)* Whit's wrang wi' Mary, she's shairly sobbin'?

PITTENDREE Weel, it's a combination o' a stoorie neb, an' the news o' yer daith. *(With feeling, to MARY)* A've nae doot she'll get ower baith.

**SARAH** Let me hae speech wi' her in private. A micht manage tae bring her roon.

**PITTENDREE** Wi' pleesure, Sir. *(To MARY)* Noo, Mary, A'll return directly. Ye maun entertain yer future husband for a meenit or twa. *(Aside to her)* An' mind whit A tellt ye. *(To SARAH)* Yer servant, Sir.

*(Exit PITTENDREE)*

**SARAH** *(Coming in to MARY)* Miss Mary . . .

**MARY** *(Rising and moving away)* Staun awa, Sir. A'll no be wheedled.

**SARAH** *(Pretending to be taken aback)* Sae severe a tongue tae yer intended?

**MARY** They can trail me tae the alter be the hair o' ma heid. Ye'll get ma haun, but ye'll never get ma heart.

**SARAH** Ye detest the sicht o' me that muckle?

**MARY** A'll detest ye for aa eternity.

**SARAH** Gin ye kent me better, ye'd never say that.

**MARY** Ye've destroyed ma happiness.

**SARAH** But A hae the means tae comfort ye.

**MARY** There's only ae man can dae that, an' he's Sandy MacKenzie.

**SARAH** A'll agree A canna gie ye the same comfort as Sandy. *(Aside)* Puir lassie, whit a state she's in.

*(She takes a step towards MARY)*

**MARY** *(Recovering immediately)* Haud back, Sir.

**SARAH** Miss Mary, A hae a secret tae tell ye.

**MARY** A'll mak nae promise tae keep it.

**SARAH** 'Twill mak ye happy.

**MARY** Ye mak me naethin' but ill humoured.

**SARAH** Weel, whit A hae tae say'll chainge that. You hae nae desire for me, A hae nae use for you. You're in love wi' anither, sae am I.

**MARY** Men! Full o' deceit.

**SARAH** Hae nae fear, A spick wi' sincerity. An' gin ye'll promise tae keep it tae yersel, A'll tell ye a secret that'll pit yer mind at peace.

**MARY** Weel, ma moo's shut.

**SARAH** A'm no Andrew Burnett but his sister Sarah.

**MARY** Eh?

**SARAH** A'm Sarah Burnett, no Andrew Burnett.

**MARY** Yer no a man?

**SARAH** No!

**MARY** Oh!

*(She faints away. SARAH rushes to her side and tries to revive her.)*

**SARAH** Miss Mary! Miss Mary! Lord abune help me noo. Miss Mary! *(She tries slapping MARY's face, which brings her round)* Are ye aa richt, Miss Mary?

MARY Whit?
SARAH Are ye aa richt?

(*MARY comes round and gets up off the floor*)

MARY Staun back, Sir. (*She darts away from SARAH*) Faither! Faither! Oh, was ever a woman sae plagued?
SARAH Be quaet, Miss Mary.
MARY Quaet? Get back, Sir! Oh, tae brack an' enter a virtuous woman's hoose an' tak advantage o' her situation!
SARAH (*Distracted*) Will ye listen, Miss Mary!
MARY A've heard o' mony a trick, but ye tak the treakle, Sir! Noo, cam nae nearer, an' get back ye frae that door. Ae step, an' A'll kick up a din eneuch tae bring ilka baillie i' the toon tae the hoose.
SARAH A'll cam nae nearer, Miss Mary, but A beg ye tae hear me oot.
MARY A'll listen tae naethin'. No anither word, Sir.
SARAH Gin ye'll hear me, Miss Mary. Ma puir brither was killed be accident an' a lover o' mine was thocht tae be the cause. He fled an' A followed in disguise, an' seek him noo.
MARY A've never heard sic a tale.
SARAH An' A beg ye, be aa the laws o' freenship, nae tae gie me awa.
MARY Gin whit ye say be true, an' A still hae ma doots, whit wey did ye no wear yer ain attire? Whit was yer reason for dressin' up lik a man?
SARAH As a man, A hae mair access tae certain places ye maun agree.
MARY An' hoo daur ye masquerade as a man i' this hoose? Could ye no hae bidden awa?
SARAH Yer faither was due siller tae ma brither, an' A hae need o' it tae find David.
MARY Weel, A ken no whit tae say.
SARAH Keep ma secret, an' swear eternal sisterly freenship.
MARY Ye hae ma promise, A'm speechless.
SARAH Thenkye, Mary.
MARY A'll be yer freen, an' help ye aa A can.
SARAH Gie me yer haun.
MARY A dinna jist like.
SARAH Are ye feart A'm no a woman?
MARY Na, A believe ye.
SARAH A'll gie ye certain proof.
MARY A'll believe ye.
SARAH Let's embrace an' swear oor loyalty.

(*They laugh and run to each other*)

MARY (*After the embrace, although still in each other's arms*) There. A doot ye nae langer.

(*Enter PITTENDREE*)

PITTENDREE Weel done, weel done yersels! *(The girls, startled, leap apart)* My, my, young things are quick tae adjust theirsels nooadays. Ye young deil, ye maun hae chairm, Sir, aye jist that.

*(He laughs happily)*

SARAH Did A no say A'd win her roon?

PITTENDREE Ye did that, Mr Burnett, ye did that, an' ye didna tak lang aboot it aither! We'll hae the waddin' athoot mair ado. The suner ye're tied the better.

MARY *(Aside)* Noo A'm in a waur pickle. *(To PITTENDREE)* Eh . . . dinna be sae hasty, faither.

PITTENDREE Whit? Haudin' hauns, kissin', cuddlin' an' carryin' on, an' nae haste, ye say? The suner ye're mairret the better for safety's sake A'm thinkin'. Ye'll be coupled the morn.

SARAH Weel, Sir, oor accounts maun be lookit in till, an' there's the settlement tae be argued ower forbye.

PITTENDREE Toot . . . toot . . . toot . . . half an' oor'll see that done.

MARY But faither! . . .

SARAH But Sir! . . .

PITTENDREE Nae excuses, ye'll be staunin' at the altar the morn's foreneen. A maun gaun an' tell Sandy MacKenzie, all's aff for certain noo.

MARY But faither! . . .

SARAH But Sir! . . .

PITTENDREE Toot . . . toot . . . toot . . . A'll no haud ye back. My certes, A never saw sic an eager pair. *(He calls)* Susie! Susie!

SUSIE *(Appearing immediately, having probably been at the keyhole)* Aye, Sir?

PITTENDREE Gae an' prepare yer mistress for the spree the morn. Miss Mary's tae be mairret tae Mr Burnett. *(To MARY and SARAH)* Man, the toon'll ne'er hae seen a bride the likes o' ma Mary. Yer silken goon wi' shoon tae match, Mr Burnett, aa the road frae France, that's whit ye'll get her wi'. Oh . . . sic a day . . . sic a day.

SUSIE Oh mistress . . .

SARAH But Sir . . .

MARY But faither . . .

SUSIE Oh maister . . .

PITTENDREE Say nae mair! Ye're man an' wife already.

*(He exits in a flurry, leaving an overjoyed SUSIE and an astonished SARAH and MARY)*

## CURTAIN

# ACT TWO

## Scene One

*Before Pittendree's House*

**SANDY** A beg ye nae tae interfere!

**ALEC** Ye young fule, will ye answer me?

**SANDY** *(Walking about distracted)* A'm fair backset wi' anger.

**ALEC** Will ye answer me? Whit are ye hingin' aboot ootside Pittendree's for?

**SANDY** Aither he keeps his word, or else he renders an account tae me o' this insult.

**ALEC** But ye manna carry on this road ootside the man's hoose, ye'll be clappit i' the tollbooth for't. *(SANDY wheels round and walks away)* Ye're na tae lope aboot an' gie in tae sic a passion.

**SANDY** Weel, a man that displays himsel that road, deserves nae consideration.

**ALEC** Shairly, shairly, but tak a haud o' yersel. Noo lave him tae me.

**SANDY** A'll dae nae sic thing, A'll gie him –

**ALEC** Noo, lave him tae me, let me spick tae him. Awa ye go oot o' this.

**SANDY** But faither –

**ALEC** Noo, A'll hae some obedience here, ma lad.

**SANDY** Aaricht, A'll gan . . . A'll wait at the apothecary's. But mark ye, gin Pittendree persists, he'll need tae settle wi' me.

*(Exit SANDY)*

**ALEC** Whit a business. But Pittendree maun come tae terms, richt like. A'll spick wi' him quaet like, nae guid losin' ma temper an' fleein' in tae a passion. A'll jist remain composed and calm.

*(Enter PITTENDREE, stops on seeing ALEC)*

**PITTENDREE** A was on ma road tae spick wi' ye an' Sandy.

**ALEC** Man, man, A kent ye'd pit a' tae richts. Sae the young things are tae be jined efter aa?

**PITTENDREE** Weel . . . A was jist comin' tae tell ye –

**ALEC** *(Putting an arm round him)* Say nae mair, auld freen, let bygones be bygones.

**PITTENDREE** Aye, but keepin' in mind the promise made tae Burnett, an' the surprise –

**ALEC** Surprise? Aye he took's aa be surprise, an' ye'd nae time for reflection. Ye gied nae thocht tae the affront tae Sandy an' me.

PITTENDREE Weel, there was a previous contract, an' –
ALEC Certainly, Pittendree, certainly, but that was jist atween you an' him. This contract is confirmed be Mary hersel.
PITTENDREE Hae ye finished?
ALEC Eh?
PITTENDREE Hae ye ony mair tae say?
ALEC No.
PITTENDREE Wad ye let me spick?
ALEC Carry on.
PITTENDREE Noo. Wi' aa your learnin' –
ALEC A can sin draw up the contract an' arrange maitters.
PITTENDREE Haud yer tongue, man, an' let me get a word oot will ye?
ALEC Wi' pleesure.
PITTENDREE For ma ain pairt A hae gien ma word tae Burnett, an' ma dochter's content wi' the arrangement. They'll be mairret the morn. A was jist makin' roads tae tell ye an' Sandy this.
ALEC Weel, A'm surprised at ye, Pittendree, surprised at ye treatin' an auld freen i' this disgracefu' fashion. The mairrage contracted this day atween your dochter an' ma son canna be dissolved at a whim o' yours. There's a wheen fowk hae fancies for this, that, an' the next thing, but ye canna aye hae yer ain road. A'm ashamed o' ye, Pittendree, brakin' yer word, but ye'll hear mair o' this afore muckle langer. A'll gaen tae ony length tae pit this tae richts. Guid day tae ye, Sir.

*(He stomps off in a great rage)*

PITTENDREE Ye can gan tae the deil for aa A'll care, an' yer lang lout o' a son wi' ye. A'm nae carin' a docken. The Burnetts o' Annamuck? . . . An only son? . . . An' weel gaithered? . . . Ho, ye'll nae fin that lyin' aboot ilka day.

*(SANDY has overheard this and appears)*

SANDY So, it's tae be Pittendree an' Burnett, is that it?
PITTENDREE Whit? Oh, Sandy, ye gaured me loup, man.
SANDY Yer settled an' concluded are ye?
PITTENDREE Jist that, Sir, an' A'll no chainge ma mind.
SANDY *(Drawing and advancing)* Ye auld whey-faced rickle o' banes, ye auld ticht-fisted goat, tae mairry yer dochter for a haunfu' o' siller . . . Ye Judas!
PITTENDREE Ye impident pup, A'll tak ma haun aff the side o' yer lug.
SANDY Lift yer haun an' A'll rin through yer gizzard swift's a lichtnin' flash.
PITTENDREE Ma lad, gin ye were mine, A'd skelp the hintend o' ye till ye couldna sit for a fortnight.
SANDY *(Going round him)* Come on then, ye auld scunner.

PITTENDREE Stand back, Sir.
SANDY Come on, ye auld stoat!

*(He prods PITTENDREE who runs)*

PITTENDREE Help! . . . help! . . . murder! . . . help . . . help . . .
SANDY *(Making him leap about)* Come on, ye auld sinner, A'll mak ye dance!
PITTENDREE *(Dancing around)* Help! . . . Oh . . . help, help . . .

*(Enter SARAH who sizes up the situation and draws her sword)*

SARAH Defend yersel, ye villain!
SANDY *(Not believing his luck)* Jist the man A'm seekin'. Come on, Sir.
SARAH Richt, Sir! Staun back, Mr Pittendree.
SANDY Come on, ye yellow-livered Border yokel, ye.

*(They fight noisily, with PITTENDREE retreating to a corner, shouting 'help' and 'murder')*

PITTENDREE Help! . . . Help! . . . Oh murder, murder.

*(SANDY trips and falls; SARAH has her sword at his throat. Enter MARY.)*

MARY Stop! . . . No! Oh, stop! . . .

*(She runs to SANDY and kneels beside him)*

SARAH At your request, Madam. An' mind yer oath!
MARY *(To SANDY)* Oh help . . . Are ye hurtit?

*(Exit SARAH)*

PITTENDREE *(Not looking round)* Ye cam jist in time . . . Oh whit an abomination . . . the loon's gan fair gite. A'll ne'er recover frae this day's wark.
MARY Oh, spick tae me, are ye hurt?
PITTENDREE *(Feeling his back, head and chest)* Black an' blue aa ower. Oh me! Ye'll nae fin' a square o' flesh on ma banes athoot a mark.
MARY *(Hugging SANDY)* Say something, onything!
PITTENDREE *(Getting up very painfully)* Michty, lassie, are ye deef? A'm tellin' ye . . .

*(He sees MARY)*

MARY Oh, Sandy, spick tae me.
PITTENDREE Ma ain flesh an' bluid! *(Going towards the house)* Susie! Susie, come quick, A can tak nae mair . . . *(He staggers, peeping to see if MARY is watching. She isn't.)* Susie, ye slothfu' jaud, whaur are ye? *(Bellowing)* Susie!

*(He exits into the house)*

**MARY** Sandy, Sandy, A love ye, adore ye, worship ye . . . O spick tae me, Sandy.
**SANDY** Ye leein' trollop, gin ye love ony man it's Annamuck, an' no me. A heard him tell ye tae mind yer oath.
**MARY** It's nae an oath tae *mairry*, Sandy.
**SANDY** Whit oath was it then?
**MARY** Dinna speir, Sandy, hae patience. A'm sworn tae silence.
**SANDY** That jist gaes tae proove yer guilt.
**MARY** Ye're wrang Sandy, gin A *spoke* A'd be guilty.
**SANDY** An' wha swore ye tae silence?
**MARY** Andrew.
**SANDY** An' ye tell me there's naethin' atween ye? Awa, ye jaud, wi' yer lees.
**MARY** A've nae affection for Andrew. It's you A love.
**SANDY** *(Getting up and moving away)* Oot o' ma sicht, ye scunner me.
**MARY** *(Going to him)* A'll dae awa wi' masel gin ye spick tae me sae.
**SANDY** Better deid nor unfaithfu'.
**MARY** Weel, gin ye mean that, A'll gie ye satistaction.

*(She picks up SANDY's sword)*

**SANDY** Dae whit ye like, A'm feenished ony road.
**MARY** A'll be feenished afore ye.

*(She puts the point of the sword to her breast. SUSIE enters and runs to her.)*

**SUSIE** Stop, stop! Oh, Lordy Dicks, whit's gaen on here? The faither demented, the dochter suicidal . . . *(She takes the sword from MARY)* You, ye tyke, wad lat her dee! Staunin' there wi' yer heid hingin' an the lassie aboot tae disembowel hersel. Ye shid be black affronted. Lordy Dicks, ye're muckle kind tae the ungratefu' sinner, Madam.
**MARY** *(In SUSIE's arms)* A love him, Susie.
**SUSIE** Love the like o' that? Ma drucken grunnie! Whit a calamity! Let the murdering deil tak himsel oot o' this. Cam intae the hoose, ma hinnie.
**MARY** *(Going into the house, but looking at SANDY)* Ye miserable man, Sandy. Can ye no cast me a sigh? *(SANDY says nothing)* Say nowt then, but dee A will, an' dee o' grief, me that ne'er tellt a lee in aa ma days.

*(She exits)*

**SUSIE** *(Coming back to SANDY)* Aye, ae day ye'll ken the innocence o' ma mistress, an ye'll rue this day. *(She sighs)* Aa's beyond ma comprehension. A lassie ye say ye love aboot tae staub hersel tae the marrow, an' ye staun gawpin', liftin' ne'er a haun tae stop her.

**SANDY** A can mak naethin' o't aither. An' you min' yer place, mistress. She nivver was set on killin' hersel.

**SUSIE** No set on't? Lordy Dicks, ae meenit langer, an' A'd been ower late, bar tae pick up the corp.

**SANDY** Ach wumman, cease yer chatter. The point was twa ells awa.

**SUSIE** Twa ells?

**SANDY** Aye, you weemen invent aathing.

**SUSIE** That's the faut o' *men* ye mean. Ma bonnie auntie! The man gets the thrills, an' the woman's left haudin' the dumplin'. Men tak advantage o' ilka unsuspectin' lassie they come ower!

**SANDY** *(Aside)* Weel she'll be safe eneuch!

**SUSIE** Aye, men mak the laws, women abide be them. Gin A was Queen, A'd gaur ilka unfaithfu' man i' the toon blaw a whustle whan abroad. A sweer the soon o' sae mony sinners wad deefin' aabody.

*(Exit SUSIE)*

**SANDY** A'm still for thinking Mary's up tae tricks. She didna deceive me. An' tho fate gaured me fa' tae Burnett, A'll get ma chance again, an' Mary'll see him yet, run through lik a pig on a spit droond in his ain bluid!

*(He picks up his sword and exits)*

# Scene Two

*A room in the Ae Gulp Houffe. There should be a door at either side of the room, with two doors on the back wall. A small table and a few chairs are in the room.*

**ARCHIE** A'm still here lik the bells that never rung, an' stairved near tae daith. Maister Number One says 'Cam awa tae denner, Archie', an' afore A can get ma teeth waterin', rins awa tae's chaumer, an' laves me on ma lane this hoor or mair. Maister Number Twa hasna been seen aboot the place for as lang, A doot he's nae comin' back. An gin he daes cam back, Number One'll appear frae's chaumer, an' baith'll bawl for meat ane on tap o' tither, an' A canna serve baith at aince. *(DAVID enters)* Oh, here's ane noo!
**DAVID** *(Aside)* A can find nae method o' makin' shair Sarah's i' the toon.
**ARCHIE** *(Sniffing)* Michty, whit a rare smell, maister.
**DAVID** *(Aside)* A maun gaen tae the Post masel an' fin' oot whit A can.
**ARCHIE** Eh . . . was that Mistress Gow wi' the meat ready?
**DAVID** *(Aside)* A maun gaen this meenit.
**ARCHIE** Wad ye say that was the mutton or the purk, Sir?

*(He sniffs wildly)*

**DAVID** Eh?
**ARCHIE** *(Hesitating)* Eh . . . A was sayin' that was the meat ready, A'm thinkin', Sir.
**DAVID** Meat? At sic a time? Hae ye nae soul, Archie man?
**ARCHIE** *(Aside)* Ma soul's fine, it's ma belly A'm bothered aboot. *(To DAVID)* Eh . . . whit's the maitter, Sir?
**DAVID** A hae urgent business tae attend. Feed yersel, Archie, an' tak this siller. Pit it in ma kist.
**ARCHIE** *(Taking it)* Shairly, Sir, shairly.
**DAVID** Gin A'm no back be four o' the clock, meet me be the fountain. *(Aside)* A'll no rest till A hae sicht o' Sarah.

*(Exit DAVID)*

**ARCHIE** Awa on anither ploy. Ye see whit A mean? Ony road, he tellt me tae tak ma denner – he can gaen athoot, but ma puir body wasna made for fastin'. A'll jist pit by this siller.

*(He makes to exit, but SARAH enters)*

**SARAH** Oh, Archie.
**ARCHIE** *(Aside)* Deil tak him. *(To SARAH)* Aye, Sir?
**SARAH** Did Mr Pittendree gie ye a purse tae keep for me?

ARCHIE Pittendree? *(Realisation)* Aye, that was the face A kent A'd seen afore. Aye, he did, Sir.

SARAH For whit reason are ye haudin' on till't?

ARCHIE Oh! Was it you he bade me gie't tae?

SARAH Wha else?

ARCHIE Oh! Naebody, naebody i' the warld, Sir.

SARAH *(Taking the offered purse)* Hae ye coontit the siller?

ARCHIE A nivver as muckle's lookit inside, Sir.

SARAH *(Starting to count)* Weel, A'll coont it noo.

ARCHIE *(Aside)* Oh michty, yon was a close shave. A wunner whit Mr Kennedy'll say noo? The leein deil, tae say the siller was his.

SARAH *(Tying up the purse)* Is Mistress Gow in by?

ARCHIE Aye, Sir.

SARAH Tell her tae prepare for twa. A've a freen comin' tae sup wi' me.

ARCHIE Whit's yer fancy for denner, Sir?

SARAH Pittendree's no a man tae expect a banquet, still it maun be a decent spread on this occasion. Half a dizzen dishes'll see's through.

ARCHIE Ye'll lave it all tae me, Sir?

SARAH Aye. A'm gaun tae fetch Mr Pittendree. A'll no be lang. Get aathing ordered afore we come back.

ARCHIE A'll see ye get the best o' service, Sir.

SARAH Waitye. Tak this bill an' pit it i' ma kist. Tak care noo, it's an exchange for four thoosand croons.

ARCHIE *(Taking the bill)* A'll haud on till't, maister.

SARAH *(Aside)* A maun persuade Pittendree tae postpone this mairrage, but efter whit happened wi' Sandy MacKenzie this mornin' that'll mak the job aa the mair difficult. But a guid denner, an' a gossip ower a joug o' ale, micht wark wonders.

*(Exit SARAH)*

ARCHIE Noo's ma chunce tae show ma worth. A'll lat ma maister ken A'm a man o' taste. He tellt me tae order a denner; that A'll dae, an mak him real prood tae hae Archie Broon as servant. *(Calling off)* Mistress Gow? Are ye aboot?

GOW *(Off)* Twa meenits an' A'm there.

ARCHIE Noo, wi' a richt lik denner, it's no the haein' o' this dish nor that dish, nor yon dish, but the wey the dishes are dished up. A table laid richt like, wi' care an' attention, wi' a wheen plates tae tempt yer palate, will bring pleesure tae the ee, as weel's the belly. Whauras, a heap o' meat, set oot ony road, wad like as no gie a glutton jandies.

*(MISTRESS GOW enters)*

GOW Wha cried?

ARCHIE Archie Broon cried.

**GOW** Oh? Archie Broon? An' whit can A dae for Archie Broon?

**ARCHIE** *(Splendidly)* Ma maister's invited a gentleman freen tae dine. He'll return anon, an' he desires a guid denner. Hae ye meat i' yer kitchen o' the style speirt for?

**GOW** A aye hae *stylish* meat i' ma kitchen. Speir awa an' ye'll hae yer wish inside o' hauf an hoor.

**ARCHIE** *(Faltering)* Guid, that's settled. Eh . . . whit wad ye suggest?

**GOW** Whitever ye like, *Sir*.

**ARCHIE** Weel, eh . . . You tell me.

**GOW** Weel for a company o' twa, A'm lik tae serve twa coorses o' four dishes. A said four dishes a piece. Wad that please yer honour?

**ARCHIE** *(Aside)* A'm thinkin' she's an impident kin' o' a body this. *(To GOW)* Twa coorses? Four dishes a piece? Na, na, mistress, gin that's the best ye can dae, A'll tak ma custom elsewhaur. Ma maister hinted at sax or eicht dishes a piece but A doot yer houffe's no big eneuch tae provide sic grandeur.

**GOW** A'll provide whitever ye favour, Sir. You name it, A'll get it, A said A'll get it.

**ARCHIE** Whit hae ye i' the pot that's ready?

**GOW** Weel, tae supply ye wi' a first coorse, A hae a green curly kale an' barley broth; saut cod an' butter-milk; a jeellied chucken bree wi' leeks; herrin' soused wi' ingins; or scrambled eggs wi' chives.

**ARCHIE** Hoo aboot the second coorse?

**GOW** For the second coorse, A hae a juggit hare; a biled sheep's heid; roastit mutton, beef or purk; chuckens het or caul; jeelied tongue; potted hauch; rolled lamb or trotters.

*(She takes breath)*

**ARCHIE** Nae fish? Oh, we maun hae fish on the second coorse.

**GOW** Waitye, waitye, A said waitye! Ham smoked or biled; gigget chops an' liver; stuffed heart; pidgeon pie an' kidneys; haddock, whitin', sole or skate – wi' neeps an' carrots, peas an' tatties, chappit, biled or fried. A said chappit, biled or fried.

**ARCHIE** Aye. Weel, that'll hae tae dae. *(She gives him a look like thunder)* Noo whit aboot the table?

**GOW** Shelf yer fears, A said shelf yer fears. The table loon'll see tae that.

**ARCHIE** Na, na, faith ye, mistress. The layin' o' the table's a maist important maitter. Noo let's see hoo yer loon wad gaen aboot it . . .

**GOW** Weel, ye micht pit the kale an' barley here, jeelly here, the herrin' there, an' a dish o' eggs ower there.

*(This has been indicated on the floor between them)*

**ARCHIE** Ay, ay, but ye maun pit a dish or bowl o' somethin' i' the middle.

**GOW** Weel, pit the saut cod i' the middle.

**ARCHIE** *(Making a face)* A canna thole saut cod.

**GOW** Ye'll nae be eatin' it.

**ARCHIE** Na, na, ye canna pit fish i' the middle o' the table. Lord save us, Mistress, i' the *puirest* houffes ye'll aye fin' the soup bowl there. That's whit ilka man starts wi' aa the warld ower.

**GOW** Say ye so, say ye so? Weel, pit the cod on the ae side o't, an' the jeelie on t'ither.

**ARCHIE** *(Laughing and shaking his head)* Oh . . . no . . . Mistress. It's yer guid fortune, tae hae Archie Broon's direction in they maitters. Ye micht ken hoo tae cook it, but ye've nae inklin' hoo tae serve it. Noo, tak tent, an' A'll show ye. Staun ye ower there. *(He leaves a large space between them, then gets down on his knees, crawling over the 'table' when setting it)* Noo, hare's yer table . . .

**GOW** *(Bored, eyes to heaven)* Aye.

**ARCHIE** Noo, pey attention, an' no waste ma time.

**GOW** Oh, A'd never waste yer time, no.

**ARCHIE** No, for A've little tae spare. Noo, here i' the middle's the broth. *(He looks at the place, then at the Bill of Exchange in his hand, tears off a piece and puts it for a marker for the soup)* Here's the jeelly . . . *(Tears off piece of paper and marks it)* Noo, the eggs . . . *(Tears paper)* At this end we pit the herrin' . . . *(Tears paper)* . . . and at yon end the cod. *(All the paper is on the floor)* There noo, that's hoo tae lay a table for gentry, Mistress.

**GOW** That's aa verra weel, but gin the man sittin' here seeks tae dine affen the cod, he'll hae an affa streetch. An' gin the man sittin' yonder seeks tae taste the herrin' he'll need a lang airm tae reach it.

**ARCHIE** Oh. *(Solution)* Weel, jist turn them roon aboot.

*(GOW hands over the paper representing herring to ARCHIE, who passes her the cod)*

**GOW** That's mair lik it, A said that's mair lik it. *(Both on their hands and knees, they survey the table with pleasure. A thought strikes GOW.)* Waitye though! The man sittin' here micht fancy the herrin' noo!

**ARCHIE** Weel, jist speir at them, afore ye sit them doon.

*(Enter SARAH and PITTENDREE)*

**SARAH** Whit are ye playin' at, Archie?

**ARCHIE** *(Getting up with GOW)* Oh, jist lettin' Mistress Gow here see hoo tae lay a table.

**SARAH** Whit's that paper there?

**ARCHIE** *(Aside)* Oh michty, the Bill o' Exchange he gied me!

**SARAH** *(Picking up a piece)* Ye saft lump! This is ma Bill o' Exchange!

**ARCHIE** Yer pairdon, maister, A never thocht. A'll stick it thegither again.

**SARAH** Ye gomeril! Is this hoo ye look efter ma things aince A turn ma back? A'll tak my whip tae ye.

**ARCHIE** *(Cowering)* A'll stick it thegither, maister!

**SARAH** Did ye ever see sic folly, Mr Pittendree?

**PITTENDREE** Nae maitter, Mr Burnett. Servants are idiots aa nooadays. Pey nae heed till't, A'll write ye anither ane.

**SARAH** Ye shid be ashamed, Archie! Sittin' on the flair, playin' games, an' neglectin' yer duties. Anither ploy lik this, an' ye'll get thrashed for't.

**ARCHIE** Yer pardon, maister. Aa this was caused on account o' Mistress Gow nae kennin' hoo tae lay a table.

**GOW** Ye leein' wee puddock, ye! Gin ye gie lug tae aa he says, Sirs, the fowk i' this houffe ken naethin'.

**ARCHIE** A'm a chiel that kens ma table.

**SARAH** Awa wi' ye, Archie.

**ARCHIE** There's a richt road an' a wrang road, an' her road's the wrang ane.

**GOW** Oh, Mr Ken-aathing . . . thenkye for yer help, A said thenkye. Mabbe ye'll let me see hoo tae mak the beds next?

**ARCHIE** *(Exiting with a swagger)* Ony time, A said ony time.

**GOW** He's a gey impident chiel that, A said he's a . . .

*(She pauses)*

**SARAH** Weel, eneuch o' Archie, Mistress Gow. Is oor denner ready?

**GOW** Weel, gin ye require hauf a dizzen dishes for ilka coorse, A'll tak a while.

**PITTENDREE** Hauf a dizzen tae ilka coorse? We'll tak pot luck, Mistress Gow, an' lave it tae you. An' maist obleeged A'm shair. Whit say you, Mr Burnett?

**SARAH** Gin you're satisfied, Mr Pittendree.

**PITTENDREE** A'm a man o' simple tastes, Sir.

**SARAH** Weel, whitever ye hae tae haun, Mistress Gow.

**GOW** A'll dae ma best, Sir, but gin ye have a particular fancy?

**PITTENDREE** As lang's it's easy tae chaw, Mistress Gow, ma teeth are no whit they used tae be. Ane, twa or three roastit tatties wad be a treat.

**GOW** Richt ye are, Sirs, sit ye doon here a meenit, an' A'll gan an' attend ye directly.

**SARAH** Bid Archie come an' serve us.

**GOW** Richt ye are, Sir.

*(Exit GOW)*

**SARAH** Weel, Mr Pittendree, tak a sate.

*(They sit)*

**PITTENDREE** Ma dear Sir, A'm owercome wi' aa yer kindness an' attention. A shid be haein' you tae dine, but A ken hoo a young blade feels on the eve o's mairrage, an' A doot Mary's virginity wad be at stake gin A left ye baith thegither. *(He laughs and SARAH tries to)* Aye, it's hard tae restrain yersel whan ye're young. A was a terrible man for the weemen, ae wink an' A was loupin' lik a cock at a grosset! *(He laughs again)* But A owe ye ma gratitude, had it no been for your intervention A'd no be alive this meenit.

SARAH A'm gled A arrived in time.

PITTENDREE Oh, yon Sandy MacKenzie wad hae deen awa wi' me had ye no.

*(WAITERS carry glass, bread, etc. into the room Left)*

SARAH We'll no hae lang tae wait noo.

PITTENDREE Mistress Gow's hoose is maist respectable. She kens her business, an' ye'll get service here the lik o' which ye'll get naewhaur else i' the toon.

SARAH A'm shair.

PITTENDREE Barrin' Jockie Mitchell's of coorse.

*(He nudges SARAH and sniggers)*

SARAH A've no heard o't.

PITTENDREE *(Unbelieving)* No heard o' Jockie Mitchell's i' the Grassmarket?

SARAH No.

PITTENDREE Michty! *(Laughing again)* It's a graun place Jockie's, fu' o' life – jist that – teemin' fu' o' life.

SARAH Jist that.

PITTENDREE Aye, there's a wheen places i' the toon A maun tak ye till, aince ye've gotten ower yer mairrage bed. *(He laughs again and nudges SARAH)* But Jockie's taps aa! Guid meat, guid ale an' guid . . . onything else ye fancy, eh? *(He laughs)* A young strappin' deil lik yersel, eh?

*(He laughs again. SARAH doesn't know quite what to say.)*

SARAH Weel . . . there's naethin' lik a guid cup o' ale.

PITTENDREE Jist that. Aye, mony's the nicht A've pittin in at Jockie's. Ae nicht no lang syne, a twa-three cronies an' masel thocht a nicht at Jockie's wad pit's aa in a guidly humour, an' Lord save me, we'd sic a to do, A was near eneuch a fortnight gettin' ower't. A've nae seen sae muckle ale poured, sae mony petticoats fleein' an' sae mony bare hurdies gan offerin', since the nicht that Jimmy Rait's wife dee'd, an' we aa gaed oot tae celebrate. Ye'll need tae jine us ae nicht.

SARAH *(Aside)* Lord save me!

PITTENDREE There's young chiels tae, mind ye, the party's na aa auld deils lik masel. A maun gie ye a rare joke aboot Jockie's. Ae nicht, Tammy

Collie an' his second auldest son, Robert, a muckle loon no a year abune saxteen, had a fecht ower ane o' Jockie's maids. But she was speirt for aaready, sae they focht in vain. Weel, they baith got that fu', an' Jockie had them bedded, an', guid sakes, they waukened up wi' sair heids an' bad tempers, for Jockie had pitten them baith i' the same bed, an' a muckle soo pig atween them.

*(He laughs)*

SARAH Sae ye hae merry times in Embro?

PITTENDREE An' A hope tae live tae shair them wi' *you*, Sir.

SARAH *(Aside)* A'll look forrit tae that.

*(Enter ARCHIE with a large bowl of soup)*

ARCHIE Denner's ready i' that chaumer there, Sir.

*(He points to the Left)*

SARAH Pit ben the soup, Archie.

*(They both get up to go)*

ARCHIE Efter you, Sirs.

PITTENDREE *(Aside to SARAH)* An unco smairt chiel that, Sir.

SARAH *(To ARCHIE, after PITTENDREE has exited)* Nae tricks noo, Archie.

ARCHIE Me, Sir? *(Exit SARAH)* Ae dish at a time? Ca' this service? Ca' this a denner? The dogs get mair selection i' the toon midden. A'll jist hae a cup o' the kale an' barley. *(He dips his finger in)* Weel, it's nae hot ony road. *(He dips again and tastes)* No bad, it micht be waur.

*(Going to the door Left with soup. Before he gets there, FIRST WAITER comes in with a dish.)*

FIRST WAITER Will ye tak this ben noo?

ARCHIE Haud on a meenit. *(He goes into the room with the soup, and comes straight out)* Whit hae ye got there, ma man?

FIRST WAITER Biled meat.

ARCHIE Beef or mutton?

FIRST WAITER A dinna ken. Jist meat biled.

*(FIRST WAITER exits)*

ARCHIE The ignorance! *(He tastes the dish)* Nae beef ony road, but real tasty. *(Tastes again)* No mutton aither. *(He tastes once more)* Aye, mutton it is, an' verra guid tae.

*(He does a mime of serving the meat to SARAH and PITTENDREE, receiving their thanks, declining them, etc. Finishing it, he starts to exit Left, when DAVID enters Centre.)*

DAVID Archie!

ARCHIE *(Hiding the dish)* Oh michty!

*(He drops the meat on the floor, tries to put the dish up his coat)*

DAVID Whit hae ye got there, an' whaur are ye gaun wi' it?

ARCHIE *(Picks up the meat, wipes it on his coat, puts it on the plate and wipes his fingers)* A wis jist pittin' it on the table, Sir.

DAVID Pittin' it on the table? Wha for?

ARCHIE Wha for?

DAVID Aye! Wha for?

ARCHIE For you, Sir.

DAVID For me?

ARCHIE Aye, Sir.

DAVID A suppose ye saw me comin'?

ARCHIE *(Aside)* A wish A had! *(To DAVID)* No, Sir, A heard yer fit on the stair.

DAVID Weel, A'll tell ye, A never tak meat afore ma soup.

ARCHIE Oh, but ye maun ken, Sir, in Embro, aabody taks their soup last!

DAVID Weel, whaur A come frae, ye tak yer soup first. Sae tak that back tae the kitchen.

ARCHIE Aye, Sir, richt awa, Sir.

*(But he does not move)*

DAVID An' efter denner, A'll hae a rest i' ma chaumer.

ARCHIE Aye, Sir.

DAVID *(Aside)* A doot A'll never see ma Sarah again.

*(He exits as ARCHIE makes for the kitchen door. Once DAVID is off, ARCHIE turns and makes for the Left door; as he is getting there, SARAH calls.)*

SARAH Archie!

ARCHIE *(Entering the Left door)* Coming, Sir!

DAVID *(Calling off)* Archie! Archie, hoo muckle langer are ye tae be?

ARCHIE *(Entering the stage and shutting the Left door)* Twa meenits, Sir.

*(The FIRST WAITER enters with another dish)*

ARCHIE Quick . . . gaen an' lay the table i' that chaumer there. The ither gentleman has arrived. Bring a dish o' broth athoot delay! *(The FIRST WAITER makes to go)* Haud on! Gie me that. *(He takes the dish from the FIRST WAITER, who exits to the kitchen)* Whit wad this be? This maun be the eggs. *(He dips his finger in and tastes)* That's guid. *(Wiping his fingers on his coat)* Michty, whit a sauce! *(He takes the dish into the room, Left. The FIRST and SECOND WAITERS enter with glasses, bread, etc., and go into the room Right as he goes into the room Left.)* Good lads, that's richt

*(Coming out immediately he meets the WAITERS)* Hurry up, lads. Bring the soup.

**SECOND WAITER** You look efter that chaumer, we'll look efter this ane.

*(FIRST WAITER enters with soup)*

**ARCHIE** Here, gie me that. Gaen an' get the meat for the ither room.

*(He takes the plate from the FIRST WAITER and exits Right)*

**FIRST WAITER** A real smairt Alec, that ane! Daes aathin' himsel. Weel, let him. A'll get ma siller jist the same.

*(ARCHIE enters from Right)*

**SARAH** *(Off Left)* Archie!
**FIRST WAITER** Yer maister's cryin'.
**ARCHIE** *(Going to room Left)* Comin', Sir.

*(The SECOND WAITER brings dish for DAVID. ARCHIE enters from room Left.)*

**ARCHIE** *(To SECOND WAITER)* Here! A'll tak that.
**DAVID** *(Off Right)* Archie!
**ARCHIE** *(Trying to get meat from FIRST WAITER, who has got it from SECOND. Exit SECOND WAITER)* Gie that tae me!
**FIRST WAITER** Na, na, A'm takin' this in.
**ARCHIE** *(Getting the meat from him)* Staun back, ma man! Can ye no hear ma maister shoutin' for me?

*(He hurries into room Right)*

**FIRST WAITER** Cairry on, cairry on, it's nae aften A get a holiday.

*(The SECOND WAITER brings the potatoes and gives them to the FIRST WAITER)*

**SECOND WAITER** Here's the roastit tatties.

*(He rushes off)*

**FIRST WAITER** A'd tak them in masel, but A doot yon wee ferret'll no let me. *(ARCHIE comes out of room Right)* Here ye are, Jeck o' aa trades, tak this in tae yer maister.
**ARCHIE** Roastit tatties?
**FIRST WAITER** Aye, ordered speecial.

*(Exit FIRST WAITER)*

**ARCHIE** Hoo can A fin oot wha ordered they? Gin A speir at the kitchen, they'll jalouse there's jookery-pokery here. Hoo mony hae they sent? *(Counting)* Ane, twa, three, four, five, sax, seven, aicht, nine. Man, that's a muckle lot o' tatties for ae man! Mr Burnett maun hae ordered them. Yon Mr Pittendree looks like he hisna had a diet for a fortnicht, an' Mr Burnett maun hae guessed he was kinda hungry! Mr Kennedy wad never eat nine tatties at the ae sittin'. Na, na, it maun hae been Mr Burnett. A'm nae shair mind ye. *(He thinks for a moment)* Got ye! A'll tak hauf tae ae room, an' hauf tae that room. That laves ane. Weel, we canna hae them fechtin' ower a tattie, A'll jist enjoy it masel.

*(Then he puts one plate on the floor and takes the other into the room Left as the SECOND WAITER comes in with a large tart. ARCHIE comes out of room Left, picks up the other potato plate and makes to exit Right.)*

**SECOND WAITER** Tak this tairt.
**ARCHIE** Haud on, A'll no be lang.
**SECOND WAITER** That's no richt. The tatties belang there.
**ARCHIE** *(Whispering)* A ken they dae, an' A took them there, but ma maister sent some tae this ither chiel.

*(Exits Right)*

**SECOND WAITER** Oh, they maun ken ane anither. *(Enter ARCHIE)* They micht as weel hae taen their denner thegither.
**ARCHIE** Whit's this?
**SECOND WAITER** A plum tairt.
**ARCHIE** Wha's it for?
**SECOND WAITER** Yer maister.

*(Exit SECOND WAITER)*

**ARCHIE** *(Holding up tart and smelling it)* Man, that's a lovely smell. A wunner hoo A could get a bit at that athoot them kennin'? Haud on, there's a wee hole here. A could jist aboot get ma pinky in. *(He pokes his little finger in the hole and licks)* Oh whit a treat!
**SARAH** *(Calling from Left)* Archie!
**ARCHIE** *(Poking the pie)* Comin', Sir.
**DAVID** *(Calling from Right)* Archie!
**ARCHIE** Comin', Sir! Man, whit wunnerfu' plums. *(Digging his finger in again)* Jist anither sook an' A'll gan.
**SARAH** *(Coming from Left, she sees him eating, clouts him)* Will ye come whan ye're bidden?
**ARCHIE** *(Hiding it)* Comin', Sir.

*(SARAH goes back into Left. ARCHIE puts the tart on the floor and follows her in. DAVID comes out of room Right.)*

**DAVID** Archie? Whaur's the idiot got tae noo?

*(ARCHIE enters from Left)*

**ARCHIE** A'm here, Sir.
**DAVID** Whit are ye aboot? Whaur hae ye been?
**ARCHIE** A jist gaed tae fetch anither dish, Sir.
**DAVID** Weel, whaur is't?
**ARCHIE** Eh . . . it wisna ready, Sir.
**DAVID** Weel, hurry it up, for A want tae hae a nap aince denner's ower.

*(He goes back into room Right)*

**ARCHIE** *(Calling first to DAVID, then to the WAITERS)* Verra guid, Sir!
Hoy! Is there mair meat comin'? A'll jist pit that tairt aside for masel.

*(He hides it under a chair)*

**FIRST WAITER** *(Entering from the kitchen)* Here's the roast purk.
**ARCHIE** *(Takes it)* Quick, bring somethin' else.
**FIRST WAITER** Michty, whit a cairry-on. Gie me a chunce.

*(Exit WAITER)*

**ARCHIE** *(Going into room Right)* A'll tak this tae Mr Kennedy, that'll keep
him quaet.
**FIRST WAITER** *(Entering to nobody)* Here's the jeelly . . . Whaur are ye?
**ARCHIE** *(Entering from Right)* Here.
**FIRST WAITER** Onythin' else?
**ARCHIE** *(Rushing to room Left)* Jist wait.
**FIRST WAITER** Michty, whit a steer! The chiel's fair gan gyte.
**ARCHIE** *(Entering exhausted)* That'll dae, they're no seekin' onythin' . . .
jist noo.
**SARAH** *(From room Left, calling)* Archie!
**ARCHIE** Haud on!

*(He rushes off)*

**FIRST WAITER** Whit's that ablo the table?

*(He picks up the tart and puts it on the chair, turns his back to straighten
the table. ARCHIE races in and flops onto the chair, on top of the tart.)*

**ARCHIE** Oh michty, A'll never gan through this again. Bring a flaggon o'
ale.
**FIRST WAITER** Eh! Haud on a meenit, ye're sittin' –
**ARCHIE** Get the ale this meenit.
**FIRST WAITER** But ye'll mar yer coat gin –
**ARCHIE** Get the ale will ye, man.
**FIRST WAITER** Jist as ye say, A'm shair.

*(Exit WAITER laughing)*

ARCHIE *(Wiping his brow)* That's that, a guid day's wark. A've waited on twa maisters an' neither o' them kent onythin' aboot the ither. Weel, A've waited on three, noo A'll eat eneuch for four. Whaur's yon tairt?

*(He pushes back the chair and looks under it. His face comes up as the curtain falls.)*

# Scene Three

*Before the Ae Gulp Houffe*

**SUSIE** *(Entering)* Lordy Dicks, A never thocht A'd get here alive. Ma mistress bade me tak a letter tae yon Burnett chiel, but hoo she manages tae near disembowel hersel for the love o' ae man, syne write letters tae anither wi' her next braith, beats me. A remarkable recovery ye'll say, an' ye'd be richt. An' sendin' a virtuous maiden lassie athoot protection tae a roch houffe lik this shows ma mistress up for a thochtless baggage. Weel, Lord be thankit, A've got here wi' nae attack made on ma virgin person. Yet . . . *(She looks hopefully round)* A had tae practise screamin' aa mornin'! Ma mistress gaured me. She said, 'Gin ony man maks advances tae ye, Susie, jist ye howl oot o' ye'. A doot A shidna hae bothered. Still, we maun aye live in hope. Ah weel, this is the place. *(She looks in the doorway)* A'm no gan in, though, na, na, no me. A'll jist shout, an' gin onybody comes oot, A'll look the ither road. *(Calling)* A say! A say, onybody aboot?

**WAITER** *(Looking out of an upstairs window)* Noo, ye trollop, whit are ye seekin'?

**SUSIE** *(Aside)* Whit an affront. A hope naebody sees me.

**WAITER** Weel, whit is't?

**SUSIE** A'm tellt a certain Mr Andrew Burnett's lodgin' here. *(Aside)* A hope he disna think A'm seekin' truck wi' him.

**WAITER** Aye, he's here the noo, jist feenished his denner.

**SUSIE** A've somethin' for him.

**WAITER** Weel, come in.

**SUSIE** Whit dae ye tak me for? A'll hae ye ken A'm respectable. A'm in service o' the lady he's tae mairry.

**WAITER** Ma certes! Weel, step this wey, gin it please yer ladyship!

**SUSIE** Nane o' your lip, ma lad. A'll no come in.

*(She starts for the door)*

**WAITER** An' whit wad yer ledyship lik? Me tae bring him oot? A'll hae ye ken he's entertainin' Pittendree o' Pittendree an' Company.

**SUSIE** *(Aside)* Oh! Lordy Dicks!

*(She moves smartly from the door)*

**WAITER** Mabbe ye'd lik him brocht oot, tae?

**SUSIE** *(Aside)* Ma maister! A'll no gae in noo.

**WAITER** A'll send Mr Burnett's servant, gin that'll please ye?

**SUSIE** *(Her face lights up)* The little dark chiel?

**WAITER** Aye, that's him.

SUSIE Aye, he'd dae fine.

*(She pats her hair, etc.)*

WAITER Aaricht. *(Aside)* A doot she fancies the servant, puir sowel. Wi'
a face lik that A doot she'll nae get muckle better.
SUSIE Bid him come oot, will ye?
WAITER Richt ye are.

*(He goes in)*

SUSIE A kent A shid hae worn ma best cap. Never mind, the Lord be
thankit, A hae ma ribbons on. *(A thought strikes her)* Whit'll A say gin the
maister comes oot? Och weel, A'll lik as no think o' somethin'.

*(ARCHIE appears, eating a pear, with a napkin round his neck)*

ARCHIE Wha wants me?
SUSIE A dae, Sir. A trust A'm nae interruptin' yer denner?
ARCHIE Na, A was jist aboot feenished.
SUSIE A'm verra sorry.

*(She is very coy. He is delighted to see her.)*

ARCHIE A'm verra pleased. *(Offering the pear)* Hae a bite.
SUSIE *(She bites)* Oh Sir! . . . Oh michty, the juice is rinnin' doon ma chin.
ARCHIE A'll gie it a dicht wi' ma napkin.
SUSIE *(Giggling as he does so)* Oh Sir! Thenkye, Sir.
ARCHIE Noo, whit can A dae for ye?
SUSIE Weel, Sir, ma mistress bade me deliver this letter tae Mr Burnett. It's
nae richt for a *maiden* lassie lik me tae be inside a drinkin' hoose, sae A
thocht you bein' his man, lik, you micht deliver the letter.
ARCHIE A'll dae that wi' pleesure. But A've got a message for ye.
SUSIE Wha frae?
ARCHIE Oh, a braw chiel. Guid lookin', swack an' witty wi's tongue.
SUSIE Oh aye? Whit's his name?
ARCHIE Archie, an' whit's mair he's in love wi' ye.
SUSIE Och, ye're jist makin' a fule o' me.
ARCHIE An' gin ye gie him encouragement, he micht mak himsel kent.
SUSIE Weel, gin he taks ma fancy, A micht dae that.
ARCHIE Whit?
SUSIE Egg him on.
ARCHIE Will A send him oot?
SUSIE Aye, shairly.
ARCHIE Haud on a meenit.

*(He goes back into the house)*

SUSIE *(Aside)* Disappointment! A thocht he wis speakin' aboot himsel.

*(ARCHIE comes out and does a mime of pretending to meet and be attracted to her. She does her scream, which is a pathetic 'Ahhhh' sound, when he makes a pass at her. Eventually, he exits into the houffe.)*

SUSIE A think he's up tae somethin'.

ARCHIE *(Coming out)* Weel, whit did ye think o' him?

SUSIE Wha?

ARCHIE The man wha's in love wi' yer person.

SUSIE A saw naebody but you.

ARCHIE Weel?

SUSIE Dae ye mean ye really love me?

ARCHIE A dae that.

SUSIE Hoo did ye no say so afore?

ARCHIE Weel, A'm kinda shy.

SUSIE *(Aside)* Lordy Dicks, he'd mak the Queen o' Sheba love him.

ARCHIE Weel, whit dae ye say?

SUSIE Weel, A'm kinda shy, but ye dae tak ma fancy.

ARCHIE Ye're no yokit, are ye?

SUSIE *(Aside)* No, mair's the peety! *(To ARCHIE)* Aye . . . but A'm no athoot offers. A could hae been mairriet fifty time ower.

ARCHIE Dae ye think there's ony hope for me?

SUSIE *(Playing the shy widow)* Weel . . . Oh Lordy Dicks . . . A maun say . . . *(Aside)* A could loup for joy, an offer at last. *(To him)* There's a somethin' aboot ye . . .

ARCHIE Gin somebody wantit tae mairry ye, whit wad they hae tae dae?

SUSIE Naethin'!

ARCHIE Hoo dae ye mean?

SUSIE A'm aa ready! A've had ma kist packed an' ready for the last ten years.

ARCHIE Oh?

SUSIE *(Realising what she has said)* A mean . . . A've had offers, but A've aye chainged ma mind. But A'll no chainge ma mind this time.

ARCHIE Are ye shair?

SUSIE Quite shair. *(Aside)* A wadna loss the chunce noo A've got it.

ARCHIE Weel, that's settled. Gie's a kiss tae seal the bargain.

*(SUSIE grabs him and kisses him. He staggers back, holding onto his hat.)*

SUSIE Oh michty, Archie dear! Yer awfu' roch. *(Remembering about the letter, she rushes to him)* Oh! Here's the letter, Archie.

ARCHIE Whit's in it?

SUSIE A dinna ken.

ARCHIE A hope it's no bad news. He'll tak it oot on me.

SUSIE A hope no, Archie! A wadna lik tae get ye spilt.

*(Trying to see into it, holding it up to the light)*

ARCHIE Wad it be a love letter, dae ye think?

SUSIE Oh no! A wadna think sae.

ARCHIE Weel, gin it be bad news, A'm no seekin' tae get the brunt o't.

SUSIE We could open it? But hoo wad we stick it thegither again?

ARCHIE Lave it tae me. A'm a dab haun at stickin' letters thegither.

SUSIE Open it then.

ARCHIE *(Opening the letter)* Can ye read?

SUSIE *(Lying)* Some . . . But that's a man's job, you can read it tae me. Ye can read A suppose?

ARCHIE Oh aye!

SUSIE Quick! Read it tae me, Archie.

ARCHIE *(Looking at it, turning it round, etc.)* You read it, ye'll ken yer mistress' haun better nor me.

SUSIE *(Having to take it. Repeating ARCHIE's business.)* Michty! It's gettin' that dark. *(Handing him the letter back)* No, no, Archie, it's nae use, A canna see a word.

ARCHIE Ye're richt, A can mak oot naethin'.

SUSIE *(Lifting her eyebrow)* Oh aye?

ARCHIE *(Acting again)* Haud on, though, A can mak oot ane or twa o' the characters.

SUSIE *(Trying to help again)* Sae can I.

ARCHIE Weel, let's ee it. That's an M . . .

SUSIE No, no, Archie, that's an R . . .

ARCHIE Weel, that's a P, a big P . . .

SUSIE Are ye shair, Archie?

ARCHIE Weel, big P, or little p, there's nae muckle atweeen them.

*(SARAH and PITTENDREE come out of the houffe)*

PITTENDREE *(To SUSIE)* Whit are you seekin' here, Susie?

SUSIE *(Aside)* Lordy Dicks. *(To PITTENDREE)* Eh . . . naethin', Sir. A cam tae look for you.

PITTENDREE Whit are ye seekin' wi' me?

SUSIE Eh . . . the mistress wants ye, Sir.

SARAH *(Noticing the letter)* Whit's that ye hae, Archie?

ARCHIE Naethin' . . . jist a bit o' paper.

SARAH Let me see it.

ARCHIE Aye, Sir.

*(Hands it to him)*

SARAH Whit? This is a letter tae me!

ARCHIE Oh no, Sir! Is't?

SARAH An' ye've opened it?

**ARCHIE** Oh no, Sir.

**SARAH** *(To PITTENDREE)* A letter frae Miss Mary, and this rascal has the impidence tae open it.

**PITTENDREE** An' you helped him, A've nae doot, ye hussy.

**SUSIE** A ken naethin' aboot it, Sir.

**SARAH** *(To SUSIE and ARCHIE)* Wha opened this letter?

**ARCHIE** No me.

**SUSIE** No me.

**PITTENDREE** Weel, wha brocht it?

**SUSIE and ARCHIE** *(Together, pointing to each other)* He (she) did.

**PITTENDREE**  Sae ye're the cause o' this, ye jaud. A'll tak ma stick tae ye.

*(He lifts his stick)*

**SUSIE** Ye wadna daur!

**PITTENDREE** Whit's that?

**SUSIE** Ye're ower stiff, ye'd hae tae catch me first.

*(She exits at a sprint)*

**PITTENDREE** Ye impident trollop! A'll show ye, ye baggage . . . *(Exiting)* A'll let ye see hoo A can rin.

**ARCHIE** *(While SARAH is reading the letter)* Noo, hoo'll A get oot o' this?

**SARAH** *(Aside)* Puir Mary, she's in despair ower Sandy's jealousy. A better discover masel an' pit aa tae richts.

**ARCHIE** *(Trying to creep away)* He's no lookin'. A'll jist get awa oot o' this.

**SARAH** Archie!

**ARCHIE** *(Returning immediately)* Aye, Sir?

**SARAH** Whaur are ye gaen?

**ARCHIE** Me? A'm no gaen onyplace, Sir.

**SARAH** Did you open this?

**ARCHIE** No me, Sir. That's exactly hoo A got it. Yon trollop, Susie, maun hae been keekin' at it.

**SARAH** Aye, aye, pit the blame on Susie, noo she's awa. This is the second letter o' mine ye've opened the day. *(Flexing her cane)* Come here!

**ARCHIE** *(Innocence)* Whit is't, Sir?

**SARAH** Come ower here, A say.

**ARCHIE** *(Half crying already)* Oh mercy, maister!

**SARAH** Come in aboot.

**ARCHIE** *(Coming a step and crying)* Oh, michty, help!

**SARAH** *(Beating him with her cane)* Noo, tak that for openin' the first letter . . . *(DAVID at this point appears at the window above)* And that for openin' the second!

ARCHIE *(As she has stopped)* Thenkye, Sir.
SARAH *(Her arm hurts)* A'm no feenished yet.
ARCHIE Oh, Sir!

*(He kneels on the floor and she beats him again)*

SARAH *(Finishing)* An' that for tellin' lees.
DAVID Whit's this?

*(He disappears from the window)*

ARCHIE Oh Sir! Thenkye, Sir!
SARAH An' let me tell ye, that hurt me mair nor it hurt you.

*(She exits rubbing her arm)*

ARCHIE *(Still on his knees)* Oh michty! A didna deserve *aa* that. Archie's a guid sowel. Gin a servant misbehaves, ye send him awa, ye dinna beat him . . . Oh me . . . Oh me . . .
DAVID *(Coming out of the houffe)* Whit's this, micht A ask ye?
ARCHIE *(Seeing him and leaping up)* Oh! A said a body had nae richt tae beat ither fowk's servants. It's an affront tae ma maister.
DAVID *(Looking after SARAH)* It's aa that. Wha was it thrashed ye?
ARCHIE Complete stranger, Sir! A never saw him afore!
DAVID An' whit did he whip ye for?
ARCHIE *(Thinking quick)* Oh! . . . Eh! . . . A spat on's boot.
DAVID An' ye let him beat ye for that? Ye did naethin'. Ye expose yer maister tae ridicule?
ARCHIE *(Trying to get out of the way)* Oh no, Sir! No me, Sir!
DAVID *(Cracking his whip)* Haud yer tongue, Sir! Ye expose yer maister tae ridicule, A say! Mak him the lauchin' stock o' the hale toon? Is that yer intention? *(ARCHIE opens his mouth to speak)* No a word!
ARCHIE But Sir –
DAVID Not a word, Sir! *(ARCHIE closes his mouth)* Weel, gin ye lik tae be beat, A'm guid at that game. *(ARCHIE cowers)* A'm guid at that, tae. *(He clouts ARCHIE with his whip)* Tak that, ye haufwit, ye idiot. That'll larn ye tae hae respect for yer maisters.

*(He starts to beat ARCHIE again, who runs calling 'Help', etc., round the stage)*

## CURTAIN

# ACT THREE

## Scene One

*A Room in the Ae Gulp Houffe*

**ARCHIE** *(Sitting on a table, Centre)* Weel, A micht hae got ma deserts, but A've had a guid denner, an' A'll get double wages by wey o' compensation. *(Jumping down)* Noo whit's tae be din? Maister number one is awa oot, an' number twa's in bed. *(A thought strikes him)* Michty aye, noo's the time tae open the kists an' fin' oot whit needs daein' tae the claes. This room'll dae fine, an' here's the keys. *(He goes to the upstage entrance and calls)* Waiter! A'll get yon twa gommerils tae cairt oot the kists. *(He goes back and calls again)* Waiter!
**FIRST WAITER** Aye, aye, whit's tae dae?
**ARCHIE** Wark! That's whit! Will ye get yer servant tae cairry ben the kists?
**FIRST WAITER** *(Preening)* Shairly, Sir, shairly. *(Going and calling)* Timmy! Hoy, Timmy man!
**ARCHIE** *(Aside)* Noo, that's hoo tae get the best oot o' servants. Gaur *them* think, *you* think, *they're* the maister.
**SECOND WAITER** *(Appearing)* Whit is't?
**FIRST WAITER** Gae an' help the gentleman cairry in his kists.
**ARCHIE** *(To FIRST WAITER)* Thenkye, Sir.

*(ARCHIE and SECOND WAITER exit)*

**FIRST WAITER** Weel, A've never afore kent a man wark when there's nae maister aboot tae tak note o' him daein' it. A doot he maun hae ae, twa, three ploys up his sleeve – nae servant daes onythin' for naethin'. A'm a servant masel, an' A ken the ropes.

*(SECOND WAITER and ARCHIE enter carrying a trunk)*

**ARCHIE** Watch it noo. Pit it doon here, an' caa canny, for ma maister's in there sleepin'. Come on, noo, an' fetch the ither ane.

*(They leave the trunk to one side and exit)*

**FIRST WAITER** A think A'll jist keep ma eye on this lad. A doot he's up tae nae guid. Wait on twa maisters? Rob an' murder them mair like.
**ARCHIE** *(Coming back with SECOND WAITER and trunk)* This ane ower here. *(They put it a little way from the first)* That's it, ye can rin awa noo. A'm nae seekin' onythin' else. Ye hae ma thanks.
**SECOND WAITER** Aye! That's aboot aa A'll get!

194

*(He exits)*

**FIRST WAITER** Awa wi' ye, noo, Timmy, an' nane o' yer lip. *(To ARCHIE)* Can A be o' assistance tae ye, Sir?
**ARCHIE** Na, na, A likes tae dae ma ain wark.
**FIRST WAITER** Jist as ye say.

*(He exits looking over his shoulder)*

**ARCHIE** *(Watches him till gone)* Noo, lat's get they claes oot. *(He feels in his pocket for the keys)* Noo, whaur's the ither key? *(Finding it)* Aye, here we are. Noo, whitna kist dae ye belang tae? *(He tries one and it opens. Opening the lid of the chest:)* Aye, that's ye hame. Clever chiel, Archie, an' this ane'll open the ither kist. *(He goes and opens it)* Noo, lat's hae aathin' oot. *(They must contain a black suit each, books, papers, and anything else to fill them up)* Michty, a braw bit claith! *(He puts the suit on the table, then goes to the door upstage)* Onybody aboot? *(Back down to the clothing)* A'll jist mak shair there's naethin' i' the pooches, ye nivver ken. A've fun' sugar sweeties, lumps o' cake, siller whiles! *(He is searching and pulls out a portrait from SARAH's coat)* Michty, whit treasure's this? Ma certes, whit a bonnie picter. A handsome chiel, A'll be truithfu'. *(He holds it up to his nose)* Dinna tell me! . . . A ken this chiel . . . it's . . . *(Pause)* Noo, wha is he? A ken him fine, that's for shair.
**DAVID** *(Calling offstage)* Archie!
**ARCHIE** Plague tak him, he waukened up! An' like as no, oot he'll cam an' speir wha the second kist belangs tae. *(Putting the things back into SARAH's trunk and shutting it)* Quick, quick! A'll lock it up an' swear A nivver saw it afore.

*(He does so)*

**DAVID** *(Calling off)* Archie!
**ARCHIE** Comin', Sir. *(He starts to go and stops)* Michty! Did yon buiks an' papers belang this kist or yon kist?

*(He rushes and opens the trunk and pulls out the stuff and puts it in the other. Then he puts the things on the table in the first trunk.)*

**DAVID** Archie! Come in here this meenit.
**ARCHIE** A'm there, Sir! *(Pulling and pushing stuff in and out of trunks, till everything is mixed)* That'll dae, he'll nivver ken. *(He starts to go, then rushes back and slams SARAH's trunk)* A'll sort aathing aince he gaes oot!

*(Once more he makes for the door, when DAVID enters in a dressing gown)*

**DAVID** Whit the deil taks ye sae lang, Archie?

ARCHIE A was jist airin' yer claes, Sir, an' be great misfortune, A shut ma finger in yer kist!

DAVID Let me see it.

ARCHIE Na, na, Sir. It's ower nesty lookin', an' A canna staun the sicht o' bluid.

*(He holds his hand behind his back)*

DAVID *(Looking at both trunks)* Wha daes that belang tae?

ARCHIE *(Aside)* A tellt ye! *(He sighs)* That kist, Sir?

DAVID That kist, aye!

ARCHIE Oh, that maun belang some ither gentleman, Sir, A couldna richtly say.

DAVID Weel, gie me oot ma black coat.

ARCHIE Verra guid, Sir.

*(He opens DAVID's trunk and takes out the black coat. DAVID removes his gown. He already wears trousers, etc. He puts on the coat and puts his hand in his pocket, pulling out the picture.)*

DAVID Whit's this?

ARCHIE *(Aside)* Oh michty! A've pit the orra thing i' the wrang pooch!

DAVID *(Aside)* There can be nae mistake. This is a portrait o' me! The verra ane A gied tae Sarah! *(To ARCHIE)* Hoo cam this portrait i' the pooch o' ma coat?

ARCHIE *(Aside)* Oh michty, the pot's biled ower noo.

DAVID Weel? Oot wi't. Hoo cam this i' ma coat?

ARCHIE Noo, Sir . . . Oh Sir, A'm feart ye gan intae a passion. It wis jist a hairmless . . .

DAVID Whit?

ARCHIE Weel ye see, Sir. The picture belangs tae me, Sir.

DAVID Tae you?

ARCHIE Aye, Sir. It belangs tae me, an' A pit it i' yer pooch for fear A'd lose it.

DAVID Dae ye expect me tae believe that?

ARCHIE It's the God's truith, Sir.

DAVID An' hoo cam ye tae get it?

ARCHIE Ma maister left it tae me, Sir.

DAVID Left it tae ye?

ARCHIE *(Producing a handkerchief and dabbing his eyes)* Aye, Sir, A had a maister wha deid, Sir, an' he left me ae twa-three trinkets. A sellt the rest, but A wantit tae keep this ane safe.

DAVID An' hoo lang is't since this maister o' yours deid?

ARCHIE A week by Thursday, Sir. *(Aside)* This'll be the daith o' ye, Archie.

DAVID An' whit wis yer maister's name, pray?

ARCHIE That A canna tell, Sir. Ye see he gaed aboot in . . . inco . . . incog . . . incog . . .

DAVID Incognito?

ARCHIE That's the ward, Sir.

DAVID An' hoo lang did ye serve him?

ARCHIE Jist a puckle days, Sir.

DAVID Hoo mony?

ARCHIE A dizzen at the maist, Sir.

DAVID *(Aside)* Guid help me! The mair A hear, the mair A'm shair it maun hae been Sarah! In man's dress, her name concealed . . . Oh Guid help me, gin this be true . . .

ARCHIE *(Aside)* Believes ilka ward.

DAVID Tell me, Archie. Wis yer maister young?

ARCHIE Jist a lad, Sir.

DAVID Athoot a beard?

ARCHIE Beardless, Sir.

DAVID 'Twas she, A'm certain shair.

ARCHIE *(Aside)* A'm sayin' the richt things, onyroad.

DAVID Did he ever mention whaur he cam frae?

ARCHIE *(Not thinking)* Mony a time, Sir.

DAVID Whaur?

ARCHIE Eh?

DAVID Whaur wis his hame?

ARCHIE His hame? Oh aye . . . *(Thinking quickly)* A did ken, Sir, but, O michty! A canna min'.

DAVID Was't? . . . Was't . . . *(He can't say it)* Was't aboot the Borders, Archie?

ARCHIE Ye're richt, Sir. The Borders it wis!

DAVID Ilka ward he spicks cuts me tae the quick. Tell me, Archie, is he deid in truith?

ARCHIE As deid as could be, Sir.

DAVID Oh, Guid save me! Whit did he dee o', Archie?

ARCHIE A terrible thing, Sir, a terrible thing.

DAVID Tell me.

ARCHIE A couldna, Sir.

DAVID Hoo no?

ARCHIE It's jist terrible, Sir. *(Aside)* A wisna ready for that.

DAVID Whaur is he buried, Archie? Tell me that, sae's A can gae an' veesit him.

ARCHIE Noo, that A widna ken, Sir.

DAVID Hoo no?

ARCHIE *(Not thinking)* Weel, ye see, Sir, he wisna buried . . .

DAVID Whit?

ARCHIE A mean . . . Eh . . . anither servant sent the corp hame, ye see, Sir, sae's the puir gentleman got buried richt Christian lik.

DAVID The same servant that ye met at the Post this mornin'?

ARCHIE Aye! Aye, Sir, John it wis.

DAVID Jimmy.

ARCHIE Jimmy A mean, Sir.

DAVID Weel, aa's lost for me! *(Aside)* Sarah deid? The journey an' the sufferins o' her heart maun hae been ower muckle for her. Oh!!! A can bear the agony o' ma grief nae langer. A'll cut masel aff frae the warld A seek nae mair . . . Oh! ma Sarah. *(He staggers from the room)* Oh God save me.

ARCHIE *(Straight)* Michty, whit a performance! That picter had a maist terrible effect on him. He maun hae kent the man painted there. Weel, A've no been made tae suffer onyroad, an' that's a blessin'. A'll jist lug they kists back intae the chaumers afore the ither maister comes back. *(SARAH and PITTENDREE come in)* Deil tak it, ower late!

SARAH Ye hae ma assurance, Mr Pittendree. The last lot o' candles an' wax hae been pit doon twice ower.

PITTENDREE Weel, the clerk maun hae made an error, but get oot yer buiks an' we'll sune mak shair.

SARAH Weel, it micht be ma clerk, but A'll pit ma list aside the buiks an' that'll sort aathing. Archie! *(ARCHIE has been trying to take DAVID's trunk off)* Hae ye the key o' ma kist?

ARCHIE Here, Sir.

*(He gives her a key)*

SARAH Whit's ma kist daein' here?

ARCHIE A wis jist sortin' aathin', Sir.

SARAH Ye see whit a graun servant he is, Mr Pittendree?

PITTENDREE A dae that, Sir, ye're maist fortunate.

SARAH Open ma kist, Archie. Haud on, wha daes that ither kist belang tae?

ARCHIE Oh, that belangs a gentleman jist arrived, yer honour.

SARAH Weel, open mine, an' gie me oot a buik ye'll fin' there.

ARCHIE *(Aside)* Whit's gaun tae happen noo?

PITTENDREE *(He looks into the trunk which is topsy turvy)* Nae, nae, ye've need o' him here it seems. A'll gae an' speir ink an' quill o' Mistress Gow.

*(He exits)*

ARCHIE Here's the buik, Sir.

SARAH Thenkye, Archie. *(She goes to the table)* This is no ma buik, Archie!

ARCHIE *(Aside)* Oh michty! Noo whit'll A say?

SARAH Wha's buik is't? Lord help me! Here's the twa last letters A wrote tae David! Michty, A'm lik tae swoon! Archie!

ARCHIE Whit's wrang, Sir?

SARAH Hoo did this buik cam tae be i' ma kist? It's nae mine.

ARCHIE Weel, A dinna richtly ken, Sir.

SARAH Oh, Archie!

ARCHIE Whit ails ye, Sir? *(He makes a play of studying the book)* Oh Sir, this buik belangs tae me. A pit it in yer kist for fear o' loosin' it. *(Aside)* That wis guid eneuch for Mr Kennedy.

SARAH Yer ain, ye say? An' ye gied it tae me athoot kennin' it wis yours?

ARCHIE *(Aside)* He's a clever chiel, this. *(To SARAH)* Weel, ye see, Sir, the buik's only been i' ma possession a verra little while, Sir . . .

SARAH An' whaur did ye get this buik?

ARCHIE Weel, ye see, Sir . . . *(Producing the handkerchief)* Ma maister afore ye was a Border gentleman, an' he deid be mistake, an' he left the buik tae me.

SARAH Deid? Be mistake? Whit dae ye mean, Archie?

ARCHIE Weel, ye see, Sir, he didna *mean* tae dee, he couldna help himsel.

SARAH Hoo lang sin?

ARCHIE Oh a puckle days noo, Sir, a week an' a bit.

SARAH Frae the Borders, ye say?

ARCHIE That's richt, Sir.

SARAH Dumfries?

ARCHIE That's richt, Sir.

SARAH *(Aside)* Saints abune help me. A hardly daur speir this next. *(To ARCHIE)* Whit wis yer maister's name? Kennedy?

ARCHIE Kennedy it wis, Sir.

SARAH *(Aside)* No . . . *(To ARCHIE)* David?

ARCHIE That's the man, Sir. *(Aside)* Michty, ye're a genius, Archie, naethin' short.

SARAH An' ye're shair he's deid?

ARCHIE As shair as A'm alive.

SARAH Whit did he dee o', an' whaur wis he buried?

ARCHIE He trippit ower a tree ruit, an' fell heid first intae the Forth.

SARAH *(Aside)* Oh Lord save him!

ARCHIE Nivver seen or heard o' again!

SARAH Oh! . . .

ARCHIE *(Looking at her and deciding he'd better do likewise)* Oh! . . .

SARAH Oh! . . .

ARCHIE Oh! . . .

SARAH Oh! . . .

ARCHIE Oh! . . .

*(ARCHIE blows his nose as PITTENDREE enters with ink and quill)*

**PITTENDREE** Here we are, Mr Burnett.

**SARAH** *(Rising and staggering to her room)* David deid! A'll nivver get ower this! A lave ma hame, A confront danger ilka meenit, A dress lik a man tae fin' him, an' noo A learn he's nae mair. Oh guid sakes, whit hae A din tae deserve this? Oh Lord save me! Oh ma love, ma David . . . Oh David, ma love . . .

*(She exits)*

**PITTENDREE** Archie!
**ARCHIE** Aye, Sir?

*(He comes to PITTENDREE)*

**PITTENDREE** Whit think ye o' that?
**ARCHIE** A member o' the opposite sex!
**PITTENDREE** A woman!
**ARCHIE** Wha'd hae thocht it?
**PITTENDREE** Ma heart'll no staun sae mony surprises aa in the yin day.

*(He staggers on ARCHIE)*

**ARCHIE** Haud on, Sir!
**PITTENDREE** A woman!
**ARCHIE** A female!

## Scene Two

*A Street*


**ALEC** Guid sakes, here's yon auld midden. Ma certes, Pittendree, but ye stick teuch i' ma gizzard. The mair A think aboot yer treatment, the mair A abominate ye.

**PITTENDREE** *(Who has heard none of this)* Guid efterneen tae ye, Alec, yer servant.

**ALEC** A'm surprised ye hae the effrontery tae address me.

**PITTENDREE** A've news for ye . . . Dae ye ken —

**ALEC** Ye're tae tell me the mairrage has taen place. Weel, A'll lauch i' yer face, for A care no a fig!

**PITTENDREE** The hale story's fiction, Alec . . .

**ALEC** Nane o' yer lees, Pittendree.

*(He starts to go)*

**PITTENDREE** Haud on, Alec, let me spick, plague tak ye.

**ALEC** Spick awa, an' a pox on ye.

**PITTENDREE** *(Aside)* A'd fair lik tae gie him a richt dunt i' the neb. *(To ALEC)* Ma dochter'll mairry yer son whanever ye please.

**ALEC** *(With much grandeur)* Oh! . . . A'm vastly obleeged tae ye, Sir. Pray pit yersel tae nae inconvenience, yer honour. *(He bows one or twice)* Ma Sandy's nae gaun tae stomach that! Let her tak auld rags an' parritch for aa we're carin'. Gie yer baggage o' a dochter tae wha ye pleese, an' guid riddance tae bad rubbish!

**PITTENDREE** Noo, noo, Alec, we've aye been freens . . .

**ALEC** We're nae seekin' yer left-owers! Gie her tae Burnett an' no mar yer plans.

**PITTENDREE** Gin ye kent wha Mr Burnett wis, ye'd haud yer tongue.

**ALEC** He can be wha he likes, yer dochter's been seen in company wi' him!

**PITTENDREE** But it's nae true that he's a —

**ALEC** A'll nae listen tae anither ward!

*(He starts to go)*

**PITTENDREE** Weel, that'll be the worse for ye.

**ALEC** Time'll tell, time'll tell. We'll see wha it'll be the worse for.

**PITTENDREE** Weel, weel, ye'll nae get the likes o' ma Mary ilka day o' the week.

**ALEC** Ach! Awa tae the deil.

**PITTENDREE** Deil tak ye, Sir.

ALEC Weel, gin he taks me, he'll shairly hae tae mak room for you, for a mair cantankerous, double-dealin', bare-faced black leer, A nivver cam ower.

PITTENDREE Did ever ye hear the lik o' that? *(Calling after ALEC)* May ye burn in Hell, ye thrawn auld stoat! *(Aside)* Here's me, oot o' kindness, seekin' tae tell him the man's nae a man, but a woman, an' guid sakes, A couldna get a snuff in edgeweys. *(Enter SANDY)* Oh! Here's yon impertinent lout o' a son o' his. A've been ill used eneuch be him aaready this day but A doot A'm in for mair. *(He speaks to SANDY)* Guid efternoon tae ye, Sandy, lad. Gin ye gie me lave tae spick, A'll tell ye a rare bit news. But ye maun allou me tae spick, no lik yer muckle wind-bag o' a faither.

SANDY Whit hae ye tae say tae me, Sir?

PITTENDREE Ye maun ken, Sandy lad, that the mairrage atween Mary and Burnett has come tae naethin'.

SANDY Say ye so?

PITTENDREE That A dae, an' gin ye're still o' yer former mind, ma dochter's ready tae gie ye her haun.

SANDY *(Aside)* A doot this is some kin' o' trick.

PITTENDREE *(Aside)* Lord be thankit, he's nae sae ill-natured as his faither.

SANDY An' hoo can A clasp tae ma bosom a woman that's been promised tae anither man?

PITTENDREE Ye spick sense, Sandy, rare guid sense, but tae cut a lang story short, the bridegroom's nae aa he shid be.

SANDY Whit dae ye mean?

PITTENDREE Weel, incredible though it micht soon', the bridegroom turns oot no tae be Andra Burnett, but his sister, Sarah.

SANDY Eh?

PITTENDREE Jist that.

SANDY Sarah Burnett?

PITTENDREE Sarah Burnett!

SANDY A'm no shair A unnerstaun ye.

PITTENDREE *(Aside)* Thick i' the heid, A aye kent it. *(To SANDY)* Tae spick plainly, the body we thocht was Andra, wasna Andra, but Andra's sister, Sarah.

SANDY Dressed lik a man?

PITTENDREE Precisely!

SANDY Noo A unnerstaun ye!

PITTENDREE *(Aside)* No afore time.

SANDY Hoo did ye mak the discovery?

PITTENDREE Let's gaen tae ma hoose. Mary kens naethin' aboot it aither, an' A'll pit twa an' twa thegither for the pair o' ye.

SANDY A maun beg yer pairdon, Sir, for ma attack on ye this foreneen. Ma passions transported me.

**PITTENDREE** Och, 'twas naethin' at aa. A nivver gied it a thocht. Think nae mair on't. Come on.

*(They start to go)*

**SANDY** Gin Mary'll tak me efter aa this, Mr Pittendree, ye'll nae fin' a mair contentit man i' the toon.

*(They exit arm in arm)*

# Scene Three

*A Room in the Ae Gulp Houffe*

*The same room as before. At the rise of the curtain, there must be a terrific noise. SARAH, DAVID, MISTRESS GOW, and the FIRST WAITER are all shouting. MISTRESS GOW is restraining SARAH who is armed with a dagger. The FIRST WAITER is holding on to DAVID who is also armed. The two parties struggle about shouting, with MISTRESS GOW's single line coming in between.*

**GOW** Oh stop, A said stop!
**FIRST WAITER** This is madness, Sir!
**SARAH** Let me go!
**DAVID** Gae tae the deil.

   *(The above all together)*

**GOW** Help! . . . Murder! . . .

   *(The above line solo)*

**GOW** Tak care, mistress.
**FIRST WAITER** Ye'll hurt yersel.
**SARAH** Ye'll nae hinder me!
**DAVID** Ma mind's made up!

   *(The above all together)*

**GOW** Guid save us aa!
**FIRST WAITER** Gie that tae me, Sir!
**SARAH** A've naethin' tae live for!
**DAVID** Ma darlin' Sarah's awa.

   *(The above all together)*

**GOW** Help! . . . Murder! . . .

   *(DAVID shakes off the FIRST WAITER, and SARAH shakes off GOW. They bang into each other, Centre, and turn round. Pause.)*

**SARAH** David!
**DAVID** Sarah!
**SARA** Ye're alive!
**DAVID** Ye're livin' tae?
**SARAH** Ma love!
**DAVID** Ma Sarah!

*(They embrace)*

**GOW** Awa an' pour me a gless o' brandy, Jock, A've need o't efter that. A said A've need o't.

*(The FIRST WAITER helps GOW out)*

**DAVID** Gie me that. *(He takes the dagger from SARAH and lays it aside with his own)* Whit drove ye tae try an' dee sic a thing?
**SARAH** The false news o' yer daith.
**DAVID** Wha tellt ye A wis deid?
**SARAH** Ma servant.
**DAVID** An' mine gaured me believe the same o' you. An' owercome wi' grief, A intended tae tak ma life.
**SARAH** A fun' yer buik i' ma kist.
**DAVID** An' A fun' the portrait A gied ye i' ma coat pooch.
**SARAH** Hoo did it get there?
**DAVID** Ye micht as weel speir for the moon frae me.
**SARAH** They fiends o' servants!
**DAVID** Wad it be them?
**SARAH** Shairly it wis them. Guid kens whit they've been up tae.
**DAVID** *(Looking round)* Whaur are they onyroad?
**SARAH** Oh, no whaur they shid be as usual.
**DAVID** Ma man's jist the same.
**SARAH** Lat's seek them oot an' confront them.
**DAVID** Aye, lat's. Michty, it's graun tae see ye, Sarah.
**SARAH** A thocht A'd nivver see ye again, David.
**DAVID** Sarah!

*(He embraces her)*

**SARAH** Noo, for that monster o' a servant. *(She goes to the door and calls)* Ho there! Onybody aboot?
**GOW** *(Entering a little more tipsy than usual)* Did ye call, Sir?
**DAVID** Ay, Mistress. We're baith seekin' oor servants. Hae ye seen sicht or soon o' them?
**GOW** A'll gae an' look for them, Sir, A said A'll gae noo.
**SARAH** Gin ye find them, send them here, Mistress Gow.
**GOW** *(Just managing a curtsey)* Wi' pleesure, Miss Burnett, an' whit a relief no tae hae tae caa ye Sir, Madam. For masel, A only ken o' ane, but A'll speir ablo, mabbe somebody there'll ken them baith. *(She goes between them)* A maun congratulate ye baith on seein' sense, an' hope ye'll aye hae tae seek for yer troubles, A said seek for them. But mind . . . gin ye wish tae tak yer lives again, gae tae some ither houffe, that's a something we dinna cater for here. *(She moves toward the door)* Noo, A'll awa an' bring ye yer servants.
**SARAH** Thenkye, Mistress Gow.

*(Exit GOW)*

**DAVID** An' ye've been lodged here aa day?

**SARAH** Aa day an' we nivver saw ane anither.

**DAVID** A doot fate set oot tae torment us.

**SARAH** But we're side be side noo, David.

**DAVID** An' tell me, is Andra deid?

**SARAH** Aye, died on the spot, an' A followed you dressed in his claes.

**DAVID** A ken, A read the letter yer factor wrote ye.

**SARAH** You read ma letter?

**DAVID** Aye, ma servant gied me it be mistake, an' seein' your name on't, A had tae read it.

**SARAH** Weel, gin a lover's curiosity's no legitimate, whit is?

**DAVID** But whaur are they knaves o' servants? *(GOW and the FIRST WAITER come in, bringing ARCHIE between them)* Ah! Here's ane noo. Come here, come here, naebody's gaen tae eat ye.

*(ARCHIE struggles)*

**SARAH** We'll dae ye nae hairm.

**ARCHIE** *(Aside)* A've heard that afore.

**GOW** We fun' this ane skulkin' in ablo the mickle stane troch, but whaur the ither ane's hidin', Guid alane kens.

**DAVID** Weel, we maun hae them baith here.

**GOW** *(Aside to FIRST WAITER)* Dae you ken the ither ane?

**FIRST WAITER** No me.

**GOW** We'll sin howk him oot, dinna fash, A said dinna fash yersels.

**FIRST WAITER** He maun be weel hoaded!

**GOW** Come awa, Jock.

*(Exit GOW with FIRST WAITER)*

**DAVID** *(To ARCHIE who stands cowering)* Noo, spick up, man. Hoo cam the buik tae be i' the wrang kist, an' the picture i' the wrang pooch? An' whit's the meanin' o' the twa o' ye drivin' us distractit?

**SARAH** Nae lees noo, tell the truith for aince.

**ARCHIE** *(Signing to them both to be quiet)* Wheest! *(Aside to DAVID)* Pray, Sir, a word wi' ye in private. *(To SARAH)* A'll tell ye aathing directly. *(He takes DAVID a little way away)* A maun tell ye, Sir, A'm no tae blame for onythin' that's happened – it's aa Jimmy's fault, the servant o' that lady there. He pit the things wrang an' A kent naethin' aboot onything. Jimmy's a terrible man for pranks an' ongauns, but whan he heard the ootcome, he begged me tae tak the blame for fear o' loosing his place, an me bein' a guid kind-natured soul, wha'd lat himsel be drawn an' quartit for a freen, A made up aa the tales tae see gin A could help him. Efter aa, Sir, whit else is freenship for? A nivver jaloused ye'd be sae freenzied wi' grief, A nivver thocht ye'd be sae distractit, Sir. Noo, A've tellt ye the hale truith, Sir, yer honour, lik an honest man, an a faithfu' servant, yer honour.

**SARAH** *(Aside)* It's a gey lang tale he's tellin'. A'm curious tae ken whit the mystery is.

**DAVID** *(Aside to ARCHIE)* The man wha got ye tae fetch that letter frae the Post was Miss Burnett's servant.

**ARCHIE** Exactly, Sir, jist that. Jimmy.

**DAVID** An' hoo did ye no tell me this afore? A tellt ye o' ma great desire tae ken him.

**ARCHIE** Oh! Jimmy begged me no tae tell a livin' soul! It was mair nor his life was worth, an' A pledged ma hinmaist braith on't.

**SARAH** Have ye feenished yer cross-examination yet?

**DAVID** This lad's been tellin' me –

**ARCHIE** *(Pulling him back and saying aside)* Guid sakes, yer honour, dinna tell her it wis Jimmy's fault! Pit the blame on me gin ye lik, Sir, but dinna let on aboot Jimmy. Dinna as muckle's mention his name.

**DAVID** Ye maun be a devoted pair.

**ARCHIE** A ken Jimmy better nor A ken masel. Noo, A'm gaen tae the lady an' tell her aa the fault wis mine. She can whip me, clout me or kick me, but A'll no lat on it wis Jimmy.

**DAVID** *(Aside)* Loyalty the limn o' that is hard come by nooadays.

*(ARCHIE goes over to SARAH)*

**SARAH** Whit was ye bletherin' tae Mr Kennedy aboot? An' whit a time ye took ower't tae.

**ARCHIE** Weel, ye see, Madam, Mr Kennedy has a servant an' his name's Jimmy. Noo, Jimmy's an idiot born, Madam, an' aye up tae daft capers an ploys. 'Twas him got baith yer belangins mixter-maxter, an' Jimmy was that feart he'd loose his place, that A had tae tell aa they lees an' tak the blame masel.

**SARAH** Ye maun be real fond o' him tae dae that, ye micht loose yer ain place ae day.

**ARCHIE** Weel, that wad be a terrible misfortune, Madam, but whitever ye dae, dinna mak trouble for puir Jimmy.

**SARAH** A'm thinkin' ye're a pair o' richt cuddies.

**DAVID** *(Coming over to them)* Weel, Sarah, oor servants shairly deserve tae be punished, but noo we've fund ane anither, A hae nae heart for't. A'm that happy.

**SARAH** Aye, but your servant –

**ARCHIE** *(Pulling SARAH away and saying aside)* No a word aboot puir Jimmy, Madam!

**SARAH** *(Aside)* Weel, ye're forgiven this time. *(To DAVID)* David, A maun gae an' veesit Mr Pittendree, o' Pittendree an' Company, will ye come?

DAVID A hae an appointment here wi' ma banker, but A'll follow later on.

SARAH Weel, A'll expect ye there an' wait till ye come.

DAVID Whaur daes he bide?

ARCHIE A ken, Sir, A'll show ye the road.

SARAH Hoo lang will ye be?

DAVID Hauf an hoor at maist.

SARAH Weel, A maun gae an' red masel up.

*(She makes to exit)*

ARCHIE *(Aside to SARAH)* A'll be wi' ye directly, Madam.

SARAH Dear David, A've endured mony a torment for love o' ye, but ilk ane wis worth it for the sicht o' ye noo.

DAVID Ye've expressed ma ain feelins exactly.

*(He goes and embraces her and she exits)*

ARCHIE Sir, Miss Burnett's servant's no aboot – gie me leave tae attend her, an' A'll no disgrace ye.

DAVID Naethin' wad please me mair. Wait on her wi' diligence.

ARCHIE *(Very proudly)* For invention, intrigue an' quickness, A wad challenge the best spy i' the toon.

*(Exits)*

DAVID Weel, it's been a day o' unco strange an' savoury happenins. Tears an' heartbreaks ae meenit, happiness an' consolation the next. Guid kens whit the nicht'll bring – nae tears A hope.

SARAH *(Entering with ARCHIE)* Weel, hae A no been quick?

DAVID Indeed, but A long tae see ye in woman's dress.

SARAH Dae A no look weel in men's, David?

DAVID Weel eneuch, but beauty shidna be disguised.

SARAH A'll await ye at Pittendree's then, David.

DAVID The meenit A get ma business transactit, A'll be wi' ye.

SARAH *(To ARCHIE)* Bide ye here.

DAVID Come an' dress ma wig, the banker'll be here directly.

ARCHIE Please, Sir, yer honour, A wad speir a favour o' ye.

DAVID Speir awa, ye deserve it efter aa ye've done.

ARCHIE *(Shyly)* Ye see, Sir, A'm in love, tae.

DAVID In love?

ARCHIE Aye, an' the lassie is servant tae Mr Pittendree, an' A thocht while you was there veesitin', ye micht pit a ward in for me tae Mr Pittendree.

DAVID Weel, A'll dae that, Archie, but we maun mak shair the lassie wants you.

ARCHIE She wants me, mak nae mistake.

**DAVID** Weel, gin ye're shair A'll spick aboot it. But hoo are ye tae keep a wife?

**ARCHIE** Oh! . . . Eh! . . . Oh, that's nae problem, no – A'll get help frae Jimmy.

**DAVID** A'm thinkin' ye'd better speir help frae somebody wi' a puckle mair sense, but on ye go.

*(Exits)*

**ARCHIE** Weel, Archie, mak a sauce o' this, an' A'll hae naethin' mair tae dae wi' ye.

*(He exits swaggering)*

# Scene Four

*A Room in the House of Pittendree*

*The company are discovered on curtain up, gathered round the couch on which MARY is lying sulking.*

**PITTENDREE** Pu' yersel thegither, Mary, an' let's hae nane o' yer tanterarims. The loon's repentit an' begs ye tae forgive him.

**SANDY** Gin A wis hasty, it was aa for love o' ye, Mary.

**PITTENDREE** A've tellt him tae forget his attack on me, shairly ye can dae the likewise.

**SANDY** Measure ma agony wi' yer ain, Mary, an' rest assured A love ye maist truly. Shairly ye'll no lat revenge spoil the maist beautiful day o' yer life?

**ALEC** A jine in prayer wi' Sandy, Mary, ma dochter-in-law tae be. Hae pity on him, lassie, whiles he near gaed oot o' his mind.

**SUSIE** Come, Mistress, whit's wrang wi' ye? Men are demons aa, some mair, some less. Men think they can dae as they please, but gin women try tae ape them, they bully us, ill-treat us, an' aa but murder us. But ye'll hae tae mairry ane one day, so A say tae ye, lik ye say tae sic fowk, sin ye have tae tak the nesty potion, tak it noo. *(Aside)* An' God send me a sup, tae.

**PITTENDREE** Tak the advice o' Susie, she kens whit she's spickin' aboot. She's tried tae swallow it for lang eneuch. *(Aside to ALEC)* We maun try an' cheer her up a bit.

**ALEC** Mairrage isna pooshion, ye ken, Mary, gin it be a potion. For masel A'd liken mairrage mair tae a sugar-stick, a jubjube, or a lozenge.

**SANDY** Will ye no say a ward, Mary? A ken A deserve tae be punished, but lat it be wi' wards an' no wi' silence.

**MARY** *(Sighing)* Ahhhhhhhh . . .

**PITTENDREE** *(After a pause)* Did ye hear that, Sandy? A sigh! That's a guid sign.

**ALEC** *(Aside to SANDY)* Loup in noo, Sandy, she's meltin'.

**SUSIE** Na, na. She's no wax yet.

**SANDY** *(Pleading)* Gin it be bluid yer wantin', tak it tae avenge ma cruelty, ye shall hae it, an' ma heart, tae.

*(He draws his sword)*

**PITTENDREE** Capital! Capital!

**SUSIE** A poet, nae less.

**ALEC** Weel said, Sandy lad.

**MARY** *(Sighs again, but more tenderly)* Ahhhh . . .

**ALEC** Din tae a turn.

SUSIE No, faith ye, no yet.

PITTENDREE *(To ALEC)* Noo it's ma move. *(He moves round the sofa and holds out his hand to SANDY)* Come ye here, Sandy, staun you here, Mary. *(He pulls MARY up)* Noo, tak the laddie's haun an' mak peace. Nae mair cairry-on noo, Mary, or A'll box yer lugs.

*(MARY glowers at him)*

SANDY Mary?

*(He takes her hand)*

ALEC The deed's done!

SUSIE Near eneuch, near eneuch.

SANDY Oh, Mary, for peety's sake.

MARY Ungratefu'!

SANDY Dearest!

MARY Beast!

SANDY Sweetheart!

MARY Brute!

SANDY Angel!

MARY *(Sighs)* Ahh . . .

PITTENDREE *(Aside to others)* Ony meenit noo.

SANDY *(A shade irritably)* Mary, for Guidsakes forgie me! *(MARY snatches her hand away)* Oh Mary!

MARY *(Pauses and looks at him, then says)* A forgie ye.

*(PITTENDREE, ALEC and SUSIE cheer. Enter MISTRESS GOW.)*

GOW By yer leave, Sir.

PITTENDREE Come in, Mistress Gow, come in. It was you, was it no, that tellt me aa they bonnie stories, eh? *(He winks at SANDY)* It wis you assured me yon party was Andra Burnett, eh?

GOW Wha wad no hae been deceived, Mr Pittendree? Brither an' sister as lik as twa peas. A said jist lik peas in a pod. Dressed in yon claes, A'd hae wagered aa that yon wis Andra, an' never his sister. *(She hiccups)* A said nivver his sister.

PITTENDREE Weel eneuch, that's aa done wi'. Whit's the news?

GOW Miss Sarah's ablo, an' desires tae pey her respecks.

PITTENDREE Lat her cam up, she's maist welcome. Gae an' fetch her, Susie.

SUSIE *(Going)* Richt ye are, Sir.

*(Exits)*

MARY Puir Sarah, A'm happy tae think her troubles are ower.

SANDY Ye're sorry for her?

MARY A am that.

SANDY An' whit aboot me?

211

**MARY** Whiles A'm sorry for you, tae.

**PITTENDREE** *(Aside to GOW)* Dae ye hear that? Lover's talk.

**GOW** *(Aside to him)* Is aa weel?

**ALEC** Aathin's jist rinnin' lik honey.

**PITTENDREE** Mary has a verra guid heart.

**GOW** Dae ane anither prood, A said –

*(Enter SUSIE followed by SARAH)*

**SUSIE** Miss Burnett.

**SARAH** Ladies an' gentlemen, A've come tae ask ye tae forgie the inconvenience ye've aa been pit tae on ma acoont.

**PITTENDREE** Think nae mair on't, but A maun say, Miss Burnett, for a lassie o' yer age, ye hae a marvellous courage.

**ALEC** An' nae want o' speerit, Madam.

**SARAH** Love gaurs ye hae speerit, Sir.

**PITTENDREE** An' ye've fun' yer ain young chiel tae, A hear?

**SARAH** Aye, fate has brocht us thegither again.

**MARY** *(Going to SARAH)* We've baith fun' oor happiness again, Sarah.

**SARAH** Bless ye, Mary.

*(She embraces MARY)*

**SANDY** *(Rushing in)* Eh! . . . That'll dae . . .

**MARY** Shairly A can kiss Sarah, Sandy?

**SANDY** Oh aye. Beg yer pairdon, Madam, it was the claes. Weel, that's twa for the altar – ony mair?

**SUSIE** Whit aboot me, Sir?

**SANDY** Wha are ye gaen tae mairry, Susie?

**SUSIE** Jist lat some man be daft eneuch tae speir, Sir, an' ye'll no see Susie for stoor. Ye'll no see him aither!

*(ARCHIE enters)*

**ARCHIE** Ma respecks tae ye aa.

**SARAH** Whaur's Mr Kennedy?

**ARCHIE** He's doon ablo, an' seeks tae come up, by yer leave.

**SARAH** Mr Pittendree, will ye lat Mr Kennedy up?

**PITTENDREE** Is this yer ain young spark?

**SARAH** Aye, David Kennedy.

**PITTENDREE** A'm pleased tae welcome him.

**SARAH** Show him up.

**ARCHIE** *(On his way to the door, to SUSIE)* Still athoot a chiel?

**SUSIE** *(At the beginning, not forgetting the slight of the afternoon over the letter)* That's richt.

**ARCHIE** Still seekin' ane?

**SUSIE** Could be.

ARCHIE Still fancy me?

*(He mimes putting wedding ring on her finger)*

SUSIE *(Melting)* Weel, we'll see. *(Exit ARCHIE. SUSIE calls to MARY.)* Madam!

MARY *(Going over to SUSIE)* Whit is't, Susie?

SUSIE A wad fair lik tae settle masel, as ye ken, Mistress – an' Lordy Dicks, A've waitit as lang, A've near gien up hope – an' noo yon wee birkie o' a servant o' Miss Burnett's has speirt for me.

MARY Oh, Susie!

SUSIE Aye, wonders never cease. Weel, gin you wad say a word for me tae his Mistress, A'd be as happy as yersel.

MARY A'll shairly spick tae Sarah wi' aa the pleesure i' life, an' A'm delighted for ye, Susie.

*(She kisses SUSIE)*

PITTENDREE Whit's aa the whisperin' an' kissin' for, Mary?

MARY Naethin', faither, Susie had somethin' tae tell me.

PITTENDREE Weel, whit was't?

MARY Oh, men! They're waur nor women at the gossipin'.

*(DAVID enters with ARCHIE)*

DAVID Ladies and gentlemen, yer maist humble servant. *(He bows, then says to PITTENDREE)* Are ye the maister o' the hoose, Sir?

PITTENDREE Pittendree, an' yours tae command, Sir.

DAVID May I present masel, David Kennedy.

PITTENDREE A'm happy tae welcome ye tae ma home, an' congratulate ye on catchin' Miss Burnett here.

SARAH Sarah is tae be ma wife, an' gin ye're no agin it, A hope ye'll dae us the honour an' gie the bride awa.

PITTENDREE Wi' the greatest o' pleesure, Sir.

SANDY *(Going to DAVID)* Dae ye mind o' me, Sir?

DAVID A dae that, ye wad hae provoked me tae a duel. 'Twas near ma disaster, an' here *(He points to SARAH)* is the adversary wha disarmed an' nearly killed ye!

SARAH An' gied ye yer life tae, ye micht add.

SANDY True.

MARY At my entreaty.

SANDY That's so, tae.

PITTENDREE Weel, aathin's as it shid be, aathin's settled.

SUSIE *(Aside)* The best bit's still tae come.

PITTENDREE An' hoo lik ye Embro, Mr Kennedy?

DAVID A've no had time tae see muckle o' it yet, Sir.

SARAH Weel, ye maun allou Mr Pittendree tae show ye roon, David, he kens aa the places o' interest i' the toon, is that nae richt, Mr Pittendree?

PITTENDREE Eh? Oh aye, lassie, jist that, jist that!

ARCHIE *(Aside to DAVID)* A ward wi' ye, Sir.

DAVID Whit is't?

ARCHIE Are ye mindin' ye promised tae speir for Susie for me?

DAVID Man, Archie, A'd forgotten. A'll dae sae noo. *(To PITTENDREE)* Mr Pittendree, this is the first time A've been a guest in yer hoose, but wad ye consent tae dae me a favour?

PITTENDREE Command me, Sir, A'll please ye tae the best o' ma abilities.

DAVID Ma servant has clicked wi' yer maid, Susie. Hae ye ony objection tae a mairrage atween them?

SUSIE *(Aside)* Lordy Dicks, twa offers i' the same day! A wunner whit Mr Kennedy's servant can be like?

PITTENDREE For masel A'm content – whit dae you say, Susie?

SUSIE Weel, gin he wad mak a guid husband, Sir.

PITTENDREE Is he a guid honest man, Mr Kennedy?

DAVID Weel, A've no kent him lang, but he's shairly trusty, an' appears intelligent eneuch.

MARY *(Stepping forward)* Mr Kennedy, you've anticipated me in whit A was aboot tae speir. A was tae spick for Susie's haun for the servant o' Miss Burnett here, but you've gotten in afore me.

DAVID Na, na, na, gin that be yer earnest desire, Miss Pittendree, A'll withdraw the offer.

SUSIE Oh no!

MARY That wid never dae, Mr Kennedy, ma faither wadna allou that, you're a guest, continue wi' yer proposal.

DAVID I appreciate yer curtesy, Miss Pittendree. *(To PITTENDREE)* A withdraw all A said, A'll no mention the subject again, Mr Pittendree. On the contrary, A'm absolutely opposed tae my man mairryin' your servant.

MARY Weel, Sir, gin your man's no tae get her, the ither ane'll no get her aither. We maun be fair, Sir.

DAVID Ye're verra kind, Miss Pittendree.

MARY I insist, Mr Kennedy.

ARCHIE *(Aside)* Aabody's bein' that genteel, an A'm tae be left athoot a wife at aa!

SUSIE *(Aside)* The road things are gaen, A'm no tae get ane, nor yet the ither.

PITTENDREE Come, come, we maun settle the affair. Wha's tae get oor Susie?

DAVID No ma man. A'll never dae Miss Pittendree an injustice.

MARY A'll no tolerate an injustice tae Mr Kennedy.

ARCHIE Sir, Madam, A can settle this maitter in a sheepin'. *(With grandeur)* Mr Kennedy, did ye speir for Susie's haun for your servant?

DAVID A did, did ye no hear?

214

ARCHIE An' you, Miss Pittendree, did you no intend Susie for the servant o' Miss Burnett?

MARY That was ma intention, but –

ARCHIE Weel, that's settled, gie me yer haun, Susie.

PITTENDREE An' whit richt, pray, hae you tae tak her haun?

SARAH Archie!

DAVID *(At the same time)* Archie!

ARCHIE Aa the richts i' the warld. Ye see, A'm the servant o' Miss Burnett an' Mr Kennedy tae!

DAVID Whit?

SARAH *(At the same time)* Whit's that?

GOW My, he's a fly ane, A said he's fly.

*(They all start to talk at once till ARCHIE stops them)*

ARCHIE Noo haud on, haud on . . .

PITTENDREE The impertinence!

ARCHIE Mr Kennedy, wha begged ye tae speir for Susie?

DAVID A tellt ye afore, you did.

ARCHIE That's richt. Miss Mary, wha had ye in min' for the haun o' Susie?

MARY Yersel.

ARCHIE There ye are, Susie, ye're mine.

SUSIE *(Running to him)* Oh Archie!

DAVID Sarah, whaur is yer servant?

SARAH *(Pointing)* That's him, Archie Broon!

DAVID Archie? But he's my servant.

SARAH A thocht your servant wis Jimmy.

DAVID Jimmy? A thocht Jimmy was yours!

SARAH *(Taking ARCHIE by the ear)* Hoo can ye explain this awa, ye rascal?

DAVID Ye villain, Archie!

SARAH Ye twister!

GOW Did ever ye hear the lik, Dr MacKenzie?

ALEC A'm speechless!

PITTENDREE Sae ye waited on twa maisters at aince?

ARCHIE Aye, Sir, that was the trick. A did ma best tae serve them baith, an' ye maun admit, A made a fair job. A've done a hard day's wark, an' gotten a prize or twa A didna bargain for. *(He rubs his bottom)* But aathin's turned oot in the tale-end. A've had a day A'll no forget in a hurry, an' landit Susie here forbye. *(He moves forward)* Ma only hope noo is that aa you kind ladies and gentlemen will forgive me.

## CURTAIN

# THE HYPOCHONDRIAK

## A Scots Version of Molière's

## LE MALADE IMAGINAIRE

### by

### Hector MacMillan

The first performance was given by the Royal Lyceum Theatre Company, Edinburgh, on 23 January 1987.

*Cast in alphabetic order*

DIAFOIRUS . . . . . . . . . . . . . . . . . . . . . . . . . . . . . . . . . . . . . . . Bob Carr

TOINETTE . . . . . . . . . . . . . . . . . . . . . . . . . . . . . . . . . . . Grace Glover

ANGELIQUE . . . . . . . . . . . . . . . . . . . . . . . . . . . . . . . Eliza Langland

ARGAN . . . . . . . . . . . . . . . . . . . . . . . . . . . . . . . . . . . . Phil McCall

CLEANTE . . . . . . . . . . . . . . . . . . . . . . . . . . . . . . . . Billy McElhaney

BELINE . . . . . . . . . . . . . . . . . . . . . . . . . . . . . . . . . . Alison Peebles

THOMAS/FLEURANT . . . . . . . . . . . . . . . . . . . . . . . . . . Bill Riddoch

BERALDE . . . . . . . . . . . . . . . . . . . . . . . . . . . . . . . . . . Finlay Welsh

BONNEFOY/PURGON . . . . . . . . . . . . . . . . . . . . . . . . . . Sandy West


*MUSICIAN* . . . . . . . . . . . . . . . . . . . . . . . . . . . . . . . . . *Iain Johnstone*


*Directors* . . . . . . . . . . . . . . . . . . . . . *John Matthews & Gerry Mulgrew*

*Designer* . . . . . . . . . . . . . . . . . . . . . . . . . . . . . . . . *Colin MacNeil*

*Lighting* . . . . . . . . . . . . . . . . . . . . . . . . . . . . . . . . . *Stella Goldie*

## CAST

ARGAN . . . . . . . . . . . . . . . . . . . . . . . . . . . . Middle-aged. Not tall. Plump.

TOINETTE . . . . . . . . . . . . . . . . . . A servant. Shrewd. Earthy. Attractive.

ANGELIQUE . . . . . . . . . . Argan's daughter. Young. Romantic. Intelligent.

BELINE . . . . . . . . . . . . . . . . . . . . . . . . Second wife to Argan. A calculator.

CLEANTE . . . . . . . . . . . . . . . . . . . . . . . . . Angelique's lover. A likely lad.

DIAFOIRUS . . . . . . . . . . A senior doctor. Unimaginative 'old school' man.

THOMAS. . . . . . . . . . . . His son. Lacks intelligence as well. Awkward soul.

BERALDE . . . . . . . . Argan's brother. Physically and mentally much leaner.

PURGON . . . . . . . . . . . . . . . . . . . . . . . Argan's doctor. Pompous wee soul.

BONNEFOY . . . . . . . . . . . . . . . . . . . . . . . . . . . . . . . . . . A solicitor.

FLEURANT . . . . . . . . . . . . . . . . . . . . . . . . . . . . . . . . An apothecary.


# SCENE

The scene is a room in ARGAN's home, in the capital, towards the end of the 17th century.


## NOTES

The PROLOGUE could be a pastoral – but there does seem a better unity in having it and the later INTERLUDE outside ARGAN's home. The logic is there, and the setting tells us something of ARGAN's standing, which is scarcely apparent from what we see of him in his room. The material is culled from the original Interludes.

The music for ANGELIQUE/CLEANTE duet in ACT THREE can be either 'Low down in the Broom' or 'Major Graham'. The first is the familiar air used for 'Red, red rose' by Burns. The second is the less familiar air Burns himself chose for that song. The second probably suits our purpose better. The resonances – romantic – that it should set up should be helpful in our context – and again it is quite logical that CLEANTE would have selected such an air at that time.

# PROLOGUE

*Music, movement and song.*

*The exterior of ARGAN's home. Evening. Sunset.*

*ANGELIQUE, prisoner within the house, languishes at a balcony. BELINE, impatient rather than pensive, is at a balcony opposite. Both react to the approach of music, and both are disappointed to find the newcomers simply REVELLERS from the town's carnival. The REVELLERS promenade a form of serenade beneath the balconies, chanting the words against the music.*

**FIRST REVELLER**
  The Springtime o life is for Luve, bonnie lass;
  Ye maunna waste it.
**SECOND REVELLER**
  Life's greatest joy is in Luve, bonnie lass;
  Ye maunna lose it.
**THIRD REVELLER**
  Luve brings content tae the mind, bonnie lass;
  Ye maunna spurn it.
**BELINE** *(Pretty disinterested)*
  Nae stranger am Ah tae Luve, sirs;
  Yet hae Ah found nae content.
  Though there hae been lads Ah lo'ed dearly,
  Yet hae Ah found nae content.
**FIRST REVELLER**
  Youth is maist precious time, bonnie lass;
  Ye maunna waste it.
**SECOND REVELLER**
  Time, like beauty, wull fade, bonnie lass;
  Ye maunna lose it.
**THIRD REVELLER**
  Luve brings content tae the mind, bonnie lass;
  Ye maunna spurn it.
**ANGELIQUE** *(Wistfully)*
  Nae stranger tae Luve am Ah, sirs;
  Yet hae Ah found nae content.
  Though there is a lad Ah lo'e dearly,
  Yet hae Ah found nae content.

  *(The REVELLERS seek a new audience)*

**FIRST REVELLER**
  Luve is for Springtime o life, guid freens;
  But life itsel wull fade.

*(Exits)*

**SECOND REVELLER**

The years o youth are for Luve, guid freens;
But the years wull slip awa.

*(Exits)*

**THIRD REVELLER**

The joy o life is in Luve, guid freens;
And Luve brings content tae the mind.

*(Exits. CLEANTE and BONNEFOY have entered and each has gained access to his love by rope-ladder.)*

**ANGELIQUE** *(Releasing herself from the embrace)* But please, Ah beg ye, keep mind. Yon affair the t'ither nicht maun ne'er be mentioned.

**CLEANTE** Ye ken Ah lack naethin in courage. Ye'll learn that Ah'm nae less discreet.

**ANGELIQUE** Then gang, noo, and prove that tae me.

**BELINE** *(Extricating herself)* But noo, keep mind. This hale affair has tae be coanductit wi greatest delicacy.

**BONNEFOY** Delicacy, madam, is the greater pairt o ma profession.

**BELINE** Then gang, noo, and prove that tae me.

*(As the two men leave they pass in the gathering darkness. Each reacts a little to the other's presence.)*

*(Music fades finally into distance)*

# ACT ONE

ARGAN, *seated at table, working with abacus and accounts book by candlelight. Everything suggests a man withdrawn into a small, introspective world of his own.*

**ARGAN** Three and twa mak five; and five's ten; and ten mak twinty. Three and twa mak five. *(The abacus has four horizontal lines, each subdivided to allow calculation from halfpenny units up to units of £100 (Scots). ARGAN slides the counters around with practised ease.)* Ehh, *(Checking from statement of account)* oan the twinty-fourth o the month . . . 'for preparatory and emollient purpose, a wee insinuative enema, tae mak saft, moisten, and generally refreshen the patient's bowels.' Yin thing ye hae tae say for Maister Fleurant, the apothicar, his accoonts are aye couched in some raither fine language. 'Tae refreshen the patient's bowels, thirty sh– ' *(Checks himself)* Ahh, but Maister Fleurant, fine language is no just the hale o the story. Yin maun be reasonable forbye. Thirty shillins Scots for an enema? Ye cannae just tak the breeks aff the patient awthegither! Twinty shillins is aw ye billed me for the ither times; and when an apothicar says twinty, the job's worth nae mair nor hauf; sae . . . *(Racks it up)* ten it is, sir.

*(Reads)* 'Idem dies, a grand scourin injection, compoundit o double catholicon, rhubarb and rose-honey; tae flush-oot, bathe, and generally redd-up the lower bowel; thirty shillins.' Wi your permission . . . *(Racks it up)* ten.

'Plus, idem dies, evening. Yin hepatic julep, somniferous and soporific, tae ensure sleep . . . thirty-five shillins.' Nae complaint there, sir, for it fair did pit me awa. Ten, fifteen, saxteen, seeventeen and saxpence.

'Plus, oan the twinty-fifth, a vigorous bracin purgative composed o fresh cassia and Levantine senna, tae eject and expel the bile.' Fower pound? Aw, Maister Fleurant, that price wis ne'er prescribed. A patient has tae leeve! Why dae we no just pit it at eh . . . three pound? Fine. Thirty shillins.

'Plus, idem dies, yin anodine and astringent potion tae induce repose. Thirty shillins.' Fine. Fifteen.

'The twinty-sax o the month, yin carminative enema tae expel the wund.' Thirty shillins? Just for a f– ? Maister Fleurant! Ten.

'Plus, a reiteration o the same treatment, that same evenin.' *(Ejects the entry)* Ten, Maister Fleurant. Ten.

'The twinty-seeventh o the month, a vigorous prescription tae bring oot the wund and purge the bile, three pound.' Agreed. Thirty shillins. Ah'm pleased, Maister Fleurant, ye're provin sic a fair-mindit man.

'The twinty-echt, an administration o purified and dulcified whey, tae alleviate, soothe, regulate, and refresh the bluid. A pound.' Fine. Ten shillins.

'Plus a revivin and preservative roborant; consistin o bezoar, syrup-o-lemon, and pomegranate; five pound.' Aw, Maister Fleurant, doucement, doucement Ah beg ye. Gin ye gang oan like this th'll be nae pleesure left in bein no-weel. Content yirsel wi echty-shillins.

Three and twa mak five, and five's ten, and ten's twinty, and twinty's forty. *(Reads off the grand total)* Saxty three pound, fower shillins and saxpence for the month. In which Ah've taen yin, twa, three, fower, five, sax, seeven, echt lots o medicine; and yin, twa, three, fower, five, sax, seeven, echt, nine, ten, eleeven, twal enemas.

The month afore there were . . . a dizzen lots o medicine, and as for enemas . . . *(Quick tally)* . . . exactly a score. Scarcely surprisin Ah'm no as weel this month as last. Ah'll hae a ward aboot this in Maister Purgon's lug. *(Calls)* Richt then, somebody tak this stuff oot ma road! *(Becomes aware of no response)* Naebody. A waste o braith. That's me left here again. *(Rings small hand bell. No response.)* They hear naethin. *(Rings again)* It's a waste o time. *(Rings more vigorously)* They're deef! *(Rings impatiently. Considers bell.)* Useless damned article! *(Rises angrily)* Toinette? *(No response)* The jaud. The thowless hizzy. *(Rings and calls)* Toinette! . . . Deil tak the besom, is it possible she can lea a puir sick man alane like this? *(Rings despairingly)* Is this no fair scandlous? *(A final attempt with bell)* . . . Great Goad, they've left me here tae snuff it! *(Rejects bell. Bawls.)* Ting-a-bluidy-LING!!

**TOINETTE** *(Offstage)* Ah'm comin! *(Enters rubbing head)* Ah'm comin!

**ARGAN** Ye besom, ye tak yir time.

**TOINETTE** Deil tak your impatience. Wi yir harassment Ah've gien masel a richt clour oan a shutter.

**ARGAN** Hell mend ye, ye idle limmer. Ye –

**TOINETTE** *(Feigning agony)* Ooohhh!

**ARGAN** It's –

**TOINETTE** Ahhh!

**ARGAN** It's a hale oo –

**TOINETTE** Awww!

**ARGAN** Ah'm left he –

**TOINETTE** Eehhh!

**ARGAN** Wull ye haud yir tongue, ye jaud, when Ah'm quarrelin ye!

**TOINETTE** *(Open-mouthed)* Ah declare t'Goad! Eftir whit Ah've just dune tae masel?

**ARGAN** Your idleness has left me near hoarse!

**TOINETTE** And your yellihooin's left me wi ma heid near split!

**ARGAN** Ye –

**TOINETTE** Yin's as bad as t'ither, sae we'll just cry it quits.

**ARGAN** *(His turn to be open-mouthed)* Ye impident besom! Ye –

**TOINETTE** Gin ye say anither ward Ah'll greet.

**ARGAN** Tae abandon me he –

**TOINETTE** Ahhh!

ARGAN Ye besom ye —
TOINETTE Oohhh!
ARGAN *(Frustrated)* Am Ah no even tae hae the pleesure o tellin ye aff?
TOINETTE Ye may girn awa tae yir hert's content.
ARGAN No when ye keep oan interruptin!
TOINETTE It's nae mair nor common justice. While ye've the pleesure o girnin, Ah maun hae the enjoyment o a guid greet. *(As he makes to reply)* Awww!
ARGAN Enough, enough! Whit cannae be cured maun be tholed. Just redd this lot up, redd it aw up. *(Rises. Assesses the feel of his body)* Ye didnae happen tae notice if ma wee . . . lavement, did the trick the day?
TOINETTE Yir lavement?
ARGAN Ay. Ye ken. Did ye notice if Ah passed muckle bile?
TOINETTE Goad help us, and Ah dinnae dabble in the likes o yon!
ARGAN Ay, but —
TOINETTE Since it's Maister Fleurant gets the profit oot your chamber-pot, let it be his neb that gets stuck in amangst it!
ARGAN Then just mak siccar the water's hot for the t'ither yin Ah'm due directly.
TOINETTE Atween Maister Fleurant and Maister Purgon, they're fair makin merry wi your body. They're milkin ye dry, man. *(Leaving)* Ah'd fair like tae quiz them whit's wrang wi ye that ye need sae muckle physic.
ARGAN It's for nae ignoramus tae meddle in medicine. *(Calls)* And get them tae send Angelique in here.
TOINETTE *(Reappears)* Ah doot she's read yir mind. He wants ye.

*(ANGELIQUE enters)*

ARGAN Ah, just the thing. Come awa owre, lass.
ANGELIQUE Whit is't, faither?
ARGAN Hing oan! *(Sudden panic)* Whaur's ma stick? Ma stick? Whaur's ma st — *(Takes it from ANGELIQUE)* Ah'll be richt back!

*(Hand on collar, he makes for the alcove at the end of the room as fast as safety will allow)*

TOINETTE Ay, rin, Maister. Rin. Yir faither's physicians fair keep things oan the go.
ANGELIQUE *(Languishing look and confiding tone)* Toinette.
TOINETTE Whit?
ANGELIQUE Look at me.
TOINETTE Richt. Ah'm lookin.
ANGELIQUE Toinette.
TOINETTE Weel? Toinette whit?
ANGELIQUE Can ye no jalouse whit Ah'd speak o?
TOINETTE Young Lochinvar! Ye've talked o little else aw week.

ANGELIQUE Then kennin that, can ye no spare ma blushes?

TOINETTE Me?

ANGELIQUE Ye could bring the subject up yirsel.

TOINETTE Ye dinna gie a bodie time. Ye're aff afore yin can think!

ANGELIQUE Ohh, Ah cannae help it, Toinette; and Ah dae need ye tae speak free wi.

TOINETTE *(Returns to her)* Whit is't this time?

ANGELIQUE *(Concerned)* Ye dinna disapprove o these feelins Ah hae for him, dae ye?

TOINETTE Faur frae't.

ANGELIQUE Ye dinna think it wrang for me tae . . . tae just gie masel owre tae sic swate thochts o him?

TOINETTE No in the least.

ANGELIQUE Ye wadnae raither hae me insensitive tae his tender passion?

TOINETTE Goad forbid!

ANGELIQUE Then tell me, *(Closer)* d'ye no agree that Heaven had a haun in this? That there's a wee thing o destiny in the wey him and me cam thegither?

TOINETTE . . . Ay.

ANGELIQUE D'ye no think the wey he cam tae ma rescue, withoot kennin me, marks him oot as a man o honour?

TOINETTE . . . Ay.

ANGELIQUE And that, eftir, he couldnae hae behaved mair . . . gallant?

TOINETTE Agreed.

ANGELIQUE The wey he did aw yon wis just perfectly charmin. Wis it no?

TOINETTE It wis that.

ANGELIQUE D'ye no find, Toinette, he's just an awfie fine figure o a man?

TOINETTE Shairly.

ANGELIQUE Wi just the maist impressive . . . presence?

TOINETTE Nae doot there.

ANGELIQUE D'ye no think that in aw he said and did there wis something ye micht describe as . . . noble?

TOINETTE Naethin surer.

ANGELIQUE That yin could ne'er hear mair impassioned luve nor he spak tae me?

TOINETTE That's true.

ANGELIQUE And that naethin could be mair vexin nor the restrictions placed oan me tae hinder this mutual and heaven-inspired passion?

TOINETTE Absolutely richt.

ANGELIQUE Then tell me, Toinette. D'ye think he luves me as muckle as he says he does?

TOINETTE Eh-eh-eh-ehhh! Ca canny yonder. Playin at luve can be gey like the real thing. In ma ain time, Ah've seen some grand comedians in that line!

ANGELIQUE Aww Toinette! Naw! Speakin as he did tae me, it's no possible it wasnae the truth!

TOINETTE Yin wey or t'ither, ye'll soon fun-oot; for did he no say in his letter yestreen he wis for seekin yir haun in mairriage? Yon'll be the proof o the puddin.

ANGELIQUE Ahh, Toinette; gin it turn oot that he's deceived me, Ah'll ne'er believe anither man in ma life again.

TOINETTE Wheesht. Here's yir faither back aff the throne.

ARGAN *(Resuming seat)* Noo then, lass, Ah'm gaun tae tell ye somethin ye maybe wernae expectin. Yir haun has been socht in mairriage . . . Whit's this? Ye laugh? *(Shares it a little)* Atweel, it's a pleasant-enough ward yon, mairriage. *(To TOINETTE)* Naethin, it seems, tickles a young wummin's fancy mair.

TOINETTE That's whit mairriage is for.

ARGAN Ahh, nature. Nature! Ah tak it, then, there's nae need tae speir gin ye want tae mairry?

ANGELIQUE Ah maun just dae, faither, white'er ye think best.

ARGAN It's gey gratifyin tae hae sic an obedient lass.

ANGELIQUE It's a dochter's duty tae comply.

ARGAN It's oan, then; for Ah've already tellt them . . . ay.

ANGELIQUE Thank ye, faither.

*(Hugs him)*

ARGAN It wasnae easy, though. Yir stepmither wis deid set ye should become a nun. Wee sister Louison as weel.

TOINETTE She'd hae her reasons.

ARGAN Weel, she certainly wasnae for this mairriage. Naw, naw, but Ah just pressed oan, and noo it's settled.

ANGELIQUE Oh faither, ye've nae idea hoo muckle yir concern for me is appreciatit.

TOINETTE Certes; and Ah haund it tae ye as weel. Yon's the best decision ye've made in yir hale life.

ARGAN Mind Ah've no seen the lad yet; but they tell me Ah'll no find him wantin. You neither.

ANGELIQUE There's absolutely nae doot aboot that.

ARGAN *(Surprised)* Ye seem unco shair.

ANGELIQUE Since ye've agreed the thing, Ah can tell ye straucht-oot. Last week, by chance, him and me met. The request for ma haun is the ootcome o whit can only be described as . . . luve at first sicht.

ARGAN *(Touch put out)* Ah, but they didnae tell me that.

ANGELIQUE Oan baith sides!

225

ARGAN . . . Weel, weel; aw the better. *(To TOINETTE)* They say he's a richt braw kind o callant.

ANGELIQUE *(Lost in the vision)* Ay. He is.

ARGAN *(Sharing the information between them)* Yin that cairries hissel weel.

ANGELIQUE Awfie weel.

ARGAN Gey likable.

ANGELIQUE Greatly.

ARGAN Handsome forbye.

ANGELIQUE Adorable.

ARGAN Wyce-like wi it, and come o guid stock.

ANGELIQUE The best.

ARGAN Upricht.

ANGELIQUE Absolutely.

ARGAN And speaks awfie guid Latin and Greek.

ANGELIQUE *(Taken aback)* . . . Weel Ah cannae just say for that.

ARGAN In three days' time he'll be a qualified physician!

ANGELIQUE Wull he?

ARGAN A wunner he didnae tell ye hissel.

TOINETTE *(Becoming suspicious)* Wha tellt ye?

ARGAN Maister Purgon.

ANGELIQUE Does Maister Purgon ken him weel?

ARGAN Ah wad think he does, bein as he's the boy's uncle!

ANGELIQUE Maister Purgon is Cleante's uncle?

ARGAN Wha's this Cleante? Ah thocht we were speakin o the young fella seeks yir haun.

ANGELIQUE We are.

ARGAN Richt then; that's Purgon's nephew; son o Purgon's guid-brither.

TOINETTE Wha wad that be?

ARGAN Maister Diafoirus, the physician. *(To ANGELIQUE)* The boy's name is Thomas.

ANGELIQUE *(Horrified)* Thomas?

ARGAN Arrangements were concludit this mornin. The lad'll be owre the morn, wi his faither, tae see me. *(Becomes aware of ANGELIQUE's reaction)* Why aw the sudden dumfouner?

ANGELIQUE Ye've been speakin o yin person; Ah've been thinkin o anither.

TOINETTE Hoo in Goad's name, Maister, could ye come up wi sic a glaiket notion?

ARGAN Glaiket?

TOINETTE Wi aw your siller, ye'd see Angelique mairriet oan tae a mediciner?

ARGAN Ay. And Ah'll thank ye tae keep yir lang neb oot o whit doesnae concern ye!

TOINETTE Heaven's abune! It's insults frae the stert!

ARGAN Ye stertit it!

TOINETTE Can we no speak withoot ye gangin wud? *(Before he can reply)* Gin Ah'm permittit tae speir, exactly whit are yir reasons for sic a mairriage?

ARGAN *(Decides to answer)* Ma reason, is that wi me aye seek and no-weel, Ah'd hae ma dochter mairriet intae the medical profession. That wey, Ah'll can rely oan consultations and prescriptions tae haun when needit.

TOINETTE *(Checks ANGELIQUE's reaction)* Weel noo, that is a reason; and isn't it grand we can discuss it doucely. But tell me, maister, cross-yir-hert-and-hope-tae-dee, are ye really no-weel?

ARGAN Am Ah no weel? Ye besom! Am Ah no weel? Am —

TOINETTE Awricht. Agreed. Ye're no-weel. We'll argie-bargie nae mair. Ye're no weel. Ye're awfie no-weel. Ye're mair no-weel nor ye think. Sae that's that. But this lass, here, maun hae a man o her ain choosin; and since there's absolutely naethin the maitter wi her health, there's nae call tae send her tae bed wi a doctor.

ARGAN A lass wi onie feelins wad be mair nor pleased tae mairry the man wull dae maist guid for her faither's welfare.

TOINETTE Maister. As a freen. May Ah gie ye some advice?

ARGAN *(Wary)* Whit advice?

TOINETTE Forget aw aboot this mairriage, for yir lass'll ne'er consent tae't.

ARGAN She'll ne'er consent?

TOINETTE She wull not.

ARGAN Ma lass?

TOINETTE Your lass. She'll hae naethin adae wi nae Diafoirus. Neither Thomas or onie ither.

ARGAN Oh, but Ah'll hae somethin adae wi them, for there's mair in aw this nor ye ken, yet. *(To ANGELIQUE)* Thomas is sole heir tae Maister Diafoirus. *(Before she can speak)* Mair nor that . . . Maister Purgon, wha has neither wife nor bairns, wull lea awthing tae Thomas. *(To TOINETTE)* And Maister Purgon is a man wi investments worth mair nor *echt thoosan per annum.*

TOINETTE He'd be the daith o a wheen patients tae line his pooches like yon.

ARGAN *(To ANGELIQUE)* Echt thoosan per annum is no tae be sneezed at. And that's no speakin o the faither's estate forbye.

TOINETTE That's aw guid and weel, Maister; but it cheynges nocht. Ma advice, gien in aw civeelity, is tae find her some ither husband. Yon lass wis ne'er cut-oot tae be nae Mistress Diafoirus.

ARGAN Ah, but yon's the wey Ah wull hae it.

TOINETTE Come oan, Maister. Dinnae be thrawn.

ARGAN Whit the damn d'ye mean, dinnae be thrawn?

**TOINETTE** Dinnae be thrawn.

**ARGAN** Ah'll be thrawn if Ah like.

**TOINETTE** Folk'll say ye've gane gyte.

**ARGAN** Let them say whit they like; but let me mak it clear; Ah've gien ma ward, and she'll stick tae't.

**TOINETTE** Aw, but Ah'm shair she'll no.

**ARGAN** And Ah'll mak shair she does.

**TOINETTE** Ah tell ye, she'll no.

**ARGAN** Ah but she wull; or Ah'll see her intae a coanvent.

**TOINETTE** Ye?

**ARGAN** Me.

**TOINETTE** . . . Fine.

**ARGAN** . . . Fine?

**TOINETTE** Ye'll pit her in nae coanvent.

**ARGAN** Wull Ah no?

**TOINETTE** Naw.

**ARGAN** Naw?

**TOINETTE** Naw.

**ARGAN** Huh! Yon's a guid yin. Ah'll no pit ma ain lass in a coanvent.

**TOINETTE** Ye'll no.

**ARGAN** Wha'll stop me?

**TOINETTE** Yirsel.

**ARGAN** Masel?

**TOINETTE** Ye winna hae the hert for't.

**ARGAN** Ay, but Ah wull.

**TOINETTE** *(Shakes head)* Ye'd be owrecome wi faitherly affection.

**ARGAN** Ah'll be owrecome wi nae sic nonsense!

**TOINETTE** A tear or twa, a cuddle, a honeyed 'Aw ma dear wee daddie!' . . . ye'd melt.

**ARGAN** Ah wull not melt!

**TOINETTE** Oh, but ye wull.

**ARGAN** Ah'm no tae be budged.

**TOINETTE** Havers.

**ARGAN** Haver me nane o yir havers!

**TOINETTE** Ah ken ye better than ye ken yirsel. Man, ye're just naturally guid-hertit.

**ARGAN** Ah am not guid-hertit! *(Before she can reply)* When Ah choose, Ah can be as hard as Auld Harry!

**TOINETTE** Saftly, Maister. Keep mind ye're no weel.

**ARGAN** Ah – *(Checks the denial in time)* Ah gie her clear command tae mak ready tae mairry the man Ah've picked.

**TOINETTE** Then me, Ah gie her clear command tae dae nae sic thing.

**ARGAN** Has the warld gane gyte? Is an impident jaud o a scivvy tae check the maister?

TOINETTE When the maister kens na whit he does, the wycelike sairvent does weel tae reprimand him.

ARGAN Ye braisant besom! *(Taking the stick to her)* Ah'll fell ye!

TOINETTE *(Jouking him)* It's nae mair nor ma duty tae stop ye bringin shame oan yirsel.

ARGAN *(Chasing her round chair)* Come here till Ah bring this doon oan ye!

TOINETTE Ah've nae choice but tae stop ye makin a gowk o yirsel.

ARGAN Ye impident limmer, ye. Ye –

TOINETTE Naw, but ye'll ne'er get ma consent tae this mairriage.

ARGAN Ye jaud.

TOINETTE Ah'll no hae her mairry nae Thomas Diafoirus.

ARGAN Ye'll no?

TOINETTE Naw.

ARGAN Ye're nocht but spawn o some tinkler's gett!

TOINETTE Yet she'll lippen tae me afore ye.

ARGAN Angelique! Wull ye no grip this hussy for me?

ANGELIQUE Oh faither, dinna mak yirsel no weel.

ARGAN Grip her, or tine ma guidwull!

TOINETTE Interfere and Ah'm feenished wi ye.

ARGAN *(Exhausted)* Aw, Ah can thole nae mair. *(Collapses in chair)* This could be the daith o me.

*(BELINE has entered in time to witness the collapse. Goes to him.)*

BELINE Awww, whit's wrang wi ma puir husband?

ARGAN Come and save me.

BELINE Whit are they daein tae ma wee mannie?

ARGAN *(Falls into her bosom)* Ma luve!

BELINE Ma jo.

ARGAN *(Emerges)* They're drivin me fair gyte!

BELINE *(Tuts)* Puir lammie. Whit's adae?

ARGAN Yon jaud o a Toinette o yours. She's mair impident nor ever!

BELINE Dinna harass yirsel.

ARGAN It's her that's harassin me.

BELINE Calm yirsel, ma dearie.

ARGAN But this past oor she's taigled me in awthing Ah try tae dae!

BELINE There, there. Saftly, noo.

ARGAN She's even had the effrontery tae tell me Ah'm no no-weel!

BELINE She's nocht but a hizzy.

ARGAN But ye, ma luve – ye ken itherwise.

BELINE Yes, dearie. She has nae call tae speak like yon.

ARGAN Ah swear yon yin'll pit me in an early grave.

BELINE Ooohhh! There, there.

ARGAN It's her that maks me mak aw ma bile.

**BELINE** Ye maunna fash yirsel sae muckle.

**ARGAN** But hoo monie times hae Ah askit ye tae send her packin?

**BELINE** Goad help us, dearie, there's nae sairvent wha doesnae hae *some* faut. Whiles yin just has tae thole that for sake o whit guid there is.

**ARGAN** Whit guid is there in her?

**BELINE** She's smert, has smeddum, and abune aw she's honest. Yin has tae be canny, takin strangers intae the hoose.

(*TOINETTE, who has lingered to hear the last, now satisfied, makes to leave*)

**BELINE** (*Without looking up*) Ehh, Toinette. Haud oan.

**TOINETTE** (*Putting a face on it*) Mistress?

**BELINE** Whit reason hae ye for angerin the Maister?

**TOINETTE** Me, Mistress? (*At her sweetest*) Whit wad ye hae me say? Ah've ne'er a thocht in ocht but tae please him.

**ARGAN** Perfidious . . . Jezebel!

**TOINETTE** He did mention the arrangement tae mairry Angelique oan tae the son o Maister Diafoirus; and Ah said while this wis a guid-enough match for her, Ah wis o the firm opinion he'd dae better tae see her ludged in a coanvent.

**BELINE** There's no a great lot wrang wi that.

**ARGAN** Ye mauna believe her, ma luve! She's a miscreant beggar wha, wha heaps oan me just . . . just insolence eftir insolence.

**BELINE** Just that, m'dearie. Come oan, noo; pull yirsel thegither. Listen, Toinette, upset the Maister yince mair and ye're for the road. Noo rax me owre his fur coat and some coads till Ah settle him. (*She makes an attempt to tidy him up a bit*) Goad, man, there's scarce twa bits o ye hingin the same wey. (*Of his woolly hat*) And yerk that thing doon owre yir lugs, for there's naethin gies ye the snuffles quicker nor the nicht air whistlin through yir heid.

**ARGAN** Ah'm unco gratefu, dear, for aw yir care and consideration.

**BELINE** (*Rearranging cushions round him*) Ease up till Ah get this under ye. We'll pit this tae support ye, and that oan t'ither side. Yin ahint the back, and yin tae prop-up the heid.

**TOINETTE** And yin tae protect yir noddle frae the evenin dew.

(*Claps one on his head and flees*)

**ARGAN** (*Struggles to feet, flings cushions after her*) Ye besom o hell, wad ye hae me suffocatit as weel?

**BELINE** There, there, whit is't noo?

**ARGAN** (*Breathless, collapses on chair again*) Aw, aw, awww. Ah can staun nae mair o yon.

**BELINE** Whit a tizz tae get intae. She meant weel.

**ARGAN** Ye've nae conception, ma luve, o the malice o that . . . miscreant.

She drives me clean oot o ma judgement. It'll tak at least echt prescriptions and a dizzen injections tae set me richt again.

BELINE There, there, ma lammie. Just quate yirsel.

ARGAN Ma hert. Ye're ma sole consolation.

BELINE Puir wee mannie.

ARGAN As Ah tellt ye, ma dear, b'wey o acknowledgin the luve ye show me, Ah'm gaun tae remak ma wull.

BELINE Oh, speak nae mair o wulls, Ah beg ye. The ward alane gies me the tremmles.

ARGAN Ah did tell ye tae raise the maitter wi yir ain solicitor.

BELINE Ah, wummin in luve shouldnae even think oan thae things.

ARGAN Did ye no even mention it tae him?

BELINE He came hame wi me. He's waitin oot by. *(Face in handkerchief)*

ARGAN *(To ANGELIQUE)* Weel, show him in, lass. *(ARGAN comforts his wife as ANGELIQUE exits, and reappears almost immediately with BONNEFOY, then exits again)* Come ben, Maister Bonnefoy; come ben, sir. Come ben. Tak the wecht aff yir legs.

BONNEFOY *(Taking chair provided)* Thank ye.

ARGAN Ma wife tells me, sir, ye're an auld acquaintance; and an honest man forbye. Ah askit her tae hae wards wi ye oan the question o ma wull.

BELINE Oh, *(Head in hankie)* Ah cannae be daein wi this talk!

BONNEFOY Yir guid-lady did ootline yir intentions, sir, and the provision ye'd mak for her. Ah'm here tae advise ye, sir, that there's absolutely naethin ye can lea her in onie wull.

ARGAN Naethin? Hoo can that be?

BONNEFOY Because o whit we cry Customary Law. Gin we were in a district that operatit Statutory Law, 'twad be a different story; but here in the city, under Customary Law, it's just no possible.

ARGAN Ah cannae mak a wull for ma wife?

BONNEFOY Onie disposition ye made wad be declarit null and void.

ARGAN There maun be somethin Ah can dae.

BONNEFOY The sole provision a mairriet couple can mak for each ither is b'wey o mutual gifts while baith are alive. *(Before ARGAN can speak)* Furthermair . . . at the time o the first daith occurrin, there maun be nae offspring; either o the current mairriage, or a previous, oan either side.

ARGAN Weel that's a ridiculous custom that a man cannae lea naethin t'the wife wha loos him dearlie, and wha lavishes sic care oan him. Ah doot Ah'll hae tae consult an advocate.

BONNEFOY Sir, wi respect, it's nae advocate ye need. Advocates are rigid in their interpretations. They think evasion is a crime!

ARGAN Ah thocht they micht help wi ma difficulty.

BONNEFOY Advocates get very rich oan . . . difficulty. They ken naethin o aw the wee . . . jinks-and-jouks that never hurt a clear conscience yet. *(Before ARGAN can reply)* But . . . but there are ithers mair accomodatin tae consult. Men wi the skill tae . . . sweeten the Law; wi the means tae mak possible whit micht, in theory, be impermittit; men wi the weys tae smooth-oot a wee wrunkle here and there, and the sense tae slip-roon whit micht itherwise prove a . . . Customary difficulty.

**ARGAN** Maybe just as weel.

**BONNEFOY** Withoot it, whaur wad we aw be? The warld wad get naethin dune, and ma ain profession wadna be worth a boddle. Gin a wheel's aye tae be turnin, it whiles needs a wee touch . . . creesh.

**ARGAN** Ma wife wasnae wrang, sir, when she tellt me ye were by'ordnar able . . . and a man o probity. Sae noo tell me, gin ye please, whit micht Ah dae tae mak siccar ma weans get naethin and it's her gets the hale estate?

**BONNEFOY** Whit micht ye dae? . . . Ye micht . . . discreetly, select some close freen o yir wife, and mak a wull in formal mainner leavin him aw that's possible; this freen, eventually, wad see that she got it. *(Prevents what might have been an objection from ARGAN)* There again, ye micht coantract a wheen obligations tae sundry creditors . . . such as may be willin tae lend their names; they wad provide yir wife wi written declarations that they wrote-aff the debts as gifts in her favour. *(Most persuasively)* Or ye micht, while still tae the fore, just present her wi aw the Bearer Bonds and ready siller ye can lay yir hauns oan.

**BELINE** Ohh, distress yirsel nae mair wi aw that! *(As ARGAN comforts her)* As Goad's ma witness, dearie, Ah'll no want tae bide in this warld withoot ye.

**ARGAN** Sweet hert.

**BELINE** Ay, ma luve; gin e'er Ah hae the dule tae tine ye . . .

**ARGAN** Ma luve!

**BELINE** Life will be meaningless.

**ARGAN** Ma dear wife!

**BELINE** That ye micht ken th'extent o ma feelins, Ah'll follow ye tae the grave, and beyond!

**ARGAN** Oh, dinna greet, ma hert! It grieves me.

**BONNEFOY** In onie case, the tears are a wee thing previous. We're no just at that stage, yet.

**BELINE** Ahh, but ye dinna ken, sir, whit it is tae loo anither yont life itsel.

**ARGAN** Were Ah tae drap aff the perch this instant, ma luve, ma sole regret wad be no tae hae had a bairn b'ye. *(To BONNEFOY)* Maister Purgon tellt me he could mak me mak yin.

**BONNEFOY** Time enough for aw that.

**ARGAN** First things first. A wull maun be made, ma luve, as the guidman has ootlined. But . . . b'wey o precaution, ye'll get the twinty-thoosan in gowd coin that's saltit awa ahint the panellin o ma closet; an twa Bearer Bonds due tae me; yin frae Maister Damon, t'ither frae Maister Gerante.

**BELINE** *(In hanky again)* Ah need naethin. Naethin at aw. Hoo muckle did ye say in the closet?

**ARGAN** Twinty-thoosan.

**BELINE** Oooh, talk tae me nae mair o siller! *(Eyes over hanky)* And the Bonds were tae whit value?

**ARGAN** Yin's fower, t'ither sax.

**BELINE** Thoosan?

**ARGAN** Ay.

**BELINE** Ahh – aw the walth in the warld, dearie, is nocht compared tae ye.

**BONNEFOY** *(Well pleased)* Shall we proceed tae the formal document?

**ARGAN** Ay, sir, but yon'll be better dune in ma study. Yir haun, ma luve.

**BELINE** *(Helping him up)* Willingly, ma lammie. Willingly.

**ARGAN** *(As they exit)* Ah'll feel aw the better when Ah ken that ma Wull and Testament is safe in your hauns, dearie.

**BELINE** Ohh, that oniethin should happen tae ye, ma luve. Heaven forfend. Heaven forfend.

*(TOINETTE enters with ANGELIQUE)*

**TOINETTE** Awa intae the study wi her solicitor, and speakin o Last Wull and Testament? Yir stepmither hasnae been sleepin.

**ANGELIQUE** Let ma Faither disperse his walth as he sees fit, sae lang's he leaves the disposition o ma hert tae me. Oh, Toinette; dinna desert me noo!

**TOINETTE** Me? Desert ye? Lass, Ah'd raither dee. Ah've aye been oan your side. Ohh, she's been sookin-in wi me, tryin tae keep me oan her side, but Ah've never likit her ower muckle.

**ANGELIQUE** But can ye help me?

**TOINETTE** Ah'll dae ma best for ye, but we'll maybe need a cheynge o tactic. Maybe Ah should seem tae faw-in wi their wishes.

**ANGELIQUE** Is there onie wey ye can let Cleante ken o this mairriage they're arrangin?

**TOINETTE** There's only yin man for that wark; ma luver, Polichinelle. Though the auld usurer wull see it costs me mair nor just kind wards. *(Likes the idea)* Still, Ah'll no grudge that oan your behalf.

**ANGELIQUE** When can ye dae it?

**TOINETTE** It's owre late the nicht, but Ah'll hae him oan his wey first licht the morn. He'll be happy enough t–

**BELINE** *(Offstage)* Toinette?

**TOINETTE** Guid nicht, lass. Lippen tae me.

# INTERLUDE

*Music, movement and song.*

*The exterior of ARGAN's home. Night.*

*Romantic music. POLICHINELLE arrives, looking for TOINETTE. With no response to his furtive signals, he decides to try his song at one of the balconies.*

**POLICHINELLE**
Notte e di v'amo e v'adoro,
Cerco in si per mio ristoro;
Ma se voi dite di no,
Bell'ingrata, io –

*(TOINETTE, appearing behind him, has put an abrupt end to his serenade with a swift clout on the lug. Her angry gestures demand silence, caution and obedience. She sends him on his way with a letter.)*

**POLICHINELLE** *(Rather put out)* Luve, luve, luve, luve. Puir Polichinelle. The things ye'll dae for luve! Ye lea yir business and let yir affairs gang tae hell. For luve. For luve? For a witch. A wildcat! A wummin wha just maks sport o aw ye try tae dae for her! Ay, but that's luve, Polichinelle, and ye're just as daft as onie ither man taen wi't. Even at your age! Still, there's naethin reaches even a witch-wummin's hert sae weel as a wee bit sang. *(Tries again, pleadingly, softly. Almost a whisper)*
Notte e di v'amo e v'adoro,
Cerco in si per mio ristoro;
Ma se voi dite di no,
Bell'ingrata, io moriro!

*(TOINETTE, who has reappeared, beckons him with a finger. However apprehensively, he must obey. To his delight, it is a warm embrace this time. One that promises much more to come. She sends him gently on his errand.)*

**POLICHINELLE** *(Sings happily, with increasing volume, as he departs)*
Notte e di v'amo e v'adoro,
Cerco in si per mio ristoro;

*(Offstage: powerful finale)*

Ma se voi dite di no,
Bell'ingrata, io moriro!

*(TOINETTE decides she has to accept the bad with the good, and is reasonably content with her work. She exits, and the last light extinguishes.)*

# ACT TWO

*TOINETTE enters to find CLEANTE cautiously searching about the nooks and crannies of the room.*

**TOINETTE** Wha is it ye're seekin, sir?

**CLEANTE** Wha am *Ah* seekin?

**TOINETTE** Oh. It's yirsel, is it. Michty. Whit a surprise. Whit brings ye this airt?

**CLEANTE** The need tae speak wi Angelique; tae ken whit's in her hert; and tae speir whit's tae be done owre this disastrous mairriage Ah've just heard aboot.

**TOINETTE** Ay, but ca canny. Ye cannae just gang ram-stang at a thing like that.

**CLEANTE** *(Pressing)* Ah need tae see her.

**TOINETTE** Nae doot ye've heard the wey she's gairdit, and alloo'd neither promenade nor conversation.

**CLEANTE** She wis oot yince.

**TOINETTE** Had it no been the whim o an auld Aunty we wadna been at the thatre yon nicht, and the pair o ye wadna hae met, leave alane fell in luve. *(Checks him)* And we've taen damned guid care tae say nocht aboot yon wee ploy.

**CLEANTE** Ay. Ah ken. Look, Ah'm no here as Cleante, her luver. Ah've come as freen o her music maister, wi his connivance.

**TOINETTE** Here's the faither. Bide oot o sicht till Ah've had a ward wi him.

**ARGAN** *(Entering)* Maister Purgon instructit me tae exercise ilka mornin in the bedroom. Twal steps gangin, twal comin back; but Ah clean forgot tae speir gin it wis tae be crosswise or up and doon.

**TOINETTE** Maister, there's —

**ARGAN** Dinna screich, ye jaud; ye jar aw ma brains! Can ye ne'er keep mind that yin maun aye speak saftly tae an invalid?

**TOINETTE** Ah just wantit tae say, maister, that —

**ARGAN** Saftly, Ah said!

**TOINETTE** Maister . . . *(Mouths the sentence without sound)*

**ARGAN** Eh?

**TOINETTE** Ah said . . . *(Mouths again)*

**ARGAN** Whit the damn are ye sayin?

**TOINETTE** *(Loud)* Ah said there's a mannie here wants tae talk wi ye.

**ARGAN** Ohh, let him in.

*(She signals to CLEANTE)*

**CLEANTE** Sir —

**TOINETTE** *(Mockingly)* Wheesht. Ye'll jar aw the Maister's brains.

**CLEANTE** Ah'm fair pleased tae find ye up and aboot, sir; and tae see ye lookin better.

**TOINETTE** *(Feigning anger)* Whit's aw this 'lookin better' blethers? It's no true; the Maister aye looks peelie-wally.

**CLEANTE** Ah heard tell the guid man wis oan the mend, and just thocht he wis lookin fine.

**TOINETTE** 'Lookin fine'. He looks awfie! They'd a damned cheek wha-e'er said he wis better. He's never been mair no-weel in his life!

**ARGAN** She has the richt o't.

**TOINETTE** He may walk, eat, sleep, and drink like awbodie else, but that doesnae mean he cannae be close tae daith's door.

**ARGAN** It's true.

**CLEANTE** Ah'm greatly grieved tae learn that, sir.

**ARGAN** Whit are ye here for oniewey?

**CLEANTE** Yir, eh, dochter's singin maister sent me. He wis obleeged tae spen a few days in the country, and sent me tae continue the lessons. For fear she micht forget whit she's learnt.

**ARGAN** Verra weel. Cry her in.

**TOINETTE** Ah think, Maister, it micht be better tae tak the young man tae her room.

**ARGAN** Naw. Bring her in here.

**TOINETTE** Gin they hae nae privacy, he'll no can instruct her as he should.

**ARGAN** Fetch her in.

**TOINETTE** They'll deefen ye.

**ARGAN** No in the least. *(To CLEANTE)* Ah'm verra fond o music, and wull – ah, yonder she's. *(Calls)* Angelique? *(To TOINETTE)* Gang ye and see gin my wife's up yet. *(To ANGELIQUE)* Come in, lass. Yir music maister's cried-aff, but he's sent us a locum tenens.

**ANGELIQUE** Heavens abune!

**ARGAN** Whit gars ye stert?

**ANGELIQUE** It's –

**ARGAN** Whit? Whit steers ye like yon?

**ANGELIQUE** It's just the unco thing that's happened.

**ARGAN** Whit wad that be?

**ANGELIQUE** Last nicht, in a dream, Ah fell intae a gey sair difficulty; and somebody the double o this guidman steppit furrit. Ah askit his help, and he gied it. Ah'm just greatly taen aback tae come in here and find him wha's been in ma thochts aw nicht.

**CLEANTE** It's faur frae displeasin tae be in your thochts, sleepin or waukin. Nae doot –

**TOINETTE** *(Derisively)* Ma certes, Maister, and Ah tak back aw that Ah said yestreen. We hae Maister Diafoirus the elder, and Maister Diafoirus the younger, come tae veesit. Whit a braw guidson ye've in store for ye! *(To ANGELIQUE)* Ye're aboot tae clap een oan the bravest loon there could be. Twa wards frae him and Ah wis fair ravishit. *(To ARGAN)* Yir dochter's gaun tae be just fair deleerious.

**ARGAN** *(As CLEANTE makes to leave)* Bide whaur ye are, sir. It's just that Ah'm mairryin-aff the lass, and they're here wi the intendit. She's no seen him yet.

**CLEANTE** Ye dae me owre muckle honour, sir, in wishin that Ah be present at sic agreeable intimacy.

**ARGAN** The waddin's in fower days, and the Faither's a greatly skilled physician.

**CLEANTE** Isn't that grand.

**ARGAN** Slip a ward in the lug o the music maister, that he micht find hissel at the ceremony.

**CLEANTE** Withoot fail.

**ARGAN** Yirsel tae, of coorse.

**CLEANTE** That's faur owre generous.

**TOINETTE** Mak room, then, they're here.

*(As DIAFOIRUS and THOMAS enter, ARGAN struggles to his feet, hand on hat)*

**ARGAN** Maister Purgon, sir, has forbidden me tae uncover the heid. As medical men ye'll be aquent wi the reason.

**DIAFOIRUS** A doctor's visit should aye bring ease tae sufferers, no add tae their troubles.

**ARGAN** Sir, Ah accept –

*(They speak at the same time, interrupting themselves and each other)*

**DIAFOIRUS** We come here, sir –
**ARGAN** Wi great pleesure –
**DIAFOIRUS** That ye micht ken –
**ARGAN** The honour ye dae me –
**DIAFOIRUS** Th'extent o oor pleesure –
**ARGAN** Ah could hae wished –
**DIAFOIRUS** In the honour ye show us –
**ARGAN** Masel able tae visit ye –
**DIAFOIRUS** In yir receivin us –
**ARGAN** Tae assure ye o that.
**DIAFOIRUS** Intae yir alliance.
**ARGAN** But ye'll ken, sir –
**DIAFOIRUS** We assure ye, sir –
**ARGAN** That a puir invalid –
**DIAFOIRUS** That professionally –
**ARGAN** Can dae nae mair –

**DIAFOIRUS** As in aw ither weys –
**ARGAN** Than tae tell ye, here –
**DIAFOIRUS** We wull aye be ready –
**ARGAN** That he'll tak ilka opportunity –
**DIAFOIRUS** Tae demonstrate tae yirsel –
**ARGAN** Tae be at yir service.
**DIAFOIRUS** The warmth o oor feelins. *(To THOMAS)* Richt then, Thomas. Step furrit and pey yir compliments.

*(THOMAS is a gawky, great, newly-graduated sumph)*

**THOMAS** Am Ah richt in thinkin yin begins wi the faither?
**DIAFOIRUS** Ay.
**THOMAS** Sir; Ah come tae salute, tae acknowledge, and tae revere a saicont faither. *(The speech is a paraphrased 'lift' from the classics)* But a saicont faither, gin Ah may mak sae bauld, tae wham Ah'm mair behauden than the first. The first begat me, but ye hae me chosen. Ye hae accepit me in grace; he had tae tak me oot o necessity. Ma attachment tae him results frae the warkins o his body; the attachment tae ye results frae the warkins o your mind; and inasmuckle's the spiritual faculties are superior tae the physical, sae Ah am the mair in your debt, and sae Ah haud mair precious this future filiation for whilk Ah'm come, this day, tae offer in advance ma humble and greatly respectfu gratitude.
**TOINETTE** Lang life tae the college produces the likes o that.
**THOMAS** Wis it aw richt, Faither?
**DIAFOIRUS** Optime.
**ARGAN** *(To ANGELIQUE)* Richt then, welcome the lad.
**THOMAS** Wull Ah gie her a kiss?
**DIAFOIRUS** Ay. Ay.
**THOMAS** Mistress, it's nae mair nor just that Heaven has bestowed oan ye the title o *belle-maman*, for in truth –
**ARGAN** That's no ma wife, that's ma lass.
**THOMAS** Then whaur is yir wife?
**ARGAN** She'll be here directly.
**THOMAS** Hae Ah tae wait, faither, till she comes?
**DIAFOIRUS** Mak yir compliments tae the lass in the meantime.
**THOMAS** Miss; nae mair and nae less nor the statue o Memnon gied oot a harmonious tone when warmed by the rays o the sun; in the same mainner Ah find masel animatit by the sweetest emotion afore the licht o your beauty. And, as the natural sciences note that the flooer cried heliotrope constantly turns tae this star o the day, sae wull ma hert, hereineftir, turn aye tae thae twa resplendant stars, your adorable een, in the same mainner as tae its verra ain lodestar. Permit me then, Miss, tae place this day oan the altar o your chairms the offerin o this hert that desires nae greater glory than tae be, forever, your humble, obedient, and utterly devotit husband and sairvant.

**TOINETTE** *(Banteringly)* Noo there's books for ye.

**ARGAN** Whit hae ye tae say aboot that?

**CLEANTE** Ah'm astoundit. Gin he's as guid a doctor as orator there wull be pleesure in bein yin o his patients.

**TOINETTE** There wull that. Gin his cures are ocht like his speeches it'll aw be a perfect wunner.

**ARGAN** Ma chair; and sates for awbody. *(To ANGELIQUE)* Ye sit here, ma pet. As ye see, sir, yir son's greatly admired. Ye're gey lucky tae hae a lad like yon.

*(Father and son remain standing as the others take their seats for the performance)*

**DIAFOIRUS** Sir, no just oan accoont o me bein his faither, but Ah can say Ah've richt guid reason tae be pleased wi Thomas. There's nane see him but remark that he's a lad wha's character has no even a trace o the mischancy. True, he's ne'er exhibitit an imagination that yin micht cry . . . skeigh; nor is he gien owre, like some, tae spiritit wit. But exactly for that reason Ah've aye had high hopes for his judgement; and that is the essential quality in oor profession.

Since he wis wee, he's ne'er been whit ye wad cry forritsome, or mischeevious. Naw; Thomas wis aye calm, quate, and douce; haudin his tongue and no at aw inclined tae infantile daffery.

There wis considerable deeficulty in teachin him tae read. Even at nine, Ah mind, he still didnae ken his Aa-Be-Ke-De. Ah, but 'weel and guid,' says Ah tae masel. 'Slow fires mak the swatest meat.'

Oh, yin writes oan sand mair easily than oan marble. But whit is written oan marble, *(An affectionate hand on THOMAS's skull)* remains. *(Curtain starts. Continues)* Says Ah tae masel, 'Slowness in the uptak and a sluggish imagination are but the future signs o sound judgement.'

## CURTAIN

## INTERVAL

**Author's note**

*In the Lyceum rehearsals we found the funniest effect was to have
DIAFOIRUS and THOMAS 'fight' the slowly descending curtain, with
DIAFOIRUS continuing his speech, both ending up on their knees to get a
last glimpse of the audience with the lines from the opening speech to Act
Three:* 'Oh, it's just grand tae see him pursue his reasonins intae ilka last
nook and crannie permittit in logic!' *After the SECOND INTERLUDE, the
curtain then rose to find DIAFOIRUS droning on as if he had never stopped
– picking up on* 'But whit pleases me abune awthing, and whaur he maist
taks eftir me, etc . . .'

# *ACT THREE*

**DIAFOIRUS** *(Heard. Faintly at first)* He wis sair trauchelt when we sent him tae College, but against aw difficulty he stiffened the sinew; tae the extent that his tutors laudit him tae me for his unrelentin persistence. *(Curtain rises to reveal even ARGAN beginning to entertain some doubts about the DIAFOIRUSES.)* In the end, by just warstlin oan, Thomas passed his first degree magnificently; and wi nae undue vaunt Ah may say that owre the past twa years, in the disputations, there's naebody maks mair noise than him. He is widely regardit yonder as formidable. There's nae proposition or thesis pit furrit but he'll pounce oan the contrar and debate it tae the bitter end.

Firm as a rock in his disputations, fierce as a Turk in his principles, Thomas never cheynges an opinion. Oh, it's just grand tae see him pursue his reasonins intae ilka last nook and crannie permittit in logic. But whit pleases me abune awthing, and whaur he maist taks eftir me, is that he hauds implacably tae the auld school. Thomas wull hae nae truck wi their modern . . . experiments, and aw their supposed . . . discoveries. Things like this alleged . . . circulation o the bluid.

**THOMAS** Ah hae sustained a thesis against the Circulationists which, *(Draws large rolled parchment from gown)* wi your permission, sir, Ah mak sae bauld as tae present tae yir dochter. *(Offers it)* It is a tribute owed tae ye frae the first flooerins o ma intellect.

**ANGELIQUE** Sir, sic an article wad be wastit oan me. Ah ken naethin o thae maitters.

**TOINETTE** Gie it tae me, then. *(Glances at it)* Och, it's worth haein for the picture. *(To THOMAS)* It'll fair set-aff the chaumer wa.

**THOMAS** Again wi your permission, sir. *(To ANGELIQUE)* May Ah invite ye, yin o thae days, by wey o divertishment, tae attend a wummin's dissection and hear ma dissertation thereon?

**TOINETTE** Noo yon's whit Ah wad cry a divertishment. There's some mak dae wi takin their lass tae a coamedy, but tae gang the length o layin-oan a dissection . . . ?

**DIAFOIRUS** Furthermair, concernin the qualities necessary for mairriage and propagation, rest assured that by the highest medical standards Thomas is aw that yin could desire. He is the possessor, in gey praiseworthy degree, o the quality needit for proliferation; and he has, forby, the necessary disposition.

*(Takes his seat)*

**ARGAN** Ah tak it, sir, it's yir intention tae present the lad at Coort, and wangle a post o physician for him yonder.

**DIAFOIRUS** Tae be frank, sir, the practice o oor profession in that airt has ne'er appealed tae me. Ah find it awthegither mair satisfyin tae serve the general public. They're no hard tae please; yin has naebody tae answer tae; and providit yin keeps tae acceptit coanduct yin need fear nae consequence.

**THOMAS** The trouble wi weel-daein folk is that when they're no-weel they absolutely require that yin should cure them.

**TOINETTE** Fancy the impidence in expectin ye tae cure them! Ye're only there tae prescribe the medicine and tak the fee. It's for them tae recover gin they're able.

**DIAFOIRUS** Perfectly true. Yin has nae obligation ither than tae provide the formalities.

**ARGAN** And talkin o formalities. *(To CLEANTE)* Eh, sir. Hae ma lass dae a wee sang for the company.

**CLEANTE** *(Momentarily thrown)* Eh, weel . . . ay, that's whit Ah'm here for, sir. Ehh . . . Ah! *(Takes manuscript sheets from pocket)* Ah had the notion ye micht enjoy a scene frae a wee new-made ballad-opera. *(Offers a sheet to ANGELIQUE)* This is your pairt.

**ANGELIQUE** Mine?

**CLEANTE** Please; dinna refuse. Bein nae great singer masel, it's enough that Ah'll just mak masel heard. In the circumstances ye'll be guid enough tae excuse me.

**ARGAN** Dae the sangs o't hae bonnie wards?

**CLEANTE** It's no sae muckle sangs as a wee . . . impromptu. Rhythmic prose. *(To DIAFOIRUS)* Whit ye micht cry, free verse. *(To ANGELIQUE)* It just expresses the feelins twa luvers micht convey tae each ither oan the spur o the moment.

**ARGAN** Atweel. Let's hae it then.

**CLEANTE** The story gangs as follows. A hird-laddie wis at a thatre. The entertainment had scarce begun when his attention wis distractit by a disturbance. He saw this man, this brute, insultin a hird-lassie in the audience. *(For ANGELIQUE)* The hird immediately took the pairt o that fair sex wha are due respect frae aw men. *(Touch macho for THOMAS)* Eftir gien the bully his comeuppance, the hird turns tae find the lass greetin the bonniest tears e'er he'd seen. *(Takes ANGELIQUE's hankie, mimes wiping tears away)* Frae the twa bonniest een in the hale warld. The hird-lassie thanks him for the triflin service he'd been privileged tae render. *(Intimately)* She does this in mainner sae tender, charmin and sincere that the hird-laddie is lost. *(Very intimately)* Ilka ward, ilka glance is a stound tae his hert. *(Returns the hankie to her)* Whit wad yin no dae, whit service, whit danger wull no be gledly faced gin it earn just yin moment o sic swate and tender gratitude? *(Breaks away)* Frae that moment, frae that first sicht, he wis as taen in luve as e'er man micht be. He does aw he can tae see again this vision that bides wi his every moment; but sae ticht are the constraints placed oan the lass that his efforts avail him nocht. Driven by this great luve, he resolves tae seek the haun o this adorable beauty withoot wham he can nae langer leeve. Wi her permission, eftir contrivin a contact by letter. At this same moment, he is informed that her faither has arrangit mairriage tae anither. The thocht o his ain true luve in the airms o anither is mair nor he can thole. In desperation he finds means tae gain access tae her hame, that he micht ken her true feelins frae her ain lips. (*Only just avoiding direct reference to THOMAS*) He sees the unworthy rival a faither's whim has opposed against him ridin triumphant owre a conquest considered a foregane conclusion. The sicht fills him wi an anger that scarce wull contain. He looks in dule oan her wham he adores; and she, haibbelt by respect for the presence o her faither, says nocht. Save wi her een. In the end, aw constraint discardit, he speaks tae her thus:

*(Sings)*

It is mair nor hert may thole, ma luve,
Reveal tae me yir thocht;
Reveal tae me ma destiny,
May Ah hope, or hope for nocht?

**ANGELIQUE**

Ye see me, Patie, wae and wan
Owre this that grieves ye sae;
But the look that noo Ah send tae ye
Tells mair nor yet Ah may.

**CLEANTE**

Oh, bonnie Peggie, can it be
That Patie is sae blest?
That he enjoys Dame Fortune's smile?
His hert wi yours may rest?

**ANGELIQUE**

Ah'll no deny it, Patie dear;
Ye've ma hert for evermair.

**CLEANTE**

Oh, speak again that charmin ward
That Patie micht be shair!

**ANGELIQUE**

Ay, Patie dear, ma luve is yours.

**CLEANTE**

Yince mair, dear lass, Ah beg!

**ANGELIQUE**

Ye hae ma luve, ma shepherd-lad!

**CLEANTE**

As ye hae mine, dear Peg.

**ANGELIQUE**

Nae man by maid wis e'er sae loo'ed;

**CLEANTE**

Mair loo'ed ye canna be.

**TOGETHER** *(Harmonising)*

Ma luve for ye eternal is,

A luve that ne'er can dee.

**CLEANTE**

But . . . Peggie dear, there's still sae near,

This rival . . .

**ANGELIQUE**

Ye hae nane!

For gin ma life is no wi ye

Then sall Ah dee alane.

**CLEANTE**

Yet should yir faither spurn yir wish,

**ANGELIQUE**

Then sall Ah dee alane.

Gin we can ne'er be man and wife

Then sall Ah dee alane.

**ARGAN** Ay, but whit does the faither say aboot aw yon?

**CLEANTE** *(A moment to re-orientate)* The faither says naethin.

**ARGAN** Then he's a richt fule o a faither! *(To DIAFOIRUS)* Imagine pittin up wi aw that nonsense and no a ward said!

**CLEANTE**

Ah, ma luve, ye see whit –

**ARGAN** Naw, naw, that's enough o yon. That'll dae. As a comedy yon's a damned bad joke! Yir hird-lad, Patie's, nae mair nor an impertinent tinkler; and yir Peggy's nae less nor impident. Cairryin oan like yon afore her faither? Gie's a glance at the rest o't. *(Takes paper)* Whaur's the wards? *(Before CLEANTE can think of a reply)* There's naethin here but a wheen lines wi aw the wee musical notes oan them.

**CLEANTE** Did ye no hear, sir, o the new musical invention that alloos the wards tae be scrievit . . . within the verra notes theirsels?

**ARGAN** *(Suspicious)* Ay. Verra guid. *(Bow of dismissal)* Yir sairvant, sir. Guid day tae ye. Ah'm shair we'd aw been quite weel wantin yir saucy opera.

**CLEANTE** Ah had hoped ye'd find it divertin.

**ARGAN** Ah dinna find stupidity the least divertin. Ah! Here's the wife. Ma dearie, this is Maister Diafoirus's laddie.

**THOMAS** Mistress, it's nae mair nor just that Heaven has bestowed oan ye the title o *belle-maman*, for in truth yin can see oan yir face – *(Struggles to remember)*

**BELINE** Sir, Ah'm fair delichtit tae hae been in time tae hae the honour o meetin ye.

**THOMAS** For in truth yin can see in yir face – Mistress, ye hae interruptit me in mid-flow and fair displenished ma memory.

DIAFOIRUS Save it, Thomas, for anither occasion.

ARGAN Ah wish, ma luve, ye'd been here sooner.

TOINETTE Oh ay, Mistress, ye fair missed yirsel wi no bein here for the 'saicont faither', the 'statue o Memnon', and the flooers cried heliotrope.

ARGAN Come then, lass, gie the guidman yir haun and tryst yirsel his future wife.

ANGELIQUE Ohhh, faither!

ARGAN Oh faither? Whit's wi yir 'Oh faithers'?

ANGELIQUE Dinna rush things, Ah beg ye! At least gie us time tae ken yin anither, tae let grow that mutual inclination withoot which nae perfect union is possible!

THOMAS For ma pairt, Ah need nae delay. The inclination's aw there at this verra meenit.

ANGELIQUE That ye need nae delay, sir, doesna mean that Ah'm the same. Tae be honest, Ah cannae say that yir worth has yet made sufficient impact oan ma hert.

ARGAN Weel, weel, there'll be leesure-enough for that tae happen eftir ye're wad.

ANGELIQUE Gie me time, faither, please! Mairriage is a bond, but a bond that mauna bind the hert by force. *(To THOMAS)* Nae self-respectin man wad want the wife wis forced oan him!

THOMAS *Nego consequentiam.* Ah can be quite self-respectin in acceptin ye, as wife, frae yir faither's haun.

ANGELIQUE Forcin yirsel oan a bodie is an ill wey tae gain her luve.

THOMAS In the auld times, Miss, it wis customary for a man tae abduct a wummin he wished tae mairry – by force – in order that nane could say she endit up in his airms by . . . desire.

ANGELIQUE The auld times are bye-wi, sir, and nae wummin noo has need o sic sham. Gin a mairriage is pleasin, we're no laith tae play oor pairt. Content yirsel, sir; gin ye truly luve me, yir wishes wull no be greatly dissimilar tae mine.

THOMAS Ay, Miss; in aw things . . . except luve.

ANGELIQUE But is no the great proof o luve demonstratit in a willingness tae gang alang wi the wishes o the yin that's loo'd?

THOMAS *Distinguo.* Whaur luve itself is no involved, *concedo.* But whaur luve itsel is at stake, *nego.*

TOINETTE Save yir braith, Angelique. The guidman is new-mintit frae the college and wull aye see the boots aff ye wi the Latin. But for the life o me Ah cannae see why ye continue tae refuse the honour o attachin yirsel, b'mairriage, tae the Faculty.

BELINE She's maybe some ither notion in mind.

ANGELIQUE Gin Ah had, Mistress, it wad be yin clashes wi neither honour nor reason.

ARGAN Oh ay, and a fine figure o a faither aw yon maks me!

**BELINE** Oh, gin only it wis me in your place, ma lammie, Ah'd press her nae mair tae mairry. But Ah ken whit Ah wad dae wi her!

**ANGELIQUE** Fine we aw ken whit ye're suggestin, Mistress. No hard tae see the fortune ye'd hae in store for me; but aiblins yir guid advice wull no just achieve whit ye'd like.

**BELINE** There's nane but clever quines like yirsel wad scoff at a faither's wishes. It wis a different story in ma day!

**ANGELIQUE** A dochter's duty wis never unlimitit, Mistress. Neither Law nor Reason extends it beyond guid sense.

**BELINE** Which is tae say that ye've naethin but mairriage in mind, but only tae a man o yir ain notion.

**ANGELIQUE** Gin ma faither wull no agree tae a husband wha pleases me, Ah beg him at least no tae force me intae a mairriage wi yin Ah ne'er wull can luve.

**ARGAN** Guid sirs, Ah maun only crave yir pardon owre aw this.

**ANGELIQUE** Awbodie has their ain reasons for mairryin, faither. For ma pairt, Ah seek nocht but a true luve; yin wull endure for aye; and for that reason maun gang warily. For some, mairriage is nae mair nor the means tae escape their parents and gain the freedom tae dae as they like. There are ithers, Mistress, wha turn mairriage intae commerce; wha mairry for nocht but siller; for nocht but tae enrich theirsels by the looked-for daith o the spouse; wha rin unscrupulous through yin man eftir anither, appropriatin their left-owres. Wimmen, of coorse, little inclined tae staun oan ceremony or pey undue attention tae them that's involved.

**BELINE** . . . Yir tongue's fair gaun wallop the day. Ah'd like fine tae ken whit she means by aw yon.

**ANGELIQUE** Ah mean, Mistress, exactly whit Ah say.

**BELINE** And whit ye say, like yir behaviour, m'dear, is becomin unsufferable.

**ANGELIQUE** Ye'd be weel served, Mistress, tae see me provoked tae impertinence; but Ah'll no gie ye that satisfaction.

**BELINE** Ah never heard the equal o yir insolence.

**ANGELIQUE** Naw, Mistress, ye waste yir braith.

**BELINE** And ye, wi yir presumptuous airs and graces, hae the hale warld sniggerin ahint yir back.

**ANGELIQUE** It's nae guid, Mistress. Ah keep a calm sough despite ye. And tae spare ye leevin in faus hopes, Ah'll just tak masel oot o yir sicht.

*(Makes to leave)*

**ARGAN** Listen here! There's nae middle road in aw this. Ye've exactly fower days tae choose. Either ye mairry the guidman here, or it's the coanvent! *(After she leaves)* Dinna fash, sirs; Ah'll see she does whit's needit.

BELINE Ah'm sorry Ah hae tae leave ye noo, ma wee mannie, but Ah've business in the toon that canna be pit aff. *(Pecks him)* Ah'll no be lang.

ARGAN Fine that, ma luve. *(Calls)* And ca in at yir solicitor's tae see he's pressin oan wi – *(Taps side of nose)* – ye ken.

BELINE Ta-ta, ma lammie.

ARGAN The wey that wumman luves me is scarcely believable.

DIAFOIRUS We maun tak oor leave noo as weel, sir.

ARGAN Oh, but please, sirs, afore ye gang. A quick ward oan hoo ye find me?

DIAFOIRUS *(Takes his arm)* Richt then, Thomas, the t'ither airm and see whit you mak o't . . . *Quid dicis?*

THOMAS *Dico*, that this is the pulse o a man wha's no at aw weel.

DIAFOIRUS Guid.

THOMAS Labourin a wee, if no just awthegither labour't.

DIAFOIRUS Verra guid.

THOMAS It's resurgent.

DIAFOIRUS *Bene.*

THOMAS Even a wee thing erratic.

DIAFOIRUS *Optime!*

THOMAS Which aw gangs tae indicate an imbalance in the splenetic *parenchyma*; *(To ARGAN)* that is to say, the spleen.

DIAFOIRUS *Fine!*

ARGAN Ah but naw! Maister Purgon tellt me it was ma liver.

DIAFOIRUS Yes. Yes; the term *parenchyma* covers baith. They're aw yokit thegither by the *vas breve* o the *oylorus*, followin the *meatus cholodici*. Nae doot he tells ye tae eat a lot o roast beef.

ARGAN Naw. Naethin but biled beef.

DIAFOIRUS Yes, yes; roast or biled, maks nae differ. He's gied ye wise coonsel. Ye couldna be in better hauns.

ARGAN *(As they leave)* Eh, sirs? Hoo monie grains o saut shud Ah tak wi an egg?

DIAFOIRUS Sax, echt, ten, a dizzen; aye the even numbers. Just as, wi the tablets, it's aye the odd.

ARGAN Till next time, sirs.

*(They leave. BELINE enters, dressed for outdoors.)*

BELINE A ward o warnin, dearie, afore Ah gang oot.

ARGAN A warnin?

BELINE Ye'll hae tae keep yir een oan Angelique. There wis a man in her room.

ARGAN A –

BELINE It's aw richt, he slippit awa as soon's he spied me.

ARGAN A man? Wi ma dochter?

**BELINE** Ay, but the wee yin, Louison, wis there as weel. A goat the truth oot o her.

**ARGAN** Whit truth?

**BELINE** He wis a young man, makin oot he wis some music-maister or ither.

**ARGAN** That damned rascal! Whit else did Louison tell ye?

**BELINE** That when Angelique arrivit he wis swearin undyin luve for her.

**ARGAN** And then?

**BELINE** Then he tellt her she wis the maist beautiful thing in the hale warld.

**ARGAN** And then?

**BELINE** Then he went doon oan his knees in front o her.

**ARGAN** And then?

**BELINE** Then stertit kissin her hauns.

**ARGAN** And then?

**BELINE** Then Ah turned up and he scampert. (*He collapses in chair*) Ye'll need tae watch her. Ah'll need tae gang.

(*He can scarce summon enough energy for a gesture of farewell. Enter TOINETTE followed by BERALDE.*)

**TOINETTE** Yir brither's here, Maister.

**ARGAN** Show him in.

**BERALDE** Weel, weel; whit are ye sayin the day?

**ARGAN** Gey little, brither. Gey little.

**BERALDE** Whit's adae, then?

**ARGAN** Ah'm that weak Ah've nae braith tae spare for talk.

**BERALDE** A great peety, for Ah wantit tae crack wi ye aboot an offer o mairriage Ah've had for Angelique.

**ARGAN** (*Rises abruptly*) Dinna mention yon jaud tae me! She's a flichtersome, frawartsome Jezebel, and afore this week's oot she's for the coanvent!

**BERALDE** Ah'm gled tae see ma veesit's dune ye some guid. Can we talk noo?

(*Before he can reply, ARGAN is taken again*)

**ARGAN** (*Clutching his collar*) Ah'll be richt back.

**TOINETTE** Haud oan, Maister. Ye're forgettin ye cannae toddle oniewhaur withoot yir stick.

**ARGAN** Ye're richt.

(*Makes a very rapid exit*)

**TOINETTE** Ye wull please see whit ye can dae for that niece o yours.

**BERALDE** Ah'll dae aw in ma poo'r tae see she gets whit she wants.

**TOINETTE** This mairriage he dreams o maunna tak place. Whit he needs is a doctor tae cure him o doctors! *(Sudden thought)* Ay, and since there's nane oan haun tae dae that, maybe . . .

**BERALDE** Whit?

**TOINETTE** It's maybe a ludicrous notion, but it micht just serve. Ah wis mindit tae – *(Signals for caution)* Leave it tae me. Dae whit ye can.

*(Withdraws to eavesdrop)*

**BERALDE** *(As ARGAN reappears)* Dae ye agree, brither, that ye'll no fleer up in a lowe when we hae this bit crack?

**ARGAN** That is agreed.

**BERALDE** And ye'll respond wi nae ill-wull tae whit Ah micht say?

**ARGAN** Ah'll dae that.

**BERALDE** And ye'll discuss wi me whit we hae tae discuss in a mainner quite free o emotion?

**ARGAN** Goad Almichty, man, ay! Whit a bluidy preamble.

**BERALDE** Then hoo comes it aboot, brither, that wi your walth, and haein only yin dochter; for Ah'm no coontin the wee yin in this; hoo comes it aboot that ye can talk o pittin that yin dochter intae a coanvent?

**ARGAN** Hoo comes it aboot, brither, that Ah am maister in ma ain hoose?

**BERALDE** Yir wife'll no be blate owre advice. She'd get rid o baith yir dochters like that. Nae doot, in the spirit o holy chairity, she'd see the pair o them pit awa as nuns.

**ARGAN** Ay, here we hae it noo! Here's the puir wife intae it again. Frae the ootset. She's cause o aw the ills!

**BERALDE** Richt, then, brither; we'll let that flea stick tae the wa. Yir wife's a wummin wi the best intentions in the warld. Free o self-interest, fair wonderfu fond o ye, and fu o naethin but a near-incredible affection for your weans. That's it. We'll say nae mair oan that score. Noo, let's speak o yir lass, again. Whit thocht in your heid, brither, wad see her mairriet oantae the son o a physician?

**ARGAN** The thocht, brither, that Ah'll get the kind o guidson Ah need.

**BERALDE** But that's naethin adae wi the lass, brither, and forby . . . there's anither wha's muckle mair fittin for her.

**ARGAN** Nae doot, brither, but a doctor's son is muckle mair fittin for me.

**BERALDE** Is the man she wads tae be a husband for her, or ye?

**ARGAN** For her, and for me. Why should Ah no hae folk in the faimily that's usefu?

**BERALDE** Followin that principle, wull ye wad the wee yin tae an apothecar?

**ARGAN** And why no?

**BERALDE** Wull ye be beglaumert forever by mediciners? Are ye determined tae be no-weel despite Nature hersel?

**ARGAN** And just whit is that supposed tae mean?

**BERALDE** It means, brither, that Ah ken nae man less no-weel nor ye. Ye've a coanstitution oan ye like a cuddie! The great proof that ye've a healthy body is that it's managed tae survive aw ye've dune tae't, and hasnae yet come apart wi aw the prescriptions ye tak.

**ARGAN** That's whit ye say, brither; but Maister Purgon says gin it wasnae for the care he taks o me Ah'd snuff-it inside a week.

**BERALDE** Muckle mair o his care and ye'll be warmin yir doup at Hell's fires sooner nor that.

**ARGAN** Dae Ah tak it, then, ye've nae great faith in medicine?

**BERALDE** Nane at aw. Ah see nae reason why yin has tae believe in it tae be healthy.

**ARGAN** Oh ay. Ye'll no believe a thing that's been revered through the ages and is noo universally proovit?

**BERALDE** Sae faur frae haudin it proovit, Ah believe it yin o man's greatest follies. Conseedered philosophically, Ah've seen nae piece o comic mummery, nae behaviour mair ridiculous, than the sicht o yin man settin hissel up tae cure the ills o anither.

**ARGAN** Why can ye no accept that yin man may cure anither?

**BERALDE** Because oor bodily mechanisms are a mystery anent which we yet ken naethin. Nature has drawn sic a veil owre the een that we've nae chance tae come tae grips wi't.

**ARGAN** Accordin tae ye, then, the physicians ken naethin?

**BERALDE** Just that. Oh, maist o them's familiar wi the humanities; kennin tae crack in grand Latin, gie Greek names for ilka disorder; divide and define them; but it's anither story when it comes tae curin them.

**ARGAN** But ye'll shairly no disagree that oan siclike topics the physicians'll ken a touch mair nor the lave o's?

**BERALDE** Brither, they ken exactly whit Ah said, which cures gey little. The hale o their skill is a wheen specialised blethers that gies promises in place o results, rant instead o reasons.

**ARGAN** There's monie just as gleg and wycelike as yirsel, but gey few that doesnae rin tae the mediciners when they're no-weel.

**BERALDE** That's a mark o human frailty, nae proof o efficacity.

**ARGAN** The doctors wadna yase it oan themsels gin they didna believe it efficacious!

**BERALDE** There are some wha share in the popular misconception frae which they profit. There are ithers profit by it wi nae misconception. Your Maister Purgon, for example, has nae doots at aw. *He is a mediciner.* Tap-tae-toe. A man wi mair faith in his rules and regulations nor in aw the scientific proof pit thegither. A man wha sees naethin obscure in medicine, naethin difficult. A man wha, wi the vehemence o prejudice, the rigidity o confidence, and the indiscrimination o common sense launches hissel withoot hesitation intae a perfect orgy o bluid-lettin and purgations. But ye maunna think badly o *him* for the herm he does ye, for it's wi the best intentions in the warld he'll despatch ye oot it; and in daein sae he does nae mair nor he'll dae for his ain wife, bairns, or hissel gin the case arise.

ARGAN Ye've fair got it in for Maister Purgon. But tell me, brither, in the hinner-en, whit is yin tae dae when yin's no-weel?

BERALDE Naethin.

ARGAN Naethin?

BERALDE Not yin thing. Rest. That's aw it taks. Left tae her ain devices, Nature hersel wull sort-oot onie disorder. It's oor ain fidget and fykin, oor ain lack o quate that's cause o aw the collapse. Maist folk dee o their medication, no their maladies.

ARGAN But ye'll no disagree, Brither, that there's weys in which yin may . . . assist Nature.

BERALDE And yon, brither, is the cosy conceit wi which we indulge oorsels. Richt doon through the ages it percolates amang the credulous till we come tae believe it. And for why? Because it flatters the notion we hae o oorsels, and because it wad be greatly desirable were it, in fact, true.

ARGAN Weel Ah believe it is true!

BERALDE When a physician talks o relievin and assistin Nature, o removin the hermfu and replacin the needfu, o recoverin and restorin the functions; when he talks o rectifyin the bluid, regulatin the bowels and brain, reducin the spleen, reconcilin the lungs, repairin the liver and reinvigoratin the hert; when he talks o bein in possession o secrets for prolongin the natural lifespan, he's tellin ye precisely the hale fiction o physic. When it cams doon tae truth, and practical experience, ye'll find nane o yon. It's like a fine dream, whaur ye wauken tae find yirsel left wi little but rue that e'er ye believed it.

ARGAN Which is tae say that *ye've* the hale o learnin lockit-up in yir heid, and believe ye ken better nor aw the great physicians o the century?

BERALDE Atween discoorse and daein, yir great physicians are twa different people. Oh, they can jaw the maist mairvellous rejuvenations, but just see them at wark and ye ne'er saw bigger gommerals in yir life.

ARGAN By the Christ, sir, and were Ah yin o thae doctors Ah'd ken ma revenge oan ye! Were ye lyin at daith's door ye'd get nae remede frae me! Ye'd beg in vain! For Ah'd prescribe no even the least wee lavement or bluid-lettin. 'Snuff-it!' Ah'd say. 'Snuff it! And let that be a lesson tae ye next time no tae poke fun at the Faculty!'

BERALDE Whit Ah said wis licht-hertit, brither. In the hope o drawin ye awa frae yir present state.

ARGAN Oh ay. Just a joke. Weel, gin the mediciners hae muckle sense they'll dae exactly whit Ah said.

BERALDE Gin Ah've got mair sense nor them Ah'll no seek their help.

ARGAN Sae muckle the waur for ye, then, gin ye've left wi nae remede at aw.

**BERALDE** Ah've ma reasons for seekin nae help. Ah maintain that only the stoot and the strang can support baith the malady and the remedy. For masel, Ah've barely enough strength tae thole just the illness.

**ARGAN** Ye're wrang in the heid, man! Ye – Aw but haud. Let's speak nae mair oan this, for it just gies me the bile.

**BERALDE** Let me cheynge the subject, then, and say that ye shouldna be makin hasty decisions tae pit yir lass awa in a coanvent just because she'll no see things your wey. It maunna be just your strang feelins that maitter when it cams doon tae choosin a guid-son. Tak the lass's feelins tae accoont, since it's her life and happiness that's at stake.

*(TOINETTE enters ahead of FLEURANT, who has a large syringe at the ready)*

**TOINETTE** Maister?

**ARGAN** Ah! Excuse me, brither.

**BERALDE** Whit are ye gaun tae dae?

**ARGAN** The wee enemas dinnae tak lang.

**BERALDE** It's ye that's wrang in the heid, sir! Can ye no bide a meenit withoot takin medicine in at yin end or t'ither? Sit doon and rest yirsel. Leave yon for anither time.

**ARGAN** . . . Maybe this evenin, Maister Fleurant? Or the morn's mornin?

**FLEURANT** *(To BERALDE)* A fine thing, sir, the foolhardiness! Ah ne'er saw the equal o yir audacity. Wha gied ye the richt tae coontermand a prescription and prevent a treatment?

**BERALDE** Gang awa, sir. It's easily seen ye're no yased wi meetin folk face-tae-face.

**FLEURANT** Prescriptions are no a thing tae be joked aboot, and Ah'm no here tae hae ma time wastit. Ah'll see that Maister Purgon kens hoo Ah wis preventit frae executin his orders and performin ma function! Ye'll soon see, sir, gin Ah dinnae. *(Exiting)* Ye'll soon see. Ye wull soon see.

*(TOINETTE disappears after him)*

**ARGAN** There's nae guid'll come o this, brither.

**BERALDE** There's the great guid that ye've avoidit yin o Purgon's prescriptions. Oh, yin mair time, brither, is there nae curin ye o this disease o aye needin doctors? Wull ye be slave tae them aw yir life?

**ARGAN** It's easy for ye tae talk. Ye that's feelin fine. Were ye in ma place ye'd cheep a different tune.

**BERALDE** Then whit, precisely, is wrang wi ye?

**ARGAN** Ye'll be upsettin me again. Oh, Ah could wish that ye micht hae ma trouble, tae see gin ye'd blether as muckle. *(Relieved at sight of PURGON entering, with TOINETTE)* Ah! Maister Purgon!

**PURGON** Ah hae just been apprised, doonstairs, at the door, o the verra pleasin news that ma prescriptions are poo-poohed up here.

ARGAN Sir, it's no exactly –

PURGON There can be nae greater affront than a patient in rebellion against his physician!

TOINETTE Absolutely lamentable.

PURGON They tell me ma remedy has been rejectit. *(Before ARGAN can speak)* Yon wis a wee irrigation that Ah wis pleased tae compose masel!

ARGAN It wisnae me that –

PURGON An injection that wis conceived and constructit in the highest state-of-the-art!

TOINETTE Then he's sure missed hissel.

PURGON Yin that wad hae dune fair wonders for his bowels.

ARGAN Ma brither, he –

PURGON Tae throw that back in contempt?

ARGAN It wis he that –

PURGON This is actionable!

TOINETTE Ah'm no surprised.

PURGON It's an enormity! An assault!

ARGAN It wis him.

PURGON This is the crime o *Lese-Faculty*, for which nae punishment is owre severe!

TOINETTE Guid for ye.

PURGON Ah herewith wash ma hauns o ye!

ARGAN But it's ma brither wha –

PURGON Ah wish nae mair adae wi ye.

TOINETTE Weel dune.

PURGON And tae redd-up aw the loose-ends, *(Takes paper from pocket)* this is whit Ah settled oan ma nephew for his mairriage, tae your dochter.

*(Rips it in half)*

ARGAN It's ma brither that's caused aw the bother!

PURGON Tae scorn ma injection?

ARGAN Send it up and Ah'll tak it noo.

PURGON Just when Ah wis oan the verge o curin ye!

TOINETTE He doesnae deserve tae be cured.

PURGON Ah wis gaun tae redd-oot your trunk and expel ilka last pizzen!

ARGAN Ye see noo, brither, wh–

PURGON It wad hae taen nae mair nor anither dizzen o ma treatments tae completely scour-oot the bottom o the barrel.

TOINETTE He's no worth the consideration.

PURGON But since ye choose no tae be cured at ma haun . . .

ARGAN It wasnae ma faut.

PURGON Since ye choose no tae defer tae the authority due a mediciner . . .

TOINETTE Yon demands vengeance.

PURGON Since ye've declared yirsel a rebel tae ma prescriptions . . .

**ARGAN** No in the least.

**PURGON** Ye are henceforth abandoned tae the evils o yir constitution, tae the irregularity o yir bowels, tae the pizzens in yir bluid, tae the acridity o yir bile, and tae yir ither, sundry sludges.

**TOINETTE** Weel dune yirsel.

**ARGAN** Oh Goad help us.

**PURGON** Ma forecast is that within fower days ye'll be yont aw curin.

**ARGAN** Mercy oan us!!

**PURGON** Ye'll hae slippit intae a state o bradypepsia.

**ARGAN** Aw, Maister Purgon.

**PURGON** Frae the bradypepsia intae dyspepsia.

**ARGAN** Maister Purgon!

**PURGON** Frae dyspepsia intae apepsia.

**ARGAN** M–

**PURGON** Frae apepsia intae lientery.

**ARGAN** But –

**PURGON** Frae lientery intae dysentery.

**ARGAN** Ye –

**PURGON** Frae dysentery intae dropsy.

**ARGAN** Maister Purgon!

**PURGON** And fae dropsy intae a daith brocht oan b'nocht but yir ain folly.

*(Exits. TOINETTE follows him out.)*

**ARGAN** Ah'm deid. Ye've dune for me!

**BERALDE** Whit's the maitter?

**ARGAN** The strength's ebbin oot o me. Medicine is awready takin its revenge.

**BERALDE** Damn me, brither, gin ye're no doitit awthegither. It's a blessin nane can see ye. Pull yirsel thegither, man, please; and pit an end tae this imaginin.

**ARGAN** Ye heard for yirsel the awfie things he prophesised.

**BERALDE** Whit a gullible sumph ye've becam.

**ARGAN** Fower days, he said, wis aw it needit.

**BERALDE** Whit does oniething he said hae adae wi't? Is yon the oracle? A bodie wad think Purgon had control o yir fate, had the pooer tae prolong or curtail yir days as it pleased him.

**ARGAN** Ye heard him.

**BERALDE** Ye hae the hale basis o yir life within yirsel, man. Purgon's tantrum has as little chance o killin ye as his prescriptions hae tae keep ye alive. Gin ye'll tak it, this is yir chance tae rid yirsel o doctors. Or, gin ye're congenitally incapable o daein withoot them, ye can at least noo find yin that poses less o a hazard tae yir health.

ARGAN Ah, but Purgon kens me inside oot, and aye jalouses just whit Ah need tae keep me gaun.
BERALDE Ah hae tae say it, brither. Ye're the thrawnest bugger ever Ah met.

*(Enter TOINETTE)*

TOINETTE Maister, there's anither doctor here askin tae see ye.
ARGAN Whit doctor?
TOINETTE A medical doctor.
ARGAN Ah'm askin wha he is!
TOINETTE Ah dinna ken him, but Ah dae ken him and me's as alike as twa peas in a pod. Gin ma mither wasnae an honest wummin Ah'd say he wis some wee brither she'd produced since ma faither passed oan.
ARGAN Let's hae a look at him.

*(Exit TOINETTE)*

BERALDE As yin door bangs shut, anither slams in yir face.
ARGAN Dinna ye cause mair trouble.
BERALDE Me?
ARGAN Ma hert's lourd enough wi aw yon maladies Ah never kent aboot. Yon –

*(TOINETTE enters, dressed as a doctor)*

TOINETTE Sir, permit me tae offer ma humble services for aw bluid-lettin and purgin ye may require.
ARGAN Ah'm muckle obleeged tae ye, sir. *(To BERALDE)* Great Goad, yon's Toinette hersel!
TOINETTE Excuse me, sir, Ah'll be straucht back. Ah forgoat tae lea instructions wi ma sairvent.

*(Exits)*

ARGAN Eh? . . . Wad ye no say yon wis, in fact, Toinette?
BERALDE It's shairly a remarkable resemblance, but it's no the first time this kind o natural coincidence has happened. Romances are fu o little else.
ARGAN Weel for ma pairt, Ah'm fair astonished, and –

*(TOINETTE enters as herself)*

TOINETTE Whit wis it ye wantit, Maister?
ARGAN Whit?
TOINETTE Did ye no cry me?
ARGAN Me? Cry ye? . . . Naw.
TOINETTE Must hae been just ma lugs were burnin.
ARGAN Eh, but bide here and see hoo this doctor resembles ye.

**TOINETTE** Ah've things adae doonstairs, and Ah've already seen enough o yon yin.

*(Exits)*

**ARGAN** Gin Ah hadnae seen the baith o them . . .

**BERALDE** Yin reads some surprisin things aboot this kind o resemblance. Cases whaur the hale warld wis deceivit.

**ARGAN** Ah'd certainly been deceivit by yon. Ah'd gien ma life they were yin and the same.

*(TOINETTE enters, as doctor)*

**TOINETTE** Sir, Ah'm maist apologetic. *(To BERALDE)* The delay wis unavoidable.

**ARGAN** It's perfectly wonderfu.

**TOINETTE** Please forgie ma curiosity in wishin tae see a celebratit invalid like yirsel. Yir reputation, which has spread tae aw airts, is aiblins excuse enough.

**ARGAN** Ah am at yir service, sir.

**TOINETTE** Ah see ye cannae tak yir een aff me, sir. Whit age wad ye say Ah wis?

**ARGAN** Ah'd say ye'd be mair or less twenty-sax, or twenty-seeven.

**TOINETTE** *(Greatly amused)* Ah'm nearer ninety.

**ARGAN** Ninety!

**TOINETTE** Ay. Here ye hae an example o whit ma skill can dae tae keep yin young and vigorous.

**ARGAN** *(To BERALDE)* He's a fresh-lookin young bodach for ninety.

**TOINETTE** Ah'm somethin o a bird o passage. Ah gang frae toon-tae-toon, province-tae-province, kingdom-tae-kingdom, aye seekin suitable subjects for ma skills, patients worthy o ma attentions, them that wull exercise the great medical secrets Ah hae discovert. Ah'll no plouter-aboot wi yir minor maladies; bittocky things like rheumatics, broonkaties, temperatures, vapours and heidaches. Ah'm eftir the real thing. Lang-ragin fevers wi deleerium o the brain, proper purpureal fevers, pestillential plagues, developed dropsy, inflamed pleurisies; yon's whit attracts me. Yon's whaur Ah shine! Oh, sir, Ah could wish ye'd the hale cleckin o yon; desperate at daith's door, and ilka ither doctor in the land gien ye up for loast. Then micht Ah prove the efficacy o ma treatments and the desire Ah'd hae tae be o service.

**ARGAN** Ah'm muckle obleeged, sir, for that kind consideration.

**TOINETTE** Let me tak yir pulse. *(Checks it)* Come oan, noo, get it gaun properly. Oh, and Ah'll soon hae ye gangin as ye shud. Hey! There wis an impident pulse! It's weel seen ye dinna ken wha ye're dealin wi, yet. Wha's yir physician?

**ARGAN** Maister Purgon.

TOINETTE Mmm. He's no oan ma list o the greats. Whit did he say wis wrang wi ye?

ARGAN He said it's the liver, but ithers say it's the spleen.

TOINETTE Ignoramuses. It's yir lungs that's awa.

ARGAN The lungs?

TOINETTE Ay. Whit dae ye feel?

ARGAN Frae time-tae-time Ah feel Ah've got a heidache.

TOINETTE Exactly. Lungs.

ARGAN Sometimes it seems like a veil afore ma een.

TOINETTE Lungs.

ARGAN Whiles there's a wee twinge at the hert.

TOINETTE Lungs.

ARGAN Aften enough Ah seem tae hae nae go in ma limbs.

TOINETTE Lungs.

ARGAN And noo and again Ah'm taen wi a terrible belly-ache, similar tae colic.

TOINETTE Lungs. Hae ye a guid appetite?

ARGAN Ay.

TOINETTE Lungs. Enjoy a wee joug o wine?

ARGAN Oh ay.

TOINETTE Lungs. Dae ye get dozent eftir a meal and just . . . dover-aff?

ARGAN Ah dae.

TOINETTE Lungs. Lungs, Ah tell ye. Whit nourishment did yir doctor order?

ARGAN He tellt me tae tak plenty broth.

TOINETTE Ignoramus.

ARGAN Chicken broth.

TOINETTE Ignoramus.

ARGAN Some veal.

TOINETTE Ignoramus.

ARGAN Stews?

TOINETTE Ignoramus.

ARGAN Fresh eggs?

TOINETTE Ignoramus.

ARGAN And at nicht, some wee prunes tae loosen the bowels.

TOINETTE Ignoramus.

ARGAN Abune aw, Ah've tae tak ma wine weel-watered.

TOINETTE *Ignorantus, ignoranta, ignorantum!* Wine maun be taen straucht frae the bottle. Yir bluid's owre thin. Tae build it up ye maun hae butchermeat, creeshie-pork, muckle whangs o Gouda, alang wi nuts, rice, oatcakes and girdle-scones for purposes o conglutination.

ARGAN He –

TOINETTE Yir physician's a fule. Ah'll send ye yin o ma ain choosin, and sae lang's Ah bide in toon Ah'll tak a turn-in whiles masel.

ARGAN *(Offers hand)* Ah'm muckle obleeged tae ye.

TOINETTE Whit the bleezes are ye daein wi this airm?

ARGAN This airm?

TOINETTE Were it me, Ah'd hae it aff withoot delay.

ARGAN Whit for?

TOINETTE It's takin aw the nourishment and haudin that yin back. Look.

ARGAN *(Does so)* Ay, but Ah still need it.

TOINETTE And forby, Ah'd hae that richt ee pierced gin Ah wis ye.

ARGAN Pierced?

TOINETTE Can ye no see whit it's daein tae t'ither? Tak ma advice, hae it pierced withoot delay. Ye'll see things a lot clearer then, wi the left.

ARGAN Oh, there's nae great hurry for that.

TOINETTE Then guid day tae ye. Ah'm vexed Ah've tae leave sae soon, but Ah've an important conference oan a man wha deed yestreen.

ARGAN Whit kind o conference?

TOINETTE Yin tae consider whit shud hae been dune tae save him. Till next time.

    *(Exits)*

ARGAN Ah'm no weel-enough tae . . . see . . . ye . . . oot.

BERALDE As a physician, yon yin seems tae me by-ordinar able.

ARGAN Ay, but inclined tae gang at it a wee thing hasty.

BERALDE Great men are aye like yon.

ARGAN An airm aff, and an ee pierced, sae that t'ither'll dae better? Ah'd raither they didnae dae sae weel! A great treatment yon that wad lea me hauf-blin wi an empty sleeve!

TOINETTE *(Offstage)* Come oan, come oan! That'll dae ye! Thank ye verra much, but Ah dinna find that kind o thing amusin! *(Enters backwards straightening her clothes out)* Just . . . guid day tae ye. *(Waves him away)* Guid day!

ARGAN Whit's gaen wrang?

TOINETTE It's your doctor that's gaen wrang! Fumblin me aw owre sayin he wantit tae tak ma pulse!

ARGAN Michty me. At ninety-year-auld!

BERALDE Noo then, brither, since Maister Purgon's taen the huff wi ye, may Ah raise the subject o the t'ither offer for ma niece?

ARGAN Naw, brither, yon's settled. She's for the coanvent. Ah just jaloused there wis a wee luve-affair in the wund, and ken mair oan that score nor Ah've let oan.

BERALDE A wee inclination o the hert is scarcely criminal, and gin the intendit ootcome is an honourable mairriage, there's little in that tae cause ye skaith.

ARGAN Maybe ay, maybe hooch-ay; but she's for a nun and there's an end on't.

BERALDE Ye're tryin tae please somebodie.

ARGAN Ah-ha, and Ah ken whit ye're at. It aye comes back tae that. Ye've got ma wife oan the brain.

BERALDE Atweel, ay, since Ah maun speak ma mind; it is yir wife. Ah can nae mair endure seein ye thirled tae her as tae medicine. Watchin ye dip yir heid doon intae ilka snare she sets for ye is just nae mair tae be tholed.

TOINETTE Aw, Maister, ye maunna speak like yon. Yin cannae say a ward against the Mistress. Yon's a wummin devoid o deception and wi sic a luve for the Maister it just cannae be expressed.

ARGAN Just speir at her hoo muckle the wife mollycuddles me.

TOINETTE It's true.

ARGAN The wey ma maladies afflict her.

TOINETTE Naethin shairer.

ARGAN And the trouble and care she taks owre me.

TOINETTE Absolutely. Wad ye like tae be convinced? Wad ye like me tae show ye just hoo muckle the Mistress loos the Maister? Maister, let me show him hoo little he kens.

ARGAN By whit means?

TOINETTE The Mistress is comin up. Streetch yirsel oot and sham deed. *(To BERALDE)* Oh, ye'll see then the heicht o her feelins.

ARGAN Ah'll dae it. Ye'll see.

TOINETTE Ay, but dinna lea her owre lang in dule. Yon could be the daith o her.

ARGAN Ah'll attend tae it.

TOINETTE *(To BERALDE)* Awa and hide yirsel in the coarner.

ARGAN Here.

TOINETTE Whit?

ARGAN Is yin no in some danger in shammin deed?

TOINETTE Whit danger could there be? Streetch yirsel oot. *(Whispers)* It'll be a pleesure tae pit yir brither's neb in a sling at last! Haud still, noo. She's here. *(As BELINE enters)* Aww, great Goad abune us! Och-och-onee! Whit a thing tae happen! Awwww!

BELINE Whit is't, Toinette?

TOINETTE Aww, Mistress, awww!

BELINE Whit's gaen wrang?

TOINETTE Yir husband.

BELINE Whit aboot him?

TOINETTE He's awa!

BELINE Deed?

TOINETTE Oh, Goad be aboot us, ay! The puir deceased has departit.

BELINE Nae doot?

TOINETTE Nae doot at aw, though guid kens the mainner. Ah wis alane wi'm. He just got awa atween ma airms. Look at him, Mistress; measurin his length.

**BELINE** *(After a check)* May the Loard be praised. Ah'm rid o that wechty burden at last. Ye're daft, Toinette, tae vex yirsel owre this.

**TOINETTE** Ah just thocht there wis aye supposed tae be some tears.

**BELINE** He's nae loss, sae it's no worth the trouble. Whit earthly guid wis he? Forever girnin; forever slovenly and scunnersome; forever haein his belly scoored oot; forever snufflin, spittin and hoastin; forever dowf, deavin and crabbit; forever teedisome and, as ye weel ken, forever screighin mornin, noon and nicht at the sairvents!

**TOINETTE** As a funeral oration that taks a bit o whackin.

**BELINE** Listen, Toinette, Ah need yir help; and ye may be shair it'll no gang unrewardit. Naebody kens whit's happened here. Help me pit him in his bed and haud yir wheesht aboot it till Ah've seen tae ma affairs. There's papers and some siller Ah need tae lay hauns oan. Ah didnae gie him the best years o ma life for naethin! Come oan, Toinette; get his keys aff him.

**ARGAN** *(Sitting up suddenly)* Steady noo!

**BELINE** *(Terror-struck)* Ayeee!

**ARGAN** Ay, Mistress-mine. Sae yon's hoo ye luve me?

**TOINETTE** The departit's no deceased.

**ARGAN** *(As BELINE scurries out)* Ah'm pleased tae ken the extent o yir luve, and tae hae heard yir grand eulogium! *(To self)* Ay, weel; learn auld, learn better. And Ah'll certainly be a wiser man in the future.

**BERALDE** *(Coming out of hiding)* Ah'm richt gled tae hear ye say that, brither.

**TOINETTE** Ah'd ne'er hae believed it. *(Then reacts sharply)* Ah hear Angelique! Streetch-oot again and let's hear hoo she taks the news. Ye micht as weel ken whit the hale faimily thinks o ye! *(As ANGELIQUE enters)* Awww, great Goad abune us! Och-och-onee! Whit a thing tae happen! Awwww!

**ANGELIQUE** Whit's wrang, Toinette? Whit gars ye greet like yon?

**TOINETTE** Ohh, lass; Ah've sair, sad news for ye.

**ANGELIQUE** Whit news?

**TOINETTE** Yir faither's deid.

**ANGELIQUE** Ma faither . . . deid?

**TOINETTE** Just slippit awa saiconds since. There he's.

**ANGELIQUE** Sweet Jesus! Whit cruel haun o fate is this? Tae lose ma faither, wha wis aw that wis left tae me in this warld; and warse, tae pairt at a time when he wis angered at me, and no hae the chance t– Whit's tae become o me, unhappy wretch? Whit consolation can there be for sic a loss sae great as this?

**CLEANTE** *(Enters. Alarmed at her cries.)* Whit's taen ye, Angelique? Whit's cause o these tears?

**ANGELIQUE** The tears are for the loss o the thing maist dear, maist precious in ma life. The tears are for the daith o ma faither.

**CLEANTE** Goad in heaven! Whit a thing tae happen. Ah had askit yir uncle tae speak tae yir faither for me, and Ah cam noo tae plead for his understaunin owre us.

ANGELIQUE Ohh, Cleante, let's speak nae mair. Forget aw thocht o mairriage. Wi ma faither gane Ah've nae wull for this warld. Ah renounce it. For aye. Ay, faither, gin Ah withstood yir wishes till this, at least Ah'll comply wi yin o them noo and sae mak amends for the vexations Ah ken Ah caused ye. Ah gie ye ma ward, Faither, and seal it wi yin last fond kiss.

ARGAN *(Rises abruptly)* Ma lass!

ANGELIQUE *(Terror-struck)* Ayeee!

ARGAN Dinna fleg, yir Faither's no deid yet. Ah, but come here, ma bonnie wee doo, for ye shairly are ma true dochter. Bluid o ma bluid. Ah'm prood tae see yir artless affection for me.

ANGELIQUE *(Hugging him)* Ohh, faither! Since it pleases Heaven, in its guidness, tae restore ye tae me, Ah faw at yir feet and beg just yin thing. Gin ye'll no agree tae ma ain choice, gin ye refuse me Cleante as husband, at least force me tae mairry nae ither. That's aw Ah ask o ye.

CLEANTE *(Dropping to one knee)* Sir! Let yirsel hear these prayers, hers and mine. Ye maunna oppose the mutual expression o a thing sae richt and sae bonnie.

BERALDE Wull ye bide opposed tae this, brither?

TOINETTE Aw Maister, naebody could be unfeelin tae a luve like theirs.

ARGAN Ah coansent tae the mairriage. *(Swamps the response)* Providit. . . !

TOINETTE Whit?

ARGAN Providit he becomes a physician. Ay; turn yirsel intae a doctor and ye've got the lass.

CLEANTE Richt willingly, sir. *(Offers his hand)* Ah'll become a doctor. Ay, and apothecar as weel, gin ye like! Ah'd gang a lang gait further nor that tae win the bonnie Angelique!

BERALDE Ah've just had a better idea, brither.

ARGAN *(Immediately suspicious)* Oh ay?

BERALDE Why no become a doctor yirsel?

TOINETTE Noo that wad be even mair convenient for ye! And quicker back oan yir feet, for whit disease sae braissant as attack the doctor?

ARGAN Ah doot this is anither bleflum o yours.

BERALDE It is not.

ARGAN Me? Study? At ma age?

BERALDE Study? Huh! Ye ken mair nor enough as it is! Ye ken mair aboot medicine nor monie a doctor.

ARGAN But yin needs tae hae the Latin tae recognise the maladies and prescribe the remedies.

BERALDE Aw that comes wi the cap and the goon. Yince pit them oan and ye'll be as fluent as the rest.

ARGAN Just pit the goon oan and yin can discoorse oan disease?

**BERALDE** Yince ye're wearin the graith, the biggest blethers become gospel. Aw ye dae is staun there and let yir teeth rattle.

**TOINETTE** Keep mind, Maister, ye've the beard for it awready. And as we aw ken, the beard is hauf the physician.

**BERALDE** Wad ye like tae become a doctor this nicht?

**ARGAN** This nicht?

**BERALDE** Ay. And here, in yir ain hoose.

**ARGAN** Can that be dune?

**BERALDE** Ah hae freens in the Faculty. They'll come owre at yince and dae the needfu; and it'll no cost ye a boddle.

**ARGAN** But Ah'll no ken whit tae say.

**BERALDE** It's aw set-oot oan paper. *(Leading him off)* Noo, come awa and redd yirsel up while Ah send tae fetch them owre.

**ARGAN** Ah'm no shair Ah gang alang wi this, brither.

**BERALDE** *(As they exit)* Man, this is exactly whit ye've been needin for years. Believe me.

**CLEANTE** Whit's aw this aboot freens in the Faculty?

**TOINETTE** Some o them yased the doctor's degree ceremony tae pit thegither a wee comic show wi yir uncle for the carnival. *(Makes to leave)* There's plenty costumes. We can aw tak pairt.

**ANGELIQUE** It seems tae me, Toinette, that ye and ma uncle's maybe makin just a wee bit owre muckle sport o ma Faither.

**TOINETTE** It's no sae muckle makin sport o him, Angelique, as just accommodatin his ain imaginins.

**CLEANTE** Dae ye ken whaur tae find the costumes, Toinette?

**TOINETTE** Ah even ken there's yin fits me a treat!

*(Exits)*

**CLEANTE** Whit dae ye say, ma luve?

**ANGELIQUE** Weel . . . Ah suppose since Toinette and ma uncle baith think it fine . . . ay!

*(A very light-hearted exit, hand-in-hand)*

# FINALE*

*To suitably grand fanfare ARGAN's room disappears to be replaced by a pastiche of the amphitheatre of the Faculty of Medicine. Illumination is by tapers. Tapestries on lurid medical subjects surround the hall. There is a throne for the Preses at the head of the sweeping stairway.*

*BERALDE, as Preses, in ornate professorial cap and gown. The other members of the Faculty, as they appear, are all suitably begowned, bearded, and bemortared. They are the four syringe-bearers, two apothecaries with pestle and mortar, and TOINETTE as doctor, conducting ARGAN as candidate.*

**PRESES** *(Signalling ceremony to commence)*
Interrogandum et examinandum!
**FIRST SYRINGE**
Quae sunt remedia
Quae in maladia
They cry Hydropsy
Convenit facere?
**ARGAN** *(Hesitant chant, reading from paper)*
Clysterium donare,
Postea seignare,
Feenish up wi purgare.

*(A heavenly CHORUS accompanies the faculty response as DOCTOR leads ARGAN to first base)*

**CHORUS**
Bene, bene, bene, bene respondere;
Dignus, dignus est entrare
In nostro docto corpore.
**SECOND SYRINGE**
Quae sunt remedia
Quae in maladia
Pulmonicus asmaticus
Convenit facere?
**ARGAN** *(Only a glance at paper)*
Clysterium donare,
Postea seignare,
Feenish up wi purgare?

*(The CHORUS takes him to second base)*

---

* An English paraphrase of the Finale is provided after the glossary.

**CHORUS**

    Bene, bene, bene, bene respondere;
    Dignus, dignus est entrare
    In nostro docto corpore.

**THIRD SYRINGE**

    Quae sunt remedia
    Quae in maladia
    Pena tae repirare
    Convenit facere?

**ARGAN** *(Quite confidently)*

    Clysterium donare,
    Postea seignare,
    Feenish up wi purgare.

**FOURTH SYRINGE** *(Before he can mount another step)*

    But gin maladia
    Opiniatria
    Doesnae want yir curere
    Whit should ye facere?

**ARGAN** *(Quite fiercely)*

    Clysterium donare,
    Postea seignare,
    At the hin-end purgare!

*(This time he needs no leading up)*

**CHORUS**

    Bene, bene, bene, bene respondere,
    Dignus, dignus est entrare,
    In nostro docto corpore.

**PRESES**

    Juras haudare statuta
    Per Facultatem praescripta
    Cum sensus and jugeamento?

**ARGAN** *(Another step)*

    Juro.

**PRESES**

    And tae be, in omnibus,
    Consultationibus
    Naethin but the auld-farrant aviso?

**ARGAN** *(Another step)*

    Juro.

**PRESES**

    Never-ever tae servire
    A single remedia aucunis

Than the yins laid-doon
By the Doctae Facultatis?
**ARGAN** *(The final step)*
Juro!

*(The way is now open for him to be beckoned up to the holy of holies, there to receive the ultimate in doctoral gown and mortar crown.*

*As he returns the FACULTY present him with the tools of the trade: cup-and-knife, drill, saw, hatchet, large syringe.*

*All back off doing reverence.)*

**ALL** *(As they leave)*
Vivat, vivat, vivat, vivat, five times vivat
Novus doctor, wha tam bene parlat;
A thoosan years tae mangare and bibare,
And bluidare and killare!

*(The chant repeats, fading offstage, as grand music swells up around ARGAN left in splendid isolation. He finds great possibilities in his new profession – especially in the syringe.)*

## CURTAIN

**Author's note**
*After the first production at the Lyceum, it was decided that a brief 'directorial' punctuation to the piece was of benefit. This is left to the individual director/cast but in all cases should be brief, funny and cheeky.*

# MR PUNTILA AND HIS MAN MATTI

## by

## Bertolt Brecht

### In a version by Peter Arnott

First performed as a Dundee Rep Theatre Company production, which ran at Dundee Rep Theatre 10–27 February 1999 and the Citizens' Theatre, Glasgow, 3–13 March 1999. The cast was as follows:

ASSISTANT/LAINA . . . . . . . . . . . . . . . . . . . . . . . . . . . . . Carol Brannan

SOLICITOR/WAITER/LABOURER/VET . . . . . . . . . . . . . . . . John Buick

BOTHAN EMMA/MINISTER'S WIFE/RED HEAD   Carol Ann Crawford

FINA/LISU/WAITRESS . . . . . . . . . . . . . . . . . . . . . . . . . . Caroline Devlin

PUNTILA . . . . . . . . . . . . . . . . . . . . . . . . . . . . . . . . . . . . . Kern Falconer

EVA . . . . . . . . . . . . . . . . . . . . . . . . . . . . . . . . . . . . . . . . Meg Fraser

MINISTER/FAT MAN/DRUNK . . . . . . . . . . . . . . . . . . . . . Martyn James

ATTACHÉ/WEED/DRUNK . . . . . . . . . . . . . . . . . . . . . . . . Ross Mackay

FISCAL/SURKKALA . . . . . . . . . . . . . . . . . . . . . . . . . . . . . Bill Murdoch

MATTI . . . . . . . . . . . . . . . . . . . . . . . . . . . . . . . . . . . . . . Alexander West

Director . . . . . . . . . . . . . . . . . . . . . . . . . . . . . . . . . . . . . . Hamish Glen

Designer . . . . . . . . . . . . . . . . . . . . . . . . . . . . . . . . . . . . . Gregory Smith

Lighting . . . . . . . . . . . . . . . . . . . . . . . . . . . . . . . . . . . . . Richard Moffat

Musician & Musical Director . . . . . . . . . . . . . . . . . . . . . Robert Pettigrew

## CHARACTERS
(in order of appearance)

PUNTILA

WAITER

MATTI

FISCAL

EVA

ATTACHÉ

BOTHAN EMMA

VET

ASSISTANT

MILKMAID

FAT MAN

SHORT MAN

RED HEAD

WEED

LAINA

SURKKALA

FINA

SOLICITOR

MINISTER

MINISTER'S WIFE

SURKKALA'S DAUGHTER

# THE BALLAD AE PUNTILA

1) In Tavasthus Puntila spent
Three days upoan the pish.
He donnered hame and left a bung
The waiter didnae wish.
'Waiter, how ur yow sae snell
When he is hail and gay?'
'Weel he's been sittin oan his arse
I'm oan ma feet aw day.'

2) Eva was a lairdie's quean
Whae's restless een did look
Up tae her faither's serving man
Frae her romantic book.
Though guided young tae higher things
She gazed upoan him sair
And wondered gin a servin man
Was yet a man in there.

3) Puntila rose up wi the daw
Tae gang and fun some booze
The milky breist ae the milk quean
Made him cry her douce.
'I see yer woke afore the daw
Tae gang and milk ma kine.
I'd no wish yow were oot yer bed
Unless ye'd come tae mine.'

4) The sauna here at Puntila's
Is kent a lusome spot
Where serving men and lairdie's queans
Can baithwise find it hot.
Puntila cried: 'I'll gie my quean
Tae settle aw he owes.
Wi aw ma dosh he willna mind
Gin wance she's rent her clothes.'

5) Casual cam the kitchen ben
The lairdie's quean did thole
Tae ask her faither's serving man
Tae fetch his fishing pole.
'Lady', quoth the serving man,
'I see yer ripe tae faw.
But I'm reading o the *Evening News*
I need my peace witha.'

6) The League o his fast-handit queans
Walked tae Puntila's door,
Puntila swore he kent them nocht
And cast at them right sore.
'I'm no yer sheep tae shear,' he says,
'Nae wool for yow the day.
And gin I pass a night wi you
We're strangers in the day.'

7) The queans cam frae Kurgela launched
Till they let faw their pride.
The day was lost, their courage lost
Their shoon hud split their sides.
They said, 'Gin ony quean will tak
The word o a gentleman
She's nane but hersel tae scauld
Fer castles built ae sand.'

8) Puntila turned the table owre
And rattled ivry dish.
'I'm no for gien ma ain wee quean
Tae yon wee bloodless fish.
Take her hersel, ma servin man,
And set her tae the test.'
Matti said, 'She's no for me.
Her ain will fit her best.'

# PROLOGUE

Freens, oor life is yin sair fecht
siccas it was fur Bertolt Brecht,
Gin lang moues canna set things richt
wir gien ye a comedy the nicht.
A crop ae gags, aw clean, nane clatty
Tae tummle oot fae sacks ae tatties.

The nicht wir gonnae gang the weys
o a dinosaur in his last days:
*Estatium Possessor* – the laird wha's lands
Drink deep oan sweat of ithers' hands,
Wha cooms the landscape like a glaur
Tae keep things aye the wey they were before.

We'll mak this cuif loup aff the page
Tae stowff and puff across the stage
Aiblins oor paint and wud are insuffeeshant.
Aul' Brechtie's wards maun be effeeshant
Tae sound the clank ae kirns ablaw the birks
And raise the midnight sun, high aboun the lochs,
Tae licht black croffs that rise afore the daw,
Tae bring grey smoke tae wisp fae lums ablaw.

Sic pleesures we may wish noo are
affordit in oor Puntila.


# Scene One: PUNTILA FINDS A YUMAN BEIN

*The snug of the Park Hotel in Tavasthus, Finland. PUNTILA, Laird of Lammi. The PROCURATOR FISCAL. A WAITER. OTHER DRUNKS, sleeping.*

*The PROCURATOR FISCAL falls off his chair.*

**PUNTILA** Gar-son!
**WAITER** Oui, Herr Puntila.
**PUNTILA** Nous avons . . . bin here too lang?
**WAITER** Twa days, Herr Puntila.
**PUNTILA** Twa days, he says! *(To the fallen)* And youse people kid me oan yer wabbit? Jus when I'm gantin fer a whiskyva. An a wee bit gibblegabble. Aboot me. And hoo depressed um ur. *(Furious)* And whit Ah think aboot the COONCIL! I'm ALANE here! Aye, but you people, ye cruik wan wee fingr and ye dwine intae a dwam. Fer the flesh is bruckle, and the

fiend is slee. Timor Mortis conturbat me . . . *(He looks around)* Whaur's that Doctor? This time yestreen he was riddy fer anybuddy. *(Thinks)* Th'apothecary? He was aye upright, I'm thinkin. Whaur's HE gone? Eh? And they cry theirsels the heid bummers i these pairts? And they cannae drink fer merr than twa days wi'oot makin erses uv themselves? Folk will rubber them . . . as they pass them in the street. *(To the FISCAL)* Whit sort ae role-model UR you? If a PROCURATOR fiscal gangs belly-up like a strandit haddie efter a wee bit tipple? If Ah'd loons oan ma ferm ploughed sae gowkit as yow buggers DRINK . . . they'd huv their joatters, fegs. I'd tell them: 'Mind your occupation!' *(To the FISCAL)* Freddie-boy, we expect merr fae yow, an educatit chiel. Folk look up tae yow, fer an example. Tae show some smeddum. *(Drags him to his feet)* Oan yer pins and TALK tae me, ye bowly-leggit bauchle ye! *(He drops the FISCAL, who crashes to the floor. He turns to the WAITER.)* Gar-son? What day is it?

**WAITER** It's Saturday, Herr Puntila.

**PUNTILA** Ye dumstooner me. It SHOULD be Friday.

**WAITER** I'm sorry, it's Setterday, sir.

**PUNTILA** Aye, that's whit YOU say. Some bliddy garson you ur! Gien glaiks tae yer customers and actin like Ah'm stupit. Noo tak tent, ma mannie, and divna mak a glet ae it this time. I am speaking wan whiskeyva an wan Friday. Dae you huv that?

**WAITER** Aye, sir.

*(He exits in a hurry)*

**PUNTILA** *(Sadly)* Oh wake up. Dinna lea us aw alane. Don't cave in tae a wee bit dram ur twa. *(With contempt)* Ya cuif. Ye'd nae sniff tae whit Ah hid. Ah saw ye, sleekin ablawdecks as I rowed ma schooner oot upon the whiskeyva. Ye'd no even pap yer heid aboun the gunwales. I'm sair affrontit wi ye. Look at Puntila! As I step oot ontae the surface. As I walk upon the face o the whiskeyva. And dae Ah gang doon?

*(MATTI stands in the doorway)*

**PUNTILA** Wha in Hell ur yow?

**MATTI** I'm yer driver, Herr Puntila.

**PUNTILA** Yer ma whit?

**MATTI** I'm yer chauffeur. I drive your car.

**PUNTILA** Ony bugger can say that. I doan recognise you.

**MATTI** Weel naw. How could ye, just seein the back o ma napper fer five weeks.

**PUNTILA** Where hov you sprung fae?

**MATTI** Your CAR! I've been oot there twa days!

**PUNTILA** Whit car?

**MATTI** YOUR car. The big Studebaker.

**PUNTILA** Sounds like bollocks tae me. Can ye pruive that?

MATTI An Ah'm scunnert wi hingin aboot, pal. Ah'm up tae high doh.
Ye've nae right tae use human beins like thon.
PUNTILA Pardon? You . . . are a human bein?
MATTI Aye. Um ur.
PUNTILA Ye gonna ston yer grun thair?
MATTI *(Puzzled)* Aye.
PUNTILA You are MA chauffeur, ye ston on MA GRUN and tell me
YOW . . . are a yuman bein?
MATTI I am a human bein. Ah'm no wan ae your beasts tae be left ben
the road till yow feel up tae fetchin us.
PUNTILA Hint ye no so?
MATTI Nuh. Pey me what ye owe me. 175 Merks. I'll get ma jotters fae
Puntila Lodge.
PUNTILA I ken that voice. *(He grins)* It diz soon gey on human, tae. Tak
a seat, son. Hiv a dram.

*(The WAITER enters with a bottle and a glass and a sandwich)*

WAITER Yer whiskeyva, Monsewer. And the day . . . is FRIDAY.
PUNTILA Excellent. *(He indicates MATTI)* This here's ma china.
WAITER Yes. He is your chauffeur, Herr Puntila.
PUNTILA Oh, so yer a chauffer, ur ye? Weel, bugger me. Yer aye meetin
unco folk when yer travellin. *(Passes him the bottle)* Dive in.
MATTI *(Hesitates, regarding him)* What ur ye wantin? Whit ur ye efter us
fer? Ah'm no sartain I'll tak yer whiskeyva.
PUNTILA Yer a leery loon, hint ye no? Aye tak tent wha ye drink wi. For
why? Ye might get fu, ye might pass oot . . . *(He drags MATTI up)* And Ah
might batter ye and dip your poakets! Weel I AM PUNTILA, LAIRD AE
LAMMI! Je suis un homme d'honneur. I've goat ninety coos, pal. Yer okay
bevvyin wi me!

*(He throws MATTI back into his seat)*

MATTI Fair enough. I'm Matti Altonen. Pleesure tae ken ye.

*(PUNTILA embraces him)*

PUNTILA I'm saft, um ur, Ah ken it fine. See if Ah see a wee beastie in
the road, a wee bit puddock, mebbe, loupin oan the road. Ah stoap the car, I
pick it up and pap it in the wuids, Ah dae. Yer saft-hertit, hint ye tae, like
me. *(Suddenly changing the subject)* Ye want tae ken somethin? There are
fermers roon here wha'd pochle the breid fae their workers' bairns, they
would. Would ye credit it? Me? Ah'd feed ma hinds oan venison, Ah wad,
gin it was but practical, I mean, how come no? Wir aw Jock Tamson's
bairns, hint we?
MATTI Aye, sure.

**PUNTILA** Ye mean tae say . . . I really abandoned you . . . ootby. Och, that's terrible, that's a liberty . . . I am hert seek wi the thocht. See if Ah ever dae onything like thon again, yow get a spanner, an yow pan ma heid in, issat a deal? Matti. Matti. Ur yow ma pal?

**MATTI** Nuh.

**PUNTILA** Ma pal! Ma freen. Matti. China. Look at me. Whit dae ye see?

**MATTI** A pissheid.

**PUNTILA** Yer bein superfeeshal. I'm a sick man.

**MATTI** Ye dinna smell owre pleesant, neither.

**PUNTILA** I'm tellin ye . . . No aabiddy can see that deep wi me. I mean, tae luik at me, ye'd no think that I was . . . poorly. But, ye see . . . Ah tak fits.

**MATTI** *(Pouring another drink)* Naw?

**PUNTILA** Ye see, wance in a while . . . in three months, or syne . . . aw ae a sudden . . . Ah fine masel . . . sober.

**MATTI** Ah see.

**PUNTILA** Maist days, I'm as ye see me. I'm normal. Ma ain maister, self-possessed. Then the fit comes on us. It aye attacks ma een first. See, Ah ken there should be twa forks here. *(He picks up one fork)* I can only see the wan.

**MATTI** *(Shocked)* Ye mean yer hauf blin?

**PUNTILA** I see but hauf ae God's creation! It gets WAUR. *(A terrible secret)* When Ah'm sober . . . I'm nae better nor a beast. I've nae scruples at aw, ye'd nivvir credit the dreadfu, selfish things that Ah get up tae. Even wi yer saft hert, even kennin that I'm no in ma richt mind . . . ye'd never forgive me. Ye know what happens tae me? I turn . . . sensible. Dae ye hiv a NOTION what that MEANS . . . I become RESPONSIBLE FER MA ACTIONS. A sensible man, he's capable o onythin'! He'll neglect his bairns, be cuttit wi his freens, he'll stowff oan his ain deid boady . . . and aw in the ruthless pursuit ae self interest as the soleecitors wad cry it.

**MATTI** Whit can ye dae tae stoap it?

**PUNTILA** Brother, Ah dae everything Ah ken! *(He drinks)* Ah shut ma een and Ah pan it doon goodstyle, wi nae short meesures, I'm telling ye. Ah face oot ma fits like a man. But how Ah treatit yow. Hiv some uv ma sandwich. *(Recovering)* Ah wish Ah hid your life. Ah wish Ah could gang oot tae ca doon birk trees and howk stanes oot the fields . . . I wish Ah could drive the tractor. But they willna let me dae it. When Ah was a wee bit loon, they stuck me in this starchit collar. It's wore away ma chins, look. *(As EVA)* 'No, no, Daddy, you don't plough: it's no right fer Daddy tae ficher wi a milkmaid . . . it's no right tae tak yer tea . . . wi the fieldhauns . . .' Weel. Nae merr. *(He stands)* I'm fed up seek wi 'no right'. You and me is gonna gang oan tae Kurgela, I am gonnae marry aff ma lassie tae that Attaché Ah fun fer her, and then, pal, she canny stoap Daddy! If Ah wanni eat ma tea in ma scanties, I'll dae it. And auld wumman Klinkmann, she can shut her puss. Ah'll gie her some houghmagandie, she'll be happy, and I'll bang up ivry

274

buggers' wages, cos the warl is muckle eneuch fer aabiddy, and I'll KEEP ma wuids, and we'll aw bide thegither in ma forest, the Laird o Lammie and his carlins aw. Yow as weel.

MATTI Shoosh, jings . . . Ye'll raise the Fiscal. He'll bung us baith in the pokey.

PUNTILA Matti. Tell me there is nae difference . . . atween you . . . and me. Wir baith the same. There's nae difference atween us twa.

MATTI If yer makin that an order, Herr Puntila, I agree. There is nae difference atween us twa, Sir.

PUNTILA Barry. Let's speak o cally dosh.

MATTI Sure hing.

PUNTILA (As EVA) 'But money is a sordid subject.'

MATTI Let's no talk aboot it, ava.

PUNTILA How no? Ur we nocht FREE INDIVIDUALS!

MATTI Prob'ly not.

PUNTILA And as free loons, we are at Liberty tae talk sordit if we mind tae. And we huv tae. Gin I'm tae dump ma lassie oan this loon, Ah need a drurie, and THAT . . . is the poser's bin conturbin me . . . It maun be consideert, composedly, comprehensively and . . . (He drinks) it's coming clear. Ah lack money. Ah hae tae sell somethin. Noo aw Ah've goat tae sell . . . is ma forest . . . ur ma boady. Eeny-meeny.

MATTI See if it was me . . . I'd no sell ma boady so lang as I could sell a forest.

PUNTILA Are you aff yer heid? Sell ma WUID! Ma wee bit WUID! Dae yow ken whit a wuid MEANS? . . . Is a forest nae merr tae yow than 40 roods ae LUMBER? A wuid is a green poyem . . . fer the joy of aw mankind. Yow want me tae FLOG AFF A POYEM? Ya HAIRTLESS BASTARD!

MATTI (Furious) Then sell yer BOADY!

PUNTILA (Shouts) You tae, Brutus! Yow want me tae sell ma BOADY?

MATTI (Shouts) Who would WANT IT?

PUNTILA (Shouts) FRAU KLINKMANN!

(Pause)

MATTI (Quietly) Ye . . . ye mean her at Kurgela? (PUNTILA nods) Yer future son-in-law . . . his auld Aunty . . . ?

PUNTILA She's gantin fer it.

MATTI An that's wheer we're gaun noo? Tae sell your boady? Jings that's manky.

PUNTILA Nah. What price . . . for ma freedom, comrade? What does ma boady count fer . . . i' the balance . . . wi a poyem?

MATTI Right enough.

FISCAL (Waking up) Objection overruled!

PUNTILA He's asleep. He thinks he must be in court. Comrade, dae ye ken whit yow just did? Ye've goat me aff ma horny seat. Ye've showed me

275

whit's merr precious . . . ma forest ur ma boady. Yer a canny bugger. Here. *(He hands MATTI his wallet)* Pey up fer the bevvy, and plank that in yer poaket. I'd just lose it. *(MATTI exits to pay up)* Ah lose everythin.

*(MATTI returns. PUNTILA indicates the FISCAL.)*

Get yer shouder unner thon.

*(MATTI hoists the FISCAL. He moves to go, but PUNTILA keeps him standing with his burden.)*

I wish . . . that Ah hid nothing . . . tae lose. Possessions . . . ur chains. See ma ideal. Yow and me, comrade, thegither hoofin oor weys owre the banks and braes of oor sweet land . . . ur we cud huv a wee bit motor . . . folk'd be glad tae lend us gasoline . . . and betimes, we could maybe drap intae a hostelrie. Mebbe. Just fer a swifty. That would be a life. We could dae it wi oor hauns tied, comrade.

*(PUNTILA exits, followed by MATTI with the FISCAL over his shoulders)*

## Scene Two: EVA

*The Mansion House at Kurgela. EVA waits for her father and eats a Tunnock's Tea Cake. The ATTACHÉ, EINO SILAKKA appears. He is very sleepy.*

**EVA** Nae wonder Frau Klinkmann's cross.
**ATTACHÉ** Uch, she'll not be cross for LONG. I've been oan the telephone . . . Apparently a car just wheeched through Kirchendorf with two raving maniacs inside.
**EVA** That'll be them, then. I can always tell when it's Daddy. That's one consolation. If I hear about a farmhand . . . being attacked with a cattle prod . . . or some crofter's widow . . . getting a Volvo for Christmas, I say to myself . . . OH! . . . that'll be Daddy.
**ATTACHÉ** Enfin, he's not chez lui. I don't like a rammy. Now, I might not have the smeddum . . . to calculate our dairy exports to Kaunas. I don't drink milk but I do know a rammy when I see it coming. When the Attaché from the French Embassy in London leaned over the table to the Duchess of Catrumple and called her a big fat tart, I thought 'Yes. It's going to be a rammy.' And I was right.

*(There is a terrible crash off stage)*

**ATTACHÉ** That'll be them en arrivant. *(Yawns and stretches)* Awful sleepy. Would you be terriblement put out if I . . . ?

276

*(He exits speedily. MATTI and PUNTILA crash in, followed by the FISCAL. MATTI carries a large trunk that clanks when you put it down.)*

PUNTILA HULLO! Naebiddy get up, naebiddy fash. We'll hiv wan wee dram, then lowse wir pints and awa tae wer scratchers. *(To EVA)* Happy!
EVA Yer three days late.

*(Pause)*

PUNTILA Traffic, but dinna fash yersel, we've aw we want here. Matti, open the trunk fer us . . . I hope you've been canny wi that. If anythin's busted . . . Ye could drap deid ae drouth roon here. *(Awkward, to the furious EVA)* We didnae hing aboot ye know. We kent yow were . . . waiting . . .
FISCAL *(To EVA)* Are congratulations in order?
EVA Daddy, you're BAD. I've been here a week. In a strange hoose, wi naethin but him and his auntie and this old book and I'm so BORED . . .
PUNTILA *(Still making excuses and paying no attention)* We were birlin alang, ken, and I kept sayin, aff yer arses, I've got tae parley wi ma wee quean's fiancé. Still, Ah kent that yow and yer man . . . yow'd be huvin a guid time . . . while I was . . . stuck in the traffic. Matti. I think you can pap the trunk doon noo.

*(He and MATTI manouevre the trunk to the ground very carefully)*

FISCAL *(To EVA)* Have you and the Attaché hud a wee spat?
EVA Jings no. Ye cannae 'spat' wi Eino.
FISCAL I don't judge she's owre keen oan this fella. If she disnae spat wi 'im. I had a case wance where the wife sued for divorce . . . on the gruns that when she went tae lamp her husband . . . wi a lamp, actually, he refused to hit her back. She described this as neglect.
PUNTILA Oh, right. That's great, anither triumph fer Puntila. Yer no happy? Right, then. Chuck 'im. He's not a real man.
EVA *(Seeing MATTI grin at her)* He's just not much fun on his own, that's all.
PUNTILA Exactly. Huv Matti. He'll keep ye happy.
EVA Oh God, you're disgusting. I'm just not SURE . . . *(To MATTI)* Take that trunk upstairs.
PUNTILA *(As MATTI picks it up)* Haud oan . . . get a couple ae bottles oot. *(To EVA)* You and me's got tae thrash oot whether we want the Attaché ur no. Ah mean . . . he must've . . . proposed? By now?
EVA No he's not. We've no discussed it. *(To MATTI)* SHUT . . . the trunk . . .
PUNTILA Whit? Three days and no . . . proposed yit? Whit ye bin daein aw day? Gie me three minutes . . . and I'm proposin. Get him doon here. I'll

wake the cook up. I'll show that bugger how tae get himsel fasthandit. *(To MATTI)* Get that bottle oot. Burgundy . . . naw . . . Drambuie, okay?

EVA Nae merr drinkin! *(To MATTI)* Take it to MY room. Second door on the right.

*(MATTI picks up the trunk again)*

PUNTILA Thon's no gentle, Eva. Tae deny yer faither his wee drap. I promise. Wan bottle wi the cook . . . ur the parlourmaid, and aul Freddie here anaw, if he's aye drouthie. And he is, look. Come and be hertsome, Eva.

EVA The only reason I stayed up . . . was tae stoap you boozin wi the servants.

PUNTILA Dae ye think aul Auntie Klinkmann wad come ben – where is she onywey? – Freddie's stoonert, hint ye, son? . . . Naw, I'll huv a CHAT wi auld Klinkmann . . . I wuz gonnae onywey . . . we've aye hud a wee tingle fer it . . .

EVA Oh I wish you'd get tae grips. Frau Klinkmann is FURIOUS you're so late. And you'll no be fit the morra, will ye?

PUNTILA I'll chap her door, I'll smooth it owre. I've goat a touch fer that. You're owre young tae ken it, that's aw.

EVA No decent woman wad let you near her, Daddy. *(To MATTI)* You. Take that case up ben! It's been purgatory!

PUNTILA Steady yersel, lassie. Okay, if I'm no tae knock up Klinkmann, get a haud ae thon wee housemaid, the bumfy wan . . . I'll knock her up.

EVA Yow tak tent, Daddy, or I'll humph yer box masel and chuck it doon the stair.

*(She nods to MATTI, who finally takes the trunk upstairs. EVA follows.)*

PUNTILA Thus bairnies use their folks! 'Maun, Freddie.

FISCAL Oh where are we going now?

PUNTILA Wir shootin the craw, pal. I mean, here's me, Ah bust ma nuts tae get here, fer whit? Mind the prodigal son? Nae fatted kine fer me, just cauld comfort. I'm aff.

FISCAL Where tae?

PUNTILA Ma ain wee quean. Paps her aul Da oot tae gang beggin fer a swally. Weel I'm no bate yit!

FISCAL Puntila. It's two in the morning. You cannae buy swally . . . onywhere . . . legally . . . at this time of night.

PUNTILA Oh yow uv little faith. I'll show you if I can get legal swally ur no. Day or night's the ane for Puntila.

*(He puts his coat on. EVA comes in.)*

EVA Take your coat off . . .

PUNTILA Button it, Eva. Honour thy Paw and Maw so ye micht live lang may yer lum reek! *(Looks around him)* Donsie kinna hoose, eh? Whaur they hing yer guts oot tae dry in the kailyerd. ME get a LUMBER? I'll show youse people if Ah cannae get ma leg owre! *(He struggles again with his coat, which he still fails to get on straight. He stops, absurd yet dignified.)* Yow tell Aul Klinkpants . . . Ah doan WANT her hospitality. For she is the skelly virgin whae's lamp is owre dry for me tae licht ma wick. I'm leaving noo. And the earth will shake and roads unbend at the terror of my coming!

*(He exits with a flourish)*

**EVA** *(To MATTI, entering)* Stop your Maister! You!
**MATTI** *(Sitting)* He's awa. He's owre speedy fer me.
**FISCAL** Ah doan think I'll bide up. Ah'm no sae bauld as yince Ah wis, Eva. He'll be BRAW. He's aye hid guid fortune. Wheer's ma kip?
**EVA** *(Points)* Third door up ben.

*(The FISCAL exits carefully. EVA looks at MATTI slumped in a chair.)*

**EVA** Aye, we'll need tae bide, so HE disnae come back and stert drinkin and gettin owre couthy wi the help.

*(She looks at him. Intently.)*

**MATTI** Aye, that sort ae thing's aye prickly. Ah warked in a paper mull and the certer gied in his joatters cos the gaffer asked how his boy was gettin oan.
**EVA** My faither's aye . . . exploitit . . . on account of he's that wheemsical . . .
**MATTI** Ah love it when he's wheemsical. He turns intae a right couthy fella. He sees pink rats, ken. Aye, and he's fondlin their wee pink lugs, he's that couthy.
**EVA** Doan you misrespect ma faither. I don't want tae hear ye repeatin the kinna things he says aboot my intendit, the Attaché, when he's . . . just joking.
**MATTI** Ye mean how yer fiancé's cockie bendie? What makes a man a real man is controveershal, but. I used tae drive fer a brewster's wife, and she hid this wee quean wha kept askin us tae come ben the bathhoose tae guard her modesty. 'Haun me ma bathrobe,' she'd say tae us, aw pink and dripping, 'Men are aye gien us the eye.'
**EVA** What on earth are you haverin aboot?
**MATTI** Nothin at aw. Just gabbin oan tae pass the time. I dinna DISCUSS onything, when Ah haver wi the knabbery, ye ken . . . I just flap my gums. I don't haud opinions. As that's no called fur . . . in a servant.

*(He is close to her now)*

EVA The Attaché . . . is well conseedert in the Diplomacy. He's weel-set for the future. Aabiddy should ken that. He's maist promisin prospects.

MATTI Uh huh?

EVA All I MEANT . . . earlier . . . when you were stonnin . . . owre by . . . was that he wasnae sae lichtsome . . . as Daddy expected. But what does that count for . . . in a husband? What does it matter if a man is . . . fun to be with?

*(MATTI moves away. Sits.)*

MATTI I used tae ken a guy wha was nae fun ataw. Didnae stoap him makkin siller oot ae margerine, but.

EVA Our betrothal . . . was promised when we were . . . we used tae ken yin anither as bairns, we . . . mebbe I'm just merr oncomin noo . . . I get bored.

MATTI So yer switherin?

EVA I'm no sayin that . . . I don't know how yer bein sae smeerless . . . Ach, weel, mebbe yer tired. Mebbe ye want tae gang tae yer bed.

MATTI Naw, naw, I'm chummin ye.

EVA Oh, don't bother. I'm just clarifying . . . my fiancé is intelligent and weel-hertit . . . ye shouldnae judge by his looks . . . or how he talks . . . ur does things. He's NICE! He gies me everythin I ask fer. He'd no be coorse wi me . . . ur bauld . . . he'd never try tae dae onythin . . . vulgar . . . Are you falling asleep?

MATTI Me? Naw, naw . . . yow cerry oan . . . I'm just shuttin ma een so's I can hear ye better.

*(He sleeps. She watches for a moment.)*

## Scene Three: PUNTILA HANDFASTS THE EARLY WOKEN

*PUNTILA has run the car into a telegraph pole beside the village.*

PUNTILA This here's a ROAD, ye muckle dod ae wuid, ye! It's a freeway and I'm STOAPPED! I'm PUNTILA, wha dae ye think ye ur? Huv YOW goat a WUID? Huv you goat KINE? Naw. See? Ah tellt ye. Get BACK! I suppose if I cried the Polis oan ye and libelled you a Bolshevik . . . ye'd complain it wasnae yow. High time ye were uprootit!

*(He gets out of the car and knocks at the door of one of the houses. BOTHAN EMMA looks out.)*

Fit like, Madam? Did ye sleep well, Madam? I've a wee service tae ask of Madam. I am Fermer Puntila fae Lammi, and I am sair fauchlt. I've seventy

dwiny coos who must huv alcohol. Where micht Ah fun yer veterinary? Tell me now, ur I'll be forced tae whummle yer manky wee house doon.
**BOTHAN EMMA** Jeez-o, yer o'ertaen wi it, hint ye? That's it owre bye. But if yer wantin swally, I've plenty. I mak it mysel.
**PUNTILA** Aroint thee! Cutty Quean! Dae ye daur offer me bootleg swally? Me and ma coos drink the legal sort . . . the alternative gies me the boke. I'd rather dee than break the laws of Finland. Ilka hing Ah dae . . . is legal. If Ah wanni batter some gadgie . . . within inches of death, I'll dae it legal ur I cannae be bothered.
**BOTHAN EMMA** Weel, I hope yer legal swally maks ye grue, sir.

*(PUNTILA goes to the VET's house and rings the bell. The VET looks out.)*

**PUNTILA** Veterinary! Thank heaven I fun ye! I'm Fermer Puntila fae Lammi and I've goat ninety coos aw doon wi scarlet fever. So I'm needin alcohol right noo!
**VET** Go away.
**PUNTILA** Yer no a real vet, ur ye? Ur ye'd ken Puntila and how he aye gets swally when his coos get scarlet fever! If Ah tellt ye they'd goat mumps, ye could rubber us, but when I say scarlet fever, yer supposed tae tak a tellin.
**VET** And if I dinna take yer infereence?
**PUNTILA** Weel THEN Ah have tae inform ye that Puntila is the maist ramstamphish hooligan in Tavastland. There are FOLKSONGS about me. 'The Ballad of the Three Murdered Vets' . . . That's a popular request . . .

*(He takes off his jacket)*

**VET** Oh all right, seeing as yer sae ramsh. But how can I confirm your diagnosis?
**PUNTILA** They've goat RED bits. Some ae them huv goat BLACK bits . . . worst kind ae scarlet fever. And they get these fierce headaches, and cannae sleep . . . they cannae bow their een fer conseederin their sins . . .
**VET** Well, I clearly huv ma duty . . .

*(He tosses down a prescription)*

**PUNTILA** Send yer note tae Lammi!

*(As PUNTILA goes to the Chemist's and rings the bell, BOTHAN EMMA emerges to wash out bottles. She sings.)*

**BOTHAN EMMA**
Tae oor toon yin fair morn
Whan plooms were ripe tae fa
Cam a carriage where was borne
A young man bauld and braw.

*(She goes in. The Chemist's ASSISTANT appears at the window.)*

**ASSISTANT** Gonnae leave aff jowin that bell!

**PUNTILA** Better jow yer bell than hing aboot till Judgement. Chookie-chookie-chookie-chookie. Ah need alcohol fer ninety coos, ma sonsie wee besom.

**ASSISTANT** I'm gonnae call a Polis on ye.

**PUNTILA** YIN Polis? Wan wee Boabby? Ye'll need merr nor wan, ma doo. But call them by, why no? I love the Polis me. They've goat merr feet in their boots than maist because they ston fer law and order, and law and order is Puntila's creed. *(Shows the prescription)* Here ye go, Chookie, here's law and order fur ye.

> *(The ASSISTANT takes the prescription and goes in. While PUNTILA waits, BOTHAN EMMA continues her song.)*

**BOTHAN EMMA**
> In oor sarks we climbed the ploom tree
> And he laid him doon ablaw
> Fair o hair and bonny
> He looks tae see what he saw.

> *(EMMA returns to her house. The Chemist's ASSISTANT brings a huge bottle of alcohol.)*

**ASSISTANT** Yon's a michty flask o it. Goat plenty herrins huv ye, fer yer coos the morn's morn?

> *(PUNTILA takes the bottle and slugs it down)*

**PUNTILA** *(Imitating a glugging sound)* Glopita, glopita, glopita. Oh song of Finland! It's a beautiful air. Listen. Glopita, glopita, glopita. Oh, I've just mindit. Ah've goat swally and nae wumman. Beautiful Apothecary's Quean, wull you marry me?

**ASSISTANT** That's awfy nice of ye tae ask, Herr Puntila, but I cannae get handfastit wi'oot a ring and skirp ae wine as law proscribes.

**PUNTILA** Fine, so lang's ye tak ma haun . . . and yer gonnae. It's by time ye were fasthandit wi your wee bit existence. Speak about yersel. I'll need tae ken ye, afore Ah tak ye.

**ASSISTANT** Here's my life. I done four year at the college, and th'apothecary peys us nae merr nor his scullion. Hauf ma wages gangs tae mither, wha's hert fevert, bad wi it, and I'll end the same. His missis, she's aye snell wi us, cos he's aye goat his haun up ma jouk. The doacter's writin's that bad Ah get prescriptions muddlt, I've aye goat glaur oan ma sark, and dry cleanin's no cheap. Ah've no goat a lad, cos the sergeant o the Polis and the gaffer in the Co ur baith spoke fer. Ma life's no the best.

PUNTILA Lean oan me, chookie. Here. (*He offers the alcohol*) Huv a snifter.

ASSISTANT And the ring? A ring and a skirp ae wine's the form ae it.

PUNTILA Huv ye nae curtain rings up ben?

ASSISTANT How mony ye efter?

PUNTILA A lot. Puntila needs a lot ae everythin. Wan wee lassie's no gonnae reach the merk. You understand that.

(*BOTHAN EMMA continues her song as PUNTILA kisses her hand and puts the ring on*)

**BOTHAN EMMA**
The fruct was staned and biled
The loon he stayed till day
Wi randie blithely smile
In many fields he lay.

PUNTILA Come tae Puntila on Sunday. There's gonnae be a hoolie.

(*He sees LISU THE MILKMAID, with her pail*)

PUNTILA Haud hard, wait, ma doo. Jings, she'll dae fur me. Where are ye aff tae this morn?

MILKMAID Milkin.

PUNTILA A big galvy bucket? Is that aw ye need atween yer shanks? Whit kinna life is thon? I'm interested.

MILKMAID Here's ma life. I'm up fer hauf-three tae clean the shits oot the byre and scrub the kine. Then Ah dae the milkin, and scoor out the buckets wi lye that makes ma hauns reid raw. Then merr muckin oot. They micht gie us a wee bit coffee, but it's fell stuff. I get a piece and butter, then Ah hiv a wee dwam. Betimes I'll mebbe find a tattie, pap some sauce oan it. I don't see meat. Eggs . . . if I'm fortunate. Then merr jibbin, humphin shite, scrubbin kyne. Ivry day I'm expectit tae jummle twenty-five gallons. Evenins they gie us a piece and milk, but if I'm wantin tae cook, I've tae purchase fodder fae the fermer. Wan Sunday in five's ma ain, tae masel, and I go tae the dancin betimes. But I'm feart ae a misfortune and havin a bastard. I own twa sarks and a bicycle.

PUNTILA Weel I've goat a ferm, and a floormull and a sawmull. And nae wumman. Will ye huv me, ma doo? I've a ring here, and a skirp ae wine and aw is as it maun be. So Sunday comin, yow come tae Puntila.

MILKMAID Aye.

PUNTILA Soft mornin, lassie.

(*He watches her go. Then:*)

**BOTHAN EMMA AND ASSISTANT** (*Sing*)
Afore the plooms were gaithered
The loon was up and gone

Noo we've bairnies aye tae mind us
o that fair and blithe young man.

PUNTILA *(At the car)* I'll birl oan roon the teal pond and oot ablaw the birkies and be at the Hirin Merket in good time. Chookie-chookie-chookie-chookie! Oh fair maidens o the Tavastland, ye've risen sair by daw, fae sunrise tae sunrise, for whit profit? Then Puntila comes by, and life is worth the living. Come all ye, come! Ye blaze-makers and hearth-tenders, come bare-shankit in the dawn. The soft grass feels yer footfaa, and Puntila kens yer near.

## Scene Four: THE HIRING MERKET

*At Lammi village, the Hiring Fair is underway. PUNTILA and MATTI arrive, late. PUNTILA is a changed man.*

PUNTILA How'd yow let me birl aff like thon, and no bide up fer us so Ah hid tae howk ye frae yer pit tae get me tae this hirin? I will mind yow fer it, I've ma een oan yow. Yer nae better than they Apoastles in a slug at Gethesemane, SHUT yer coupon! You exploitit ma saftness.

MATTI Yes, Herr Puntila.

PUNTILA Uch, I'm no gonnae argiebargie, Ah'm owre sair-hertit. But tak tent and yow be mannerlie in future, that's how tae advance. Invy's the stert o it, and prison's the feenish. A hind whase een gang boggly when he sees his maister feastin, fegs, nae maister's gonna thole it. But a mannerlie man will guard his livin, yow mind it. If ye ken yer hind labours fur ye, ye micht wink yer ee, but if he's aye demandin ashets ae lobster thermidor, then he will huv ma boot up his erse and ma door in his face. Ye get me?

MATTI Yes, Herr Puntila. Shall we thirl oor taskers noo, afore the best hinds get seekt oot?

PUNTILA They maun be upstandin fer me.

*(There are TWO MEN waiting, one short, one tall, and a FAT MAN negotiating with the short one)*

PUNTILA *(Looking at the TALL MAN)* Mmmn. No bad. He's goat shoulders. I'm no o'ertaen wi his feet, but. *(To TALL MAN)* Like sittin oan yer bahoukie, dae ye? *(To MATTIE)* His erms ur nae merr lang than this yin *(Indicating the SHORT MAN)* whase erms ur fell lang fer his posture. *(To SHORT MAN)* Dae ye cast peat fairly?

FAT MAN *(At this interruption)* Hey, Ah'm thirlin this yin.

PUNTILA Bugger aff.

FAT MAN I beg your pardon?

PUNTILA I'll thank you no tae be ignorant. I'll no abide it. *(To the SHORT*

MAN) At Puntila's ye gain hauf a merk a metre. Come by Monday. What's yer name?
**FAT MAN** It's an affront! I'm here tryin tae bargain this chiel a paffle, and in comes your lang neb. Some folk need their taes chapped.

*(PUNTILA obliges him and the FAT MAN hobbles off)*

**PUNTILA** I kin use yow and aw yer faimily. Is yer missus muckle, she can labour i the fields? How old's her bairnies?
**SHORT MAN** Twa loons, eight and eleeven. A quean ae twelve.
**PUNTILA** She'll dae fer the kitchen. You are perfect for Puntila. *(Looking over at the FAT MAN)* Shockin manners nooadays.
**MATTI** I'm struck dumb.
**SHORT MAN** How about wer lodgin?
**PUNTILA** Ye'll bide lairdly. Ah'm just gannin tae the café by tae check yer testimonials. Bide by the wa there. *(To MATTI)* I'd tak yon caber ower by gin bein bilfert's aa ye gang by, but look at his breeks. Aye. He keeps theym fair perjink. He's no gonnae fash himsel. Mind oot their togs, that's the airt o it. Owre dinkie signifies he thinks himsel owre genteel tae labour. But owre oozlie troosers means he's a scabbie-heided midden. Wan blink tells me what a man is made o. Age disnae maitter. Auld yins try the harder, cos they're feart, ken, o bein papped oot fer young yins. Naw, it's the hind himsel. Character, I mean. Now, ye doan want them sappie-heidit, exactly, but intelligence is nae use. Jings, they'll count how mony hours they've warked. Cannae thole that. I mean, I want tae be pleesant wi ma hinds, ken. Oh, I'll need tae fun a milk quean, mind us o it. Get us twa merr hinds, will ye, tae look at. *(Thirst getting to him)* I've tae phone somebody.

*(He exits into café. MATTI crosses to RED HEAD, a labourer.)*

**MATTI** I'm seekin oot a peat caster fer Puntila Lodge. I'm just the chauffeur, but. The gaffer's aff tae . . . mak a wee call.
**RED HEAD** Vit like's Puntila Lodge?
**MATTI** Average. Five pints free milk, tatties. It's cramped.
**RED HEAD** How far's the school? I've a wee lassie.
**MATTI** Hour and quarter.
**RED HEAD** Weel . . . that's okay if it's fine.
**MATTI** Summer holidays, ye mean?
**RED HEAD** *(He's desperate)* I suppose . . . Ah could dae wi it. The merket's near finished . . .
**MATTI** Right. I'll talk tae the gaffer. I'll tell him how yer mannerlie, he's keen oan manners, yer nae cripple . . . onywey, he'll have had his phone call by then . . . he'll be easier tae deal wi. That's him.

*(PUNTILA comes out transformed again)*

**PUNTILA** Any joy? Matti, I bought a wee PIG. Twelve merks . . . remind me.

**MATTI** Ah thoat mebbe this fella. I minded yer lesson tae us, asked the right things . . . he'll needlework his breeks, only he couldnae get the threid . . .

**PUNTILA** *(Embarrassed)* Naw, he's barry. Look. His heid's oan fire. Come ben the café, we'll negotiate . . .

**MATTI** *(Urgently)* Herr Puntila, dae it proper. Cos the merket's near closin' and he'll no find anither joab.

**PUNTILA** What's gonna gang agley? . . . Wir pals. Ah trust you, Matti. Ah ken you. I think the warld ae you. *(Sees a WEED)* That yin'll dae. Ah fancy the glimmer in's ee. *(To the WEED)* Hey, I'm needin peat casters, but there's plenty wark I'll gie ye. Come in the café and we'll huv a gab.

**MATTI** Naw! . . . I mean, sorry, Herr Puntila . . . but he's nae use tae ye. He's a wee drochle. He'll no manage . . .

**WEED** Hey! Who says I'll no manage?

**MATTI** Peat cuttin. Eleven and a half hours a day. *(To PUNTILA)* I doan want ye disappointit, Herr Puntila. Ye'll juist huv tae sack him later, or when ye see him the morra.

**PUNTILA** Let's go tae the café.

*(PUNTILA, MATTI, the RED HEAD, the WEED and the SHORT MAN sit in the café. PUNTILA orders.)*

**PUNTILA** Coffee aw roon! Noo, afore we begin, Ah want a wee word wi ma china here. *(To MATTI)* Matti . . . ye might huv noticed, a minute ago, that Ah wiz taken by wan ae they fits o sobriety Ah tellt ye aboot, and Ah'd huv sympathised entirely if ye'd magglt ma face aff fer talkin tae ye sae sneerie as I did. Dae Ah huv yer pardon? Matti, please, Ah cannae dae ma business here . . . if there's somethin's came atween us . . . Matti . . . ?

**MATTI** *(As PUNTILA clings to him)* Naw, naw, that's aw pish owre the brig, leave it lie. But ye maun mak oot contracts fur these people – that's the first thing . . .

**PUNTILA** *(Writing for the SHORT MAN)* Ah unnerston ye, Matti, yer turnin yer face frae me. Yer vengin me by kiddin oan yer cauld-hertit and practical. *(To the SHORT MAN)* I've wrote yer terms fer yow and yer wife. Ye get mulk and floor and banes fer soup in winter.

**MATTI** Noo, gie him his arle money, ur it's no a contract . . .

**PUNTILA** Uch, giez peace tae huv ma coffee. *(Ordering)* Anither pot! Hey, dae ye no fancy the waitress, eh? She's a poutie besom. I doan like these hirin merkets. It's beasts ye buy in a merket. But youse are people! Ye shouldnae thirl aboot yuman beins in a merket, should ye no?

**WEED** Naw, ye shouldnae.

**MATTI** Aye ye should. Pardon me, Herr Puntila, but these men ur wantin work, and yow've the work tae gie them . . . and ye huv tae bargain aboot

286

that, whether we are sittin in a café or a kirk ur a merket, and I wish ye'd pu yer fingr oot.

PUNTILA You're in an unco moodie, hint ye? That's how ye'll no confess the truth of what I'm sayin. Wad you judge me by lookin tae see if ma feet were skew-whiff? I'm not a cuddy, am Ah?

MATTI *(Laughs)* Aye . . . aw right, you I'd tak as Ah fun ye. *(Points at the RED HEAD)* He's a wife, but his wee quean's still at the school.

PUNTILA Is she doucie? *(Sees the FAT MAN)* There's bursten breeks again. Scunners like him stick right in ma crap. He's the type sturts the workers, bein sae high-handit. I bet he's in the Guard. He's a fascist. I bet he's goat his loons oot every Sunday tae practise invadin Russia. *(To the MEN)* What's your opinion?

RED HEAD Ma missus can dae washin fur ye. She launders merr in five hours than maist kin dae in ten.

PUNTILA *(Ignoring him and the others, who are getting nervous)* Matti, yer still crabbit wi us, hint ye? Tell yer ghost story, go on . . .

MATTI Efter. It's late. Gie them their arle money . . . yer haudin everybody back.

PUNTILA Naw, naw. I'll no be pushed intae bein . . . ignorant. I want tae get tae ken ma hinds afore we aw stert jumpin intae bed thegither. I huv tae let them ken the kind ae chiel um ur, so they'll ken if they like me ur no. That's the hairt o it. What kinda chiel is Puntila?

MATTI They don't gie a damn what kind a chiel ye ur . . . they're lookin for Employment . . . *(Points to RED HEAD)* Tak him, he'll dae fur ye, mebbe. *(To WEED)* Yow'd be better seekin anither line ae work, pal. Ye'll nivver get fat by castin peat . . .

PUNTILA *(Pointing to SURKKALA)* Ho! That's Surkkala owre by. What in hell's he daein here? He warks fur me.

MATTI Naw. Dae ye no mind? Ye sacked him. The meenister tellt ye Surkkala wiz a communist . . .

PUNTILA I sacked Surkkala? The sparkiest hind oan the place? G'wan, gie him ten merks arle money, right now, get him owre here, we'll gie him a hurl hame in the Studebaker, lash his push-bike oan the bonnet; he's goat four bairns, tae, he must hink I'm a monster! Sod the minister, Surkkala's a canny hind.

MATTI I'll get him in a minute. Nae bugger's gonnae hire him wi his name for politics. So put these yins tae profit first, eh? *(PUNTILA drinks again)* I doan think yer bein fair. I think yer arsin aboot.

PUNTILA Dae ye? How dae yow no ken me yit?

RED HEAD Could ye no set ma terms doon . . . the noo, sir? Ur I'll need tae pad the road.

PUNTILA *(To MATTI)* See whit yer daein, yow bein sae cock-nebbit? . . . Yer alienating the workforce and trying tae make me oot a bastard. *(To the WORKERS)* But I will show ye how that is not Puntila. Puntila disnae purchase human beings . . . at Puntila's . . . I offer my freens a hame . . .

**RED HEAD** Well I need a job . . .

*(He leaves)*

**PUNTILA** He's pissed aff. Peety. Could ae used him, Ah didnae mind the state ae his troosers. I'm no shallow. I mean. I've hid a dram noo. I doan wanni negotiate a bargain, I wanni sing that life is a beautiful experience. I'm thinkin ae the road hame . . . aye, the aul place is bonny in the gloamin . . . wi the siller birks, that's whit does it . . . ach jings. Have another drink! *(He throws money down)* Drinks fur everybuddy! C'mon, it's hoolie time! Puntila wants tae see ye happy . . . Ah doan care aboot money cos . . . cos I love you. *(To WEED, pointing at MATTI)* Doan let snelly-puss put ye aff . . . I'll put ye in the Mill, eh? That's a doddle.

**MATTI** Write him a contract, then.

**PUNTILA** Wir pals, him and me. *(To WEED)* Ye've ma promise. That'll dae ye. *(To MATTI)* Dae ye not comprehend the meanin o a Tavaast Fermer's Promise? Mount Hatelma, that may fa tae smithereens . . . fine, it's no very likely . . . but it MIGHT . . . The castle of Tavasthus could disintegrate. Why the hell not? But the PROMISE ae a Tavaast Fermer is ETERNAL . . . you ask ANYBODY . . . *(To WEED)* Come hame tae me . . .

**WEED** Ah will, Herr Puntila. I'll come tae ye.

**MATTI** Ye'd be better aff . . . leavin now. Herr Puntila . . . I'm no grieved wi you . . . I'm considerin them.

**PUNTILA** Thank you for sayin that. Ach yer a bonny bastard. I kenned fine ye'd no be fashed fer lang. I admire you. I dae. Yer honest. And yer aye mindfu of Puntila's convenience. But it's MA convenience, Matti. And if Ah want tae mak a knacker's midden of ma convenience, that's up tae me. Ye've no quite got yer pan roon that yin, hiv ye? But yow keep speakin yer piece, will ye? Gie us yer chauffeur's promise? *(To the OTHERS)* He goat the boot fae drivin a company director, cos the gaffer fancied himsel a driver tae, and he made the gears scrauch sae fell Matti tellt the silly sod he should have been a hangman. *(He mimes the lever on the gibbet)*

**MATTI** It was a saft-heidit thing tae say.

**PUNTILA** It's yer saft heid . . . that earns you ma respect.

**MATTI** *(Awkward)* We aff, then? Shall I fetch Surkkala?

**PUNTILA** Matti . . . where is your good faith? Did I not say? I want him hame. He's a guid hind, and he's an independent-mindit man. Right, now let's find that fat bastard wha tried tae steal ma workers. I'll chap his taes. Ye know what he is? He's a capitalist.

# Scene Five: STOOSHIE AT PUNTILA LODGE

*The yard at PUNTILA's. There is a bath-hut you can see into. It's the next morning. LAINA, the cook, and FINA, the maid, are putting up a sign that reads 'COME BEN THE FASTHANDIN'. PUNTILA, MATTI, and the WEED, the SHORT MAN and SURKKALA enter.*

**LAINA** Welcome hame, sir. Miss Eva's here awriddy. She's ben the hoose haein breakfast wi the Attaché and the Fiscal.
**PUNTILA** Surkkala . . . afore onythin . . . I want tae say I'm sorry . . . tae you and yer people. Please, bring yer bairnies, the four ae them, so I can offer ma contrition for the hairt's care and anxeeity wi which they've been afflictit.
**SURKKALA** Ye dinnae need tae dae that.
**PUNTILA** Ah dae. Ah dae.

*(SURKKALA exits)*

**PUNTILA** These gentlemen are stoppin. Get them all a whiskeyva, Laina. They're gonna labour in ma forest.
**LAINA** Ur ye no sellin the forest?
**PUNTILA** Who me? Naw, I'm no sellin ony forest.
**LAINA** And whit aboot the doon-settin . . . for Miss Eva's wedding?
**PUNTILA** She's goat aw she needs in her panties.
**MATTI** Right, so now ye can pey the arle money . . . and ye can rest wi a clean breist.
**PUNTILA** *(Ignores MATTI)* I'm fer the sauna. Fina, gie them their whiskeyvas and I'll huv a coffee.

*(He goes into the bath-house)*

**WEED** *(To MATTI)* Is he gonnae hire us then?
**MATTI** Not when he's sober and seein straight.
**WEED** But he'd no sign when he wuz pished.
**MATTI** Aye. Ah tellt ye no tae come wi'oot a handsel.

*(FINA brings drinks. They each take one.)*

**SHORT MAN** Aside o that, vit like?
**MATTI** Owre friendly. You'll no be bothered in the forest, but I'm in the motor wi him, Ah'm landit wi 'im, and afore Ah ken where tae look he's playin at bein yuman wi us. I'll need tae brek lowse.

*(SURKKALA returns with his children)*

**MATTI** Chrissake shoot the craw. Wance he's washit and hud his wee bit coffee he'll be solid and tak tent he doesnae get a keek ae yow aboot the place. Tak coonsel, Surkkala. Keep yer heid doon twa-three days, eh?

PUNTILA (*Looks out of the bath-house, and sees SURKKALA, who freezes. PUNTILA is coming to himself.*) I'll be oot tae ye in a minute. Matti, I need ye in here. (*To the WEED*) You tae, have a bit ae a sit doon.

(*MATTI and the WEED go into the bath-house. SURKKALA exits. MATTI pours a bucket over PUNTILA. Then starts another.*)

PUNTILA Naw! Just wan. Watter.

(*He shudders*)

MATTI Ye'll need tae thole it. Have a bit coffee and ye'll be fit tae meet yer guests.
PUNTILA Ah'm fit noo. Yer bein a minker.
WEED That's right. Nae merr watter. Herr Puntila disnae like it.
PUNTILA See? That's a lusom craytur fur ye. Matti. Tell him how Ah sortit oot that fat lummox at the Hirin. Go oan.

(*FINA enters the bath-house with his coffee*)

PUNTILA Here's ma lichtsome belle. Is it fierce? Ah'll hiv a wee drap ae something . . .
MATTI What's the point ae the coffee, then?
PUNTILA Aw right . . . yer in a fuff wi us fer keepin them waitin, right so. But tell aboot the big tumshie. Fina should ken tae. Big wechtie hillock, right, a capitalist . . . he's tryin tae pauchle a hind aff us. And we gets tae the motor, and he's goat his wee bit gig and cuddy right up by us. Yow dae the neist bit while I have ma coffee.
MATTI (*Reluctant*) Okay. So the fat guy sees Herr Puntila and gets in a right umbrage. And starts wirin intae his cuddy wi a stick . . .
PUNTILA Now I cannae abide cruelty . . .
MATTI (*Despite himself*) So Herr Puntila gets a grip ae the cuddy and queems it doon, and turns tae the batie man tae gie him a chidin and says, 'Hey, fatty, doan get cabby-labby, noo, ur ye'll huv a popylexy'.
PUNTILA Then he gets a big reddie and his een puff oot, he's BURSTIN . . .
MATTI And Herr Puntila tells him no tae rage like thon, no wi bein sae fat. He's a wife and weans tae think ae, puttin blood intae his brain like that.
PUNTILA Aye, but Ah sayd aw this tae you, tellin ye no tae fash the poor fat chuffie-cheekit bastard. That seemed tae wind him up, did ye notice that?
MATTI I admired Herr Puntila fer gien that cuif his lug tae play wi, I really did. Cos he could huv just mindit his ain convenience. No made an enemy oot ae his new neebour.
PUNTILA (*Sobering up*) Wha daur meddle wi me?

MATTI Naw, yer right there. No mony folk kin get away wi that. But you kin, Ah suppose. Ye can just send yer mares fer servicin tae somebody else.

PUNTILA We'll send the mares tae Summala, as we've aye done, surely?

MATTI Aye but, d'ye no mind, it's the tumshie, he's yer man that's just efter taein owre at Summala . . . he is noo the owner ae that big baggit staig that's aye serviced aw yer mares . . . did ye no mind ae that?

FINA Jings, that's who it was? In that case, I must admire your gumption, Herr Puntila. Did ye no mind till efter?

*(PUNTILA pours a bucket of water over himself)*

MATTI Naw, noo Ah think, ye must have kenned it. What was it ye sayd? . . . 'That aul stallion's gaun homosexual' . . . what was it?

PUNTILA Ah cannae mind. It was somethin.

MATTI Naw, ye were sherp wi it. Dead funny.

FINA It'll be a right stramash getting oor mares, what, five hundred miles fer servicing . . . that right? . . . be awful expensive.

PUNTILA *(Sobering rapidly)* Can I huv some merr coffee?

MATTI Still. Bein kind tae animals. That's the priority amang us Tavastlanders, eh? That's how the tumshie dumstoonered us bein cruel like that. And what wi him bein . . . Frau Klinkmann's . . . what is it, brother-in-law? I jalouse, if Herr Puntila had mindit that as well, he'd really've gied it laldy.

FINA Is yer coffee strong eneuch?

PUNTILA Ur yow glaikit, um Ah no drinkin it ur whit? *(To MATTI)* You. Aff yer arse, ya skiver. Clean yer boots. Yer a midden. The car's a midden. Don't argue wi me! If I fine ye raisin a din aboot this, and clashin oot wi blaspheming clatter, I'll blacken ye in yer references, yow mind it.

*(He exits)*

FINA Why'd ye let him dae a thing like that? I mean, wi the cuddy man fae Summala?

MATTI I'm no his keeper. Look. If he does the right thing, a DECENT thing, am I gonnae prevent it? Just cos he's no bein leery uv his ain best interest. I couldnae if I wantit tae. When that man is pished, he's a ball ae fire. Besides, he'd look doon his neb at us fer trying . . . and I don't know why it is . . . but when he's pished, I don't want his misrespect.

PUNTILA *(Off)* FINA! *(She rushes with his clothes. PUNTILA emerges, getting dressed, into the yard where the workers are waiting.)* Right, this here's ma judgement and yow tak tent ae the wurds, cos I doan want whit Ah say distortit. Nae merr ae THAT, thank you. *(To the SHORT MAN)* You. I'd have hid yow, yer no an arse-licker, yer a hind. But I've hud a ponder. I'm no huvin wan ae ye. I'm sellin ma forest. And if yer pissed aff, blame this bastard *(He indicates MATTI)* . . . fer no tellin me the things he kenned Ah needed tae ken, the shite. Which reminds me. *(To MATTI)*

C'mere, picky-fingrs. Aye. Aff wi yer jayket . . .'MON! GEEZ IT! You're hucklt, pal. *(Takes his wallet from MATTI's pocket)* What's this? Eh? Pursepick! Ah kent yow fer a felon fae the stert. Is this ma wallet?
MATTI Yes, Herr Puntila.

*(EVA comes out of the house with a straw hat)*

PUNTILA Yer in boather noo, son. Ten year! All I've tae dae is lift the phone.
MATTI Yes, Herr Puntila.
PUNTILA But Ah'm no daein ye that FAVOUR. So you can lie aboot aw day in the pokey? Bein just the thing, eatin ma TAXES, nae CHANCE. You'd like that, no? At pickin-time tae, so ye'd no even huv tae drive ma tractor? Well nae luck. But it's aw goin doon in your papers, ye get me?
MATTI Yes, Herr Puntila.

*(PUNTILA storms towards the house. The WEED goes too.)*

PUNTILA Where dae ye think you're gaun?
WEED Shall I no come wi ye, Herr Puntila?
PUNTILA Whit fer? Yer handless. Piss aff.
WEED But the hirin's aw feenished noo.
PUNTILA Well, tough titty. That'll learn ye no tae take advantage o ma good nature. *(Looks at MATTI)* I doan ferget a chancer.

*(He exits into the house)*

SHORT MAN That's a boss. Drives ye here, and ye tak shanks's naig hame. Wi nae work tae show. That's what ye get fer trustin them.
WEED I'm gonnae complain aboot him.
MATTI Who tae?

*(The WEED and the SHORT MAN leave. EVA comes to MATTI.)*

EVA How didn't ye say somethin? Everybody knows he gied his pooch fer somebody tae watch.
MATTI Say somethin? Aye sure. That goes doon a treat wi yer gaffer, that . . . tae tell him he's mistaken. He'd not like THAT, Miss Eva.
EVA Ye don't huv tae be like that wi me. Besides, I'm no in the mood for irony the day.
MATTI That's right. Ye've cleeked yer man the Attaché.
EVA That's a vulgar expression. The Attaché is a poutie wee pairty, only no fer matermony, that's aw.
MATTI That's the wey o it, but. A lassie cannae kipple aw the poutie pairties . . . ur aw the attachés neither. She has tae settle oan just the wan.
EVA Daddy said it was ma choice, entirely, ye heerd him say it. I mean, he even said that I could marry YOU . . . if I'd a mind tae. It's juist he's awriddy tellt everybody I'm tae get marrit tae Eino, and it's no proper if he's no true

tae that. That's the reason I'm switherin aw this time, ye see, and then I just might have him just the same onywey.

MATTI So yer in a stooshie, then?

EVA I am NOT in a 'stooshie' as ye cry it. In fact I cannae think why I broach sae nice a thing with you ava.

MATTI It's human tae want tae broach a thing. It raises us fae the beasties. I mean, if coos could broach a thing ur twa, we'd no huv mony abbatoirs.

EVA What has that got tae dae wi me bein happy ur no wi Eino? No, it's his duty. He has tae cry it aff. Only, how dae ye let him ken that?

MATTI Weel, nae sense in broachin that yin. Merr like ye explain it tae him wi a brick ur somethin.

EVA What?

MATTI I think it's merr in my line . . . I kin loup bricks.

EVA And whit form wad your assistance take in this tooterie situation?

MATTI Aw right. Just pretend that I'd been kinda taken wi the notion, uv yow havin me, the wey he sayd, when he was pished, mind? And pretend you took a radge . . . fer ma reuch body . . . like Jane wi Tarzan, and then, pretend . . . the Attaché happened tae find us at it . . . and theyn sayd tae himself: 'I'll no huv THAT hairy. She's at the liggin wi a chauffeur.'

*(Pause)*

EVA Uch, I couldnae trouble you.

MATTI Naw, naw, it's aw pairt ae the service . . . it'd be like I was cleanin the car fur ye . . . ur . . . it wadnae tak owre lang, neither. Fifteen meenits, taps. I mean lang eneuch tae demonstrate that you and me are oan the lowp hunt . . .

EVA And how exactly would you demonstrate that?

MATTI I could call ye by yer familiar name in front ae him.

EVA How?

MATTI *(Thinks)* Hey, besom, yer bra's come loose.

EVA Has it? Oh, I see, ye were just practisin. Hmn, naw. He'd no be impresst wi that. He's awfy thickskinnit. My dowry is gonnae pey off aw his debts, ye see.

MATTI Ur, I could pu a pair o yer knickers oot ma pocket when Ah go tae blaw ma neb.

EVA Yes, that's not bad . . . but he could just say ye pauchlt them, cos ye've goat a yeukie fer me oan the sly . . . Ye don't have much imagination, do ye?

MATTI I'm workin oan it, geez a chance. I mean I'm sittin here, trying tae picture it. You and me . . . compromised . . . in some impossible position.

*(His eyes glaze over happily)*

EVA *(Looks over at him)* Oh stop it.

MATTI Sorry I was away wi that. Sorry.

EVA Well, what's the answer?

**MATTI** There's nothin furrit. If he's that deep in debt, we'll just huv tae get fun thegither in that sauna. I'm sorry, there's nothin else will dae it, he'll aye find some excuse fur ye. Gin Ah should kiss ye, he'd just say it was your beauty. I couldnae resist ye, I just hid tae impose masel . . .

**EVA** I cannae tell if yer bein wanton, mockin me ahind ma back. I'm just no sure of you.

**MATTI** Why dae ye want tae be sure? Ye've nae capital committed, hiv ye? Uncertainty's the human condition. Yer Da would tell ye that. I like it when a quean's unsure.

**EVA** I can imagine it.

**MATTI** Nethin wrang wi your imagination, then?

**EVA** I'm just remarkin . . . yer a slippery character.

**MATTI** Go tae the dentist. Wance yer in yon shooglie chair, ye doan ken what he's up tae.

**EVA** See when you talk like that, ye put me aff that wee scenario in the bath-hut. I'm sure ye might get oot ae hand.

**MATTI** So yer sure ae somethin, then? I'm tellin ye, Miss Eva, yow prevaricate merr lang, I'm gonnae lose ma interest in besmirkin your guid name.

**EVA** It's better if yer no owre enthusiastic, doan ye think? Okay, then. We'll huv a shot at the bath-hut cerry-oan. I'll trust ye. Right, they'll be feenishin their breakfast, then they're sure tae huv a smoke oan the balcony, talk aboot the engagement. Let's get in there.

**MATTI** You first. I'm gonnae get a deck ae cards.

**EVA** What for?

**MATTI** We'll need tae dae SOMETHIN while wir in there.

*(He goes into the house. EVA makes her way towards the bath-house and meets LAINA the cook, who carries a basket.)*

**LAINA** Guid mornin, Miss. I'm aff tae pick cucumbers. Wad ye like tae come?

**EVA** Me? No. I've a sair napper. I think I'll hiv a bath.

*(She rushes into the bath-house. PUNTILA and the ATTACHÉ emerge on the balcony, smoking cigars.)*

**ATTACHÉ** Puntila, mon chou, what d'ye say I DRIVE Eva ben the Riviera. I'll tap Baron Vaurien fer his Roller. That will make a show for Finland and her Corps Diplomatique. Wir no that well off fer belles femmes in the Corps Diplomatique.

**PUNTILA** *(To LAINA)* Where's Eva got tae? She came oot.

**LAINA** She's ben the bath-hoose, sir. Sayd she's goat a sair napper.

**PUNTILA** God, she's an unco quean. Whoever heard ae a bath helpin a sair heid. *(His is sore at the moment)*

**ATTACHÉ** Oh, it's très originale, but ye ken, my old cabbage . . . we don't blaw wer trumpet near enough fer the auld sauna. Ah sayd as much tae the Permanent Secretary in connection wi a loan application, wir just no marketin wer culture! It's a scandal, par example, that there is not one Finnish Bath-house in Piccadilly Circus. Don't ye think?

PUNTILA Aye, aye, fair point . . . Eino . . . just gonnae tell us, is the Foreign Minister definitely shawn up fer the hoolie at Puntila Lodge?

ATTACHÉ Aucune doot aboot it. He owes me wan. I got him oan the board ae Lehtinens Commercial Bank, ye see. He's awful keen oan his nickel deposits.

PUNTILA I'll need tae buttonhole him.

ATTACHÉ He's saft on me, everybody says so. He's sayd, merr nor wance, 'Eino, we can send you anywhere and ye'll no cause an incident. Because yer just not interested in politics.' He says I'm an advertisement for the Corps.

PUNTILA Aye. Yer a genius. Ye'll go far. But mind yer Minister paps his heid roon the door, eh? If ye kin manage that, I'll ken the measure uv ye.

ATTACHÉ Puntila, je connais bien que les oeufs ils sont les oeufs, ye ken? I've aye been like that. That's what they say at the Ministry. 'If Eino lost his heid, he'd be sure tae find it eventually.'

*(MATTI arrives with a towel and heads for the bath-house)*

PUNTILA Where are ye skivin aff tae noo, ya midden? I'd no show ma face gin Ah wiz sae slaigerin as yow ur. I'd ask masel, 'Huv Ah earned ma wages yit the day?' Ye kin whussle fer a testimonial fae me, pal. Ye'll lie abandont like a buckie that's fell oot the barrel.

MATTI Yes, Herr Puntila.

*(MATTI goes into the bath-house. PUNTILA turns and double-takes. EVA's in there. He stares.)*

PUNTILA So how's yer . . . relationship wi Eva haudin up?

ATTACHÉ Just champion. She's a wee bit frosty sometimes, but that's just her. It's not unlike our relationship with the Russians. A warm frost . . . that's the technical description. Oh, I've a bonne idée. Let's gang aff flower pickin fer Eva.

PUNTILA *(Going with him, with a glance at the bath-house)* Aye. That micht be advisable.

MATTI *(MATTI and EVA inside the hut)* They saw me come ben. Phase one is complete.

EVA Ah'm dumstoonered Daddy didnae stop ye. Laina tellt him I was awriddy in here.

MATTI He couldnae gie his een the credit. That hangover must be savage. Wad ae been owre soon fer wer timin tae. We've no bin in here lang enough tae get you compromised. The intent is no the deed itsel.

**EVA** Ah doan think sculduddery crossed their minds. It's fell soon in the morn fer yon kinna hing.

**MATTI** Not at aw. It's just a sign yer daft fer it, that's aw. Pontoon? *(He deals)* Ma aul gaffer in Viborg wiz aye up fer a meal. Middle ae the efternoon, just afore high tea, he used tae rundge intae a roast chicken. He was daft fer his scran, see? He was in the government.

**EVA** Ye'll no comparison greed wi love?

**MATTI** How no? It's a gey seemilar phenomenon. There's folk that cannae stoap theirsels. Coos doan hing aboot fer the moonlight, dae they? And it's summertime. Yer sap's up. But there's aye folk aroon tae catch ye. So ye steal intae the sauna. Jings, it's gettin hot in here, innit? *(Takes off his jacket)* Yow get some ae your kit aff. Ma een'll no hurt ye. Hauf a pfennig if ye fancy twistin.

**EVA** I suspect you're being uncouth again. I'm no a milkin quean, ye ken.

**MATTI** Naethin wrang wi milkin queans.

**EVA** You've got nae respeck ataw!

**MATTI** Yer no the first tae passremark it. But us chauffeurs ur aw like this, misrespectin wer betters. Cos we kin hear the kinna things they say tae yin anither i the back seat. I'll pey nineteen.

**EVA** Weel when Ah wiz in Brussels ben the Convent, Ah never heerd ony sic obscenities.

**MATTI** I'm no talkin aboot obscenities. I'm just sayin they aw talk shite. *(He turns her cards)* That's Pontoon. Your deal. Gonnae shuffle them first?

*(The ATTACHÉ and PUNTILA return. The ATTACHÉ holds flowers.)*

**ATTACHÉ** Oh she is a right good laugh. I says tae her: 'Ye ken, you wad be perfect if ye weren't so rich.' And she says tae me, quick as anythin, 'I like being rich.' *(He laughs)* Is that not hilarious? Amazingly enough, Mamselle Rothschild sayd the exact same thing tae me when I sayd the exact same thing tae her ten minutes later, when the Baroness introduced the pair ae us. But of course. It's because she's a right good laugh as well!

**MATTI** *(Sotto voce)* Okay. Ye'll need tae make a noise. Like Ah'm efter nippin ye ur somethin, ur they're just gonnae toddle by! *(She giggles)* Jings, sounds like ye enjoy it.

*(She giggles again)*

**ATTACHÉ** Did I not just hear Eva there?

**PUNTILA** Naw, naw, it'll no be Eva.

**MATTI** *(Loud)* Oh ye like that, dae ye?

**ATTACHÉ** What was that?

**MATTI** *(Sotto voce)* Struggle a bit.

**PUNTILA** It's just a chauffeur. Ben the bath-hoose. Dae ye no wanni put them in some watter?

**EVA** *(Loud)* No . . . don't . . .

MATTI *(Loud)* Oh but I must!

ATTACHÉ It did sound a bit like Eva.

PUNTILA Mind yer mooth.

MATTI *(Sotto voce)* Okay, a wee bit bill and coo then submit tae ma advances.

EVA *(Loud)* Oh, no, it's no right! *(Sotto voce)* What dae Ah dae noo?

MATTI *(Sotto voce)* I doan KNOW! Tell me I'm wicked . . . put a bit a feelin intae it, a wee bit sexy, goodness sake . . .

EVA *(Very sexy)* Oh, baby, you are BAD!

PUNTILA EVA!

MATTI *(Sotto voce)* I think that did it. Right. Gie it laldy. *(They moan and clatter about)* If he comes in here, we'll just huv tae dae it oan the table.

EVA *(Sotto voce. Grins.)* Don't be filthy.

PUNTILA EVA!

MATTI *(Sotto voce. Stopping.)* Okay, okay. Wir done. Noo, oot there like yer stechie frum it.

*(Gently, he undoes her hair. She messes up her clothes.)*

PUNTILA *EVA!*

*(She steps out blearily)*

EVA Oh. Hullo, Daddy, did ye shout fer us? I'm just efter chingin fer a dip.

PUNTILA Whit in hell were ye playin at in there? Dae ye think the world's deef?

ATTACHÉ Come now, Puntila. It's not a crime to go swimming.

*(MATTI comes out, likewise wabbit)*

EVA Did ye hear a noise ur somethin? There wiz nothin goin on.

PUNTILA There wiz something coming off! *(He points at MATTI)* Look!

MATTI Just a . . . wee game ae pontoon, Herr Puntila. Miss Eva and masel were just daein a wee bit twist and stick. Nae need tae draw conclusions.

PUNTILA Shut up! Yer sacked. *(To EVA)* What is Eino here gonnae make ae this?

ATTACHÉ Pontoon is apparently . . . a noisy game. It's easy tae mishear, mon vieux sausage. The Princess Bibesco wance goat that aff at the knot wi a gemme o Baccarat, she snapped her pearl necklace. It's a similar thing. Here's a wee posy fer ye, Eva. *(To PUNTILA)* Billiards?

*(He tugs nervously at PUNTILA throughout next speech)*

PUNTILA I'll see you later, Eva. *(To MATTI)* And you . . . you scunner. Yow, wha should get yer bunnet aff oan sight ae ma daughter, and ston dumstoonert mangling yer manky paws thegither fer fear ye didnae wash yer lugs this morn. Ye hear me? Shut yer mou till Ah'm done wi ye, then plank yer manky socks in a poke and PISS AFF! You are tae look upoan the quean ae your maister like an angel fell tae earth by accident, ye get me? *(To ATTACHÉ)* Bugger aff, Eino, Ah'm no done wi this . . . Say that efter me . . . how dae ye look upoan ma quean?

MATTI Like an angel's fell tae earth by accident, Herr Puntila.

PUNTILA Yer een staun stookie at the sicht . . . wi misbelievin wunner, ya piece ae shite, ye.

MATTI Ma een staun stookie wi misbelievin wunner, Herr Puntila.

PUNTILA Ye gang reid like a lobster cos afore ye were in lang breeks ye harboured dirty wishes and she, she is sicca paragon ae purity that ye wad wish the Earth wad gape and swally ye. Get it?

MATTI I get it, Herr Puntila.

*(The ATTACHÉ manages to drag PUNTILA into the house)*

EVA Busted.

MATTI Your fiancé must be intae somebody . . . fer a bloody fortune.

## Scene Six: A WEE BIT CRACK ABOOT CRAYFUSH

*In the kitchen at Puntila Lodge in the evening, MATTI is reading his paper. You can hear music coming from outside.*

FINA *(Enters)* Miss Eva's askin fur ye.

MATTI Aye, weel, I've no feenished ma coffee.

FINA Ye doan care. Ye've aw the time i the warld. Ye doan kid me. Ye've goat a notion aboot her. Just cos she passes the day wi ye when she's nane o her ain society.

MATTI Oan a bonny evenin sic as this, Fina, I've a notion tae tak notions. Aboot you, mebbe, seein if ye fancied a wee donner oan the riverbank, then mebbe I'd ferget Ah hid Miss Eva asking fur us.

FINA No ta.

MATTI Ye mindin ae yer dominie.

FINA Uch, wheesht. There's naethin tae the dominie and me. Wir just company. He's gied us the lane ae a book tae help ma education.

MATTI There's no a loat ae profit tae education, but. See me, I get three hunner merks a month, and the dominie just gets two. That's cos ma joab's important, but. See if a village dominie isnae up tae the merk, so whit? Just means folk dinna learn tae read the papers, and there's no much in the papers nooadays, no efter the censors huv been at them. What the bosses ought tae do is dae awa wi education awthegither, then they could mak the censors aw redundant tae. Savins fer the taxpayer aw the wey roon. But me, Ah perform an essential service. If it wasnae for me and a motor stuck oan a by-road, then the bosses huv tae get oot and walk some, fegs. Which is impossible, seein as how they're aw half-cut. They'd just get aw muddy.

*(She sits on his knee. The FISCAL and a SOLICITOR come in after a steambath.)*

FISCAL I say, huv ye ony uv that nice soor dook we hid the last time?
MATTI Shall I get the parlourmaid tae come and serve ye?
FISCAL Uch no. We like it in here.

*(MATTI serves them both. They drink and watch FINA lasciviously as she exits.)*

SOLICITOR Aye, this is barry stuff.
FISCAL Is it no just the thing efter a guid steam? It's an attraction chez Puntila.
SOLICITOR Oan a lang summer nicht . . .
FISCAL Oh aye, there's breid and butter for the courts oan the lang nichts. Aw thae paternity suits tae begin wi. It often occurs tae me up oan that bench how seductive it must be ablaw the birkwoods oan an evening like this, leave alane the wey they aw cerry oan by the riverbanks. There wis wan wumman blamed her condition oan bein o'ertaen by the odour ae the new-cut hay. Pickin haws is parlous in the same wey, and so, it wad appear, is milkin coos. They're forever at it. Ivry privet by the road needs protectin wi barbed wire, in my view. I mean what's the point of sexual segregation in the public bath-hoose if they're only going tae toddle aff tae the meadows immediately efter. Ye cannae haud back houghmagandie in the summer. If they're ridin a bike they're faain aff it, and gin they see a hayrick, they're faain in it. They dae it in the kitchen cos it's warm, and in the fields if there's a breeze. They dae it cos the summer's no lang enough, or a trout gets in the well because the winter's sae deep and lang till spring.

*(A service bell has been ringing for some time. The FISCAL taps MATTI.)*

FISCAL Are you gonnae answer that, young fella? Or did the unions achieve their eight-hour day in these pairts?

*(They exit. MATTI ignores the bell and reads his paper. EVA enters with a cigarette in a long holder, vamping like she's seen at the pictures.)*

EVA I rang for you. Are yow espeeshully busy en ce moment?
MATTI Naw, that's me till six o'clock the morn.
EVA It came tae me mebbe ye'd fancy takin me owre tae the island the night. Catch a few crayfush fer ma hoolie the morra.
MATTI Past your bed time, is it no?
EVA I'm just no sleepy . . . I get unco fidgety oan these summer nights. Tell

me, if yow were ben yer scratcher, the noo, dae ye think ye'd just . . . drap aff?

**MATTI** Uh huh.

**EVA** Oh lucky auld you. Well, fetch the nets fur me, wull ye? Ma faither gants fur his fush.

(*She vamps towards the exit. MATTI changes his mind.*)

**MATTI** Uch, why no. I'm up tae a bit ae rowin.

**EVA** Oh but yow sayd yow were wabbit?

**MATTI** I'm sparky noo. Mebbe yow'd be better wearin somethin merr practical.

(*She exits. He puts his jacket on. EVA returns in a pair of short shorts.*)

**EVA** Ye've forgoat the nets.

**MATTI** I thocht we'd guddle. Guddlin's lovely. I'll show ye.

**EVA** Be better wi nets, no?

**MATTI** Aw no. Me and the cook and parlourmaid were oot there guddlin no three days back. Oor hauns were just lovely. Aye, it was lovely, you ask theym. I'm canny wi the guddlin, me. Vit like ur yow? There's some folk urnae sae nimmle, I suppose. And thae fush ur gey jinky, an yer oan they sclithery stanes. But there's a moon, look? Nae clouds the night.

**EVA** We'll get merr fush wi the nets.

**MATTI** How mony fush dae we need?

**EVA** Ye ken Daddy's nae appetite fur onythin gin there's no a muckle ae it.

**MATTI** Uch. And here's me lookin tae full a coupla wee pokes, and then yow and me huv a gab. Lovely night fur it.

**EVA** Wull ye stoap sayin everything's 'lovely'! Please, just bring the nets.

**MATTI** What dae ye wanni massacre aw thae fush fer? Coupla pokes is plenty. There's a spoat there I ken, just take five meenits tae satisfy onybuddy.

**EVA** I don't know what you're trying to say. Dae ye not want tae go fishing?

**MATTI** (*After consideration*) It's awfu late, Miss Eva. If I'm tae be brisk the morn tae collect your fiancé frae the station . . . for your fasthandin the morra. Gin you and I are oot guddlin till four in the mornin, I will be wabbit. But gin it is your wish tae fish, Miss, I'll follow your instructions.

(*EVA, on the spot, turns and goes. MATTI sighs and sits again with his paper. LAINA enters, tired.*)

**LAINA** Fina and the milkmaid huv sayd ye've tae come oot tae the loch bank. There's drink and music.

**MATTI** Naw, I'm weary. I've been at the hirin the day, and Ah wiz oot this morn wi the tractor. Hid tae fettle the shackles oan the plough.

LAINA Come oan. Dae ye think Ah've the energy fer daftness . . . wi the bakin I've goat laid by fer the morra? I hud tae drag masel awa, just the same. I should sleep, but it seems sair tae sleep, and make waste ae the light. I'm gaun back oot. There's wan ae the horsemen's playin his moothie. I like that.

*(She exits. EVA returns, now in travelling clothes.)*

EVA Take me to the station, please.
MATTI I'll have the car by the front door in five minutes, Miss.
EVA Very well. Aren't you going to ask where I'm going?
MATTI 11.10 to Helsinki?
EVA Are ye not surprised?
MATTI Nae point me bein surprised. Whit influence ur purpose is accomplished by a chauffeur sayin 'Jings, no, ur ye really?!' Naebiddy wad heed it.
EVA I'm plannin tae visit a chum. In Belgium. Just fur a few weeks. I doan want tae trouble Daddy aboot it. So, if ye'd lend me 200 marks for my fare, please, and Daddy will reimburse ye . . . when he gets my letter.
MATTI I see . . .
EVA Oh I wadnae fash aboot no gettin yer siller back. Even if my faither disnae mind who I marry, he's no gonnae want yow fur a creditor, is he?
MATTI He might no see it like that.
EVA Sorry I spoke.
MATTI If you leave, in the middle ae the nicht, oan the eve ae your fasthandin . . . yer Da's gonnae mind it, noo the tatties ur oan tae bile, ye might say. Aw right, he did say . . . that I'd dae fur ye, as a husband, but ye ken no tae mind ae that. It's yow he's thinkin o, Miss Eva. He's tellt me that much. When he's steamin . . . sorry, cheerful . . . he's just no sae realistic aboot what your interest is . . . he just lets his belly rummle. But wance he's sober again, he's a practical man, and buys ye a competitively costed Attaché. And that wey, yow end up as Lady Ambassador tae Paris . . . ur mebbe . . . Estonia. And theyn, Miss Eva, if ye fancy a wee bit ae a guddle of an evening . . . who's gonnae stoap ye?
EVA Yer advising me tae marry Herr Silakka. That right?
MATTI Miss Eva. Ye doan hiv the financial independence tae meddle wi yer faither's wishes.
EVA So ye've chinged yer opinion, huv ye? Weather cock!
MATTI Aye. But doan disparage weather cocks fer no showin their feelins. Just because they're wrocht ae iron, it disnae follow that they've goat the feet aneth them tae be firm agin the blouster. Same wi me. I've no goat the consistency.
EVA I see. Weel, I'll ca canny afore heedin your advice in future, gin ye've no goat the feet tae be honest wi me. Thon wee oratioun aboot ma faither,

and how he really cares fer ma welfare, it's aw blether, so you'll no take a chance oan my trainfare.

MATTI Ur ma joab. I've hid waur.

EVA You're a real materialist, hint ye, Herr Altonen? Ye ken fine whaur yer piece gets buttert. At least yer straight-furrit how money's aw ye care fur. It's no just the rich ur obsessed wi siller, ava.

MATTI I'm sair I've let ye doon. But there's nae help. I mean, yow hud tae come straight oot wi it. Gin ye'd havered a bit roon the hub ae it . . . just let the subject ae trainfare drap intae oor clatter sleekitwise . . . I'd no huv hud tae offend ye. Sorry.

EVA *(Sits)* I will not marry the Attaché.

MATTI Why dae ye want tae settle oan HIM no tae get marrit tae? The hale gang ae them's identical in my experience. Aw weel-educatit, so they dinna fling their boots at yer heid, no even when pished, and they're no tight wi spendin neither, merr so wi ither folk's money. And they appreciate a guid woman, Miss Eva, like they can tell it's a guid claret. They've been educatit.

EVA I want you.

MATTI Aw, jings.

EVA How no? Daddy'll gie us a sawmill.

MATTI He'll gie YOU a sawmill?

EVA We'll be marrit.

MATTI I hid a joab wance oan a ferm in Karelia. The gaffer stertit life as a fermhind. His missus sent him oot fishin . . . if she kent the minister was expectit. Then when she'd company, her ain folk, he'd sit ben the hairth hissel, playin clock patience . . . efter he'd poured the wine fur them. They hid bairns just grawn tae talkin. Used tae cry him by his Christian name. 'Victor, fetch my galooshes, wad ye? Quickly, if you please.' I don't think I'd like that, Miss Eva.

EVA No. You'd want tae be maister. You'd no be gentle wi a wumman.

MATTI Been daydreamin, huv we?

EVA I beg your pardon. Dae yow mebbe think I've naethin tae dae wi masel but fantasise about you? I doan ken where he gets that delusion. Oh, I am fed up wi you. Yer so self-centred. What you think, what you want, what you like, what job you used tae hiv . . . and doan deceive Ah cannae read atween the words ae your wee stories and yer crayfush and fameeliarities. Yer an egotiscal wee niffnaff and ye mak me gowp. I hate you. I hate you.

*(She exits. MATTI returns to his paper.)*

# Scene Seven: THE UNION AE PUNTILA'S INTENDITS

*The yard of Puntila Lodge, Sunday morning, the day of the engagement party. PUNTILA, shaving, is arguing with EVA on the balcony. Church bells.*

**PUNTILA** Yer gonnae marry the Attaché, and that's it. Yer no in fer a bawbee else. I'm no but thinkin ae yow.

**EVA** But ye were just efter saying I've no tae marry a man Ah'm no in love wi.

**PUNTILA** Aye, and yow gang near yon chauffeur and I'll warm yer arse tae remind ye. *(Looks off, yells)* What ur they cuddies daein munchin ma sookie?

**VOICE OFF** Stableman's orders, sir!

**PUNTILA** *(Yells)* Get them oot! *(To EVA)* I'm absent fer hauf an hour and the hale place gangs tae buggery. Aye, weel dae yow ken how come the cuddies are in ma claver? Cos the stableman's shaggin the gairden quean, that's how come. And how's thon fourteen-month hutheron got baggit afore her time? Cos the lassie's joab it is tae mind ma cattle is mixin her moggans wi the prentice boy, which disnae gie her leesure tae ensure ma prize bull isnae lowpin oan ma hiefers and committin random fornication wi onythin oan four legs, that's how. Mind me tae huv a word wi the wee gairden quean, gin she'd kindly abstain from lowsin her scanties for five minutes, mebbe we'll huv some tomatoes this year. There's money in tomatoes, and I'll nae longer tolerate this climate of wholesale copulation, it's costin me a fortune! And I'm tellin yow I'll no huv ye footerin wi ma chauffeur, cos the place is gone tae hell and there's a leemit tae ma forebearance!

**EVA** I'm not . . .

**PUNTILA** I'm warning you, doan't disgrace me! I've lashed oot six grand oan this weddin, just tae get yow intae society. I've sacrificed my FOREST, dae ye ken what that MEANS? And now ye want tae hoist yer skirt fer the first scourie tike ye come across . . .

*(MATTI enters below to sweep up)*

**PUNTILA** I didnae shell oot fer that fancy education so yow could wrap yersel roon a chauffeur. You received instruction tae keep the lower orders at a distance, ten yairds, mebbe, ur they'll gang aboun theirsels and stowff oan your heid. Keep ten yairds fae fraternisin, ur anarchy will lowse upon the warl, I guarantee it.

*(They exit. MATTI sweeps. Chemist's ASSISTANT enters from the Road.)*

**ASSISTANT** Good morn. Herr Puntila, please.

**MATTI** I'm no sure he's receivin the day.

ASSISTANT He'll receive me. I'm his intendit.

MATTI You and Herr Puntila ur fasthandit?

ASSISTANT So it wad seem.

PUNTILA *(To EVA, off)* Don't talk tae me aboot LOVE! SEX! That's aw that is. And there will be nae merr sex at Puntila's. Your engagement is arranged – I've already killed a pig! What dae ye want me tae dae? That porker's no gonnae ston up and toddle aff tae the sty fer a dod ae supper just cos you cannae mak yer mind up. My decision is final. There will now be peace at Puntila's. And onywey, I'm gonnae redecorate yer bedroom and ye kin stick that where ye want it.

ASSISTANT That voice is familiar.

MATTI Aye, weel. That's yer intendit.

ASSISTANT Sort of. Didnae soon sae fell in Kurgela.

MATTI Kurgela, ye mean where he went tae fetch his legal swally?

ASSISTANT It's mebbe the context that's perplexin. There wis a face went wi that voice, an inner face, sittin in his car wi the morn's licht upoan it.

MATTI I've seen that face. I've seen that licht. You should go hame.

*(BOTHAN EMMA enters the yard)*

BOTHAN EMMA Is Herr Puntila at hame? I'll see him noo.

MATTI I'm sorry, he's no . . . but this here's his fiancée.

ASSISTANT Dae ma een deceive me? Or ur yow no Emma Takinainen, the bootlegger?

BOTHAN EMMA Who me? Am I tae be libelled a bootlegger just because Ah gie the Polis Commissioner's wumman an alcohol rub, ur supply the makins tae the Lady Stationmaister fur the cherry brandy she's gey weel kent fur? That's no bootleggin, fegs. And who says YOU'RE a fiancée, onywey? Kiddin oan yer fasthandit tae ma Puntila, whae's muckle place we ston in, gin Ah'm no baw-heidit. Which I'm no, ya skybald teuchter.

ASSISTANT And whit's yon upoan ma fingr, ya toom-heidit besom?

BOTHAN EMMA A plook? Mebbe? And what's THIS? *(Holds her finger up)* It's me that's fasthandit wi ring and wine, no yow.

MATTI Ur youse ladies baith from Kurgela, then? Fiancées ur drappin frae the fruct trees there.

*(Enter the MILKMAID)*

MILKMAID This here Puntila's gaff?

MATTI That depends. Gin ye met somebody in Kurgela by that name, ye'll no find the same gentleman yer fasthandit tae roon here.

MILKMAID He is. I can pruive it!

MATTI Ma hairt's warm ye can. Gin there'd been the wan fiancée, naebiddy'd be impressed, but the will of the masses must be recognised. I declare the establishment of The Amalgamated Union of Puntila's Intendits. Which leads me tae the nub. What the hell dae ye think yer daein here?

ASSISTANT *(To the others)* Let me. We've the three ae us personal invites tae attend a grand engagement hoolie.

MATTI Weel, invitations sic as yon may clear wi the morn's mist. Ye might get ta'en fer the moorfowl that rise up fae the heather when the shootin party's aw gone hame.

ASSISTANT That disnae soon owre ceevil.

MATTI I'm no sayin ye'll huv nae reception, but yer timin's no the best. I'll need tae study the conditions fer an opportune introduction, so that you are recognised and gien the mense sae surely meritit by Herr Puntila's three fiancées.

EMMA Wir just here fer the randan.

MATTI That's as mebbe. Timin's still crucial. Wance they get a wee bit cordial, they might be ready for a surprise. And yow can make yer entrance. The minister will raise a reek and the fiscal will be better fer the spectacle, but we'se'll need tae ca canny so Herr Puntila will be pleesant when the Union ae his Intendits march in wi a shout and cry, while the National Anthem plays, and a peeticoat flies in fur a flag.

BOTHAN EMMA Dae ye no think there'll be a wee bit coffee and a hurl fer us?

MATTI It does seem a fair demand, gien that promises were made and expenses incurred. Came by train, did ye?

BOTHAN EMMA Second class.

*(FINA passes with a big pot of butter)*

MILKMAID Proper butter . . .

ASSISTANT Excuse me, we don't ken ye, but we walked up fae the station. Ony chance ae a drap uv milk ur somethin?

MATTI Ruin yer appetite.

MILKMAID Naw it willnae.

MATTI Be merr helpful if I could smuggle yer future husband a gless ae somethin stronger.

MILKMAID Does he really own ninety coos?

ASSISTANT Aye, but ye didnae hear what he sounded like.

MATTI Which is why ye should content yersel wi just the smell ae supper fer the noo.

*(The STABLEMAN and COOK carry in a slaughtered pig)*

WOMEN That'll dae me and everybiddy! Hi, turn that till it's cracklin! Don't ferget tae add marjoram!

BOTHAN EMMA Wad ye mind if Ah lowse ma skirts at dinner? Naebiddy'll look, and I'll need merr room.

MILKMAID Herr Puntila will look.

ASSISTANT Oh, not at table, surely?

MATTI But what a table, ladies. Whit quality! Ye'll be dinin wi the Chief

Justice ae the High Coort at Viborg, nae less. *(He sticks his broom handle in the ground and addresses it)* My Lord . . . my clients ur three penurious speensters justly feart ae a breach ae contract. Owre mony country miles they've come tae be conjoinit wi their man, and I put it tae ye, that ten days syne, a sonsie stranger in a Studebaker gained entry tae their village and pledged his troth as legally prescribed and noo he's done a runner. My Lord, I demand justice, but ca canny . . . gin the coort should fail tae satisfy, the day may come when there's no High Court in Viborg neither.

**BOTHAN EMMA** Hear hear!

**MATTI** Efter that, the soleecitor will drink your health. How wull ye address him, Emma Takinainen?

**BOTHAN EMMA** I'll confess I'm gled o his aquaintance, and ask him, 'Gonnae fill in ma tax return fur us and get the revenue aff ma neck?' Employ yer forensic maistry tae get ma man oot ae the army, cos oor wee bit plot's fell big fer me, and onywey, the Colonel's a cuif. Oh aye, and ensure that lowp-the-counter at the grocer's isnae gien us short money oan ma sugar and ma paraffin.

**MATTI** A pragmatic use ae oppurtunity. But dinna fash aboot yer taxes gin ye click wi Herr Puntila. The wan uv ye lands him's no gonnae gang short. *(To ASSISTANT)* And gin ye find yersel takin a tipple wi the docter, how will ye consult him?

**ASSISTANT** Doacter, I'll say, I've an awfy pain doon ma back, but don't grue ur grind yer wallies, ye'll be peyd when I am Frau Puntila. Oh, there's nae rush, Doacter, wir only oan the openin course, the coffee's no yit oan tae bile, and yer obleeged for the public health.

*(Barrels of beer get rolled in)*

**BOTHAN EMMA** That'll be the beer then!

**MATTI** And yow wi the Minister, what will be your offerin?

**MILKMAID** *(Shyly)* Noo I'm rich, I might have time tae come tae church.

**MATTI** That's mebbe a bit brief, so I'll say: 'Reverend, does the sicht o Lisu the Mulkmaid eating fae a China Plate, does it no gladden your heart? For the Guid Buke says we are equals in God's een, so why not in Puntila's house? And as your esteemed hostess, Lisu will ensure ye fa not oan stony ground. Ye'll aye get yer case ae claret fur yer birthday, and she'll tak tent ae yer fine words oan a Sunday, and seek the heavenly pastures, noo she's no compelled tae gang milkin oan the pastures here on Earth.'

**PUNTILA** *(Having entered during above)* Ye done? Wha ur these people?

**ASSISTANT** Herr Puntila, is it possible ye dinna ken yer three future wives?

**PUNTILA** Whit? Tae hell!

**BOTHAN EMMA** Dae ye no mind ae the rings ye gied us?

**ASSISTANT** Aff the curtain rail at th'Apothecary's.

**PUNTILA** What dae ye want? Ye looking fer bother?

MATTI Herr Puntila, we've nae wish tae disturb ye, wir just preparin a wee contribution tae the engagement celebrations . . . ye see, we've formed a kinda club, the Union ae Puntila's Intendits . . .

PUNTILA A union? Hiv ye so. Aye, so that's yer purpose. Yez ur agitators.

BOTHAN EMMA Wir just here fer a laugh.

PUNTILA A laugh? Uh huh. Blackmail. That's it. Yer efter something.

BOTHAN EMMA Naw, naw!

PUNTILA Ye want me tae gie ye somethin? We might ae hid a meenit's blether, and noo ye tak advantage? Oan yer wey. I'll call the Polis. Right?

BOTHAN EMMA Ye ken, Herr Puntila, we just wanted tae come so wan day we could say we'd been. So I could say, 'Wance upon a time, Ah sat doon at Puntila's. By invitation.' *(She sits on the ground)* Right. Here um ur sittin. Ah cannae be contradicted. E'en gin ye've nae offered a chair. This here is the houly grun ae Tavastland, described in the school texts as hard tae work, but rich in its rewards. Only it nivver says wha does the work. Ur wha gets the rewards. But I DID smell . . . a calf turn oan a spit. Ah DID see a pot ae fresh butter, and heard barrels rollin up yer driveway. Didn't Ah? *(She sings:)*

And the lochs and braes
And clouds aboun
Are dear tae ma hairt.

Fae the Forest green
Tae the paper mills
At Aabo fair.

Am I wrang? Gie's a haun till I get ma feet, lassies. I cannae maintain this historic position.

PUNTILA Get away from my property.

*(They exit, shredding their straw hats)*

## Scene Eight: PUNTILA HANDFASTS HIS WEE QUEAN TAE A YUMAN BEIN

*The dining hall at PUNTILA's. Small tables and a huge sideboard. The MINISTER, the FISCAL and the SOLICITOR are having coffee and smoking. PUNTILA sits in the corner getting drunk, alone. There is dancing in the next room to a wind-up gramophone. It is the night of the engagement party, now in full swing.*

MINISTER It's a fact that piety is thin upaon the grun. In its place we find apathy and cynicism. I despair of oor people. I bang it intae their dochle heids that no wan blackberry wad grow if it wasnae fur the Lord. But they persist in regarding the bounty uv creation as if it were natural. They scoff it down wiout a ward ae thanks. I gie ma sermon tae merr empty seats than willing lugs, and it's not as if they don't have bicycles. Their attitude derives from their innate evil. I can think of nae other interpretation. I visited a fellow who was chapping at death's door, in order tae offer him the comfort of the joyful life the other side, and he asked me if I thought the heavy rain would affect the potato crop. I mean, I ask you, what is a man tae do?

**FISCAL** You're right, of course. It's a sair fecht tae batter culture intae these primitives.

**SOLICITOR** It's no bed ae roses fur the legal profession. Oor mainstay was aye the small-holders, ken, the sumphy buggers, wha'd prefer bankruptcy tae movin a fence post five feet tae please a neebour. And whiles there are aye folk who like a set-to, they're that miserable they haud themsels back. There's naethin they like better than gien abuse tae yin anither, ur chibbing yin anither ur selling each ither sheep wi scrapie, but they hesitate at the expense uv a juratory caution, and will chuck up the maist habile interdict on the gruns ae pure peenginess.

**FISCAL** It's a material warl. Values and institutions ur aw levelled doon tae economics. It's a struggle tae maintain yer efforts tae cultivate the heathens, and no let the hale clamjamfrie go tae hang.

*(The ATTACHÉ enters with the MINISTER'S WIFE)*

**MINISTER'S WIFE** Herr Puntila. Yer no bein mindful. Eva's dancing with the Foreign Minister. But he's been asking for you.

*(PUNTILA makes no answer)*

**ATTACHÉ** The Minister's good Lady graced us wi the snappiest bon mot just the noo. MY minister asked her whether she liked jazz ur no? I was breathless tae hear how she got away frae thon yin. So she conseeders un moment. And comes right back wi, 'He cannae dance tae a church organ, so it disnae matter if it's a saxophone'. Well my minister just ENDED himsel. What do you say, Puntila?

**PUNTILA** I don't. Yer a guest in my hoose. *(To the FISCAL)* Ho . . . Freddy. *(He points to the ATTACHÉ's face)* D'ye like his face?

**FISCAL** How d'ye mean?

**PUNTILA** The Attaché's coupon. D'ye like it?

**FISCAL** Ca canny wi the punch, Puntila.

*(The ATTACHÉ starts dancing quite appallingly. He indicates the music next door.)*

**ATTACHÉ** Got a rerr wee beat tae it.

*(PUNTILA crushes his glass in his hand)*

PUNTILA Freddy. Be honest wi me. That face cost me a forest.

ATTACHÉ *(Still dancing)* I've nae heid fer lyrics, but I dae hiv natural rhythm.

SOLICITOR *(Seeing PUNTILA about to explode)* It's gettin hot in here. *(To the ATTACHÉ)* How about a breath ae fresh air?

ATTACHÉ Hang oan! I've minded wan: 'Yes we have no bananas!' See?

PUNTILA Frederick . . . look . . . that face . . . a forest.

FISCAL *(Holding back PUNTILA)* I heard a joke. There was this Jew . . . left his coat in a pub. And the optimist says, 'He'll no get that back'. And the pessimist says, 'Oh yes he will'.

*(Laughs desperately. The others join in.)*

ATTACHÉ And did he get his coat back, puir chap?

FISCAL That went right by you, didn't it?

PUNTILA Freddy . . . help me . . .

ATTACHÉ I'm sorry, ye'll need to explain. Now, surely that was the wrang wey roon. It's the optimist wha should say he gets the coat back, surely . . .

FISCAL No . . . the pessimist . . . look . . . it was an old coat all right, he's better rid ae it . . .

ATTACHÉ Oh I get it. An old coat, of course. Well ye didnae SAY that . . . Ha ha ha ha ha ha. That's really funny.

PUNTILA Freddy, though ye jink aroun deliverin yer verdict as tae how I'm tae cleave that coupon tae ma paternal breist, I have come tae the time ae life tae tak decisions fur masel. This man has been haund-knitted wi a sense ae humour missin. He is therefore not yuman. *(To ATTACHÉ)* Leave my hoose, whatever you are, yes I am addressing you, don't look roon at theym, they came fae OOR planet. YOU gie ma arse a nippy taste.

FISCAL Puntila, ye've gone too far.

ATTACHÉ The incident can be owrelooked as things staun. I maun caution that un homme diplomatique sic as masel must guard his honneur. Even by association of marriage, the merest glaur upoan the name must be avoided. Or it may lead tae the withdrawal uv ma agreement. Last year in Paris, the mother-in-law of the Secretary of the Romanian Legation, was seen tae lay aboot her boyfreen wi an umbrella in Montmartre. His career was awa wi it.

PUNTILA He's a horny-golach. In a suit. He EATS FORESTS.

ATTACHÉ Not because his mother-in-law took a lover, that's NORMAL . . . NOT that she laid aboot him in the street . . . that's OPTIONAL . . . but with a parapluie! That's COMMON . . . ye see it's aw a maitter uv nuance . . .

SOLICITOR Puntila, fer God's sake, he's not wrang . . . his guid name is everythin . . . he's a diplomat . . .

FISCAL That punch really is owre fierce . . .

PUNTILA Freddy, doan ye see whit's gaun ON here?

**MINISTER** *(To his WIFE)* My dear, I jalouse Herr Puntila is becoming overwrought. Perhaps you should retire to the drawing-room.

**PUNTILA** My guid woman . . . I am entirely masel. The punch is entirely itsel anaw tae. It's his face that quite reasonably provokes ma grue . . .

**ATTACHÉ** As for my sense ae humour, the Princess Bibesco gave me testimonial when she remarked tae Lady Oxford that I was that sherp-witted wi a joke that I invariably start laughing well afore the punch line . . .

**PUNTILA** The punchline, Freddy, help me . . .

**ATTACHÉ** Nae names huv been spoken. So all may yet be mended. It is only when names and abuse are incontrovertibly linked, that offence may irrevocably be taken.

**PUNTILA** God help me! I've forgoat his name. Noo I'll never get shot ae the bugger . . . Oh . . . thank heavens. Ah've just minded Ah seen his name oan the IOUs Ah hid tae buy back for him. His name is EINO SILAKKA. Noo will he piss off?

**ATTACHÉ** Gentlemen. A name has been pronounced, each wurd maun noo be weighed . . .

**PUNTILA** Suffrin Christ, GO AWAY! LEAVE! Do not return to Puntila Lodge. I will not marry ma ain quean tae a horny-golach . . . in a suit.

**ATTACHÉ** *(Turns to face PUNTILA)* Puntila, yer in danger of offending me. Tae eject me frae yer property wad cross that line where a stramash may evolve intae a stooshie.

**PUNTILA** I'm exhaustit. My guid nature has expired. My intention was tae intimate tae ye, diplomatically, that yer coupon gies ma erse a nippy taste, and ye should leave. Quietly. But gin yer requirin confirmation, I am telling you now for the record. Yer a shite. Get tae fuck.

**ATTACHÉ** Herr Puntila, I cannot take that to be kindly meant, so I will take my leave of you gentlemen.

*(He turns to leave with dignity)*

**PUNTILA** *(Bounds after him, pursuing him)* Fuck yer dignity, run ya midden, I'll teach yow tae gie me yer cockie neb.

*(The ATTACHÉ exits, PUNTILA after him. The others follow, except the FISCAL and the MINISTER'S WIFE.)*

**MINISTER'S WIFE** That'll be a stooshie, then.

*(EVA enters drunk)*

**EVA** Something happened? What's aw that rammy ben the yerd?

**MINISTER'S WIFE** I'm feart . . . there's been some unpleesantness, my child. You must be brave.

**EVA** Whit?

**FISCAL** *(Giving her a drink. She's already had a few.)* Eva, get this down ye. It's yer faither, he goat a bit merry and objectit tae Eino's facial arrangement . . . and chucked him oot.

**EVA** *(At her glass)* Ugh . . . it's corked . . . Oh dear. What did Daddy do exactly?

**MINISTER'S WIFE** Ye must be devastatit.

**EVA** Sure. So what did he SAY?

*(The MINISTER enters, stricken)*

**MINISTER** Oh, how horrible!

**MINISTER'S WIFE** What? What happened?

**MINISTER** An appalling rumpus oot there. Puntila flung bricks at the Attaché.

**EVA** Any direct hits?

**MINISTER** I don't know. The SOLICITOR goat in the wey. And the Foreign Secretary saw the hale stramash . . .

**EVA** My wedding is definitely off, then. If the Foreign Secretary hudnae been here, the stooshie'd no hae been hauf sae conclusive.

**MINISTER'S WIFE** Eva . . . enny's sake . . .

*(EVA sits like her Dad, drunk and happy. PUNTILA enters with MATTI, FINA and LAINA.)*

**PUNTILA** A revelation has been gien tae Puntila! Society is bunk. Ah goes in nice as ninepence tae explain the situation tae ma guests, tae apologise sincerely for the dreadfu error I wiz oan the pint ae committin. I'd come gey close tae fasthandin ma ain wee quean tae a species uv insect kent roon here as a horny-golach. But coming to my senses in time, I was going tae proceed wi my oreeginal intention tae betroth ma lassie tae a human bein, an exceptional engineer, and freen ae my bosom name ae Matti Altonen, ma servant, Ah tellt them. And ye'll no believe the nature of their reaction. The Foreign Secretary, who I take it had SOME education at some point, looked at me like somethin a dog did for him tae step oan. While wearing sandals . . . And summoned his limousine, the cuif. And the rest ae them wheeched awa like sheep frae a collie, so I barked my opinion tae their backs, and I felt like a Christian amang Romans aw nailed up wi lions bitin ma erse in the circus. The Foreign Secretary was awa by the time I cried them aw a heap ae keech, but unfortunately I caught up tae his car in the driveway tae inform His Holiness candidly that he was a shite as weel. I take it I did right?

**MATTI** I think mebbe we should discuss it in the kitchen.

**PUNTILA** Kitchen, bollocks. We are celebrating ma daughter's fasthandin the-day wi a minor adjustment ae personnel. Get thae tables thegither. Wir gonnae cerry oan as if we'd no stoapped. Fina, sit by me.

*(EVA and MATTI go together to fetch chairs, while PUNTILA sits and has the tables arranged as one long one in front of him)*

**EVA** Get that look aff yer puss. Ye look like Daddy when his egg's gaun mingin. You used tae look at me just the thing.

**MATTI** I was bein polite.

**EVA** Yester night when yow were wantin me oan that island tae guddle fer crayfush, it wisnae crayfush ye were efter, but.

**MATTI** That was last night. Ah wisnae efter matermony neither, but.

**PUNTILA** *(Arranging the seating pointedly)* Minister, yow sit beside my hoosequean. Lady Minister, yow sit wi ma cook. Freddy . . . here, c'mon tae sit wi human beings fer wance in yer life.

*(They sit in socially aware silence. The MINISTER'S WIFE cracks first.)*

**MINISTER'S WIFE** *(To LAINA)* Ehm . . . Have ye made a stert yit at bottling yer mushrooms?

**LAINA** No, Ah dinna bottle them. I dry them.

**MINISTER'S WIFE** Really? How d'ye dae that?

**LAINA** Cut them, and threid them thegither and just lay them oot in the sun.

**PUNTILA** *(Rising)* I want tae say a ward aboot ma daughter's chosen husband. Matti, I've been observin ye, and I believe I've ta'en yer meesure. Fer wan thing, the ferm machinery his nivver been in sae fine fettle. I respect ye as a yuman bein. I mind o yer face, this morn, how ye looked when Ah houndit thae three dear ladies fae ma door, lost as Ah wiz in darkness and heeliegoleerie, like the Imperator Nero wi his fiddle. But as I have explained tae ye, ma good nature is encummered wi fits ae sobriety. And aw through the feast this efternoon, as ye may possibly have gaithered, I've been takin ma medicine, and Ah'm aw better noo. And as um ur aw better, I'm tormentit wi the vision of those ladies, trampin the lang hot road back tae Kurgela, wi no sae much as a skirp ae sproosh tae weet their thrapples, and losin their guid opinion ae Puntila. Matti, kin Ah beg ye tae ferget whit ye saw this morn?

**MATTI** Ye can conseeder it forgoat, Herr Puntila. Noo, please . . . persuade yer daughter that she cannae get marrit tae a servant . . .

**MINISTER** Yer hind here is right, Puntila.

**EVA** *(Resembling her father)* Keech! Matti and me's hud a wee tiff, it's naethin. Cos he disnae believe ma Daddy's gonnae gie us a sawmill. And he says I'd nivver thole ma life as the wife ae a simple chauffeur . . .

**PUNTILA** Freddy . . . yer verdict, please.

**FISCAL** Naw, leave me oot ae it, and doan look like a hert at bay neither. Ask Laina.

**LAINA** Let me bring ye some coffee, Herr Puntila.

**PUNTILA** Matti, are you a good shag?

**MATTI** I've no been tellt gin Ah'm no.

**PUNTILA** Aye, but ur you a wicked shag, boy, that's the point? Perhaps

yer owre modest tae reply. Fina, is he a good shag? *(FINA is flustered. To MATTI:)* Huv ye no shagged her, Jeez o, Ah wud . . .
**MATTI** Can we chinge the topic?
**EVA** *(Standing unsteadily)* Matti, darling, I beg you tae make me a woman. Ah want tae have a man, like the other lassies dae . . . Ah want tae guddle. Ah want tae get some fush right noo. I'm no a snob and Ah doan't care what ye say and Ah doan't care if wir oan wir uppers neither.
**PUNTILA** Eva . . . weel spoke!
**EVA** Gin ye think gaun guddlin's mebbe treevial, I'll pack an owre-night bag and we'll gang right tae your mither's . . . that's gin ye don't object, Daddy . . .
**PUNTILA** Naw. Uch I'm that proud . . .

*(They embrace. MATTI steels himself with a couple of fast drinks.)*

**MATTI** Miss Eva, I am up fer ony frolic ye've goat in mind, but I'll no present ye tae ma mither. She'd pop an artery. The auld dear's no got ony sofas ye kin lounge oan, ken? Reverend, inform Miss Eva as tae the state ae poverty amang the wan-room dwellings of the poor.
**MINISTER** Mean.
**EVA** Ye doan huv tae describe them. I'm goin tae see them.
**MATTI** Aye, sure, ask ma auld dear tae direct ye tae the bathroom an see where it gets ye.
**EVA** I can bathe in the municipal sauna.
**MATTI** Aye, oan Herr Puntila's money ye kin. You've still goat me doon as ownin a sawmill here, but that transformation's no likely, gien that Herr Puntila is a canny man, ur will be when he wakes up oan this table the morra.
**PUNTILA** Doan't mention him. I'll huv nae merr ae that Puntila whae's th'adversary ae human beins. Ah drooned the bastard. And noo ye've goat me here insteed. I am a human being, so get it doon ye, yow be human tae, and we'll huv nae merr greetin, Matti, eh?
**MATTI** I'm tellin ye, yer no gaun tae ma Auld Dear's. Tae tell the truth, she'd dunt ma lug wi her baffie gin Ah brocht hame a wife like yow.
**EVA** Matti, don't be hurtful.
**PUNTILA** That was a wee bit nippy uv ye. I mean, Eva's no perfect, and she'll end up gaun tae fat the wey her maw did. But no afore she's forty. She's a wee stoater noo, be fair . . .
**MATTI** It's no her looks. She's no a practical proposition tae be a chauffeur's wife.
**MINISTER** That's right.

*(EVA laughs)*

**MATTI** Aye, laugh, ye'd no be laughin if ma maw gied ye a road test.

**EVA** Right. Let's do it. Yow be the chauffeur, I'll be yer wife. Yow examine me. Yow tell me what tae do.

**PUNTILA** Excellent idea. Fina, get some sandwiches. We'll huv a wee minschie while Matti examines Eva black and blue.

**MATTI** Fina. Stay wher ye ur. *(To EVA)* You and me's nae servants. And whit we've goat tae offer folk's what we've goat ben wer pantry. Fetch me a herrin.

**EVA** Immediately, dearest.

*(She goes)*

**PUNTILA** *(Calling)* Doan't ferget the butter! *(To MATTI)* I admire yer guts, no wantin onythin fae me, ye'll staun oan yer ain pins. I admire that.

**MINISTER'S WIFE** *(To LAINA)* Ah doan salt champignon, Ah fry them wi a wee drap lemon juice and butter, just the wee wans. But Ah pickle white mushrooms too.

**LAINA** White mushrooms urnae fine, but. They taste all right, but champignons and greys ur finest.

**EVA** *(Returns with a herring on a plate)* Nae butter in oor hoose, right?

**MATTI** *(Taking the plate)* Aye, look, it's himsel. Ah ken him. Ah saw his brither, just yestreen, and his cousin the day before. Ah've been aquaintit wi his faimily e'er syne ma first ashet. *(To EVA)* How mony times a week dae ye fancy eatin herrin?

**EVA** Three . . . if we huv tae.

**LAINA** Merr than that, ye've tae thole it.

**MATTI** *(Cutting and serving as he speaks)* Aye, right eneuch. Ma auld dear served herrin five times a week. Laina serves it eight times, twice oan Sunday. *(He lifts the fish)* Brother herring, silver darlin, the people's beef. Gie us this day wer pain in the harigals and salt doon in wer bellies. Frae the watters didst thou come and untae earth thou wilt descend. Yow, oh herring, ur the fuel that ca's doon birkwood, howks stanes and casts peat. Yow feed the engines we cry 'labourers', wha've no yet evolved tae the point of no bein fed ava. Herring, you bastard, gin it wasnae fer yow, we'd be demandin' real beef, and what wad become of the economy?

**PUNTILA** *(Eating)* It's a treat fur me, of course, but Ah dinnae get it that offen. I cannae thole this inequality, ye ken. Tell ye whit, we'll pool aw the income from the estate, right, in a mutual fund tae be drawn upoan as necessary oan an equitable basis. I mean, if it wiznae fur ma taskers, Ah'd no huv a ferm ava. Would I? Seems fair tae me.

*(The FISCAL and the MINISTER are horrified)*

**MATTI** I widnae coonsel it. Ye'd go bust, we'd end up fermin fer the bank.

*(Relief from the GENTLEMEN)*

**PUNTILA** Mebbe aye, mebbe no. But yer fergettin that I'm near enough a communist masel. *(The FISCAL spits his drink)* Goad, gin Ah wiz a fermhind, Ah'd gie Puntila hell, so Ah would. Cerry oan wi the road test.

**MATTI** Right. First thing Ah think ae tae assess the suitability of a wife tae show tae the auld dear . . . ma socks. *(He gives a sock to EVA)* Fix it for us.

**FISCAL** That's a bit rough. I mean, the herrin was wan thing, but I jalouse that Juliet, wi aw her passion fer Romeo, wad draw the line at his socks. Sic unqualified devotion sends the Deil owre Jock Webster and is bound tae end in litigation.

**MATTI** Doon here wi the rabble, yer honour, socks ur mendit fer economy, no affection.

**MINISTER** I'm sure the nuns in Brussels hud no forseen this in Eva's education.

*(EVA has needle and thread. She starts trying to darn.)*

**MATTI** Gin her education was incomplete, she'll need tae mend that owresight. *(To EVA)* Ah doan judge ye oan yer upbringin, ye were misfortunate in yer breedin, and nivver learned onythin ae relevance. That herrin was indicative. So Ah gied ye socks fer a clincher.

**FINA** I could show her.

**PUNTILA** God's sake, Eva, yer smart. Ye'll no mak a glet ae it, will ye?

*(But she does, she shows the ruined sock to MATTI)*

**FINA** It's no fair. *(To EVA)* Ye need a darnin block.

**PUNTILA** How'd ye no ken that?

**MATTI** Nae education. *(The FISCAL laughs)* Don't laugh. Ma sock's wastit. *(To EVA)* Gin yer weddit tae a servant, Miss Eva, that's serious. Ye cut yer breid tae save yer loaf, and ye jus doan ken hoo sma that is. Wan merr chance tae redeem yersel.

**EVA** I'm sorry aboot yer sock.

**MATTI** I'm the driver oan this estate. Yow're ma wife, ye dae washin, ye tend stoves. I come hame. Greet me.

**EVA** Matti. *(She kisses him)* See, I'm good at that.

**MATTI** Nae foolery. I'm tired. I'm tired.

*(He washes his face with an imaginary tap. She walks away talking.)*

**EVA** Oh, yer tired, I'm sorry. Ah think of ye, aw day, I think of ye slavin away. I'd dae it fur ye if I could . . .

*(MATTI is holding his hand out for a towel. EVA stares. FINA gives her a towel that she gives to MATTI.)*

**EVA** I din't know what you were doing.

(*He growls at her, sits, holds out his remaining boot. She struggles with it.*)

**PUNTILA** Heave ho.

**MINISTER** Maist enlightening . . . the unbelievable manners of these people.

**MATTI** (*To the spectators as EVA struggles*) I'm no this grim every day, but Ah wiz drivin the tractor, see? I'm near needin buried and that eventuality must be accountit fer. (*To EVA, still struggling*) Whit wark hud ye the day?

**EVA** Washin, Matti.

**MATTI** How mony big pieces?

**EVA** Four big sheets.

**MATTI** Fina?

**FINA** I did seventeen sheets the day. And twa tubs ae colours.

**MATTI** Did ye get watter frae the staunpipe, ur bring buckets frae the well gin the staunpipe's broken like it is at Puntila's?

**PUNTILA** Dead right. Puntila's a bastard. Buckets.

**MATTI** (*He takes her hand from where she still struggles*) Ye've broke yer nails, wi the washin and scourin ae the stoves, Miss Eva. Ma mither's hauns ur red and boukit. Right, so yer tired anaw, but ye still need tae wash ma uniform the nicht. I need it the morra.

**EVA** Right.

**MATTI** Dae it noo and ye'll no huv tae rise afore hauf-five tae iron it.

(*He slaps his hand on the table. She jumps.*)

**EVA** What?

**FINA** Paper.

(*EVA gives him a paper, but he still slaps the table*)

**FINA** Oan the table.

(*She puts it on the table and returns to his boot, which she finally gets off. He stands and walks away. He combs his hair and sits again. He reads the paper.*)

**EVA** Did ye notice I put some browdie oan ma apron? Bit ae colour. The warld needs a bit ae colour, d'ye no think? Dae ye like it?

(*MATTI lowers his paper, exasperated. She is shocked.*)

**FINA** He's readin the paper.

**MATTI** It's like that, sometimes.

**PUNTILA** Eva, you're an embarrassment.

**MATTI** No verra guid, I'm afraid. Ye doan fancy herring nearly enough, ye wasted ma sock, ye wanted affection when Ah came hame, and then ye wantit tae talk tae me.

EVA So?

MATTI Yer askin too much from life. Right. That was wer evening. Noo, it's wan in the mornin, and oor door gets chapped cos the boss is pished and wants liftit frae the station. Noo what happens?

EVA I'll show ye. *(She opens an imaginary window and shouts down)* 'At wan in the mornin, awa tae hell! He's no lang hame and he's no fit fer it. It's a bloody liberty. Gin the gaffer's pugglt, he can kip in a bush. I'll hide ma man's troosers afore Ah'll let him oot.'

PUNTILA *(To MATTI)* C'mon, that's pretty good.

EVA 'It's diabolical tae rouse folk this time ae night. They're exploitit eneuch i the daytime. He's hauf-deid when he comes hame. I'm gien ma notice. Stuff ye!' *(She slams the window)* Well?

MATTI Terrific. I mean wir baith unemployed, but yow perform like that fer ma auld dear, ye'll sleep in her hairt.

*(He slaps her bum)*

EVA Get your hand off.

MATTI Sorry?

EVA How dare you touch me like that.

FISCAL Weel, that's that. Failed.

PUNTILA Eva . . . what's wrang wi you?

MATTI I offended you, I'm sorry. But was it any hand . . . or was it mines?

EVA *(Thinks)* You're right. *(To PUNTILA)* Daddy. I can't do it.

MINISTER Thank heavens.

PUNTILA How d'ye mean cannae?

EVA It's not me. I've not had the upbringing. I'm going to bed.

PUNTILA Yow haud oan . . .

EVA No. I'd better go upstairs. Sorry, Daddy. Yer engagement pairty has been cancelled efter aw. Good night.

PUNTILA Eva!

*(She exits)*

MINISTER'S WIFE *(To LAINA)* Ye've talked a guid case. Ah'm near conversion, but bottlin's whit Ah'm used tae, I ken wheer um ur. But I'll definitely be pairin first.

MINISTER Herr Puntila. Ur ye no bein bull-hornit?

PUNTILA Awa wi ye, ya hinkum sneevie, preach it tae yer parish. There's nae bugger gangs tae your kirk onyweys.

MINISTER Herr Puntila, I gie ye good evenin.

PUNTILA Aye, tae hell. And leave i the dust a faither whae's smitten doon wi woe. How did Ah ivver huv a dochter like yon? That wad spreid her shanks fer a diplomatic horny-gollach. Ony milkquean could tell her that's no ferwhy the guid Lord gied her a fud. She's made tae lie wi a MAN, and get horny furrit, ilka sicht she has o 'im. *(To FISCAL)* And Ah didnae hear yow come forrart tae exorcise the deil that has possessed her. Yow'd better shoot anaw.

**FISCAL** Aye, sure, Puntila, gie us peace. I wash ma hauns ae the hale clanjamfrie.

*(He exits)*

**PUNTILA** *(After him)* Ye've been daein that fer thirty year, Freddy, it's a wunner ye've hauns left. Ye hud howker's hauns wance, Freddy, till ye turned tae the Law and washin yer hauns . . .

**MINISTER** Time we were awa, Anna . . .

**MINISTER'S WIFE** *(To LAINA)* Of course, Ah nivver steep them in cauld watter and of course Ah dinna bile the stooks. Fer hoo lang dae ye bile them?

**LAINA** Bring them tae bilin, then aff the heat.

**MINISTER** I'm waiting . . .

**MINISTER'S WIFE** Aye, aye. *(To LAINA)* I gie them ten minutes . . .

*(The MINISTER gives up and exits)*

**PUNTILA** They're no yuman, Matti. The bourgeoisie. Ah cannae see them as yuman beins.

**MATTI** They fit the name aw right. Ah kent a doacter, saw this joskin beat his cuddy, and says: 'He's actin like a yuman bein'. 'Like a beast' wad be misleadin.

**PUNTILA** That's verra deep. Ah'll hae a tout oan that yin. *(He drinks. Pours one for MATTI.)* I liked yer road test.

**MATTI** Aye, weel. Oh, Ah'm sorry Ah gied her bum a swat, Herr Puntila, it wisnae pairt ae the test, it was sincerely felt. But it gangs tae demonstrate the cleugh that lees atween us.

**PUNTILA** Don't apologise. She's no ma lassie ony merr.

**MATTI** Uch, don't be sma-hairtit. *(To LAINA and the MINISTER'S WIFE)* Huv ye settled the question ae mushrooms?

**MINISTER'S WIFE** So ye pap in salt at the beginning?

**LAINA** Aye, tae stert wi . . .

**PUNTILA** Wheesht. The hinds ur still at the ceilidh.

*(Near the loch, SURKKALA sings)*

**SURKKALA**
> There lived a lady
> O the Heich Launs
> Wha was sae fair and blithe
> Sayd, 'Frostar, frostar
> My gairter's lowse

318

Lowse
Come by and mak it fast'

'Lady, lady
Don't torment me
I'm here tae wark for breid
Yer breists ur white
My axe is cauld
Cauld
Death's cruel and love is kind'

The frostar fleed
That same fell night
And rode until the brine
Sayd, 'Bateman, bateman, tak me owre
Owre
Until the ither side'

A vixen fox lu'ed ae cockerel
Sayd, 'Cockerel, mak me thine'
The e'en passed blithely
Cam the dawn
Dawn
His blood and feathers spreid wide.

**PUNTILA** That was meant for me. God. Sangs like that cut me deep.

## Scene Nine: NOCTURN (PUNTILA AND MATTI PISH BELOW THE STARS)

*PUNTILA and MATTI pee upstage.*

**PUNTILA** Ah'd nivver bide in a city, ken? Cos I like tae get ma robin oot, and mak ma pish ablaw the stars. It's the yin wey tae enjoy it. Folk say wer coorse in the country, but Ah say it's coorse tae plank yer pish in the porcelain, so Ah dae.
**MATTI** Ah unnerston. Ye want tae keep yer pish romantic.

*(He stops pissing. PUNTILA keeps going.)*

**PUNTILA** Scunners me tae see a chiel taks nae pleesure oot ae life. That's a quality Ah seek oot in ma hinds. Gin Ah see a lang-mou'ed pilsh claiter about ma place, Ah want tae boot him up the arse.
**MATTI** *(As PUNTILA pees on)* I see yer point. Beats me how aw the folk roon here ur saw molligrant, skin and banes and peelie-wally, ur how they

319

seem twenty merr years than their ages. Mebbe they're aw thin just tae spite ye, d'ye think? *(PUNTILA's pee is coming to an end)* Else they'd huv the good taste no tae show theirsels aboot the yerd when yow've goat company.

**PUNTILA** *(Buttons up uneasily)* Naebiddy's gangin hungry at Puntila's.

**MATTI** Course not. But gin they were, they should be used tae that by now. Eighty-thousand died ae hunger in Finland in 1918. And we hud peace. We'd nane ae this gantin, neither. It was peacefu as the grave.

**PUNTILA** That kinna thing shouldnae happen.

## Scene Ten: PUNTILA AND HIS HIND MATTI ATTEMPT THE SUMMIT OF HATELMA

*The library at Puntila Lodge. The next day. PUNTILA, his hangover wrapped in a wet towel, looks over his accounts. LAINA attends him with a basin and another towel. PUNTILA fills the basin.*

**PUNTILA** Gin Ah hear ae that Attaché huvin wan merr hauf-oor langdistance tae Helsinki, I swear I'll cancel that engagement again. I kin thole losin ma forest, but yon kinna limmer maks me gowp. *(He throws up again)* Whit's aw this stuff oan my egg book? Dae Ah huv tae mind ma fowl masel?

*(FINA enters)*

**FINA** The reverend minister and the chairman ae the Milk Corporation here tae see ye, sir.

**PUNTILA** Aw naw. Ma heid's mince. Mebbe I'm gettin broonchadis. Shaw them ben.

*(The MINISTER and SOLICITOR enter. The SOLICITOR's head is heavily bandaged.)*

**MINISTER** Good morning, Puntila. Sleep well? Ah happened oan the chairman here. And we thocht we'd happen by tae see vit like.

**SOLICITOR** Efter yester nicht's mischances.

**PUNTILA** I've spoken tae Eino, if yer worried. He's apologised and it's aw owre wi.

**SOLICITOR** Puntila, there's anither maitter we've tae raise wi ye. Gin the misfortunes at Puntila Lodge herm nae interests but yer ain and yer faimily's, or yer dealins wi a member of the government, they ur entirely your affair. But there is anither maitter.

**PUNTILA** Doan be sneevie wi us, Pekka. I'll compensate fer ony herm tae ye.

SOLICITOR There are kinds ae herm yer money cannae mend, Puntila. Wir here tae talk aboot Surkkala.

PUNTILA Whit aboot Surkkala?

MINISTER We were unner the impression yow'd dismissed the man. Ye sayd yersel, a communist presence is a peril tae the community.

PUNTILA Ah sacked him.

MINISTER It's quarter day. His daughter was in kirk. He's still here, Puntila. Ye didnae gie him notice.

PUNTILA Ah did. Laina. Did Ah no gie Surkkala walkin papers?

LAINA Aye, sir. Then ye met him at the hirin fair. And gied him a lift here in the Studebaker, and ye didnae gie him notice, ye gied him a ten merk bung insteed.

PUNTILA How'd he sink sae low, tae tak a bung, when he kent Ah'd tellt him tae be aff ma plot by quarter day? Fina. Get Surkkala. *(She exits)* Ma heid rings like a bell.

SOLICITOR Coffee?

PUNTILA Aye. I'm sorry, Pekka. Ah must huv bin fu. I've aye been daft wi a drink in us. I'm hert sorry. That loon wants jilin, takin advantage yon wey.

MINISTER That's right, Puntila. We understand. Yow huv a warm hairt. This mischance occurred when yow were no yersel.

PUNTILA I'm ashamed. *(In despair)* What am I gonnae say tae the Civil Guards, eh? I've endangered ma guid name. Gin they fun oot Ah've Reds here, they'll gie me the black ba, they'll stoap purchasin ma milk, I'll go bankrupt. Matti. It's aw his fault. Him and Surkkala were thegither. Aye, I mind o them. Conspirin. Matti kens Ah cannae thole agitators, but he made me gie Surkkala that bung onywey . . .

MINISTER It's no a tragedy, Puntila. These things happen. Dinna fash yersel.

PUNTILA But these things happen, yer right. Gin Ah keep boozin I'll lose everythin, I'll want sectioned. Ah cannae drink aw that mulk masel, Ah'd bust. Pekka . . . yow're the chairman, yow help me, I'll make a pledge tae the Civil Guard. It's the bevvy, that's aw. Laina. The bevvy's makin me unwell.

SOLICITOR So ye'll pey him aff. He must be gone. He's a disease.

MINISTER We'll leave now, Puntila. Nae herm is irreparable, gin ye mind what side yer oan. That's what's important, Herr Puntila.

PUNTILA Aye, thank you.

MINISTER Nae thanks. Wir just bein guid citizens. But let's no dawdle, shall we no?

SOLICITOR And while yer aboot it, Puntila, I'd make some enquiries about that chauffeur, his past associations. He disnae strike me as a dependable sort.

*(They exit. PUNTILA is shaken.)*

PUNTILA Laina . . . fae this instant, no wan drap ae swally gets through ma thrapple, I mean it, Ah'm oan the cure. Ah resolved ae it this morn, when Ah woke up i the coo byre. Drink is man's malison. Ah'm verra fond ae ma coos, and gin Ah mak ma coos a promise, by Goad Ah stick tae it. *(He stands)* Bring me ilka bottle i the hoose, includin the wans planked wi ma stamp collection, get aw the swally oan the estate, bring it here for destruction. Ah'm gonnae whummle ilka bottle and be rid ae it here and noo. Nivver care for the waste, I huv tae conseeder ma position.

LAINA Aye, sir. Yer no gonnae chinge yer mind, ur ye?

PUNTILA It's appalling . . . Surkkala the Red, oh Goad Ah didnae put him oan the street, it's disgraceful. It's a lesson tae me. Tell Matti Altonen tae get his erse here noo. He's Auld Nick himsel, he's ma fell speerit.

LAINA *(As she goes)* Puir Surkkala. They've done that flittin three weys in a week.

*(SURKKALA enters with his children)*

PUNTILA Ah didnae say tae bring yer wee lassies, it's yow I've tae feenish wi.

SURKKALA Ah suspected it. It's why they're here, it's fer their education. They'll no be hermed.

*(MATTI comes in)*

MATTI Good morn, Herr Puntila. How's the napper?

PUNTILA Aye, here he comes. The shite. Ah've hud ward ae yow up tae shenanigans when Ah'm no lookin. Ah tellt yow yesterday Ah'd chuck ye oot wi nae reference, did Ah no?

MATTI Yes, Herr Puntila.

PUNTILA Yer arse. Ah'm scunnert wi yer clever comments. Ma freens huv merked ye oot fer us. So tell me, how much? What did he pey ye?

MATTI Ah doan ken what yer oan aboot, Herr Puntila.

PUNTILA Dinna play daft. So, it wisnae money. Right, yer baith conspirators. *(To MATTI)* Admit it. Yer a red agent, hint ye? S'why ye wantit me tae keep yer comrade here.

MATTI Herr Puntila, it was your orders . . .

PUNTILA But ma orders were arse backwards, ur ye tellin me ye'd no noticed?

MATTI I'm sorry, but it's a gey fine line. Gin Ah juist did whait Ah wiz tellt when I kent whit wey yer arse was facin, yow'd geez ma joatters fer daein nothin.

PUNTILA Don't be smart wi me, boy. Yow ken fine Ah'll no huv subversion. Ah'll no hiv ye agitate ma hinds so they're wantin eggs for breakfast, ya bolshevik. Aw right, I was late gien him his joatters, right, but Ah wiz o'ertaen wi the bevvy. It was aye policy wi yow.

*(FINA and LAINA bring in crates of booze)*

**PUNTILA** And that is why I'm ta'en the pledge, and it's no juist wund and pish, Ah'm gaun aw the wey. Ah'm gonnae expunge the loat ae it. Aye. Ma yin regret is that I didnae dae it properly afore, so when ma condition came upoan me, there was swally aye tae haun. That's wheer ma troubles sprang fae. I read in a book, the foremaist meesure fer abtainin abstinence, is no tae buy alcohol. Not a loat ae people know that. But seein as it's here noo, the neist best thing is total destruction. And Ah want yow tae see it, how Ah chuck a spanner in the engine uv yer works.

**MATTI** Yes, Herr Puntila. Dae ye want me tae hump these intae the yaird, and then I'll smash them ootben?

**PUNTILA** Aw naw, I see your gemme. Ye'd like that, eh? Tae dae awa wi my swally . . . *(He holds a bottle, considers)* . . . by drinkin it.

**LAINA** Dinna keek owre lang at that, Herr Puntila, pap it oot the windae.

**PUNTILA** Exactly! *(He holds on to it, playing with the top. During this speech, MATTI sneaks him a glass.)* Ye'll nivver force a drink oan me again, Trotsky. Yow'd see the hale wurld descend intae the pig sty, wadn't ye? Aye, but hard work? Pride? Ye ken naethin ae these things. Ye'd nivver cruik yer fingr gin ye didnae huv yer wages tae think ae, ya scrounger. So ye set tae bumsoukin up tae me, doan't ye, nicht upoan nicht tellin manky stories, gettin me unner yer influence, tae the point where'm abusin ma friends at your fell biddin. I ken yer conspiracy, tae degrade aw decent people, and drag us aw doon intae the glaur frae which ye spring. Weel, the Polis ur gonnae investigate ye. Aye. Ye've tellt me merr than wance how yer aye gettin yer dismissal, I wonder why? And Ah seen ye masel daein yer wee bit Moscow wi thae drabs frae Kurgela. *(He pours a drink)* Yow're ma enemy and ye doan kid me wi yer 'Yes, Herr Puntila'.

**LAINA** Herr Puntilla.

**PUNTILA** Geez peace! I'm in complete control. Ah'm jus' checkin fer impurities. And tae celebrate ma adamantine purpose. *(To MATTI)* Ah hid your nummer fae the aff, pal, so I played alang, peyd oot the hemp fer yow tae hing yersel. Which ye did. Gettin fu wi ye, wiz aw pairt ae ma design tae lull ye intae indiscretion . . . like this. *(He drinks)* And aw the time ye were thinkin ye'd papped wan owre oan Puntila, and ye were gettin aw the gravy, weel hooch! Ma freens huv helped me tae merk your card, boy, and here's tae them fer that. *(He drinks and pours)* When Ah think ae aw the shamefu things ye made me dae. Drink fer days oan end ben the Park Hotel, birlin aff tae Kurgela at daw's creek tae seek oot legal swally, ye robbed ma life ae direction and purpose ur ambition . . . when Ah think ae thon wee milkquean there, i the daw's licht tryin tae deceive me wi her big . . . beautiful bosoms. Lisu . . . that was her . . . that was aw your daein, ya wee scunner, ye. *(He laughs)* Good laugh, but . . . I'll no gie ye ma dochter, ya hound, but yer no a bad bastard, Ah'll gie ye that.

**LAINA** Herr Puntila, yer drinkin . . .

**PUNTILA** Ye cry this drinkin? Awa! Yin ur twa wee bottles? *(He opens a second bottle and hands her his empty)* Take it, destroy it, I doan wanni see it again. Hi, doan't cock-neb me like Jesus wi Peter, Ah cannae thole this naggin. *(Points at MATTI)* Mebbe this yin DOES lead me by the neb intae a midden, but Jings Crivvens, am Ah no tae huv a life? *(He holds up the accounts)* Is this life? Bairgin folk aboot aw day, and scutterin masel tae mak accounts ae coo-cake. *(He throws the book)* OOT ae here, ya sprauchles.

*(FINA and LAINA exit)*

**PUNTILA** Sma-mindit sprauchles. Nae smeddum at aw. *(He turns to SURKKALA'S CHILDREN)* Bairnies, see when yer grown up, be a thief, be a hooligan, be a radical. Just dinna be a sprauchle. That's whit yer Uncle Puntila says. *(To SURKKALA)* Don't mean tae intrude masel. *(To MATTI)* Open anither yin.

**MATTI** So is it okay the-day, the stuff? Ye kin nivver be owre canny wi whiskeyva.

**PUNTILA** And gin that 'canny' is ma watchword, Ah mak siccar that ma first taste is a soupçon, so's Ah kin spew it oot gin it's disagreeable. Gin Ah wiznae that canny, I'd end up oan the paraffin. C'mon, Matti, get it doon ye, mak a toast tae ma new-fun sobriety, frae the which, tragically, I can nivver wobble.

**MATTI** *(Nods over at SURKKALA)* Can they bide, then?

**PUNTILA** Let's no talk aboot it. There's naebiddy here spyin ony merr. And onywey, yow should huv merr respect fer Surkkala's sensibilities. He disnae like it here, and wha kin blame him? See gin it was me, I'd be the exact same. Puntila? He's a dirty, capitalist bastard, hell mend him, shoot 'im, send him doon a salt mine fer his breid, the aul thief. Ah'm no wrang, Surkkala, am I? Say what's oan yer mind.

**DAUGHTER** We want tae bide, Herr Puntila.

**PUNTILA** No ye don't. I couldnae haud Surkkala back, could I? *(He gives SURKKALA money)* That's yer severance, less that ten merk bung. *(To the GIRL)* Ye should be proud tae huv a Da wad gang tae the wa fer a principle. Ye'll need tae support him, Hella, as yow're the eldest. Noo it's time tae sever.

*(He holds out his hand. SURKKALA doesn't take it.)*

**SURKKALA** Aw right, we've seen aw there is tae see at Puntila's.

*(They exit)*

**PUNTILA** *(Moved)* Ma haun's nae guid enough fer him, did ye see that? Ah wiz hingin there fer a ward, a gesture, but naethin. The guid ae the estate means Fanny Adams tae him. He's nae patriot, disnae ken whit hame means. He hud tae go, the wey he wantit. A sorry episode. *(Drinks)* Yow and me ur no like that. Yer ma freen, ma guide upaun the road ae life. Ah tak wan look at ye, and I've goat a drouth. Whit's yer wages the noo?

**MATTI** Three hunner a month, Herr Puntila.

**PUNTILA** I'll mak it up tae three fifty, cos I think yer a wee beauty. *(Dreamily)* Matti, wan ae these days yow and me maun ascend Mount Hatelma. There's a great view, and ye'll appreciate the paradise ye were born tae. Ye'll rue ye nivver kent it afore. Gonnae climb that mountain, Matti? *(He looks around)* How no dae we no jus dae it? In speerit. Gien a chair ur twa we'd manage.

**MATTI** Ah'll play ony gemme ye fancy, ony time ae day.

**PUNTILA** Dae ye have the smeddum? *(Pause)* Puntila wants a mountain, Matti, build it here, leave nae furniture unwhummlt. It has tae be BIG, Matti, else it willna be Hatelma, and we'll no huv wer view.

*(MATTI smashes a grandfather clock and a cabinet, and using the pieces and chairs, builds a mountain on the snooker table)*

**PUNTILA** *(Directing him)* Take that chair. Ye'll need tae tak tent o me ur we'll nivver huv Hatelma. Cos I ken whit's needfu and whit's no, and it's ma mountain, onywey. On yer ain, ye'd nivver make a profitable mountain, in the sense that we'd no hiv a view and Ah wid huv nae joy, cos see it's me that kens the point ae aw this, yow're just in it fer whit ye can get. There maun be a road, up the side there, wan where Ah kin lift ma thirty stone. If there's nae road yer Ben's a midden, see, ye jus doan ken that. Ah ken how tae motivate folk. Gin Ah wisnae here, God kens how ye'd manage.

**MATTI** Right. There's yer hill. Ye kin get up that. And it's a road fur ye, it's a proper mountain, no like the wans that God made in sicna panshit cos he hud just the six days, ken. So he hud tae create aw thae servants so yow could get things done, Herr Puntila.

**PUNTILA** *(Climbing)* I'm gonnae brak something . . .

**MATTI** Ye'd achieve that fine oan the flat, gin Ah wisnae there tae catch ye.

**PUNTILA** That's how yer comin wi us. Ur ye'd ken naethin uv yer hameland, and then whaur wad ye be? Ye'd no be worth a monkey's pump, ye should be thankfu.

**MATTI** Oh, um ur, I'm thankfu tae the end ae ma days.

**PUNTILA** Dae ye see it? The haughs and moors that lead intae the forest, the fir trees heich 'mang the stanes and scree. They live oan naethin, it wad stound ye hoo mickle they get by oan.

**MATTI** Like guid servants. Ye micht say.

**PUNTILA** Heicher, Matti, up! We leave ablaw the constructions uv humanity and enter upaun Nature's Kingdom, whase visage is merr terrible. Shak lowse fae petty grief and gie yersel owre tae its potency.

**MATTI** I'm tryin, Herr Puntila, I'm tryin.

**PUNTILA** Oh Houly Tavastland, may we hae yit wan merr bucket, that we may truly perceive your immensity?
**MATTI** Haud oan, I'll get the swally.

*(He nips down for another bottle)*

**PUNTILA** I'm no siccar yer no blin, son? Ur yow a Tavastlander?
**MATTI** Aye.
**PUNTILA** Then tell me . . . where is there a sky sic as the sky aboun the Tavastland? The blue is mebbe merr vievish in foreign pairts, but where ur clouds merr haarish, where's the wund merr fuffly than in Finland? Onyweys, it's blue eneuch fer ony bugger. And the sound ae the wingbeat o the swans upoan the sleech, does it no move ye, Matti? Ne'er heed their clitter-clatter, Matti. Tae hell wi the Riviera, yow bide in Tavastland.
**MATTI** Aye, Herr Puntila.
**PUNTILA** Dae ye see that wee puffer oan the loch chuggin oan wi hauf a mile ae lumber tied tae the stern? The wey the wuid snuves upoan the watter, sae neat and weel-held, that's a nice wee earner. I kin tell the scent ae cut lumber ten mile aff, kin yow? And the stours ae the Tavastland, that's a wee buik in itsel, the haws and the birk leaves when ye come oot ae the sauna and get a damn good lowp wi a bush. The scent ae it? Where else on earth can ye fun it, where else oan earth can ye see sic a veesion?
**MATTI** Naewhere, Herr Puntila.
**PUNTILA** I love the air when there's a haze oan it, d'ye ken what like . . . ? Like when yer in love and the warl has a haze oan't when ye hauf close yer een. And it's no ootben the Tavastland ye'll find sicca lu'e. Matti, look! Kin ye see them comin owre the burn, aw steamin i' the mist?
**MATTI** Whit?
**PUNTILA** *(Fondly)* Coos!
**MATTI** Aye. I see them, near oan fufty heid ae them.
**PUNTILA** Suxty, easy . . . there's the train coming. Gin a cock ma lug, Ah kin hear milk kirns clack.
**MATTI** Aye ye kin.
**PUNTILA** Noo tae yer left, what dae ye see?
**MATTI** Yow tell me.
**PUNTILA** The plains, ya cuif, the fields . . . pastures faur as yer een can stretch . . . and Puntila's doon there, oan the pasture. The mool's that guid I can milk three yield a day wance Ah've hud them ben the claver, and the wheat graws tae yer shoulder, twice a year. Sing! *(He sings)*

And the waws ae the Roine
wash the gleamin sand . . .

*(Enter FINA and LAINA)*

**FINA** Hell's teeth!
**LAINA** They've whummled the hale room.

MATTI Aye, weel, we're up here oan Mount Hatelma appreciatin the landscape.

PUNTILA Sing! Where's yer national speerit?

ALL *(Except MATTI)*

And the waws ae the Roine

wash the gleamin sand . . .

PUNTILA Oh Tavastland the fair, yow ur touched wi heaven. Yer sky. Yer lochs, yer fowk and yer forests. *(To MATTI)* Tell me. Yer hairt is fu wi aw this beauty.

MATTI Ma hairt is fu wi the beauty ae your forests, Herr Puntila.

## Scene Eleven: MATTI TAKES HIS LEAVE

*Early morning. MATTI and LAINA in the yard. She gives him a package.*

LAINA There's yer piece fer ye. Ah doan get it. Yer just gonnae leave? Could ye no at least wait till he's awake?

MATTI Aw no. I'm gaun afore. He was nivver sae bleezin as last night. At three o'clock, he gied me owre hauf ae the forest, afore witnesses tae. Soon as he wakes up he'll call the Polis.

LAINA Gin ye gang wi'oot a reference, ye'll no get wark.

MATTI I've nae use fer a reference that's either gonnae say I'm a communist agitator or an exceptional yuman bein. Neither wan's in great demand.

LAINA He'll no get by. He needs ye.

MATTI He'll huv tae, but. Efter whit he did tae Surkkala, I'd no thole him bein couthy ony merr. Thanks fer the piece. I'll see ye.

LAINA Aw the best. *(She exits. MATTI steps forward.)*

MATTI

The time has come tae go, I feel,

And wish oor Puntila fareweel.

He's no the warst, he's no sae reuch.

He's human, gin he's pished eneuch.

Sobriety returns, freenship flees awa

And wer back tae reality: the auld 'Who wha?'

Sair tae admit, it'll no be mendit,

Oil and watter will no be blendit.

It's nae comfort, but whit can Ah dae?

Save tae finally turn ma face away.

Servants may find the maisters we deserve

When there ur nae maisters, and it's oorsels we serve.

## CURTAIN

# APPENDIX 1

## History of professional stage productions
## of the translations in this collection

1. *Let Wives Tak Tent*, trans. Robert Kemp

1948: Gateway Theatre Company, Edinburgh
1948: Citizens' Theatre Company, Glasgow
1949: Citizens' Theatre Company, Glasgow (for this revival the company also took the production to the Embassy Theatre, London)
1956: Henry Sherek Players (presented at Royal Lyceum Theatre, Edinburgh, and King's Theatre, Glasgow)
1961: Gateway Theatre Company, Edinburgh (presented at the Edinburgh International Festival)
1976: Dundee Repertory Company, Dundee
1981: Scottish Theatre Company tour to Stirling (MacRobert Centre), Glasgow (Theatre Royal), Edinburgh (King's Theatre), Inverness (Eden Court Theatre), Kirkcaldy (Adam Smith Centre) (This production inaugurated the company's first season.)
2001: Pitlochry Festival Theatre, Pitlochry


2. *The Burdies*, trans. Douglas Young

1966: Royal Lyceum Theatre Company, Edinburgh (*Note 1*: This was the first production by the Royal Lyceum Theatre Company at the Edinburgh International Festival. *Note 2*: An amateur production by 'The Reid Gouns', a student group at St Andrews University, was staged at the Edinburgh Festival Fringe in 1959.)


3. *The Servant o' Twa Maisters*, trans. Victor Carin

1965: Royal Lyceum Theatre Company, Edinburgh (the company's inaugural production)
1966: Royal Lyceum Theatre Company, Edinburgh (described in the theatre programme as a 'revised production')
1977: Royal Lyceum Theatre Company, Edinburgh (presented at the Assembly Hall in May and at the Royal Lyceum in October)
1983: Perth Theatre, Perth

**4.** *The Hypochondriak*, trans. Hector MacMillan

1987: Royal Lyceum Theatre Company, Edinburgh (presented at the Royal Lyceum and at the King's Theatre, Glasgow)
1993: Dundee Rep Theatre Company, Dundee
2000: Royal Lyceum Theatre Company, Edinburgh

**5.** *Mr Puntila and his Man Matti*, trans. Peter Arnott

1999: Dundee Rep Theatre Company (presented in Dundee and at the Citizens' Theatre, Glasgow)

# APPENDIX 2

## First and subsequent stage productions of Scots translations, adaptations, and versions of classic plays, 1945 to 2005 (part)[1]

*Key to translation approach employed*: (t.) = translation; (v.) = version (created from an English intermediary text, and perhaps 'free' to varying degrees); (a.) = adaptation to Scotland

*Key to type of performance company*: (prof.) = professional; (pro-am) = mix of professional and amateur; (st.) = student [these refer to the first production only]

*Key to if subsequent revivals or productions, followed by dates*: (subs.)

*Key to if script published or unpublished*: (publ.) (unpubl.)

*Note:* Foreign language titles are given only where considered required.

1945: *The Lower Depths* (Maxim Gorki), Robert Mitchell, Glasgow Unity Theatre (Glasgow and London) [(subs.) 1947, Glasgow Unity Theatre (revival), performed in Edinburgh, Dumbarton, Irvine, Motherwell, Rutherglen, Glasgow] (pro-am) (v.) (unpubl.)[2]

1948: *Let Wives Tak Tent* (Molière's *L'Ecole des femmes*), Robert Kemp, Gateway Theatre Co. [(subs.) 1948, 1949, 1956, 1961, 1976, 1981, 2001 – see Appendix 1 for details] (pro-am) (t. & a.) (publ.)[3]

1955: *The Laird o' Grippy* (Molière's *L'Avare*), Robert Kemp, Gateway Theatre Co. [(subs.) 1955, Citizens' Theatre Co.; 1979, BBC Television; 2003, Dundee Rep] (pro.) (t. & a.) (publ.)[4]

1958: *The Puddocks* (Aristophanes), Douglas Young, 'The Reid Gouns' (at Byre Theatre, St Andrews) [(subs.) 1958, 'The Sporranslitters', at Braidburn Theatre as an open-air Edinburgh Festival Fringe event] (st.) (t. & [some] a.) (publ.)[5]

1959: *The Burdies* (Aristophanes), Douglas Young, 'The Reid Gouns' (at the Cathedral Hall, Albany Street, Edinburgh, as an Edinburgh Festival Fringe event [see 1966 for first professional production] (st.) (t. & a. [Greece/Scotland hybrid]) (publ.)[6]

1963: *The Hypochondriack* (Molière's *Le Malade imaginaire*), Victor Carin, Gateway Theatre Co. [(subs.) 1977, Perth Theatre Co. (Perth and Aberdeen); 1991, Pitlochry Festival Theatre] (pro.) (t. & a. [of names only]) (unpubl.)[7]

1965: *The Servant o' Twa Maisters* (Carlo Goldoni's *Il Servitore Di Due Padroni*), Victor Carin, Royal Lyceum Theatre Co. [(subs.) 1966, 1977, 1983 – see Appendix 1 for details] (pro.) (t. & a.) (here publ. for first time)[8]

1966: *The Burdies* (Aristophanes), Douglas Young, Royal Lyceum Theatre Co. [see 1959 for first amateur production] (pro.) (t. & a. [Greece/Scotland hybrid]) (publ.)[9]

1968: *The Chippit Chantie* (Heinrich von Kleist's *Der zerbrochene Krug*), Victor Carin, Royal Lyceum Theatre Co. [(subs.) 1974, Dundee Rep Co.; 1989, Perth Theatre Co.] (pro.) (v. & a.) (unpubl.)[10]

1969: *Antigone* (Sophocles and Anouilh), Ian Brown, Strathclyde Theatre Group (st.) (v.) (unpubl.)[11]

1976: *A Muckle Steer* (Ludvig Holberg's *Den Stundesløse*), Victor Carin, Perth Theatre Co. (pro.) (v. & a.) (unpubl.)[12]

1981: *Ghosts* (Ibsen), Donald Campbell, Scottish Theatre Company (pro.) (v.) (unpubl.)[13]

1985: *A Wee Touch o' Class* (Molière's *Le Bourgeois gentilhomme*), 'Rabaith' [= Glaswegian-Scots for 'the both', who were Rikki Fulton and Denise Coffey], Perth Theatre Co. at Edinburgh International Festival [(subs.) 1986, Perth Theatre Co. (Scottish tour); 1988, Perth Theatre Co. (Perth and Glasgow)] (pro.) (v. & a.) (unpubl.)[14]

1986: *The Misanthrope* (Molière), Hector MacMillan, BBC Radio Scotland (pro.) (t.) (unpubl.)[15]

1986: *Tartuffe* (Molière), Liz Lochhead, Royal Lyceum Theatre Co. (Edinburgh, and King's Theatre, Glasgow) [(subs.) 1987, Royal Lyceum Theatre Co. (Edinburgh, revival); 1992, Dundee Rep Co.; 1993, Annex Theatre Co. (Scottish tour); 1994, Nippy Sweeties (at Edinburgh Fringe); 1995, Nippy Sweeties (at Tron Theatre, Glasgow); 1996, Perth Theatre] (pro.) (v.) (publ.)[16]

1987: *The Hypochondriak* (Molière's *Le Malade imaginaire*), Hector MacMillan, Royal Lyceum Theatre Co. [(subs.) 1993, 2000 – see Appendix 1 for details] (pro.) (t.) (here publ. for first time)[17]

1987: *Weemen Stratagem* (Carlo Goldoni's *I Rusteghi*), Antonia Sansica Stott and Marjory Greig, Perth Theatre Co. (pro.) (t. & a.) (unpubl.)

1989: *Le Bourgeois Gentilhomme* (Molière), Hector MacMillan, Royal Lyceum Theatre Co. [(subs.) 1995, Dundee Rep Co., under new title *Noblesse Obleege!*] (pro.) (t. & a.) (unpubl.)[18]

1989: *Patter Merchants* (Molière's *Les Précieuses ridicules*), Liz Lochhead, Winged Horse Touring Productions (Scottish tour) [part of a double bill headed *Professional Pretenders* – the other play being an English translation by John Clifford of Cervantes' *The Magic Theatre*] (pro.) (v. & a.) (unpubl.)[19]

1990: *Where Love Steps In* (Carlo Goldoni's *La Serva Amorosa*), Antonia

Sansica Stott and Marjory Greig, Fifth Estate Theatre Company, The Netherbow Theatre, Edinburgh (pro.) (t. & a.) (unpubl.)

1991: *The Barber Figaro!* (Pierre Beaumarchais' *Le Barbier de Seville*), Hector MacMillan, Perth Theatre Co. (pro.) (t.) (unpubl.)[20]

1992: *Cyrano de Bergerac* (Edmond Rostand), Edwin Morgan, Communicado Theatre Co. (Scottish and English tour)[(subs.) 1996, Communicado Theatre Co., at Royal Lyceum Theatre, Edinburgh, and Theatre Royal, Glasgow] (pro.) (t.) (publ.)[21]

1993: *Klytemnestra's Bairns* (from Aeschylus' *The Oresteia*), Bill Dunlop, open-air presentation on Calton Hill as an Edinburgh Festival Fringe event (pro-am) (v.) (publ.)[22]

1997: *The Weavers* (Gerhart Hauptmann's *Die Weber*), Bill Findlay, Dundee Rep (pro.) (v.) (unpubl.)[23]

1997: *The Government Inspector* (Nikolai Gogol), John Byrne, Almeida Theatre, London [(subs.) 2004, Pitlochry Festival Theatre] (pro.) (v. & a. [Russia/Scotland hybrid]) (publ.)[24]

1999: *Mr Puntila and his Man Matti* (Bertolt Brecht's *Herr Puntila und sein Knecht Matti*), Peter Arnott, Dundee Rep (at Dundee and the Citizens' Theatre, Glasgow) (pro.) (v.) (here publ. for first time)

1999: *The Thrie Sisters* (Anton Chekhov), David Purves, Theatre Alba (pro.) (v.) (unpubl.)

2000: *Medea* (Euripides), Liz Lochhead, Theatre Babel (UK tour) [(subs.) 2001, Theatre Babel (UK and international tour); 2002, Theatre Babel (international tour)] (pro.) (v.) (publ.)[25]

2000: *Phaedra* (Jean Racine), Edwin Morgan, Royal Lyceum Theatre Co. (pro.) (t.) (publ.)[26]

2002: *The Tragedie o Macbeth* (Shakespeare), David Purves, Theatre Alba (pro.) (t.) (publ.)[27]

2005: *The Visit* (Freidrich Dürrenmatt's *Der Besuch der alten Dame*), Peter Arnott, Dundee Rep (pro.) (v. & a.) (unpubl.)[28]

**Note (a):** The playtexts listed above feature either use of a relatively thoroughgoing Scots or a Scots that colours the stage language to significant effect. At different times in the period covered, there have been translations, versions, and adaptations written mostly in English but containing a quantity of Scots, either spoken by certain Scots-speaking characters (e.g. of lower social class), or employed for register-switching effect. It is not an exact science deciding on the degree of Scots that warrants inclusion of a playscript in the list, but the criterion employed has been to exclude texts where Scots is the minority medium or is put to limited artistic use. Examples of work thus excluded are, to choose ones from early and late in the period (examples being more common in recent times):

1948: *Knock, or The Triumph of Medicine* (Jules Romains' *Knock, ou le triomphe de la médecine*), Robert Kemp, Gateway Theatre Co. [also broadcast on BBC Television in 1954] (pro-am) (t. & a.) (unpubl.) [Typescripts in: the National Library of Scotland at Acc.7622 Box 4; the Mitchell Library at 884599/SD f 822.914 Rom 3/KNO; and the Scottish Theatre Archive at STA H.o.Box 6/8]

2000: *Three Sisters* (Anton Chekhov), Liz Lochhead, Royal Lyceum Theatre Co. (pro.) (v. & a.) (unpubl.)

2002: *Miseryguts* (Moliere's *Le Misanthrope*), Liz Lochhead, Royal Lyceum Theatre Co. (pro.) (v. & a.) (publ.) [See Liz Lochhead, trans., *Miseryguts & Tartuffe: Two plays by Molière* (London: Nick Hern Books, 2002)]

2004: *Uncle Varick* (Anton Chekhov's *Uncle Vanya*), John Byrne, Royal Lyceum Theatre Co. (pro.) (v. & a.) (unpubl.)

**Note (b)**: The following translations into Scots are not listed above because they remain unstaged:

1957: Robert Garioch Sutherland [Robert Garioch], *George Buchanan: Jephthah and The Baptist Translatit frae Latin in Scots* (Edinburgh and London: Oliver and Boyd, 1959) [Discussed in: Bill Findlay, 'Robert Garioch's *Jephthah and The Baptist*: Why he considered it "my favourite work"', *Scottish Literary Journal*, 25:2 (1998), pp. 45-66; Robin Fulton, '"Tak him awa again": Notes on Robert Garioch's Scots versions of George Buchanan's Latin plays', *Translation and Literature*, 11:2 (2002), pp. 195-205; Graham Tulloch, 'Robert Garioch's Translations of George Buchanan's Latin Tragedies', in *Frae Ither Tongues: Essays on Modern Translations into Scots*, ed. by Bill Findlay (Clevedon: Multilingual Matters, 2004), pp. 171-87.]

1992: R.L.C. Lorimer, *Shakespeare's Macbeth Translated into Scots* (Edinburgh: Canongate, 1992) [Discussed in: J. Derrick McClure, 'When *Macbeth* becomes Scots', *Ilha do Desterro*, 36 (1999), pp. 29-51; David Kinloch, 'Questions of Status: *Macbeth* in Québécois and Scots', *The Translator*, 8:1 (2002), pp. 73-100; J. Derrick McClure, 'Scots for Shakespeare', in *Shakespeare and the Language of Translation*, ed. by Ton Hoenselaars (London: Thomson Learning, 2004), pp. 217-39.]

1996: David Purves, *The Ootlaw bi Johan A. Strindberg owerset intil Scots* (unpubl.) [We are grateful to David Purves for providing us with a copy.]

**Note (c)**: The list does not include the significant number of Scots translations, versions, and adaptations of plays by Molière that have been written for the amateur theatre scene, commencing in 1950 with Gordon Croll's adaptation to Scotland of *Tartuffe*. For discussion of the phenomenon, including titles, authors, and dates, see Noël Peacock, *Molière* *in Scotland 1945-1990* (Glasgow: University of Glasgow French & German Publications, 1993), *passim*. Some of those scripts have been published for the amateur theatre market by Brown, Son & Ferguson (Glasgow): see *ibid.*, pp. 261-3.

## Notes

1. This is based on, but is an edited, revised and updated version of, Appendix 1 in William [Bill] Findlay, 'Motivation and Method in Scots Translations, Versions and Adaptations of Plays from the Historic Repertoire of Continental European Drama', 2 vols (unpublished doctoral thesis, Queen Margaret University College, Edinburgh, 2000), II, pp. 504-16. The original list there also includes Scots translations of contemporary plays. The present list end-date of 2005 is for the year to April only.

2. A typescript is held in the British Library: LCP 1945/10 (Add 67388). There is uncertainty regarding how thoroughgoing was the urban Scots employed in this version. See Bill Findlay, ' "By Policy a Native Theatre": Glasgow Unity Theatre and the Significance of Robert Mitchell's Scottish Adaptation of *The Lower Depths*', *IJoST: International Journal of Scottish Theatre*, 2:1 (2001), http://arts.qmuc.ac.uk/ijost/Volume2_no1/B_Findlay.htm (pp. 1-15).

3. See Bibliography.

4. Robert Kemp, *The Laird o' Grippy: An Adaptation into Scots of L'Avare by Molière* (Glasgow: Brown, Son & Ferguson, 1987). Typescripts held as follows: Scottish Theatre Archive STA 2H.f.54, and STA H.o.7/1; Mitchell Library 884637/SD f 822.914 KEM 3/LAI; British Library LCP 1955/12 [dated 22.2.55]. The translation and productions are discussed in Noël Peacock, *Molière in Scotland 1945-1990* (Glasgow: University of Glasgow French & German Publications, 1993), pp. 165-72; and in Noël Peacock, 'Robert Kemp's Translations of Molière', in *Frae Ither Tongues: Essays on Modern Translations into Scots*, ed. by Bill Findlay (Clevedon: Multilingual Matters, 2004), pp. 87-105.

5. Douglas Young, *The Puddocks: A Scots play in verse frae the Greek o Aristophanes*, 1st edn (Tayport: the author, 1957); Douglas Young, *The Puddocks: A Verse Play in Scots from the Greek of Aristophanes*, 2nd edn, 'with glossary and additional notes' [and a revised text] (Tayport: the author, 1958).

6. See Bibliography.

7. Typescript in Mitchell Library 884622/SD f 822.914 CAR 3/HYP; and in British Library LCP 1963/35 [dated 6.8.63]. The translation and productions are discussed in Noël Peacock, *Molière in Scotland 1945-1990* (Glasgow: University of Glasgow French & German Publications, 1993), pp. 216-21.

**8.** See Bibliography.

**9.** See Bibliography.

**10.** Typescripts are held as follows: Scottish Theatre Archive STA J.a.11/ 5-6, and STA G.o.36-37; Mitchell Library 884621/SD f 822.914 CAR 3/CHI; British Library LCP 1968/28 [dated 12.7.68].

**11.** Ian Brown has explained (in an email of 25 September 2004 to Bill Findlay): 'It's an original version in Scots based on my having studied Sophocles' version in Greek and Anouilh's in French at school. It is therefore a new approach to the story, a version, a transcultural translation of the myth rather than a translation of anyone else's text.' The process of translation of a significant mythic structure from the premises of one cultural frame to another is discussed, alongside the ways in which Scots and Welsh are capable of dealing with the material of the Antigone play, in Ian Brown and Ceri Sherlock, '*Antigone*: a Scots/Welsh Experience of Mythical and Theatrical Translation', in *Unity in Diversity?: Current Trends in Translation Studies*, ed. by Lynne Bowker and others (Manchester: St Jerome Publishing, 1998), pp. 25-37. See, too, Ian Brown, John Ramage and Ceri Sherlock, 'Scots and Welsh: Theatrical Translation and Theatrical Languages', *IJoST: International Journal of Scottish Theatre*, 1:2 (2000), http://arts.qmuc.ac.uk/ijost/Volume1_no2/I_Brown.htm (pp. 1-9).

**12.** Typescripts are held as follows: Scottish Theatre Archive STA G.o.38; Mitchell Library 884623/SD f 822.914 CAR 3/MUC.

**13.** Typescript in Scottish Theatre Archive STA H.n.5/5. The cover page shows that the intended Scots title was *Ghaists*.

**14.** Discussed in Noël Peacock, *Molière in Scotland 1945-1990* (Glasgow: University of Glasgow French & German Publications, 1993), pp. 197-202.

**15.** See Noël Peacock, *Molière in Scotland 1945-1990* (Glasgow: University of Glasgow French & German Publications, 1993), pp. 148-52.

**16.** Liz Lochhead, *Tartuffe: A Translation into Scots from the Original by Molière* (Glasgow: Third Eye Centre and Polygon, 1985). Also, Liz Lochhead, *Miseryguts & Tartuffe: Two Plays by Molière* (London: Nick Hern Books, 2002). *Tartuffe* is discussed in: Noël Peacock, *Molière in Scotland 1945-1990* (Glasgow: University of Glasgow French & German Publications, 1993), pp. 90-7; Linda Mugglestone, 'Lochhead's Language: Styles, Status, Gender and Identity', in *Liz Lochhead's Voices*, ed. by Robert Crawford and Anne Varty (Edinburgh: Edinburgh University Press, 1993), pp. 97-102; Randall Stevenson, 'Re-enter houghmagandie: Language as performance in Liz Lochhead's *Tartuffe*', in *Liz Lochhead's Voices*, ed. by Robert Crawford and Anne Varty (Edinburgh: Edinburgh University Press, 1993), pp. 109-23; Randall Stevenson, 'Triumphant Tartuffification: Liz Lochhead's Translation of Molière's *Tartuffe*', in *Frae Ither Tongues: Essays on Modern Translations into Scots*, ed. by Bill Findlay (Clevedon: Multilingual Matters, 2004), pp. 106-22.

**17.** See Bibliography.

**18.** Discussed in Noël Peacock, *Molière in Scotland 1945-1990* (Glasgow: University of Glasgow French & German Publications, 1993), pp. 202-6. MacMillan's preferred title in 1989 was *Noblesse Obleege!* but the Royal Lyceum chose not to use it (letter from Hector MacMillan to Bill Findlay of 13 November 1995). However, *Noblesse Obleege!* was reinstated when the translation was staged by Dundee Rep in 1995.

**19.** See Noël Peacock, *Molière in Scotland 1945-1990* (Glasgow: University of Glasgow French & German Publications, 1993), p. 22.

**20.** Typescript in Scottish Theatre Archive at STA J.v.3/5.

**21.** Edwin Morgan, *Edmond Rostand's Cyrano de Bergerac* (Manchester: Carcanet, 1992). Also, Edwin Morgan, 'Cyrano de Bergerac by Edmond Rostand', *Theatre Scotland*, 1:3 (1992), pp. 28-58. For discussion, see David Kinloch, ' "Lazarus at the Feast of Love": Morgan's *Cyrano de Bergerac*', *Scotlands*, 5:2 (1998), pp. 34-54; David Kinloch, 'Edwin Morgan's *Cyrano de Bergerac*', in *Frae Ither Tongues: Essays on Modern Translations into Scots*, ed. by Bill Findlay (Clevedon: Multilingual Matters, 2004), pp. 123-44

**22.** Bill Dunlop, *Klytemnestra's Bairns* (Edinburgh: Diehard, 1993). Act 1 was presented at the Edinburgh Festival Fringe in 1990. The translation is discussed in Bill Dunlop, '*Klytemnestra's Bairns*: Adapting Aeschylus into Scots', *IJoST: International Journal of Scottish Theatre*, 1:1 (2000), http://arts.qmuc.ac.uk/ijost/Volume1_no1/B_Dunlop.htm (pp. 1-7). See, too, Lorna Hardwick, *Reception Studies*, Greece & Rome: New Surveys in the Classics No. 33 (Oxford: Oxford University Press for the Classical Association, 2003), pp. 63-4.

**23.** An extract was published in *Lallans*, 51 (1998), pp. 25-33. For discussion, see Bill Findlay, 'Silesian into Scots: Gerhart Hauptmann's *The Weavers*', *Modern Drama*, 41:1 (1998), pp. 90-104.

**24.** Nikolai Gogol, *The Government Inspector: In a new version by John Byrne* (London: Absolute Classics/Oberon, 1997).

**25.** Liz Lochhead, *Medea (after Euripides)* (London: Nick Hern Books, 2000). Some discussion of Lochhead's handling of chorus features in Alison Burke, 'Characterising the Chorus: Individual and Collective in Four Recent Productions of Greek Tragedy', in *The Role of Greek Drama and Poetry in Crossing and Redefining Cultural Boundaries*, ed. by Lorna Hardwick and Carol Gillespie (Milton Keynes: The Open University, 2003), pp. 25-8 (pp. 14-33). [This essay is also available online at http://www2.open.ac.uk/ClassicalStudies/GreekPlays/Seminar02/AlisonFinal.htm (pp. 1-10).]

**26.** Jean Racine, *Phaedra: Translated from the French into Scots by Edwin Morgan* (Manchester: Carcanet, 2000). Discussed in Peter France, 'The Poet's *Phèdre*: Recent Translations by Ted Hughes and Edwin Morgan', in *Drama Translation and Theatre Practice*, ed. by Sabine Coelsch-Foisner and Holger Klein (Frankfurt a. M.: Peter Lang, 2004), pp. 195-211.

**27.** David Purves, *The Tragedie o MacBeth: A Rendering into Scots of*

*Shakespeare's Play* (Edinburgh: Rob Roy Press, 1992). Discussed in: J. Derrick McClure, 'When *Macbeth* becomes Scots', *Ilha do Desterro*, 36 (1999), pp. 29-51; David Kinloch, 'Questions of Status: *Macbeth* in Québécois and Scots', *The Translator*, 8:1 (2002), pp. 73-100; J. Derrick McClure, 'Scots for Shakespeare', in *Shakespeare and the Language of Translation*, ed. by Ton Hoenselaars (London: Thomson Learning, 2004), pp. 217-39.

28. The production ran from 16 March to 2 April 2005.

# BIBLIOGRAPHY

## Unpublished play translations

*All references are to typescripts unless otherwise indicated. The Scottish Theatre Archive is in the Department of Special Collections in Glasgow University Library. The Mitchell Library is in Glasgow.*

1. *Let Wives Tak Tent* trans. Robert Kemp

   (a) Scottish Theatre Archive: STA 2G C.2
   STA Gh 53-61
   STA Ho 7/2-3
   STA 2Hf 53
   (b) Mitchell Library: 884593 SD f 822.914 KEM 3/LET
   (c) National Library of Scotland: Acc. 7622 (Box 5)
   Acc. 10159 (no. 2)
   Acc. 4605 (no. 21) [prompt script]
   Acc. 5086 (no. 46)
   (d) British Library: LCP 1948/3 [dated 21.12.48]

2. *The Burdies* trans. Douglas Young

   (a) National Library of Scotland:
   Acc. 6419 (Box 78, no. 1) [first holograph draft]
   (Box 78, no. 2) [typescript draft]
   (Box 79, no. 1) [galley proofs]
   (Box 79, no. 2) [corrected printed copy]
   Acc. 7085 (Box 14, no. 1) [W.L. Lorimer's annotated copy]
   Acc. 5085 (no. 2) [prompt script]
   (b) British Library: LCP 1966/35 [dated 8.9.66]

3. *The Servant o' Twa Maisters* trans. Victor Carin

   (a) Scottish Theatre Archive: STA Jb 1/1
   STA G.o.39-48
   (b) Mitchell Library: 884626 SD f 822.914 CAR 3/SER
   (c) National Library of Scotland: Acc. 5085 (no. 21) [prompt script]
   (d) British Library: LCP 1965/31 [dated 15.7.65]
   (e) Copy held by the Scottish Society of Playwrights (as literary executors)

**4.** *The Hypochondriak* trans. Hector MacMillan

(a) Copy obtained from Hector MacMillan (title page states '2nd draft' and is dated '6.12.86')

**5.** *Mr Puntila and his Man Matti* trans. Peter Arnott

(a) Copy obtained from Peter Arnott.

## Published play translations

Kemp, Robert, trans., *Let Wives Tak Tent: A Free Translation into Scots* (Edinburgh: St Giles Press, [n.d.]) [This is in typescript format but made commercially available for hire as a performance script. A copy, reference RB.m.238, is held in the National Library of Scotland. It has the same format as other typescripts of plays in 'The St Giles Series of Original Plays' published by the St Giles Press in the 1950s, and in which other work by Kemp features: the date of publication is probably, therefore, the 1950s, and possibly the late 1940s. Certainly, it must precede the 1983 fully published edition (see next), whose intended market is, similarly, the amateur stage.]

Kemp, Robert, trans., *Let Wives Tak Tent: A Free Translation into Scots* (Glasgow: Brown, Son & Ferguson, 1983)

Young, Douglas, trans., *The Burdies: A Comedy in Scots Verse from the Greek of Aristophanes*, 1st edn (Tayport: the author, 1959)

[*Note*: See Appendix 2 for other published play translations by Kemp and Young.]

## Secondary sources on the translators and/or their play translations

**1.** Robert Kemp

Findlay, Bill, 'The Founding of a Modern Tradition: Robert Kemp's Scots Translations of Molière at the Gateway', in *Journey's Beginning: The Gateway Theatre Building and Company, 1884-1965*, ed. by Ian Brown (Bristol, UK, and Portland, OR., USA: Intellect, 2004), 65-79

Low, John Thomas, 'Mid Twentieth Century Drama in Lowland Scots', in *Scotland and the Lowland Tongue*, ed. by J. Derrick McClure (Aberdeen: Aberdeen University Press, 1983), 170-94 [179-86]

Peacock, Noël, *Molière in Scotland 1945-1990* (Glasgow: University of Glasgow French and German Publications, 1993), 44-60 and 165-72

Peacock, Noël, 'Robert Kemp's Scots Translations of Molière', in *Frae Ither Tongues: Essays on Modern Translations into Scots*, ed. by Bill Findlay (Clevedon: Multilingual Matters, 2004), 87-105

2. Douglas Young

Findlay, Bill, 'Towards a reassessment of Douglas Young: motivation and his Aristophanic translations', *Études Écossaises*, 10 (2005), 175-86

McClure, J. Derrick, '*The Puddocks* and *The Burdies* "by Aristophanes and Douglas Young"', in *Frae Ither Tongues: Essays on Modern Translations into Scots*, ed. by Bill Findlay (Clevedon: Multilingual Matters, 2004), 215-30

Young, Douglas, [compiler], *Scots Burds and Edinburgh Reviewers: A Case Study in Theatre Critics and Their Contradictions* (Edinburgh: Macdonald, 1966)


3. Victor Carin

Findlay, Bill, 'Motivation and mode in Victor Carin's stage translations into Scots', in *Italian Scottish Identities and Connections*, ed. by Margaret Rose and Emanuela Rossini (Edinburgh: Italian Cultural Institute, [n.d.] [2001(?)], 121-42

Jack, R.D.S., *Scottish Literature's Debt to Italy* (Edinburgh: Italian Institute and Edinburgh University Press, 1986), 65-9

Peacock, Noël, *Molière in Scotland 1945-1990* (Glasgow: University of Glasgow French and German Publications, 1993), 216-21


4. Hector MacMillan

Alexander, Ronald, 'Molière: Translated by Hector MacMillan', *Edinburgh Review* 105 (2000), 55-63

Peacock, Noël, *Molière in Scotland 1945-1990* (Glasgow: University of Glasgow French and German Publications, 1993), 221-7, 148-52, 202-6


5. Peter Arnott

Giesekam, Greg, 'Connections with the Audience: Writing for a Scottish Theatre' [Interview with Peter Arnott], *New Theatre Quarterly*, 6:24 (1990), 318-34


Secondary sources on Scots play translations: general

Corbett, John, '*Writtin in the Langage of Scottis Natioun*: Literary Translation into Scots', in *Translating Literature*, ed. by Susan Bassnett (Cambridge: Brewer/The English Association, 1997), 95-118

Corbett, John, *Language and Scottish Literature* (Edinburgh: Edinburgh University Press, 1997)

Corbett, John, *Written in the Language of the Scottish Nation: A History of Literary Translation into Scots* (Clevedon: Multilingual Matters, 1999)

Findlay, Bill, 'Talking in tongues: Scottish translations 1970-1995', in *Scottish Theatre since the Seventies*, ed. by Randall Stevenson and Gavin Wallace (Edinburgh: Edinburgh University Press, 1996), 186-97

Findlay, [Bill] William, 'Motivation and Method in Scots Translations, Versions, and Adaptations of Plays from the Historic Repertoire of Continental European Drama', 2 vols (unpublished doctoral thesis, Queen Margaret University College, Edinburgh, 2000) [Includes individual chapters on Robert Kemp, Douglas Young, Victor Carin, Hector MacMillan, Liz Lochhead and Edwin Morgan]

Findlay, Bill, ed., *Frae Ither Tongues: Essays on Modern Translations into Scots* (Clevedon: Multilingual Matters, 2004)

Hardwick, Lorna, 'Classical Theatre in Modern Scotland – A Democratic Stage?', in *The Role of Greek Drama and Poetry in Crossing and Redefining Cultural Boundaries*, ed. by Lorna Hardwick and Carol Gillespie (Milton Keynes: The Open University, 2003), 1-13 [The essay is also available online at http://www2.open.ac.uk/ClassicalStudies/Greek Plays/Seminar02/LHFinal.htm (1-10)]

Peacock, Noël, *Molière in Scotland 1945-1990* (Glasgow: University of Glasgow French and German Publications, 1993)

# GLOSSARY & NOTES

The glossary is an extension of Douglas Young's full, if occasionally idiosyncratic, glosses for *The Burdies*. To cover the other texts in this anthology, we have referred to more recent sources, such as the *Concise Scots Dictionary* (1985), Michael Munro's *The Complete Patter* (2001) and the online *Dictionary of the Scots Language* (2004), the last being a combination of the *Dictionary of the Older Scottish Tongue* and the *Scottish National Dictionary* [http://www.dsl.ac.uk/dsl]. Young's glosses are indicated by a (Y), and our additions to his definitions are separated by a semi-colon. Like Young, we have also glossed obscure, technical or idiosyncratic English, Latin and other terms where appropriate, and explained the occasional cultural reference. Before his glossary to *The Burdies*, Young gave the following note, and in expanding his glossary, we have followed the spirit of his practice.

> *GLOSSARY to THE BURDIES:* These glosses relate only to the meanings relevant to this version. For fuller accounts of the Scots words readers may consult the *Scottish National Dictionary* in progress (available at May 1959 to the word *Ill-faured*), *Chambers's Scots Dictionary* by Alexander Warrack (1911; latest reprint 1955), or Dr John Jamieson's *Dictionary of the Scottish Language*, as abridged by J. Johnstone and revised and enlarged by Dr Longmuir, with Dr W.M. Metcalfe's supplement (Paisley: Alex. Gardner, 1927).

A: I
a: reduced form of 'of'
a', aa: (Y) all
aabiddy: everybody, everyone
aa kind: (Y) of every sort
aamaist: (Y) almost
aaricht: (Y) all right
aathing: (Y) everything
ablach: insignificant or contemptible
    person
ablaw, ablo(w): (Y) below; beneath
ablawdecks: below decks
aboot: about
aboun: above
abstacles: obstacles
abtainin: obtaining
abuin: (Y) above
abulyaments: garments
abune: above
ach: interjection expressing impatience,
    disappointment, contempt,
    remonstrance, etc.
ackers: (Y) acres
acolyte: (Y) ceremonial assistant
acquent: acquainted
acquerenda: property gained otherwise
    than by inheritance

adae: to do
ae: (1) (Y) one, (2) a, (3) of, (4) have
aefauld: (Y) simple, straightforward
aff: off
aff at the knot: crazed
affa: awful
affen: off
affgang: (Y) offgo, start
afflictit: afflicted
affordit: afforded
affrontit: affronted
afftaen: (Y) ridiculed
afore: (Y) before
aften: often
agin: (Y) against; facing
agley: awry, wrong
Ah, ah: I
aheid: ahead
ahin, ahint: (Y) behind
aiblins: (Y) perhaps
ain: (Y) own
aince: (Y) once
air: (Y) (1) air, (2) early
air-dirled: (Y) air-tossed
airm: arm
airt: (Y) (1) art; skill, (2) direction;
    location, (3) direct, aim

airt and pairt: (Y) accessory
airth: (Y) earth
aise: (Y) ashes
aist: (Y) east
aisy: (Y) easily
aith: (Y) oath
alane: (Y) alone
alang: along
*allegretto*: (Y) rather brisk and light
alloo, allou: allow
amang: among
an: and; conjunction introducing an
    indirect question
anaw: and all, as well
ane: (Y) one
aneath: beneath
anent: (Y) concerning
aneth: under, below, beneath
anither: another
anodine: having the quality of assuaging
    pain
anxeeity: anxiety
apen: (Y) open
apepsia: lack of digestive power
apoastle: apostle
Apollo: god of the sun, poetry and music;
    also known as *Phoebus*
argie, argie-bargie, argle-bargle: (Y)
    argue; dispute
ark: (Y) store
arle money: sum paid to secure
    engagement for employment
arles: preliminary payment for services
aroon: around
artie: (Y) arty
as: (Y) (1) as, (2) than
ashet: (Y) large serving dish; usually oval
aside: (Y) beside
askit: asked
astoon: astound
athoot: (Y) without
athort: (Y) across
attaboy: (Y) emotional cry
attour: (Y) besides, at a distance away
atweel: (Y) indeed, well now
atween: (Y) between
aul(d): (Y) old
Auld Harry: the devil
Auld Nick: the devil
auld-farrant: (Y) old-fashioned,
    sagacious
aumrie, aumry: (Y) cupboard
auntran: (Y) occasional

aw: all
awa: away
awe: (Y) owe
awfie, awfu, awfy: (Y) awful, awesome;
    very, very great
aw-op: (Y) call to stop
awriddy: already
awthegither: altogether
ay: (1) (Y) yes, (2) always
aye: (1) (Y) always, (2) yes
ayont: (Y) beyond

bab: (Y) bob, pop
Babel: in Genesis, Chapter 11, the site of
    a tower built to reach heaven; God
    destroys the tower and punishes
    humanity's pride by causing all the
    people of the world to speak in
    different languages
babbie: (Y) baby
back: (Y) past (*The Burdies* line 199); *the
    back o*: just after
backbink: (Y) back bench
back-coort: (Y) back garden, yard
back-end: (Y) autumn
back-hander: (Y) bribe
backset: wearied, worried, disgusted
baffie: slipper
baggage: anything worthless
baggit: testicled (*of a stallion*), big with
    young, swelled out
bahoukie: behind, backside
bailie, baillie: (Y) magistrate (*pron.* bylie)
baird: (Y) beard
bairgin folk aboot: shouting people out,
    ordering people about
bairn(ie): (Y) child
bairnheid: childhood
baith: (Y) both
baithin: (Y) bathing
ballish: (Y) ballast
balloch: (Y) mountain pass
bally: (Y) euphemism for intensive adverb
    *bloody*
bane: (Y) bone
banty: (Y) bantam
barber: (Y) hairdresser, trichologist
bare-shankit: bare-legged
barry: fine
bastit: (Y) basted
bate: beat
bateman: boatman
bather: (Y) bother, trouble

batie: angry (from Brit. slang, *bate:* a rage, a cross mood)

batty: (Y) brainless

bauchle: an old, useless, worn-out person

bauld: (Y) bold; forward

Bauldie: (Y) personal name suggesting boldness

baw-heidit: stupid, (i.e. 'with a head full of air like a ball')

bawbee: halfpenny

bawide: (Y) bat, flying mammal, flitter-mouse

baxter: (Y) baker

beadle: church officer, gravedigger

bealin: (1) (Y) boil, festering sore, (2) furiously angry

beasties: familiar and affectionate form of 'beasts'; *wee beastie*: insect

beasts: cattle

bedsteid: (Y) bedstead

befaa: (Y) befall

befreen: befriend

begeck: disappointment

beglaumert: bewitched

begoud: (Y) began

begunk(it): (Y) deceive(d)

behoof: behalf

belang: belong

beliliap: (Y) pageboy

*belle-maman*: mother-in-law

belyve: (Y) immediately, soon

ben: (1) (Y) inside; in, (2) through or towards the inner part of a house, (3) mountain (Gael. *beann, beinn);* see also *up ben*

ben the road: out of the way

*bene*: good, excellent

bens: (Y) mountains, hills

benmaist: (Y) innermost

bergamot: (Y) an aromatic mint

besmirk: besmirch

besom: term of contempt for a person, particularly a woman

bessie: ill-mannered, boisterous, bad-tempered woman or girl

beuch: (Y) bough

bevvy: alcoholic drink, to drink alcohol

bezoar: antidote

bide: stay, live, remain

bigg: (Y) build

biggar: (Y) builder

bike-cheen: (Y) bicycle chain

bile: boil

bilfert: unusually large person

billy: fellow

bin: been

binnae: (Y) except

birk: (Y) birch tree

birkie: (Y) smart fellow, lad

birl: move rapidly, hurry along, revolve

birse: (Y) press forward, thrust

birsslan: (Y) bristling

bit: but

bit: (Y) piece (of); *a bit*: indicating smallness, a bite or mouthful of something

bittock: (Y) small piece; *bittocky*: insignificant

black: an intensifier, as in *black affronted*, very ashamed

blackbonnet: (Y) blackcap (bird)

blackie: (Y) blackbird, merle

blate: timid, shy

blaw: (Y) blow

blawin: (Y) bombast

bleerit: (Y) bleary, dim-sighted

bleeze: (Y) blaze

bleezin: very drunk

blether: talk nonsense; chat; rubbish

blethers: (Y) nonsense, silly garrulity

bletherskate: babbler, foolish person

bliddy: bloody

blin: blind

bliss(it): (Y) bless(ed)

blithe: cheerful

blithely: in good spirits

blouster: violent wind with squalls

bluid: blood

blythe: (Y) happy, merry

blythsum: (Y) cheerful

boady: body

boather: bother

bodach: old man

boddle: a twopenny coin, something of little value

bodie, body: person

boggen: (Y) built

bogle: (Y) apparition, scarecrow

boke: throw up, vomit; *gie one the boke*: make one nauseous

Bolshie: (Y) Communistic revolutionary; *Bolshie Hugh* is a reference to 'Hugh MacDiarmid' (Christopher Murray Grieve, 1892-1978), the Scottish poet, communist and nationalist.

bombazed: bewildered

345

bon-accord: (Y) amity, agreement

*bon mot*: witty utterance

bonnie, bonny: (Y) pretty, beautiful; handsome

bonnivochil: (Y) great northern diver

bool: ball or rounded object, e.g. a marble

bore: (Y) recess, crevice

Boreas: (Y) North wind

bosie: (Y) bosom

bouer: (Y) bower

boukit: swollen

boun: (Y) bound for

bourach: (Y) cluster

bout: bolt for fastening

bow-houghed: (Y) bow-legged

bowly-leggit: bow-legged, bandy-legged

bowt: (Y) bolt

boyfreen: boyfriend

brack: break

bradypepsia: slowness of digestion

brae: (Y) hill, steep slope; upland district (frequently plural, *braes*)

braid: (Y) broad

braikit: (Y) speckled (Gaelic *breac*)

braird: (Y) sprout

braisant: brazen-faced

braith: breath

brak: (Y) break, broke, broken

bramble: (Y) blackberry

brandered: (Y) roasted, grilled

braw: (Y) fine; handsome

braws: fine clothes; beautiful things

braxy: (Y) used of sheep that have died a natural death

bree: stock, soup, gravy

breeks: (Y) trousers

breenge: (Y) charge impetuously

breid: bread

breist: breast

brek: break

brek lowse: break free

brenn: (Y) burn

brewster: brewer

briestbane: breastbone

brither: brother

brocht: brought

brod: (Y) board

broo: brow, forehead

broonchadis, broonkaties: bronchitis

brose: a dish made by adding oatmeal to water or milk; applied contemptuously to a human

broth: a thick soup, usually made from mutton, barley and vegetables

browdie: embroidery

bruckle: brittle, mortally weak

bruik: (Y) enjoy, use

brung: (Y) brought

bubbly-jock: turkey cock

buckie: whelk

buddan: budding

bude: (Y) behoved, required

buik: book

buikie: (Y) book, booklet

buiral: (Y) burial

buirdlie: (Y) goodly, stalwart

bulleran: (Y) boiling, bellowing

bullerin: (Y) boiling, bellowing

bumbazed: (Y) bewildered

bumfy: lumpy in shape (of a person)

bummer, heid: (Y) boss, leader

bumsouk: brown-nose, ingratiate

bunnet: (Y) bonnet, cap

burd: (1) (Y) bird, (2) a poetic use for a lady, especially a young lady or maiden

burd, gie the: (Y) treat with contempt

burdie: (Y) diminutive of affection for *burd*

burdie-crappin: (Y) bird's crop, oesophagus

burdie-daft: (Y) crazy about birds

burgess: (Y) citizen, townsman

burgh: (Y) borough, town, city

bursten: filled to bursting, fat, corpulent

busk: (Y) prepare

buskit: (Y) dressed, adorned

buss: (Y) bush

buttie: intimate companion or friend

by: (Y) (1) by, (2) past, (3) nearby

by-gaein: (Y) by-going, passing

by-ordnar, byordinar, byordinair: (Y) extraordinary

by-start: (Y) bastard

byde: (Y) dwell, remain, wait

byous: extraordinary, exceptional

byre: cowshed

ca canny: proceed warily, take care

ca doon: knock down

caa: (1) (Y) call, drive, make to go, cry, (2) knock

cabby-labby: quarrelsome

caber: big, coarse, clumsy man; large stick or heavy pole

cairry: carry

cairt: (1) card, (2) cart
callant: (Y) stripling, youth
caller: fresh, cool, refreshing
cally dosh: money
cam: came
campioun: (Y) champion
camsteerie: (Y) awkward
canalyie: (Y) mob, rabble
canna, cannae: cannot
cannie, canny: (Y) careful; astute,
   cautious, prudent; see also *ca canny*
canny: cannot
cantie: (Y) cheerful, contented
cape, Inverness: (Y) type of tweed cloak
capercailzie: (Y) a species of grouse about
   the size of a turkey
carena by: (Y) do not care
carin: caring
carlin: (*usually* old) woman
carminative: having the quality of
   expelling wind
carle: (Y) man, churl
cartes: cards
cassia: a type of shrub with pods used to
   make a mild laxative. Its leaves are
   known as *senna*.
cassie: (Y) type of large basket (Icelandic
   *kassi)*
cast: dig, cut (e.g. peat)
cast at: spurn, condemn
cast net: (Y) throwing net
caster: digger
cateran: Highland marauder
catholicon: panacea, universal remedy
cattie: (Y) catapult (also *gutty-pull)*
cauf: calf
caufgrund: (Y) native place, calf ground
cauld: cold
cauld-hertit: cold-hearted
cauldruif: (Y) chilly
causeway, causey: a cobble-stoned street
ceevil: civil
ceilidh: informal social gathering,
   organised evening entertainment
cerry: carry
cerry-oan: carry-on
certer: carter
certies, certes: (Y) truly, certainly;
   interjection of surprise or emphasis
chaffie: (Y) chaffinch
chaft: (Y) jaw
chainge: change
chairge: charge; musket-load

chap: (Y) (1) fellow, (2) knock, strike,
   stamp
chap someone's taes: take a person down
   a peg
chappit tatties: mashed potatoes
chattel: moveable possessions
chaser: (Y) comic name for bird
chaumer: bedroom
chaw: chew
cheen: (Y) chain
cheeper: (Y) half-fledged bird
cheer, good: (Y) fare, entertainment
cheynge: change
chib: to use a weapon (such as a knife or
   razor) on someone
chiel: (Y) man, fellow
chimley, chimlie: (Y) chimney; *chimley-
   taps*: chimney-tops
china: pal, friend (rhyming slang: *china
   plate = mate)*
chinge: change
chingin: changing
chips: (Y) chips of potato fried
chirk: (Y) chirrup
chirruk: (Y) chirrup, chirp
chookie: chick, chicken
choukie: (Y) chicken, baby
chucken: chicken
chuckie: (Y) pebble
chuffie-cheekit: chubby-cheeked
chuisie: (Y) hard to please, discriminating
   in choice
chum: keep someone company
chunce: chance, opportunity
claes: (Y) clothes
claik: gossip
claiter: clatter
claith: (Y) cloth
clamjamfrie: crowd *(often disparagingly
   meant)*
clan: local or family group
clanjamphrie: (Y) company, mob; see
   *clamjamfrie*
clarsach: (Y) small Scottish harp
clash: idle chatter, gossip
clash-pie: tell-tale, one who reveals a
   secret
clatter: rumours, idle chatter
clatty: dirty
claver: clover
clavers: idle, foolish talk
cleadin: (Y) clothing
cleck: (Y) hatch

cleckin: litter, brood

cleek: catch, hook, ensnare

cleg: (Y) gadfly, *Tabanus lineola*, horse fly

cleugh: gorge

cley: (Y) clay

click wi: link arms with (i.e. become friendly with)

clip: cut

clite: strike a heavy blow

clitter-clatter: meaningless talk

cloot: a piece of cloth; *a tongue that would clip cloots*: sharp-tongued

clorty: (Y) filthy

close: (1) narrow street between tenements, (2) common entrance and hall to a tenement

clour: (Y) blow, stroke

clyper: (Y) tell-tale

clyte: heavily, suddenly

c'mere: come here

Co, the: diminutive name of a shop owned by the Co-operative Wholesale Society

coad: cushion

coanvent: convent

coarner: corner

cock-neb: look haughtily

cockernonie: (Y) a lofty *coiffure* for a woman's hair

cockhorse: (Y) a spirited horse of childish nursery rhymes

cockie: (Y) (1) conceited, spirited, swaggering, (2) male bird

cockie neb: haughty manner

cockspeug: (Y) cock sparrow

collieshangie: (Y) squabble, uproar

collogue: (Y) converse

collops: (Y) slices, mincemeat

comitee: (Y) committee

*con brio*: (Y) with vivacity

*concedo*: I concede

congé: unceremonious dismissal

conglutination: healing, the uniting together of wounded body parts

connach: (Y) spoil, ruin

conseeder: consider

conseedert: considered

consideert: considered

contrair: (Y) (1) contrary, (2) contradict, oppose

controveershal: controversial

conturbin: troubling, exercising (coined by Peter Arnott from the Latin refrain

of William Dunbar's poem, popularly known as 'The Lament for the Makars': *Timor mortis conturbat me* = 'The fear of death troubles me'.)

convict: (Y) convicted

convoy: (Y) escort

coo: cow

cooardlie: (Y) cowardly

cooart: (Y) coward

coom: comb

cooncil: council

coonsel: counsel, advice

coorse: (1) course, (2) coarse

coort: court

cootcher: (Y) craven, degenerate

cop: (Y) catch

corbie: (Y) raven

corbin: (Y) basket (German *Korb*)

corky: (Y) brisk, frivolous

corp: (Y) dead body

corrach: (Y) pannier basket (Gaelic *curron*)

corse: (Y) cross

cosh: (Y) piece of lead tubing or the like used as bludgeon

coupla: couple of

coupon: face

couthie, couthy: (Y) comfortable, friendly, easygoing

cowan-hertit: (Y) chicken-hearted

cowe: (Y) subdue, cut short

cowes the cuddie: (Y) crops the donkey, takes the cake, beats the band

crabbit: (Y) ill-tempered; cross

crack: talk, gossip, conversation

craig: (Y) (1) crag, rock, (2) neck, throat

crap: (1) (Y) crop, (2) stomach, (3) throat

crappin: (Y) bird's crop

cratur: (Y) creature

craw: (Y) (1) crow, rook, raven, (2) make crowing noise, (3) throat; *shoot the craw*: depart

crayfush: crayfish

craytur: creature, person

creek: break of day

creel: (Y) basket

creesh: (Y) fat, grease

creeshy: (Y) fat *(adj.)*

crewcut: (Y) style of close cropping of hair

Crikey! Lumme!: (Y) mild English (especially Cockney) oaths or exclamations

Crivvens: (Y) probably a corruption of *Christ fend us!*

croft: smallholding

crofter: person who occupies a smallholding

cronie: (Y) old friend, bosom pal (from Greek *chronios*, long-continued)

croodle: (Y) coo

croon: crown

crowlan: (Y) crawling

cruet: (Y) small bottle for sauce or condiment

cruik: (Y) crook

crummock: (Y) stick with crooked head (Gaelic *croinag*)

cry: call, name

cud: could

cuddie, cuddy: (Y) donkey; horse

cuddle: (Y) hug, fondle

cuif: (Y) fool, incompetent person; rogue

cuik: (Y) cook, ripen

cunyie: (Y) corn

Cupid: god of love, equipped with bow and arrows and a torch with which to inflame the hearts of his victims

cushie: (Y) wood pigeon

cushiedoo: (Y) wood pigeon

cuttie: disobedient girl

cuttit: curt, abrupt, snappish

cutty quean: contemptuous term for a woman

c'wa: (Y) come away

da: father; familiar term for older man

dab: (Y) muddy pool, puddle

dab haun: expert

dackers: (Y) wrangles (as in Ross's *Helenore*, 1768)

dad: (Y) (1) father, (2) strike

daddie-dadder: (Y) father-beater

dae: (Y) do

dadin(s): (Y) doing(s)

daff: (Y) sport, play

daffery: folly, fun, merriment

daft: (Y) foolish

daftie: (Y) stupid person, silly ass

daftlike: (Y) silly

daith: death

damper: (Y) shutter for regulating draught

dander: (Y) stroll, short walk

dapped: dropped gently into, dipped

darg: (Y) day's work

daur: (Y) dare; (see also *Wha daur meddle wi me?*)

Davie, Cedric Thorpe: Scottish composer (1913-83), appointed to the Music Dept of St Andrews University in 1945. He played organ in the University Chapel. An expert on Scottish music, he composed various works, including the music for Tyrone Guthrie's production of *The Three Estates* for the second Edinburgh International Festival in 1948.

daw: (1) (Y) jackdaw, (2) dawn, (3) do

deave: deafen, annoy with chatter

dee: (1) die, (2) do

deed: died, dead

deef: deaf

deen: done

deepth: (Y) depth

deid: dead

de'il, deil: (1) (Y) devil, rogue, wretch, (2) deal; *deil the fear*: to hell with fear

devoir: obligation

delator: (Y) informer, prosecutor

delyte: (Y) delight

dens: (Y) small valleys, ravines

dern: (Y) lurk, hide

descrieve: (Y) describe

deuk: (Y) duck

dibble: plant

dicht: (Y) (1) wipe, (2) dight, adorned

*dico*: I say

diddle: fool, trick

didnae: did not

diet: meal

din: done

ding: (Y) strike, beat

dinkie: neat

dinna, dinnae: (Y) do not

dirdum: (Y) uproar, noise

dirl: (Y) thrill, vibrate, sway

dish: (Y) serve up

disjune: (Y) breakfast, lunch (French *dejeuner*)

disnae: does not

displenished: stripped of its contents

*distinguo*: I make a distinction

div(na/nae): (Y) do (not)

divertishment: entertainment

diz: does

dizzen: (Y) dozen, twelve

doacter: doctor

doan: don't

dochle: dull, stupid
dochter: daughter
docken: (*fig.*) a worthless thing
dod: (1) (Y) mild oath (God), (2) a piece
    of something that has been knocked off
    a larger quantity
doh, up tae high: over-excited
doiter: (Y) walk as if stupefied or lazy
doited, doitit: enfeebled in mind, crazed
dominie: teacher, schoolmaster
donnart, donnert: dull, stupid
donner: stroll, saunter
donsie: (Y) dull, depressed, lubberly;
    glum, luckless
dooble: (Y) double
doo: pigeon
dook: immerse
doon: down
doon-settin: a good settlement obtained
    on marriage
doos' milk: (Y) a secretion with which
    pigeons feed their young
doot: doubt, suspect
dosent: dazed, stupid
douce: (Y) sedate, pleasant, gentle
doucie: variant of *douce* coined by Peter
    Arnott
doucely: (Y) sedately; sweetly
dounby: (Y) doun yonder
dounfleein: (Y) swooping
doup: buttocks, seat of trousers
dout: (1) (Y) doubt, (2) suspect
dover: (Y) doze
dovetail: (Y) comic name of bird
dowf: (Y) stupid, gloomy, unfeeling
dowfart: (Y) dullard
dozent: dazed, stupid
dram: (Y) short drink, especially of
    whisky
Drambuie: brand of whisky liqueur
drap: drop
dreadfu: dreadful
dree: endure, suffer
dreep: (Y) drip, flaccid person, wet
    blanket, weed
dreich: (Y) tedious
drien: (Y) driven
drochle: puny, insignificant person
droon: drown
dropsy: a morbid accumulation of water
    in bodily tissues and cavities
drouth: (Y) drought, thirst
drouthie: thirsty

drucken: (Y) drunken
drumlie: (Y) obscure, confused
drurie: dowry
duffle: (Y) woollen cloth with thick nap
    (from Dutch *Duffel*, town near
    Antwerp)
duin: (Y) done
dule: grief, sorrow
dumbfoonered, dumbfoundert,
    dumfounert: (Y) astounded
dumfouner: astonishment
dumstoon: astound
dumstoonered, dumstoonert: astounded
dunder: (Y) thunder
dune: done
dunderheid: fool
dung: struck, beat (past of *ding*)
dunglin: (Y) comic formation (cf. *dunlin*
    bird)
dunner: (Y) thunder
dunt: (Y) hit; knock forcefully, heavy
    blow, dent
dwam: swoon, faint, stupor, daydream
dwine: fade, fall into, waste away
dwiny: sickly
dyke: (Y) low wall
dysentery: inflammation of the large
    intestine, attended by pain and bloody
    evacuations
dyspepsia: indigestion

ech: (Y) exclamation
echtsome reel: (Y) a lively Scottish round
    dance
ee, een: (Y) eye, eyes
eemock: (Y) ant
e'en: (Y) even
eer: hair
effeeshant: efficient
efter: after
efterneen, efternoon: afternoon
eftir: (Y) after
eh: (Y) exclamation
eident: (Y) diligent
eleeven: eleven
ell: an historic measure of length, the
    Scots being four-fifths of the English
else: otherwise
elsewhaur: elsewhere
Embro: (Y) Edinburgh
encummered: encumbered
endlang: (Y) along
eneuch: (Y) enough

enny's sake: for any sake (i.e. for
   Heaven's sake)
erse: arse
espeeshully: especially
*estatium possessor*: land-owner
ettle: (Y) intend, attempt, hanker
*eulogium*: speech giving praise
everybiddy: everybody
everythin: everything

fa, faa, faw: (Y) fall
faain: falling
fact: (Y) deed, act
fae: (1) (Y) foe, enemy, (2) from
faimily: family
fain: gladly, willingly, desirous
fair: (Y) (1) fairly, (2) fair, handsome, just
fairly: certainly, absolutely, quite (in
   emphatic affirmation), well
faither: father
faithfu: faithful
falla: (Y) fellow
fameeliarities: familiarities
fan: (Y) supporter
fankle: tangle; muddle
far-brocht: (Y) far-fetched, artificial
fardin: (Y) a farthing; copper coin worth
   one fourth of a penny. On one side it
   showed the figure of a wren.
fare: (Y) proceed, get on
fareweel: farewell
fash: (Y) annoy; trouble, inconvenience,
   bother oneself; *maunna fash yirsel*:
   must not worry
fashous: annoying
fast-hand: marry by joining of hands
fauchlt: worn out
fauld: (Y) fold
fauldin-stull: (Y) folding stool
faur: far
faus, fause: (Y) false
faut: (Y) fault
faw: fall
feart: (Y) afraid
feartie, fearty: (Y) cowardly person
feat: (Y) exploit
fecht: (Y) fight
fechter: fighter
fechtie: (Y) pugnacious
fechtin: fighting
feck: (Y) quantity, great number
fecklie: (Y) chiefly
fed up seek: sick fed up

fedder: (Y) feather
feenish: finish
fegs: (Y) faith, truly (mild oath)
fell: (1) extremely, (2) strong-tasting
fella: fellow
fend: (Y) defend; keep off
fer: for
ferget: forget
ferlie: (Y) marvel, marvellous
ferm: farm
fermer: farmer
fermhind: farm-servant
fert: (Y) fart
ferwhy: (for) why
fesh: (Y) fetch
fettle: repair, state
fevert: fevered
ficher wi: grope, 'touch up'
fieldhaun: field-hand
fient: (Y) fiend, devil
fient haet: (Y) the devil a bit
fiere: companion, comrade
Fifer: (Y) native of the county or kingdom
   of Fife, a peninsula about midway up
   the East coast of Scotland
file: befoul, dirty, defile
fin: find
*fine*: in conclusion
fingr: finger (pronouned to rhyme with
   *singer*)
fink: (Y) finch, small bird
fit: foot
flaff: (Y) flap
flair: floor
flap, in a: (Y) in a fright
flaughter: (Y) flutter
flee: (Y) fly, shun, escape from
fleean: (Y) excited, (sometimes)
   intoxicated
fleein: flying
fleesh: (Y) fleece, sponge on
fleeshie: (Y) fleecy
fleetch: (Y) beseech, importune
fleg: scare, frighten, be scared
flett: (Y) saucer
flichter: (Y) flutter, flicker
flichteriff: (Y) flighty
flichtersome: changeable, full of whims
flird: (Y) futile person
flittin: act of moving house or person
   from one place to another
flooer(y), flouer(ie): (Y) flower(et);
   flowery

351

floor: flour
floormull: flour-mill
fly: crafty
flype: (Y) turn inside out
footerin: fiddling, trifling
footfaa: footfall
forbye: (Y) besides
fore, tae the: alive, still in existence
foremaist: foremost
foreneen: forenoon, morning
forenent: (Y) in front of
forgi'e, forgie: forgive
forgoat: forgotten
forrart: forward
forrit: (Y) forward
fou: (Y) full
foul: (Y) (1) fowl, bird, (2) foul, filthy,
  bad
fouth: (Y) abundance, fullness
fower: four
fowk: (Y) folk, people
fowr: four; *form fowrs*: (Y) an infantry
  drill movement
fozy: (Y) moist, spongy, foggy
frae: (Y) from (usually *pron.* fae)
fraemang: (Y) from among
fraith: (Y) froth
frawartsome: contrary, perverse
freen: friend
freenship: friendship
fremmit, fremt: (Y) foreign, strange
Freuchie: (Y) a village in Fife near the
  royal palace of Falkland
frichtit: (Y) frightened, timorous
frien: (Y) friend, relative
frostar: forester
fruct: fruit
frum: from
fu: full, drunk
fuff: (1) (Y) whiff, smell, puff, (2) huff
fuffly: gentle (Peter Arnott's coinage)
fufty: fifty
fuishen: (Y) fetched, brought
fuit: (Y) foot
fuitbaa: (Y) football
fule: fool
full: fill (pronounced to rhyme with *hull*)
fun: find, found
fund: (Y) found
fur: for
furrit: for it, forward
furs: (Y) furrows
furth: (Y) forth, out

furthermair: furthermore
furthtell: (Y) speak out, proclaim, prophesy
fush: fish
fushionless: (Y) pithless, vapid,
  incompetent
Fusstipple: (Y) Festival
fyle: (Y) befoul, dirty, defile

gab: (1) (Y) mouth, beak, (2) talk (usually
  idly), conversation, chat
gabbies: (Y) small mouths, beaks
gadgie: man, fellow
gae, gaen: (Y) go
gaean: (Y) going
gair: (Y) patch
gaird: guard
gairden: garden
gairter: garter
gait: (Y) way, direction, manner of
  motion
gaither: gather
gaithered, well: rich, well-to-do
gallus: (Y) gallows, recklessly ill-behaved;
  bold
galooshes: galoshes
galravishan: (Y) riotous
galvy: galvanised
gan: go
gane: (Y) gone
gang: (Y) go
gannin: going
gant: (1) (Y) gape, yawn, (2) desperate for
gantin: desperate for, looking desperate
gar: (Y) make, cause
gardyloo: (Y) a cry to warn Edinburgh
  passers-by against foul water about to
  be thrown from upper storeys (French
  *garde à l'eau*)
gaun: (Y) going
gaur: make, cause to
gavel: (Y) gable
gear: (Y) luggage, apparatus; possessions
geck: (Y) mock, make fun of
gee hup: (Y) cry of incitement to horses
geez: give us, give me
gemme: game
Geneva bands: (Y) white linen strips
  hanging from the collar of Ministers in
  the Kirk of Scotland
germane: (Y) fully related in blood
gey: (1) very, rather, considerably, (2)
  peculiar, disreputable
gey on, geyan: (Y) considerably, rather

gibble-gabble: chatter, tittle-tattle

gi'e, gie: (Y) give

gie it laldy: do something vigorously or exuberantly; give someone a severe chastisement, physically or verbally

gie owre: (Y) give up, stop

gie the boke: make vomit

gied: gave

gien: given, giving

gie's, giez: give us, give me

gif: (Y) if

gigget: leg of lamb or mutton

gin: (1) (Y) if (hard g), (2) whether, (3) before, by the time that . . . comes

gird: (Y) girth

girdle-scone: a round, semi-sweet cake made of wheat flour, baked on a circular iron plate, frying pan or hot plate

girn: (1) (Y) grin, grimace, (2) moan, complain

girns: (Y) snares, nooses

gite: mad, frenzied

glaiket, glaikit: foolish, stupid, irresponsible

glaiks, give someone the: deceive

glamourie: magic, enchantment

glaur: mud, dirt, term of contempt for a person

glaury: muddy

glebe: (Y) field, cropland

gled: (1) (Y) hawk, (2) glad

gleg: (Y) keen, quick in understanding, brisk

gleglie: (Y) keenly, briskly

glens: (Y) narrow valleys

gless: glass

glet: absolute mess

gloamin: twilight, dusk

glower: (Y) glare, frown

gnap: (Y) bite, snap, gnaw

goad: god

goat: got

goatikie: (Y) diminutive goat

goatsouker tit: (Y) goatsucker titmouse (bird)

gob: (Y) mouth, beak, snout, grimace

goloch: (Y) earwig, beetle

gomerel, gomeril, gommeral: (Y) blockhead, halfwit, moron

gonna, gonnae: going to

goon: gown, academic robes

gorble: (Y) eat greedily, devour

gowd: (Y) gold

gowdies: (Y) golden ornaments, jewellery

gowd-leaman: (Y) gleaming with gold

gowdspink: (Y) goldcrest (bird)

gowfcoorse: (Y) tract of land arranged for golf, a Scottish version of a dull Dutch pastime

gowk: (Y) cuckoo, fool

gowkit: without sense

gowp: (1) (Y) gape, gulp, gaze vacantly, (2) throb with pain, palpitate

gowpen: (Y) double handful

graip: (Y) digging fork

graith: (Y) equipment, harness

graithit: (Y) equipped

grane: (Y) groan

grape: (Y) feel, grope

graun, graund: grand

grawn: grown

gree: (Y) agree

greengowks: (Y) grasshoppers

greeshoch: (Y) red hot embers

greet: (Y) weep, cry, shed tears

gress: grass

gresshappers: (Y) grasshoppers (also greengowks)

gridairn: (Y) gridiron

grien: (Y) yearn

grippy: miserly

grosset: gooseberry

grouse: a kind of Scottish wild-fowl, hunted as game

grue: feeling of horror or repulsion, make a wry face

gruinder: (Y) grinder

grun, grund: (Y) (1) ground, (2) found, establish

grunder: (Y) founder

grundstane: (Y) foundation stone

grunnie: grandmother

grup: (Y) grip

gruppy: (Y) greedy

guddle: catch (fish) by the hands by groping under the stones or in the banks of a stream

guff: (Y) smell, whiff

guid(s): (1) (Y) good(s), (2) God

guid-gaean: (Y) good-going, thriving

guid-lady: wife, mistress of a household

guidly: goodly

guidman: (1) husband, head of a household, (2) term of respect used between equals

guidsakes: (Y) for God's sake
guidson: son-in-law
guidwife: wife
gumption: native wit, self-confidence
gusty: (Y) savoury
gutcher: (Y) grandfather, ancestor
guts: (Y) (1) entrails, courage, (2)
  devour
gutsy: (Y) greedy, voracious
g'wan: go on
gype: silly ass, lout
gyte: (Y) mad, frenzied

haa: (Y) hall, room
haarish: like a cold mist or a hoar frost
*habile*: (*legal*) admissable, valid,
  competent for some purpose
*habile interdict*: promising lawsuit (Peter
  Arnott's coinage)
hackit: hacked, cut
haddie: haddock
hae: (Y) have
haet: (Y) bit, particle
haeter: hotter
haggis: (Y) a sheep's stomach stuffed with
  the minced liver, lungs, and heart of
  the sheep, mixed with oatmeal, suet,
  onions, pepper and salt, and boiled
haibbelt: hobbled, hampered
hail, haill: robust, vigorous, whole
hain: (Y) keep, save, preserve
haingle: (Y) hesitate, dilly-dally
hairns: (Y) brains
hairst: (Y) harvest
hairt: heart
hairth: hearth
hairtless: heartless
hairy: woman of loose morals
halcyon: (Y) (*adj.*) calm, peaceful, happy
  (from a belief that good weather
  accompanied the nesting of the
  halcyon, or kingfisher)
hale: (Y) whole
halflin: (Y) half-grown, adolescent
halie, haly: (Y) holy
hame: home
hamewith: (Y) homeward
hanky: handkerchief
handfast: marry by joining of hands
handscrift: manuscript
handsel: first instalment of payment
hantle: (Y) handful, quantity
hap: (Y) (1) wrap, (2) hop

happenstance: (Y) occurrence
harigals: (Y) intestines, innards
harnswaw: (Y) brainwave, stroke of
  genius
haud: (Y) hold; *haud on*: wait; *haud yer
  wheesht*: be silent; *haud yir hoarses*:
  stop, do not rush into things
hauden: held
hauden doun: (Y) subjected
hauf: half
hauf-buits: (Y) half-boots
haugh: river-meadow
haun, haund: hand
hause: (Y) neck
haver: talk nonsense
havers: (Y) nonsense
hazelgrouse: (Y) the ruffed grouse
heeliegoleerie: confusion
heerd: heard
heeze: (Y) lift, inflate, inflation
heezed up: (Y) elated, excited
heich: (Y) high
heid: head
heid bummer: (Y) boss, leader; important
  person (frequently sarcastic)
heid yins: (Y) authorities, top people
heild: held, kept, confined
hen: familiar term of address for a
  female, particularly a young woman
hennies: (Y) female birds
hen-taed: (Y) hen-toed
hepatic: (1) reddish-brown, (2) pertaining
  to the liver
herm: (Y) harm
Herm-connacher: person responsible for
  mutilating statues of Hermes, a crime
  for which the Athenian statesman and
  general, Alcibiades (c. 450-404 BC),
  was wrongly arrested.
herriet: despoiled
hersel: herself
hert: heart
hert o corn: (Y) pith of good sense and
  worth
Herts: (Y) Heart of Midlothian football
  team
hertsome: pleasant, cheering
het: (Y) hot, heated up
heuk: (Y) hook
hey: (Y) ho! hullo!
Hibs: (Y) Hibernians, a football team in
  Edinburgh
hicht: (Y) height

hid: had
hiddlan: (Y) hiding
hie: (Y) high
hieflown: (Y) high-flown
hillock: (fig.) fat, sluggish person
hin-end: rear-end, backside
hind: farm servant
hing: (1) (Y) hang, (2) thing
hingin: hanging
hink: think
hinkum sneevie: silly, stupid person
hinnie: (Y) honey; term of endearment
hint: isn't, aren't
hintend: rear-end, backside
hird: shepherd
hiren merket: fair or market held for the
    purpose of engaging farm-workers
hirple: (Y) limp
hissel: himself
hitherawa: (Y) hither, to this place
hiv: have
hoaded: hidden, concealed
hoast: cough
homologate: (Y) consent to, approve
hoo: how
hooch ay: expression of scepticism, as in
    *maybe ay, maybe hooch-ay!*
hoolie: boisterous social occasion, party
hoor: hour
hoose: house
hoosequean: housemaid
hoot-toot: (Y) exclamation of vexation
hoplite: (Y) heavily armoured
    infantryman
horny-golach: earwig, carnivorous
    ground-beetle, contemptuous term for
    a person
horsecock: (Y) monster of Greek
    imagination
horsy: (Y) addicted to horses, hippophile
hose nets: (Y) stocking-shaped nets fixed
    to poles
hotteran: rumbling, shaking
hou: how
houffe: tavern (see *howff*)
houghmagandie: (Y) fornication
houlet: (Y) owl
houly: holy
hov: have
how: why, what for
howff: (Y) (1) courtyard, churchyard,
    cemetery, any place of resort, especially
    a tavern, (2) *(vb.)* dwell, lair

howk: (Y) dig out
howker: person who digs
howin: (Y) low ground near water
hubbie: (Y) husband
hucklt: seized or taken away by the
    police, reprimanded
hud: had
huikardoun: (Y) a type of cap (comic for
    bird)
hummill: (Y) humble
hump, humph: (Y) carry on one's back;
    lift or carry about a heavy burden
hunder: hundred
hungert: (Y) famished
hunker: (Y) squat on the haunches
hunner: hundred
huntiegowk: (Y) (1) a fool's errand, or a
    person sent on one, (2) an April fool
hurdies: (Y) hips, buttocks
hurl: ride in a vehicle
hutheron: young heifer
huv: have
hymeneal: (Y) pertaining to Hymen, god
    of marriage

i: in
*idem dies:* on the same day
ile: (Y) oil
ilka: (Y) each, every
ill-deedie: (Y) ill-behaved, naughty
impident: impudent, cheeky
inben: inside
inby: inside
inflamingo: (Y) comic bird's name
ingin: onion
ingine: (Y) (1) engine, (2) intelligence
ingle: fire, hearth
ingleneuk: (Y) fireside, hearth
Inglis: (Y) English
innit: isn't it
insteed: instead
insuffeeshant: insufficient
intae: into
intendit: intended
interdict: court order prohibiting some
    action complained of as illegal or
    wrongful, until the question of right is
    tried in court
intil: (Y) into
intromit: (Y) meddle, intervene
invy: envy
issat: is that
ither: (Y) other, each other

ither, wi: (Y) with each other
itherweys: (Y) otherwise
ivory-dicht: (Y) adorned with ivory
ivry: every
ivver: ever

jag: stab, prick
jalouse: (Y) suspect, conjecture; guess
jandies: jaundice
jaud: jade, wanton woman, hussy
jayket: jacket
Jeez: (Y) Jesus (Christ), blasphemous
    exclamation
Jennie Wran: (Y) wren, farthing coin (see
    *fardin*)
jessie: (Y) effeminate man
Jezebel: the wife of King Ahab of Israel,
    in I Kings 16:31, whose attempts to
    seduce the Israelites to the worship of
    Baal made her a symbol of seduction,
    e.g. in Revelations, 2:20.
jibbin: milking to the last drop
jilin: jailing
jine: join
Jings: (Y) Jesus (blasphemous oath); mild
    expletive
jings crivvens: expression of astonishment
jink: elude; jinks-and-jouks: tricks and
    dodges
jinky: with quick or sudden movements,
    move or dodge nimbly
jist: just
joab: job
joatter: jotter, school exercise book; *geez
    ma joatters*: sack me
jobbie: (Y) small task
Jock Tamson's bairns: common
    humanity
John Barleycorn: (Y) personification of
    malt liquor
jokie: (Y) jocular
jookery-pokery: trickery, deceit, roguery
joskin: country bumpkin, farm-worker
jotters, get/give your: get the sack
joug: jug
jouk: dodge, move quickly to avoid
    something
jouk, up your: under the front of outer
    clothing
jow: ring (a bell)
jubjube: a gelatin lozenge, tasting of the
    jujube berry
juist: just

julep: a sweet-drink, to cool the heat of
    passion
jummle: churn
juratory caution: *(legal)* inadequate
    security allowed in some civil cases
    where no better security is available
jus: just
jyne: (Y) join

kail: cabbage
kailpat: (Y) pot for cabbage soup
kailyerd: cabbage garden, kitchen-garden
kaim: (Y) comb
kebbuck: (Y) cheese
keech: excrement
keek: (Y) peep, look
kelter: (Y) undulate, move wavily
ken: (Y) know, 'you know'
kenned: knew, known
kennin: knowing
kennt, kent: knew, known
kenspeckle: (Y) conspicuous
kent: (Y) long staff
kep: (Y) catch
kilt: (Y) pleated integument of the thighs
    and buttocks
kimmer: (Y) contemptuous term for
    women old or young, gossip
kin: can
kinda, kinna: kind of
kinric: (Y) kingdom
kintra: country
kipple: marry
kirk: (Y) church
kirkyaird: (Y) cemetery
kirn: churn
kirsten: (Y) christen, baptise, inaugurate
kist: (Y) chest
kittle: (Y) (1) excite, tickle, (2) *(adj)* tricky
knabbery: gentry
knot, aff at the: crazed
knowe: (Y) hillock
kowtow: (Y) abase oneself (in Chinese
    style, by knocking the head on the
    ground)
kyte: (Y) belly
kythe: (Y) appear

labour't: beaten, exhausted from work
laigh: (Y) low
laird, lairdie: lord, owner of landed
    property or an estate, and the
    associated rank

356

lairdly: like a lord, lavishly
laith: loath
laivrock: (Y) lark
laldy: gie it: do something vigorously or
   exuberantly
lamiter: (Y) lame person
lammie: little lamb; term of affection
lamp: beat, strike
land: tenement
landit: landed
lane: loan
lane, on his/ma/etc: (Y) alone
lang(er): (Y) long(er)
lang may yer lum reek: wish given for a
   prosperous and long life (lit. *long may
   your chimney smoke*)
larn: (1) teach, (2) learn
lassie: (Y) girl; daughter
lat: (Y) let, allow; *lat on*: reveal,
   disclose
lauch: laugh
launs: lands
lave: (1) (Y) remainder, (2) leave
lavement: purging, cleansing
lawpleas: (Y) litigations
lea: (Y) leave
leal: (Y) loyal
leam: (Y) gleam, shine
lear: (Y) learning *(pron. lair, German
   Lehr)*
learn: (Y) (1) learn, (2) teach
leasin-makin: (Y) uttering of falsehood
ledder: (Y) ladder
leddy: (Y) lady
lee: lie, falsehood; *leein*: lying
leear: liar
leemit: limit
leesome: agreeable, dear
leesure: leisure
leeze me on: blessings on, I am fond of
*Lese-Faculty:* an offence against the
   Faculty (a pun on *lèse majesté:* an
   offence against the crown, treason)
let oan: revealed
libart: (Y) leopard
libbit: (Y) castrated
licht: (Y) (1) light, (2) alight *(vb.)*
lichtlie: (Y) slight, disparage
lichtsome: (Y) gay, cheerful
lientery: a form of diarrhoea in which
   food passes through the bowels
   partially or wholly undigested
lift: (Y) sky

ligg: (Y) lie
liggin: fornicating
lik: like; *-lik* added to adjectives gives the
   sense of *appearing to be*, e.g. *fine-lik*
like: (Y) (1) like, (2) as, (3) it seems, more
   or less; *like as no*: probably
limmer: (Y) rogue, familiar or
   contemptuous term for either sex,
   'jade'
limn: like, likeness
lino: (Y) linoleum
lint-white: as white as flax, flaxen-blond
lintie: (Y) linnet
lippen tae/til: (Y) trust, depend on
littlen: young child, infant
loast: lost
loat: lot
*locum tenens*: temporary replacement,
   usually for a doctor
loch: lake
lo'e: love
logamachy: longwinded discourse
loo: love
loon: (Y) lad; young farm-worker, fellow
Losh: (Y) Lord! (blasphemous
   ejaculation)
loss: lose; *lossan*: (Y) losing
loup: leap, jump
lourd: sluggish, heavy
loutin: (Y) bending down
lowe: (Y) flare; glow
lown: (Y) calm *(adj. and vb.)*
lowp: (Y) leap; *lowp-hunt*: search for sex
lowp-the-counter: male shop assistant
   (contemptuous)
lowse: (Y) let loose; release, set to
   (something) with vigour
lowsin time: (Y) time to stop work
lozenge: flavoured sweet, originally
   diamond-shaped
ludge: lodge
lu'e: love
lu'ed: loved
lug: (Y) ear
luif: (Y) palm of the hand
luik: look
lum: chimney
lum hat: (Y) chimney pot hat, top hat
lumber, get a: meet and establish a
   (usually sexual) relationship with a
   member of the opposite sex
lummox: clumsy or stupid person (US
   colloquialism)

lunch: (Y) large piece of food
lusome: lovable, beautiful, admirable
lustral: (Y) purificatory
lutten: (Y) let, allowed
luve: (Y) love
lyart: (Y) grey, hoary

M.P.: (Y) member of the parliament of
the unhappily United Kingdom of
Great Britain and Northern Ireland, at
Westminster
ma: my
mabbe: maybe
macaroni: a dandy who imitates
continental fashions
macher: (Y) seaside meadow
*Maestri:* (Y) masters *(Italian),* eminent
composers or performers
magglt: mutilated or disfigured by
cutting, mangled
maik: (Y) match, equal, rival
maiks: (Y) halfpence
mair: more
mairch: (Y) march, step out
mairrage, mairriage: marriage
mairry: marry
maist: (Y) most
maister: master
maistry: mastery
maitter: matter
mak: make
mak siccar: make sure
makar: (Y) maker, poet
malison: curse
man: (Y) husband
mane: (Y) moan
manfu: (Y) manly, virile
mang: (Y) among
mangling: wringing
manky: ill-made, disgusting, unclean
mannie: (Y) little man
mannikie: (Y) very little or feeble man
mansworn: (Y) perjured, forsworn
march: (Y) frontier
marischal: (Y) marshal
mark: (Y) point to
marrit: married
marrow: match, equal, spouse, lover
Mars: god of war
mart: (Y) market (place)
masel: (Y) myself
massaucred: (Y) massacred
matermony: matrimony

maun(na): (Y) must (not)
mauns: (Y) (*The Burdies*, line 32) tries,
manages
mavie: (Y) thrush
maw: mother
mawn: (Y) basket (also *maund*)
meat: food
meatus cholodici: an anatomical passage
that receives bile
meenister: minister
meenit, meenut: (Y) minute, moment
meesure: measure
megstie: (Y) cry of surprise
meikle: large, big, great, much
meith: (Y) measure
mell: concern oneself improperly with;
mingle, mix
Memnon: a demigod whose statue in
Thebes was said to give forth a musical
note when touched by the light of dawn
memo: (Y) memorandum, note
mengie: (Y) crowd
mense: respect, decency; honour, credit
mercat: (Y) market
merch: (Y) boundary
merk: (1) old Scottish currency, or coin of
the same, (2) mark (i.e. grade, score)
merket: market
merr: more
micht: might
michty: (Y) (God) Almighty (as oath);
mighty
mickle: large, big, great, much
midden: (Y) dunghill; refuse heap, term of
contempt for dirty, slovenly person
Midlothian's Hert: (Y) the Heart of
Midlothian, a spot in the High Street of
Edinburgh
mids: (Y) middle, midst
milkquean: milk-maid
mince: nonsense, rubbish
mind: (Y) (as *vb.*) remember; take care;
*mind you of/on:* remind you of
mindit: remembered
mingin: smelly
minker: ragamuffin
minschie: morsel
mirk: (Y) murk, darkness
mirlie: (Y) variegated
mischancy: risky, dangerous
mischieve: (Y) injure, maltreat
mischievin: (Y) misbehaviour, outrage
mishanter: mishap, disaster, misfortune

misluck: (Y) misfortune

miss: (Y) (*The Burdies*, line 870) young lady

missis: mistress

mither: mother

mixter-maxter: (Y) miscellaneous, jumbled

moggans, mix one's: have sexual intercourse

molligrant: state of lamentation or dissatisfaction

mollycoddle: mollycuddle, show too much concern for the health of

monger: dealer, trafficker

monie: (Y) many

mony: many

moodie: mood

mool: mould, earth

mooth: mouth, utter

moothie: mouth-organ

morn, the: tomorrow; *the morn's foreneen/ morning/morn*: tomorrow morning

morra, the: tomorrow

motor: vehicle, car

mou: (Y) mouth, utter

moufu: (Y) mouthful

moutit: (Y) moulted

mowe: (Y) copulate

moyen: an intermediary who will exert influence on one's behalf

muckle: (Y) large, big, great; much

muddlt: muddled, confused

mulk: milk

mulkmaid: milkmaid

mull: mill

muniments: (Y) records, archives

Musie: (Y) familiar Muse

na: (Y) not, no

nae: (Y) no; not

naebiddy, naebody: nobody

naethin: nothing

naewhere: nowhere

naig: pony; *shank's naig*: on foot

nane: none

narra: narrow

Nasser: Gamal Abdel Nasser, President of Egypt 1956-70

naukit: (Y) naked

naw: no

nearhaund: (Y) nearby

neb: (Y) nose; *put someone's neb in a sling*: get the better of someone

*nego*: I deny (it); *nego consequentiam*: I deny the logic

neebour, neebor: (Y) neighbour

needfu: needful

neep: turnip, foolish person

neist: (Y) next

neive: fist

neuk: (Y) corner

nevey: (Y) nephew

new-fun: new-found

nicht: night

nichtsark: nightshirt

nicker: (Y) neigh, bray

niffnaff: small, insignificant person

nimmle: nimble

nippit: inhibited, constricted

nippy: curt, bad-tempered, niggardly; tingling

niver, nivver: never

no: (Y) not

nocht: (Y) nought, nothing

non-lethal: (Y) innocuous

noo: now

nooadays: nowadays

Nor-Aist: (Y) North-East

nor: (Y) (1) nor, (2) than

notourly: (Y) notoriously

nuh: no

nummer: number

nyaff: (Y) dwarf, insignificant person

o: of

oan: on

obleeged: obliged, bound by oath or contract

obol: a Greek coin, one sixth of a drachma

och: (Y) oh! why!; interjection expressing exasperation or weariness

och och: (Y) dear me!

ochone: (Y) cry of grief

ocht: (Y) anything, aught

o'ertaen wi: deranged, made helpless, overcome (specifically by liquor)

offish(er): (Y) office(r)

O.K.: (Y) yes, all right (perhaps from Choctaw *okeh*, 'so be it')

oncomin: ready to make advances, friendly

ongauns: goings-on, behaviour

onie, ony: (Y) any

onybuddy: anybody

onythin: anything

onyroad: anyway

onywey: anyway
oo: (Y) wool
oor: (1) our, (2) hour
oorsels: ourselves
oot: (Y) out, out of; *oota*: out of
ootben: beyond, outside
ootby: outside, a little way off
ootkythe: (Y) come forth, shine out
outland: (Y) out of the way, remote
ootowre: (Y) over and beyond
ootring: (Y) ring out, echo
oozlie: untidy, slovenly, dirty
*optime:* very good, excellent (superlative of *bene)*
oratioun: oration
oreeginal: original
*oremus:* (Y) let us pray (Latin)
orphant: (Y) orphan
orra: (Y) odd, occasional, queer; worthless
outbye: outside, a little way off
ower, owre: (Y) over; too, overmuch
owerset: (1) translate, (2) translation
owrecome: (Y) refrain
owrelooked: overlooked
owreluikar: (Y) supervisor
owre-night: overnight
owreset: (Y) (1) translate, (2) translation
owresight: oversight
owsen: (Y) oxen
oxster, oxter: (1) armpit, (2) help a person to walk by taking him or her under the arm
oyez: (Y) attend (Old French ceremonial command)
oylorus: an obscure bodily organ
ozone: (Y) a supposedly beneficial form of oxygen; fresh air

Paddie: (Y) an Irishman
paean: (Y) a thanksgiving song
paffle: small piece of land
paiks: (Y) strokes, 'licks,' punishment
pairt: part
pairty: party
paiterick: (Y) partridge
pandrap: (Y) a hard peppermint-flavoured sweet
panshit: panic
pap: pop, drop, throw
papingae: (Y) popinjay (target for shooting)
paraud: (Y) parade

parenchyma: the substance of a gland or other bodily organ
parritch: porridge; *auld rags an parritch*: a variant of *auld claes an parritch*, i.e. everyday fare
pat: (Y) pot
patter: (1) (Y) potter (*The Burdies*, line 490), (2) fluent, witty chatter
pattered: (Y) trampled
Patterraw: (Y) Potter Row, Edinburgh, equivalent of the Athenian Kerameikos, a cemetery with huge pottery jars
pauchle: steal
pauchlt: stole
paw: pa, father
pawn: (Y) peacock (French *poon)*
paycock: (Y) peacock (Hibernicism)
pech: (Y) pant, puff
peebled: (Y) stoned with pebbles
peelie-wally, peely-wally: sickly, feeble, pale, ill-looking
peenginess: peevishness, fractiousness
peerie: (Y) whipping-top
peeticoat: pettycoat
peety: pity
pentit: (Y) painted
perjink: neat, smart in appearance
pey: (Y) pay
peyd: paid
Phoebus: god of the sun, poetry and music; also known as *Apollo*
phoynix: (Y) phoenix (Hibernicism)
phoney: (Y) counterfeit, not genuine
pickle: small amount
picky-fingr: petty thief, pickpocket (see also *fingr)*
picter: picture
piece: sandwich
pilsh: a boorish, low character; a gross, thickset man
pint: point
pirn: (Y) reel or bobbin for yarn or thread
pirn, wind ane a bonnie: (Y) do some one a bad turn
pished: drunk
pit: put
pittin: put
pitblack: (Y) dark as Hades
pizzen: poison
plaid: (Y) a long oblong of woollen cloth, usually tartan, used as cloak or blanket

plank: (1) set down in a decisive way, (2) hide, stow away for later use

pleesant: pleasant

pleesure: pleasure

plenishin: (Y) furnishings

pleuchgang: (Y) as much land as can be properly tilled by a plough, about 40 Scotch acres (Warrack)

pleuin: (Y) ploughing

plook: pimple, boil, term of contempt for someone

ploom: plum

plouter about: potter or fiddle about

ploy: (Y) enterprise, practical joke, amusement

pluivers: (Y) plovers

poaket: pocket

pochle: steal

poind: (Y) impound, distrain (pron. pinnd)

poke: bag

pokey: prison (US slang)

polis: police, a policeman

pooch: pocket, pouch containing one's money

pooer: power

poor: (Y) pour, cause to flow

pooshion: poison

porphyry-crestit: (Y) purple-crested

potencie: (Y) potentiality, capability

pouterer: (Y) poultry-dealer

poutie: (1) term of affection (frequently for a young girl or sweetheart), (2) nice enough (Peter Arnott's meaning in a poutie wee pairty)

poutry: poultry

pow: head, crown of head, skull

poyem: poem

pree: experience; test by trying

preen: (Y) pin

prentice: (Y) apprentice

previous: premature

prig: beseech, plead with

procurator fiscal: (Y) official prosecutor in Sheriff Courts

prood: proud

protocol: (Y) official draft or formula

provost: (Y) chief magistrate, mayor

pruif: (Y) proof

pruive: prove

pu: pull

pub: (Y) public house, tavern

puddock: (1) frog, toad, (2) term of

contempt for an arrogant or spiteful person

puffer: small steamboat used to carry cargo

puggie: (Y) monkey

pugglt: at a standstill owing to exhaustion, drunk

puir: (Y) poor (in some dialects pair, or peer)

puissance: power, financial resources

puissant: powerful

pump: fart.

pund(s): (Y) pound(s)

punnet: (Y) small shallow basket for fruit

pure: typical, uniquely; also used as an intensifier as in pure manky, etc.

purk: pork

purpie: (Y) purple

purpureal: purple

purvey: (Y) provision, catering (accent on first syllable)

pushon(er): poison(er)

pyat: (Y) magpie

pyke: (Y) peck, pick

pykepurse: pickpocket, thief

pynt: (Y) point

Pythian: (Y) pertaining to Pytho (the oracle at Delphi, the Greek town where there was a famous temple of Apollo) or to Apollo himself

quackdaw: (Y) comic bird name

quaet: quiet

quaich: (Y) two-eared drinking cup

quaik: (Y) quack (like a duck)

quarter day: the beginning or end of a hiring-period for farm workers

quarter-miler: (Y) competitor in quartermile race

quate: quiet

quean: girl, young woman

queem: quieten (Peter Arnott's coinage from queem, adj. 'quiet')

quid dicis: what do you say

quine: young, unmarried woman; girl

quit: (Y) leave, let go

queenfisher: (Y) comic bird name

race: (Y) breed, type

radge: sexually excited urge, mad turn

raip: (Y) rope

raison: (Y) reason

raither: rather

rake-off: (Y) share of sale price, commission

ram-stang: in a headlong, confused manner

rammy: riot

ramsh: mad, crazy, uncontrolled

ramstamphish: rough-and-ready, forward and noisy

randan: spree of wild behaviour, usually involving inebriation

randie: lustful

randy: coarse, violent woman

rang: (Y) reigned

rare: very good, excellent, very much

rash: (Y) rush

rashy: (Y) rushy

raw: (Y) row, line

rax: (Y) reach, stretch

razorbillie: (Y) comic bird name

red up, redd it up: tidy (it) up

reddie: red, blushing face as a sign of embarrassment

reek, raise: make a great fuss

reekie: (Y) smoky, hazy

reerie: noisy quarrel, uproar, disturbance

reeshil: (Y) rustle

reid: red

regime: (Y) system

remede: remedy

rerr: rare, wonderful

respek: respect

restyouraunt: (Y) restaurant

reuch: rough

richt: right, very

rickle o banes: emaciated, broken-down person or animal

riddy: ready

rigg: (Y) (1) ridge, section of ploughed field, (2) dress

riggin: (Y) roof

rigg out: (Y) dress up

rin: (Y) run

rin-aboot: (Y) gadabout, vagabond

rinawa: (Y) runaway, coward

ring: (Y) (1) encircle, (2) reign

rive: rip, tear

road: way, manner

roborant: an invigorating, strengthening medicine

roch: (Y) rough

roguie: (Y) rogue, wretch

roon, roond: (Y) (1) round, (2) whisper

roose: (Y) praise

rost: (Y) roast

roupie: (Y) hoarse

rout: clamour, great noise

rowan: (Y) mountain ash tree, or its berry

rowe: (Y) roll

rowth, routh: (Y) abundance

rowthie: (Y) abundant

rub: (Y) rob

rubber: deliberately fail to hear

ruit: (Y) root

rules: (Y) rulers (*The Burdies*, line 999)

rummle: (Y) rumble; *let one's belly rummle*: say the first thing that comes into one's head, irrespective of sense

rundge: gnaw, devour greedily

rung: (Y) cudgel

runklet: (Y) wrinkled

ryve: (Y) rend

s': (Y) s(all), shall

's: (Y) (1) is, (2) us, (3) as, (4) his

Sabbath: (Y) Sunday

sae: so

saft: weak-minded, soft

saft-chirplan: (Y) softly twittering

saft-heidit: soft-headed

saft-hertit: soft-hearted

saftness: softness

saicont: second

sair(lie): (Y) sore(ly); greatly, very, difficult

sair fecht: hard struggle

sair-hertit: sad at heart, disappointed

sairvant: servant

sairve: (Y) serve

saison: (Y) season

sall: (Y) shall

salloch: (Y) willow, sauch

Salvatour: (Y) Saviour

sang: song

sangspate: (Y) flood of song

sanna: (Y) shall not

sappie, sappy: (Y) savoury, fat, unctuous, pleasing

sappie-heidit: simple-minded

sark, sarkie: (Y) shirt; woman's shift or chemise

sartain: certain

sate: seat

sattle: (Y) settle

sauch: willow

saul: (Y) soul

saut: (Y) salt(y)

sauv: (Y) save

saw: (1) (Y) sow, (2) so

sawbill: (Y) red-breasted merganser

sawmull: sawmill

sax: six

sayd: said (with *ai* pronounced as in *say*)

scabbie-heided: applied to a person with head lice

scaffie: (Y) scavenger

scanties: underwear

scart: (Y) scratch, grate; scrape

scartie: (Y) scatter

scauld: scold

schaw: show, reveal

schir: (Y) sir

schuil, schule: (Y) school

sclithery: slippery

scoor: scour

scoosh: (Y) run, dart, plunge, scoot

scourie: scruffy, disreputable

scrae: (Y) lean, meagre

scran: food

scranky: (Y) scraggy, lanky

scrapie: sheep disease causing constant itch

scratcher: bed

scrauch: scrunch, scrape (Peter Arnott's coinage)

screich, screigh: (Y) scream

scrieve: (Y) write; dash

scomfish, scumfish: (Y) suffocate

sculduddery: fornication

scunner: (Y) disgust, feel disgust at, nauseate; something or someone that gives rise to disgust

scunnert: bored, fed up

scutter: hinder with something unimportant, needless or annoying

seamaw: (Y) seagull

sech: (Y) sigh

see the boots aff ye wi: outlast you with

seek: sick

seekt oot: invited to accept employment (on a farm) for a period

seelfu: (Y) happy, auspicious

seemilar: similar

sel: self

send the Deil owre Jock Webster: (*proverbial*) result in things getting out of hand

senna: leaf of the cassia plant

sesame: (Y) a plant whose seeds were used in honeycakes at weddings

Setterday: Saturday

shackle: (1) clamp that holds the shaft of a plough coulter to the beam, (2) link-fitting that connects the plough-beam with the swingletree

shair: (Y) sure(ly); *shairly*: surely

shairpit: (Y) sharpened

shak: shake

shank: (Y) leg

shanks's naig: 'shanks's pony', i.e. on foot

shamble: (Y) shuffle

shamefu: shameful

shaw: (Y) (1) show, (2) wood

Shawcross, Lord: (see *The Burdies*, line 1228 and note) Hartley William Shawcross, 1902-2003, the United Kingdom's chief prosecutor in the Nazi war crimes trials at Nuremberg. He entered the House of Commons in 1945 as a Labour MP. He was criticised for using the phrase 'We are the masters now' during a bill to widen trades union powers, an allusion to Humpty Dumpty's speech in *Alice in Wonderland* that he later came to regret.

shawn: shown

sheen: (Y) shine

sheepin, in a: in a whisper, quickly

sheirwatter: (Y) shearwater

sherp: sharp, sharp-witted

shid: should

shilfie: (Y) chaffinch

shilpet: (Y) sickly, puny

Shittimite: (Y) pertaining to the shittim tree (*Biblical*)

shoo: (Y) a cry used in scaring away, (*vb.*) hasten off

shooglie: shaky

shool: (Y) shovel

shoon: shoes

shoot the craw: leave (especially quickly)

shouldnae: shouldn't

shouther: (Y) shoulder

shoveller: (Y) type of wild duck

shuin: (Y) shoes

sic: such

sic a: (Y) such a lot of (*The Burdies* line 295)

siccan: (Y) such

siccar: (Y) sure, surely

sicht: sight

siclike: (Y) suchlike, likewise

sicna: such

siller: (Y) silver, cash
simmer: summer
sin: (1) since, (2) soon
sindry: (Y) asunder; diverse
singul: (Y) single
sinsyne: since then
skail: (Y) scatter, spill
skair: (Y) share
skaith: (Y) injury
skaithless: (Y) uninjured
skeely, skilly: (Y) skilful
skeigh: high-spirited, daft, skittish
skelly: cross-eyed
skelp: strike, hit; move quickly
skew-whiff: awry
skinkle: (Y) sparkle
Skinnymalink: (Y) comic name of very thin person
skirp: dram, i.e. a measure of whisky
skitter: (Y) void excrement
skiver: layabout, someone who avoids work
skleck: imitative of sound of walking
skybald: rascally, worthless
slaigerin: dirty, slovenly
slauchterous: (Y) murderous
slaw: (Y) slow
slee: (Y) sly, clever
sleech: alluvial deposit of mud or sludge left behind by the sea or a river
sleekit: (Y) smooth, cunning
slicht: (Y) sleight, stratagem: (Y) cunning, subtlety
slug: sleep
sma: small
sma-hairtit: small-hearted (i.e. unfeeling, ungenerous)
sma-mindit: small-minded
smashers: (Y) champions; destroyers
smeddum: (Y) mettle, spirit, liveliness, intelligence
smeerless: stupid
smert: smart, clever
smirr: drizzle
smoor: choke
smoorit: (Y) smothered, damped down, hidden
smurl: (Y) eat gradually and secretly
snaply: (Y) quickly
snaw: (Y) snow
sneechin: snuff
sneerie: angrily or haughtily (*fig.* from snort, twitch the nose), sneeringly

sneevie: petulant (see also *hinkum sneevie*)
snell: severe in manner or speech
snelly-puss: severe-face (idea of 'hatchet-face')
snood: a hair band, worn especially by young unmarried women
snoop: (Y) sneak, pry
snoot: (Y) snout, nose
snowk: (Y) sniff, pry, seek curiously
snuff: sniff
snuve: move smoothly or easily, at a steady, even pace
socht: sought
Socrates: Greek philosopher (469-399 BC)
social: (Y) sociable (*The Burdies* line 494)
sodger: (Y) soldier
soleecitor: solicitor
solid: sane, in full possession of one's mental faculties
Solomon: Old Testament king, renowned for his wisdom; see Kings III
Solon: Athenian statesman (630-560 BC), one of the 'seven wise men' of Greece with a particular reputation for moderation
somethin: something
sonsie: (Y) plump, comely, comfortable; friendly
soo: sow, female pig
sook: suck; *sook in wi/up tae*: ingratiate oneself with
sookie: clover
soon, soond: sound
soople: (Y) supple
soor dook: buttermilk
sordit: sordid
sortit: sorted, i.e. mended, put right
soss: mess, muddle, confusion
souch: (Y) sound of wind or wings, rushing, whizzing, humming
sough, a calm: composure; *regain a calm sough*: catch one's breath
soukit: (Y) sucked, imbibed
soutar: (Y) cobbler, shoemaker
sowel, sowl: soul, person
sparky: bright, sharp
sparple: (Y) scatter, spread out
sparra: (1) sparrow, (2) name applied to a person with thin legs
sparty: (Y) rushy, abounding in rushes (also *spratty*)
spate: (Y) flood

spaul: (Y) shoulder
speak: (Y) speech
specific: particular remedy
speenster: spinster
speir: (Y) question, ask
speerit: spirit
spelder: (Y) spread, sprawl
speug: (Y) sparrow
speugie: (Y) small sparrow
spick: speak
spilt: spoiled
spit-stick: (Y) roasting-spit
spiv: (Y) idler, hanger-on, one who makes
   money by dubious means
spoat: spot
sporran: (Y) purse
sprauchle: weakly, stunted, deformed
   person
spreckled: (Y) speckled
spreid: spread
sproosh: lemonade
sproot: (Y) sprout
spune: spoon
spunkie: (Y) lively, mettlesome, excited
staig: stallion
stane: (Y) stone
stap: (Y) (1) step, (2) stop, (3) stuff
starchit: starched
stark: (Y) strong, grim, fierce
starn: (Y) star
statute: (Y) (1) enactment, (2) enacted
staun: stand
staun stookie: stand as if unable to move
staunpipe: standpipe
staw: (Y) satiate, glut (*The Burdies* line
   348), nauseate (*The Burdies* line 734)
stawn: stolen
steamin: drunk
stechie: slow-moving owing to stiffness
steer: (Y) stir; commotion
stend: (Y) stalk, bound with long strides
stepmither: stepmother
stern: (Y) star
stert: (Y) start
sterve: starve
stirkie: (Y) bullock
stishie: turmoil, disturbance
stoap: stop
stoater: stunner, smasher (of women)
ston: stand
stonnin: standing
stooge: (Y) stool-pigeon, act as decoy or
   drudge or butt

stookie: plaster cast (see *staun stookie*)
stooks: stalks
stoonert: astounded (short form of
   *dumstoonert*)
stoor: dust
stoorie: streaming
stooshie: uproar
stoot: stout, robust, in good health
stound: (1) mental pain, throb of grief, (2)
   stupefy with astonishment
stour: dust, swirling dust
straicht: straight
straight-furrit: straightforward
straik: strike, give a blow
stramash: riot, commotion
strang: (Y) strong(ly), strict(ly)
strauchen: straighten
straucht, straught: (Y) straight
stravaig: (Y) wander
strawtagem: strategy, plan
streetch: (Y) stretch
stupit: stupid
sturt: make trouble, disturb, annoy
suffrin: suffering
suld(na): (Y) should (not)
sumph, sumphie, sumphy: (Y) stupid
   person, imbecile
sunbrunt: sunburnt
sune: (Y) soon *(pron.* shin)
superfeeshal: superficial
super-snooper: (Y) arch-pryer
suspeck: suspect
suxty: sixty
swack: (Y) nimble, supple
swaff: (Y) gust, blast
swack: (Y) lithe, active
swall: (Y) swell
swalla, swally: (Y) swallow; alcoholic
   drink
swank: smart appearance
swappin: (Y) whopping, large and
   vigorous
swate: sweet
swaw: (Y) wave, swell
sweek: (Y) knack, talent, capacity
sweer, sweir: (Y) (1) swear, (2) reluctant;
   loath, unwilling
swickery: (Y) swindling
swifty: quick drink
swith: (Y) swift(ly); quick(ly)
swither: be uncertain, be perplexed about
   what to do or choose
swithwinged: (Y) quick-winged

swure: (Y) swore

syne: (Y) then, next, since, ago; afterwards, thereafter

tae: (Y) (1) to, into, (2) too, also, (3) toe

ta'en, taen: (Y) taken

taein: taking

taes: toes (see also *chap someone's taes*)

Taffie, Davie: (Y) a Welshman

taigle: hinder, obstruct

tain: taken

tairt: tart

tak: take

tak aff: (Y) make fun of

tak tent: be careful, pay attention

tanterarims: tantrums

tap: (Y) top

tapsalteerie: head over heels

taptoo: (Y) ornament on the head

tasker: worker (paid for specific tasks)

tatties: potatoes

Tattoos: (Y) military displays

tay: (Y) tea

tee-name: (Y) nickname

tellt: told

tent: (Y) (1) attention, (2) attend (to); see *tak tent*

term: (Y) end

tetralogy: (Y) set of four plays

teuch: (Y) tough

teuchter: disparaging name for a northerner, especially a Highland Gaelic speaker; an uncouth rustic

thae: (Y) those

thair: there

thankfu: thankful

that: (*intensifier*) so

the morra: tomorrow

the day: today

thee: (Y) thigh

thegither: (Y) together (often *pron.* thegidder)

they: those

theym: them (pronounced as in *they*)

theyn: then (pronounced as in *they*)

thir: (Y) these

thirl: (1) (Y) thrill, pierce, (2) subject, enthral, (3) engage as a servant, bargain or negotiate such engagement

thoat: thought

thocht: thought; *a wee thocht(ie)*: a little bit

thole: (Y) endure; in *Puntila*, extended to mean 'condescend'

thon: (Y) yonder; that (distant)

thowless: immoral, inactive

thrall: (Y) slave

thrang: (Y) (1) throng, (2) busy

thrapple: (Y) throat

thraw: (Y) twist, sprain; wring

thrawn: (Y) perverse, obstinate

threep, threip: (Y) (1) reiterate, (2) harangue

threid: thread

threit: (Y) threat(en)

thretty: (Y) thirty

throuither: (Y) muddled up

throwcome: ordeal

thrumman: (Y) strumming

tiara: (Y) head-dress of Persian royalty

ticht: tight

tike: rough person, ill-mannered boor

til, till: (Y) to; until

timber: (Y) wooden (*pron.* timmer)

tine: lose

tink, tinkler: tinker, disreputable person

tint: (Y) lost

tirr: (1) (Y) strip, (2) bad temper

tirrievie: a state of excitement, disturbance

tizz: busy, distracted state

tocher: (1) a dowry paid by the bride's family, (2) to provide a woman with a marriage settlement

tod: (Y) fox

toffee-nebbit: (Y) snobbish, upstage, supercilious

tollbooth: town prison

toom: empty

toom-heidit: empty-headed

toom traivel: a journey in which no-one was encountered

toon, toun: town

tooterie: irritatingly trivial or intricate

Tory: (Y) Conservative (originally of Irish brigands)

tout: drink

tow: (Y) rope

towrist: (Y) tourist

traffeck: dealings, traffic

traik: (Y) trek, make tracks

traison: (Y) treason

transe: (Y) passage

trauchle: (1) (Y) draggle, drudge, (2) overburden, harass

trawl: foolish person, trollop

treakle: treacle, syrup; *tak the treakle*: to be the worst/best one has ever heard of
treevial: trivial
tremmles: trembles, shakes
trews: close-fitting trousers, usually of tartan cloth
tribble: (Y) trouble
triffle: (Y) trifle
trinkle: (Y) trickle
troch: trough
troke: (Y) deal, trade with
trokin: (Y) deal, transaction
troon: (Y) trowel
troosh: (Y) call to cattle
troosers: trousers
troth: (Y) (God's) truth (mild oath)
trummle: (Y) tremble
tryst: (1) engage to be married, (2) meeting, (3) meeting-place
tuich: (Y) touch
tuim: (Y) empty
tummle: tumble
tumshie: (1) turnip, (2) a term of contempt, signifying stupidity
tung: (Y) tongue
Tunnock: well-known Scottish company, makers of biscuits and cakes
tap: (Y) ram
twa: two
twa-fauld: two-fold
twa-three: (Y) two or three, a few
twinty: twenty
Tycoon: (Y) magnate, big chief
tyke: dog; colloquially, a naughty fellow

uch: interjection expressing impatience, disappointment, contempt, remonstrance
uis: (Y) use
um: I'm; *um ur*: emphatic *I am*
umberelly: (Y) umbrella, sunshade
umwhile: (Y) former
unchancy: unlucky, ill-fated
unco: (Y) uncommon(ly), strange(ly), an oddity; unfamiliar, remarkable
undacently: (Y) indecently
unner: under
unnerstaun, unnerston: understand
unpleesantness: unpleasantness
unwhummlt: upright, undisturbed
up ben: upstairs
up your jouk: under the front of outer clothing

uphauder: (Y) supporter
upoan: upon
upstandin, be: stand up, rise to one's feet
ur: (1) are, (2) or
urnae: aren't
urny: aren't
uv: of

vamoose: (Y) clear off
*vas breve*: short, hollow organ conveying air or liquid
vaunt: boast
veesion: vision
veesit: visit
vengin: avenging
Venus: goddess of love
verra: (Y) very
vievish: vivid
vit like: (1) how are you?, (2) What is (something) like? (variant of *fit like*, where *fit* is NE Scots for *whit*, 'what')
vittler: (Y) grocer, victualler
vou: (Y) vow

wa, waa: (Y) wall; *let that flea stick to the wa*: avoid that point of debate
wabbit: feeble, exhausted
wab-fuitit: (Y) webfooted
wad: (1) (Y) would, (2) wed
waddin: (Y) wedding
wadnae: wouldn't
wae: (Y) woe
waefu: (Y) woeful
waff: wave
waif: (Y) wave
wale: (Y) choose, elect
wallies: false teeth
walth: wealth
wame: stomach
wan: one
wance: once
wand: (Y) wound
wanni: want to
wantit: wanted
wappon: (Y) weapon
ward: word
wark: (Y) work
warl, warld: world
warst: (Y) worst
warth: (Y) worth
wasnae: wasn't
wat: wet

watter: water (pronounced as in *patter*, often with a glottal stop)

wattergaw: (Y) fragment of rainbow

wauchle: (Y) waddle, stagger

wauger: (Y) wager, bet

waur: worse

waw: wall

wean: child

wecht: (Y) weight

wechtie: physically heavy (of a person)

wee: (Y) small; little

wee beastie: insect

wee thing, a: (Y) a little bit, slightly

weefertie-waffertie: (Y) miserable, puny (also *weaverty-waverty*, originally contemptuous for weavers)

weel: (Y) well

weel-faured: (Y) good-looking

weel-hertit: good-hearted, courageous

weel hooch: well (followed by a dismissive sound in the form of a sudden expulsion of breath)

weel-sawn: (Y) well-sown

weem: (Y) cave

weemen: (Y) women

weet: wet

weir: (Y) war

Welsher: (Y) dodger, cheat who runs away from obligations

wer: (1) our, (2) we're

we'se'll: we shall

wey: (Y) way

wha(m): (Y) who(m)

wha daur meddle wi me: literally, *who dare meddle with me*, a free translation of Scotland's national motto, *Nemo me impune lacessit*

whae: who

whait: what

whan: when

whane'er: (Y) whenever

whang: thick slice, especially of cheese

whasae: (Y) anyone who, whosoever

whase: whose

whatna: (Y) what sort of (usually contemptuously); which

whaur: (Y) where

wheech: move speedily, rush, whizz

wheemsical: whimsical

wheen, a: (Y) a few

wheer: where

wheesht: (Y) (1) silence, (2) be silent; *haud yer wheesht*: keep silent

wher: where

while: (Y) (1) while, (2) time

whiles: (Y) sometimes; at other times

whilk: (Y) which, who

whilligoleerie: cajoling, trick, flattery

whit: what

whitter: (Y) twitter

whoa back: (Y) call to horse to stop

whoopee: (Y) exclamation of delight

whummle: (Y) overwhelm, turn upside down; knock down, empty (a container) by tilting

whuppin-tap: (Y) whipping-top

whussle: whistle

Whytehaa: (Y) Whitehall, seat of London bureaucracy

wi: (Y) with; by

wid: would

widnae: wouldn't

wifie: (Y) wife, woman

wiled: (Y) beguiled

willant: (Y) willing

willna, willnae: won't

win: (Y) get

win back: (Y) get back; return

win doun: make or find one's way

windae: window

wink: shut one's eye (to an offence, fault, etc.)

winna: (Y) will not

winnock: window

wi'oot, wi'out: without

wir: (Y) our (also *pron.* oor); we're

wirry: (Y) choke, strangle

wis: was

wisnae: wasn't

witha: withal, as well

withoot: without, unless

wiz: was

wiznae: wasn't

wone: (Y) dwell

wow: (Y) exclamation of excitement

wran: (Y) wren

wrang: (Y) wrong(ly)

wratch: (Y) wretch

wrocht: wrought, made

wrunkle: wrinkle

wild: (Y) mad

wise-like: prudent, sensible, reasonable

wud: (1) mad, (2) wood

wuddie: gallows

wuid: (Y) wood, (*The Burdies*, line 92) wooden door

wuidpyker: (Y) woodpecker
wull: will
wumman, wummin: (Y) woman
wund: wind
wunner: wonder
wunnerfu: wonderful
wur: our
wurd: word
wurk: (Y) work
wuz: was
wyce: (Y) wise, sensible, prudent
wycelike: (Y) sensible
wye: way
wyte: (Y) blame; fault
wyve: (Y) weave
wyver-swung: (Y) tossed to and fro in the
    weaving

ya: you
yaird: yard
yalla-yite: (Y) yellow-hammer (bird)
yase: use
ye: you
yearhunder: (Y) century

yellihooin: yelling
yer: (1) your, (2) you're
yerd: yard
yerk: pull
yersel: yourself
yestreen: yesterday evening
yett: (Y) gate, door
yeukie: sexual desire
yez: you (plural)
Ygorrah: (Y) cry of triumph
yin: one
yince: (Y) once
yir: your
yird: (Y) bury
yirsel: yourself
yirth: (Y) earth
yit: yet
yokit: (1) yoked, (2) married or engaged
    to be wed
yon: that
younker: (Y) youth, youngster
youse: you (plural)
yow: you
yowe: (Y) ewe, female sheep

## Translation of the Finale of *The Hypochondriak*

The Finale of the play uses a comic mixture of dog Latin, its modern Romance derivatives and Scots. Hector MacMillan notes, in correspondence with the editors, that *clyster* should be translated as 'enema', and *clysterium* the device that administers it. *Seignare* is to make a ritual sign, either of the cross or one related to ritual cleansing. *Postea* is a play on 'subsequently' and 'at the backside/posterior'. The general sense of the Finale is as follows:

PRESES:          Let us interrogate and examine!

1st SYRINGE:      Which are the remedies
That in the disease
They call hydropsy
It is fitting to apply?

ARGAN:           Give the enema,
Make the sign at the end,
Finish up with purging.

CHORUS:         Well, well, well, well responded;
He is worthy, worthy to enter
Into our learned body.

2nd SYRINGE:     Which are the remedies
That in the disease
Pulmonary asthma
It is fitting to apply?

ARGAN:           Give an enema,
Make the sign at the end
Finish up with purging?

CHORUS:         Well, well, well, well responded;
He is worthy, worthy to enter
Into our learned body.

3rd SYRINGE:     Which are the remedies
That in a disease
Causing pain and difficulty breathing
It is fitting to apply?

ARGAN:
Give an enema,
Make the sign at the end,
Finish up with purging.

4th SYRINGE:
But if the patient,
Gets opinionated,
Doesn't want your cure,
What should you do?

ARGAN:
Give an enema
Make the sign at the end
Purge at the very end!

CHORUS:
Well, well, well, well responded;
He is worthy, worthy to enter
Into our learned body.

PRESES:
Do you swear to hold to the statutes
As prescribed by the Faculty
With sense and judgement?

ARGAN:
I swear.

PRESES:
And to express in all
Consultations
Nothing but the old-fashioned way of thinking?

ARGAN:
I swear.

PRESES:
Never ever to serve up
A single remedy other
Than the ones laid down
By the Learned Faculty?

ARGAN:
I swear!

ALL:
Live, live, live, live, five times live,
New doctor, who speaks so well;
A thousand years to eat and drink,
And let blood and kill!

# Copyright Acknowledgements

# THE ASSOCIATION FOR SCOTTISH LITERARY STUDIES

## ANNUAL VOLUMES

Volumes marked * are, at the time of publication, still available from booksellers or from the address given opposite the title page of this book.

1996*   *The Christis Kirk Tradition: Scots Poems of Folk Festivity*, ed. Allan H. MacLaine

1997–8*   *The Poems of William Dunbar* (two vols.), ed. Priscilla Bawcutt

1999*   *The Scotswoman at Home and Abroad*, ed. Dorothy McMillan

2000*   Sir David Lyndsay, *Selected Poems*, ed. Janet Hadley Williams

2001*   Sorley MacLean, *Dàin do Eimhir*, ed. Christopher Whyte

2002*   Christian Isobel Johnstone, *Clan-Albin*, ed. Andrew Monnickendam

2003*   *Modernism and Nationalism: Literature and Society in Scotland 1918–1939*, ed. Margery Palmer McCulloch